KB125493

불안
세대

The
Anxious
Generation

THE ANXIOUS GENERATION

HOW THE GREAT REWIRING OF CHILDHOOD IS CAUSING
AN EPIDEMIC OF MENTAL ILLNESS

불 안
세 대

디지털 세계는 우리 아이들을 어떻게 병들게 하는가

조너선 하이트 지음 | 이충호 옮김

웅진 지식하우스

2015년 무렵 스마트폰, 초고속 인터넷, 셀카 모드 카메라, 인스타그램 등이 등장하며 우리 아이들의 뇌 회로가 망가졌다. 호모 사피엔스 세상에 포노 사피엔스라는 변종이 나타났다. 우리 시대의 가장 영향력 있는 사상가 조너선 하이트가 인간의 삶을 되찾자며 부모 세대의 직무유기를 고발한다. 자녀를 직접 깎고 다듬으려는 '목수'가 아니라 자녀가 배우고 자랄 공간을 만들어주는 '정원사'가 되어야 한다. 그러나 부모들은 현실 세계에서는 자녀를 과잉보호하는 반면, 가상 세계에서는 과소 보호하고 있다며 강력한 제재를 주문한다. "고등학교에 진학하기 전까지는 휴대폰 사용을 금지하고, 16세 이전에는 소셜 미디어를 차단해야 한다. 테크 회사들은 더 개선된 나이 확인 방법을 개발하고, 학교 당국은 교정에서 스마트폰 사용을 금지해야 한다." 청소년의 정신 건강 위기가 심각하다는 하이트의 진단은 간과할 수 없지만, 우리는 제재와 규제가 능사가 아니라는 것 역시 잘 안다. 이 책은

'규제 vs. 자율 논쟁'에 기름을 끼얹었다. 학계의 찬반이 뜨겁다. 불안 세대를 맞은 젊은 세대는 물론, 불안 세대를 지켜보며 불안해하는 부모 세대도 함께 읽고 숙론해야 한다.

— 최재천(이화여대 에코과학부 석좌교수, 생명다양성재단 이사장)

왜 그토록 많은 아이들이 괜찮지 않은지에 대한 긴급하고 도발적인 책. 놀이 기반 아동기에서 스마트폰 기반 아동기로의 대대적 재편이 정신 건강과 사회성 발달에 혼란을 일으키고 있다는 강력한 사례를 제공한다. 아이들이 잠재력을 키우고 세상에 대처하는 법을 배우게 하려면 어떻게 해야 하는지 다시 생각해봐야 한다.

— 애덤 그랜트(와튼스쿨 교수, 『오리지널스』 저자)

모든 부모는 하던 일을 멈추고 즉시 이 책을 읽어야 한다. 조너선 하이트는 오늘날 세계에서 가장 중요한 심리학자이며, 이 책은 지금 자녀의 삶을 재편하고 있는 주제에 관한 가장 중요한 책이다.

— 요한 하리(『도둑맞은 집중력』 저자)

조너선 하이트는 심리학자로 위장한 현대의 예언자다. 이 책에서 그는 스마트폰에 의존하는 어린 시절의 위험성을 경고하며, 모두를 위해 더 밝고 강한 미래로 나아가는 길을 제시한다.

— 수전 케인(『콰이어트』 저자)

급변하는 아동기 환경에 직면한 초등학생 이상의 자녀를 둔 부모는 이 책에 주목해야 한다. 저자는 우리가 직면한 문제를 적나라하게 보여주는 동시에 더 나은 디지털 라이프로 나아가는 길로 우리를 안내한다.

— 에밀리 오스터(브라운대학교 교수, 『최강의 데이터 육아』 저자)

이 책은 남은 세기의 모습을 좌우할 도전 과제를 제시한다. 가능한 한 많은 사람들이 이 책을 읽고 다함께 행동할 수 있는 지혜를 갖기를 바란다.

— 러셀 무어(《크리스채너티 투데이》 편집장)

간담이 서늘해진다. 우리 세계에서 일어난 일의 진정한 공포를 엿볼 수 있다.

—《월스트리트 저널》

학문적이고 매력적이며 전투적인, 그리고 변화를 위한 행동을 강력히 촉구하는 책.

—《뉴욕 타임스》

설득력 있고, 읽기 쉬우며, 놀랍도록 소름 끼친다.

—《텔레그래프》

지금 당장 읽어야 하는 필독서. 학교에서 스마트폰을 금지하고 어린이들이 소셜 미디어에 접근하지 못하도록 하는 운동을 지지해준다.

—《가디언》

스마트폰이 젊은이들 사이에서 불안의 전염병을 부추기고 있다는 명백한 증거이자, 사회의 판도를 바꿀 책.

—《아이리시 인디펜던트》

내용은 유익하고 주장은 설득력있다. 저자의 말처럼, 아이들은 자연을 감상하고, 밖에서 친구들과 놀고, 자전거를 타다 넘어지고, 나이에 맞는 집안일을 하는 데 더 많은 시간을 보내야 한다.

—《사이콜로지 투데이》

이 중요한 책이 실질적인 조치로 이어질 수 있다면, 많은 부모와 청소년은 분명 더 행복해질 것이다.

—《타임스》

내 아이들을 포함해
아이들을 기르고 가르치느라 평생을 헌신한
PS3 초등학교와 랩중학교, 바루크중학교, 브루클린기술고등학교의
선생님들과 교장 선생님들에게 이 책을 바친다.

차례

"아이들을 화성에 보내겠습니까?"

첫아이인 당신 딸이 열 살이 되었을 때, 원대한 꿈을 가진 생면부지의 억만장자가 최초의 화성 영구 정착지에서 살아갈 사람들 중 한 명으로 그 아이를 선택했다고 상상해보라. 우수한 학업 성적(거기다가 당신이 동의한 기억이 없는 유전체 분석 결과)을 바탕으로 선정되었다고 한다. 우주를 좋아하던 딸은 당신 몰래 그 임무에 지원했는데, 게다가 딸의 친구들도 모두 그 임무에 지원했다고 한다. 딸은 제발 화성으로 가게 해달라고 간청한다.

무조건 반대하기 전에 당신은 좀 더 자세한 내용을 알아보기로 한다. 그 임무에 어린이를 모집하는 이유는 어른보다 화성의 특이한 조건, 특히 작은 중력에 더 잘 적응할 수 있기 때문이다. 만약 어린이가 화성에서 사춘기를 보내면서 성장 급증 시기를 겪는다면, 어른이 된 뒤에 도착한 사람과는 달리 신체가 영구적으로 화성의 조건에 적응한 상태로 발달할 것이다. 적어도 이론적으로는 그렇다. 화성의 조건에 적응한 어린이가 지구로 다시 돌아올지는 알 수 없다.

　염려해야 할 이유는 그것 말고도 많다. 첫째, 화성에는 강한 복사가 내리쬔다. 지구의 식물과 동물은 지구로 쏟아지는 태양풍과 우주선宇宙線과 그 밖의 해로운 입자들의 흐름을 대부분 차단하거나 비껴가게 만드는 자기권 방패의 보호를 받으며 진화했다. 화성은 그런 방패가 없어 엄청나게 많은 이온이 우리 몸 모든 세포의 DNA를 뚫고 지나갈 것이다. 이 계획을 설계한 사람들은 우주에서 1년을 보낸 뒤에 암이 발생할 위험이 약간 높아진 어른 우주비행사들에 대한 연구를 바탕으로 화성 정착지를 위한 보호 방패를 만들었다.[1] 하지만 어린이는 더 큰 위험에 노출되는데, 세포들이 더 빠르게 발달하고 분화하는 단계에 있어 세포 손상 가능성이 더 높기 때문이다. 계획 설계자들은 이 점을 고려했을까? 어린이의 안전에 관한 연구를 조금이라도 했을까? 당신이 파악한 정보에 따르면 그렇지 않다.

　중력 문제도 있다. 진화는 오랜 세월에 걸쳐 모든 생물의 구조를 우리가 사는 이 특별한 행성에 작용하는 중력에 잘 대응하도록 최적화했다. 태어나는 순간부터 모든 동물의 뼈와 관절, 근육, 심장혈관계는 오로지 한쪽 방향으로만 작용하는 중력에 반응하면서 발달한다. 우주의 무중량 상태에서 몇 달을 보낸 우주비행사의 근육은 약해지고 골밀도도 덜 치밀해진다. 그리고 두개강처럼 있어서는 안 되는 곳에 체액이 모이는데, 그 결과로 눈알이 큰 압력을 받아 그 모양이 변형될 수 있다.[2] 화성에는 중력이 있지만, 그 세기는 어린이가 지구에서 경험하는 중력에 비하면 38%에 불과하다. 화성의 저중력 환경에서 자란 어린이는 골격과 심장, 눈, 뇌가 변형될 위험이 높다. 계획 설계자들은 어린이의 이러한 취약성을 제대로 고려했을까? 당신이 파악한 바로는 그렇지 않다.

자, 이래도 딸을 화성으로 보내겠는가?

당연히 허락하지 않을 것이다. 지구로 돌아온다는 기약도 없이 어린이를 화성으로 보낸다는 이 계획은 완전히 미친 짓으로 보인다. 도대체 어느 부모가 이를 허락하겠는가? 이 계획을 추진하는 회사는 화성에 대한 우선권을 놓고 다른 회사들과 경쟁을 벌이고 있다. 그 지도자들은 아동 발달에 관한 세부 내용은 전혀 모르고, 아동의 안전 따위는 안중에도 없는 것처럼 보인다. **심지어 회사는 부모의 승인을 받았다는 증명도 요구하지 않았다.** 어린이가 부모의 승인을 받았다는 칸에 체크만 하면, 그 어린이는 화성으로 날아갈 수 있다.

어떤 회사도 부모의 동의 없이 어린이를 화성으로 데려가 위험에 처하게 해서는 안 된다. 그렇게 했다간 막중한 법적 책임을 져야 할 것이다. 그렇지 않은가?

새천년으로 넘어올 때, 미국 서해안의 테크 회사들은 급속하게 성장하는 인터넷을 이용해 세상을 확 바꾸어놓을 제품들을 만들었다. 기술 낙관주의가 널리 퍼지면서 이 제품들은 우리의 삶을 더 쉽고 더 재미있고 더 생산적으로 만들어줄 것으로 기대되었다. 일부 제품은 사람들 사이의 연결과 의사소통에 도움을 주었고, 그래서 점점 늘어나는 민주주의 체제들에서 요긴한 도구로 쓰일 것처럼 보였다. 철의 장막이 무너지고 얼마 지나지 않아 나타난 그 제품들은 새 시대의 출발을 알리는 것 같았다. 이 회사들을 세운 사람들은 프로메테우스처럼 신의 선물을 인류에게 가져다준 영웅이자 천재, 세계적인 은인으로 칭송받았다.

하지만 기술 산업은 단지 어른의 삶만 변화시킨 것이 아니었다. 아동의 삶까지 변화시켰다. 1950년대 이래 아동과 청소년은 텔레비전을 많이 보아왔지만, 새로운 기술들은 이전의 그 어떤 것보다도 휴대하기 쉽고 개인화되고 매력적이었다. 부모들은 이 사실을 일찍부터 알아챘는데, 나는 2008년에 두 살짜리 아들이 내가 처음 산 아이폰의 터치 앤드 스와이프touch-and-swipe 방식 인터페이스에 통달했을 때 그것을 알아챘다. 많은 부모는 아이가 스마트폰이나 태블릿에 폭 빠져 몇 시간이고 조용히 즐겁게 지낸다는 사실에 안도했다. 그것은 과연 안전한 것이었을까? 그 답은 아무도 몰랐지만, 모든 사람이 같은 행동을 하고 있었기 때문에 모두 괜찮을 것이라고 상정했다.

회사들은 자사 제품이 아동과 청소년의 정신 건강에 미치는 영향에 대한 연구는 거의 혹은 전혀 하지 않았고, 그러한 영향을 연구하는 연구자들에게 어떤 데이터도 제공하지 않았다. 그 제품들이 아동과 청소년에게 유해하다는 증거가 점점 쌓이자, 회사들은 주로 부인과 애매모호한 설명과 홍보에 열중했다.[3] 최악의 '범죄자'들은 아동과 청소년에게 심리적 트릭을 사용해 클릭을 계속 하게 함으로써 '관여engagement'를 최대화하는 데 열중한 회사들이었다. 그들은 취약한 발달 단계에 있는 아동을 홀렸는데, 이 시기에는 뇌가 자극에 반응하면서 빠르게 회로 변경이 일어난다. 그중에는 여자아이들에게 가장 큰 해를 입힌 소셜 미디어 회사들, 남자아이들을 가장 깊이 빠져들게 한 비디오게임 회사들과 포르노 사이트들이 포함돼 있었다.[4] 아동의 눈과 귀를 통해 침투하는 중독성 콘텐츠의 파이어호스firehose(대량의 정보나 데이터가 계속적으로 흐르는 것)를 설계하고, 신체적 놀이와 직접 대면 방식 사교 활동을 밀어냄으로써, 이 회사들은 거의 상상하기 힘든 규모로 아동기를 크게 재편하면서 인간의 발달 과정을 변화시켰다. 이러한 변화가 가장 크게 일어난 시기는 2010년부터 2015년까지였지만, 내가 들려주려고 하는 이야기는 자녀에 대한 불안과 과잉보호 의식에 사로잡힌 부모가 등장한 1980년대부터 시작해 코로나19 팬데믹을 거쳐 현재까지 이어진다.

지금까지 테크 회사들에 가한 법적 제약은 어떤 것이 있을까? 미국에서 실행된 주요 제약은 1998년에 제정된 '아동 온라인 프라이버시 보호법Children's Online Privacy Protection Act'으로, 이것은 결국 대다수 나라도 채택한 규범의 기준이 되었다. 이 법에 따르면, 13세 미만 아동은 계정을 개설하면서 자신의 데이터와 일부 권리를 회사 측에 제공하겠다는 계약에 서명하려면 반드시 부모의 동의가 있어야 한다. 그럼으로써 '인터넷 성인'의 유효 연령이 만 13세로 정해졌는데, 아동의 안전이나 정신 건강과는 아무 상관이 없는 이유들로 그렇게 되었다.[5] 하지만 이 법은 회사 측에 나이를 확인할 책임을 명확하게 요구하지 않았다. 아동은 자신의 나이가 충분히 많다고 주장하는 칸에 체크만 하면(혹은 가짜 생일을 입력하면), 부모의 동의나 인지 없이 인터넷에서 거의 모든 곳을 방문할 수 있다. 사실, 13세 미만의 미국인 아동 중 40%가 인스타그램 계정을 만들었지만,[6] 1998년 이래 연방법은 전혀 수정되지 않은 채 남아 있다.(반면에 영국은 초기 단계의 대응 조치를 일부 취했고, 미국의 몇몇 주도 비슷한 조치를 취했다.[7])

일부 회사는 담배와 전자담배 산업 회사들처럼 행동하는데, 자사 제품을 중독성이 매우 강한 형태로 설계한 뒤 미성년자 대상 마케팅을 제한하는 법을 요리조리 피해가려고 한다. 이 회사들의 행태는 유연 가솔린 사용 금지에 저항한 석유 회사들의 행태에 비교할 수 있다. 20세기 중엽에 미국에서 자동차 배기가스를 통해 대기 중으로 유입되는 납이 **매년** 수십만 톤에 이르며, 이것이 수천만 아동의 뇌 발달에 지장을 초래해 인지 발달을 저해하고 반사회적 행동 발생률을 높인다는 증거가 쌓이기 시작했다. 그럼에도 불구하고, 석유 회사들은 계속 유연 가솔린을 생산하고 마케팅하고 판매했다.[8]

물론 오늘날의 거대 소셜 미디어 회사와 20세기 중엽의 거대 담배 회사는 큰 차이가 있다. 소셜 미디어 회사는 어른에게 유용한 제품을 만들면서, 정보와 일자리, 친구, 사랑, 섹스를 찾는 일을 돕고, 쇼핑과 정치적 조직 활동을 더 효율적으로 할 수 있게 하고, 수천 가지 방법으로 삶을 더 편리하게 해준다. 대다수 사람은 담배 없는 세상에서 살면 행복할 테지만, 소셜 미디어는 담배보다 훨씬 가치 있고 유용하며 심지어 많은 어른이 애호한다. 일부 어른이 소셜 미디어와 그 밖의 온라인 활동에 중독되는 문제점이 있긴 하지만, 담배나 술, 도박과 마찬가지로 우리는 그 결과와 그에 대한 책임을 대체로 당사자의 결정에 맡긴다.

하지만 미성년자에게도 똑같은 기준을 적용할 수는 없다. 뇌에서 보상을 추구하는 부분은 일찍 발달하는 반면에, 전두 피질(자기 통제와 만족 지연, 유혹에 대한 저항에 필수적 역할을 담당하는 부분)은 이십대 중반이 되어야 완전히 발달하며, 사춘기 직전의 아동은 발달 과정에서 특히 취약한 시기에 있다. 사춘기가 시작되면 특히 사회적으로 불안정한 상태에 놓이는 경우가 많은데, 또래 압력에 쉽사리 휩쓸리고 사회적 인정을 제공하는 것처럼 보이는 행동에 쉽게 유혹을 느낀다. 우리는 십대 초반 아동에게 담배나 술을 사게 하거나 카지노에 출입하지 못하게 한다. 특히 청소년은 소셜 미디어를 사용하면서 치러야 하는 비용이 어른에 비해 높은 반면, 그 편익은 미미하다. 그러니 아이들은 먼저 지구에서 자라게 한 뒤에 화성으로 보내야 한다.

이 책은 밀레니얼 세대(1981~1995년에 태어난) 다음 세대인 1996년 이후에 태어난 세대,[9] 이른바 Z 세대에게 어떤 일이 일어났는지 들려준다. 일부 마케터는 Z 세대가 2010년생 무렵에서 끝난다고 말하면서 그 이후에 태어난 아이들을 알파Alpha 세대로 부르자고 제안하지만, 나는 젊은이들을 불안 상태로 만들고 있는 아동기의 조건이 변하기 전에는 Z 세대(불안 세대)가 끝나지 않을 것이라고 생각한다.[10]

사회심리학자 진 트웽이Jean Twenge의 획기적인 연구 덕분에 우리는 세대 간 차이가 어린 시절에 경험하는 **사건들**(전쟁과 우울증 같은)을 넘어서고, 어릴 때 사용한 **기술의 변화**(라디오, 텔레비전, PC, 인터넷, 아이폰 순으로 이어진)를 반영한다는 사실을 잘 알고 있다.[11] Z 세대 중 가장 나이가 많은 사람들은 2009년경에 사춘기가 시작되었는데, 그 무렵은 여러 가지 기술 트렌드가 수렴하던 시기였다. 2000년대에는 고속 데이터 통신망이 급속하게 확산되었고, 2007년에는 아이폰이 출시되었으며, 소셜 미디어가 매우 빠르게 퍼져나가는 새 시대가 열렸다. 그중에서 소셜 미디어는 2009년에 '좋아요like'와 '리트윗retweet'(혹은 '공유share') 버튼과 함께 시작되었는데, 이것은 온라인 세계의 사회적 역학에 큰 변화를 가져왔다. 2009년 이전에 소셜 미디어는 친구들과 소통을 유지하는 수단으로 가장 유용했고, 즉각적이고 계속 이어지는 피드백 기능이 적어 오늘날 우리가 보는 것과 같은 해로운 영향이 훨씬 적었다.[12]

네 번째 트렌드는 불과 몇 년 뒤에 시작되었는데, 남자아이보다는 여자아이에게 훨씬 큰 타격을 주었다. 스마트폰이 전면 카메라 기능을 추가하고(2010년) 인스타그램이 페이스북에 인수되면서(2012년) 인기가 크게 높아지자, 사람들이 자신들의 이미지를 게시하는 유행이 크게 확산되었다. 자신의 일상생활을 촬영해 세심하게 편집한 사진과 비디오를 또래 친구들과 낯선 사람들이 단지 보기만 하는 데 그치지 않고 평가까지 할 수 있도록 게시하는 청소년 수가 크게 늘어났다.

Z 세대는 주변 사람들로부터 관심을 돌려 흥미진진하고 중독성이 강하고 불안정하며, 그리고 (곧 보여주겠지만) 아동과 청소년에게 부적절한 대체 우주로 오라고 유혹하는 '포털'을 주머니 속에 넣고 다니면서 사춘기를 보내는 역사상 최초의 세대가 되었다. 그 우주에서 사회적으로 성공하려면 의식 중 상당 부분을 자신의 온라인 '브랜드'를 관리하는 데 쏟아부어야 한다(끊임없이 계속). 이제 또래 친구들로부터 청소년기의 산소인 인정을 받고 청소년에게 악몽과도 같은 온라인 따돌림을 피하려면 이것은 꼭 필요한 활동이 되었다. 십대 Z 세대는 친구, 지인 그리고 잘 모르는 인플루언서의 화려하고 행복한 게시물을 살펴보느라 매일 많은 시간을 쏟아붓는다. 그 결과로 사용자가

불안 세대

만든 비디오와 엔터테인먼트 콘텐츠를 점점 더 많이 보는데, 이것들은 그들을 온라인에 최대한 오래 머물도록 설계된 자동 재생 기능과 알고리듬을 통해 제공된다. 이들은 친구와 가족과 함께 놀고 대화하고 접촉하고 심지어 시선을 마주치는 시간이 점점 줄어들고, 그래서 성공적인 인간 발달에 필수적인 체화된 사회적 행동에 참여하는 양도 크게 줄어든다.

따라서 Z 세대는 급진적인 새로운 성장 방식, 즉 인류가 진화한 소규모 공동체의 현실 세계 상호 작용에서 완전히 벗어난 상태에서 성장하는 방식을 시험하는 대상이다. 이것을 '아동기 대재편Great Rewiring of Childhood'이라고 부르기로 하자. 이것은 마치 이들이 화성에서 성장하는 첫 세대가 된 것과 비슷하다.

아동기 대재편을 초래한 근본 원인은 단지 아동의 일상과 마음에 큰 영향을 미치는 기술 변화에만 있는 게 아니다. 여기에는 두 번째 원인도 있다. 아이를 과잉보호하고 현실 세계에서 아이의 자율성을 제약하려는 추세가 바로 그 원인인데, 이것은 좋은 의도에서 시작되었지만 결국은 파국적 결과를 낳은 변화였다. 아이가 건강하게 성장하려면 자유 놀이를 많이 경험할 필요가 있다. 이것은 모든 포유류 종에서 명백하게 드러나는 법칙이다. 놀이 동안에 일어나는 작은 도전과 좌절은 훗날 맞닥뜨리게 될 훨씬 큰 도전에 대비하는 예방 접종과도 같다. 하지만 여러 가지 역사적, 사회적 이유로 1980년대에 자유 놀이가 감소하기 시작했고, 1990년대에는 그 추세가 더욱 가속되었다. 미국과 영국, 캐나다의 어른들은 어린이를 부모의 감시 없이 밖에서 나돌아다니게 하면 유괴범과 성범죄자의 표적이 되기 쉽다고 생각하는 경향이 점점 더 강해졌다. PC가 더 흔해지고 자유 시간을 보내기에 더 유혹적인 '장소'가 된 것과 같은 시기에 부모의 감시가 없는 실외 놀이가 감소했다.[*]

나는 1980년대를 '놀이 기반 아동기'에서 '스마트폰 기반 아동기'로 전환이 시작된 시기로 간주하자고 제안하는데, 이 전환은 대다수 청소년이 스마트폰을 소유한 2010년대 중반에 가서야 완료되었다. 여기서 내가 이야기하는 '스마트폰 기반phone-based'이라는 용어는 랩톱 컴퓨터와 태블릿, 인터넷에 연결된 비디오게임 콘솔, 그리고 가장 중요하게는 수백만 개의 앱을 사용할 수 있는 스마트폰을 포함해 인터넷과 연결된 모든 개인용 전자기기를 뭉뚱그려 일컫는 말이다.

놀이 기반 또는 스마트폰 기반 '아동기'라고 이야기할 때에도, 나는 이 용어를 광범위한 의미로 사용한다. 즉, '아동기'를 아동과 청소년을 모두 포함하는 의미로 사용한다.(그러면 굳이 '스마트폰 기반 아동기와 청소년기'라고 쓰는 번거로움을 피할 수 있다.) 발달심리학자들은 아동기와 청소년기 사이의 경계를 사춘기가 시작되는 시점으로 이야기할 때가 많지만, 사춘기는 사람마다 제각각 다른 시기에 찾아오고 최

---

[*] 내가 이야기한 과잉보호와 기술 사용, 정신 건강 추세들은 영어권 국가들인 미국, 영국, 캐나다, 오스트레일리아, 뉴질랜드 모두에서 대체로 비슷한 방식으로 거의 같은 시기에 일어났는데, 이를 뒷받침하는 훌륭한 증거가 있다(Rausch & Haidt, 2023, March 참고). 나는 서양의 선진국 대부분 혹은 전부에서 같은 일이 일어났다고 생각하지만, 개인주의와 사회적 통합 수준과 그 밖의 문화적 변수에 따라 차이는 있을 것이다. 나는 전 세계의 나머지 지역들에서 진행된 연구들을 수집하고 있으며, 그 나라들에서 일어나는 추세에 관한 글을 '애프터 바벨After Babel' 서브스택Substack(작가가 자신의 글을 게시하는 온라인 구독 기반 서비스 플랫폼)에 올릴 것이다. ―원주

근 수십 년 사이에 그 시기가 점점 빨라지고 있기 때문에, 청소년기를 십대 시절과 동일시하는 것은 더 이상 옳지 않다.[13] 그래서 이 책에서는 연령대를 다음과 같이 분류하려고 한다.

- **아동**: 0~12세.
- **청소년**: 10~20세.
- **십대**: 13~19세.
- **미성년**: 18세 미만인 모든 사람. 나는 가끔 '아이kid'라는 단어도 사용할 텐데, '미성년'보다 덜 공식적이고 덜 전문적으로 들리기 때문이다.

아동과 청소년의 나이에 서로 겹치는 부분이 있는 것은 의도적이다. 10~12세 아이는 아동과 청소년 사이의 영역에 있으며, 그래서 흔히 '트윈tween'이라고 부른다.(이 시기를 '초기 청소년기early adolescence'라 부르기도 한다.) 이들은 더 어린 아이들처럼 장난기가 많지만, 청소년의 사회적, 심리적 복잡성이 발달하기 시작한다.

놀이 기반 아동기에서 스마트폰 기반 아동기로의 전환이 진행됨에 따라 많은 아동과 청소년은 실내에 머물면서 온라인에서 노는 것에 매우 만족해했지만, 그 과정에서 그들은 모든 어린 포유류가 기본 능력을 발달시키고 타고난 두려움을 극복하고 부모에게 덜 의지할 준비를 하기 위해 꼭 필요한 종류의 신체적 경험과 사회적 경험에 노출될 기회를 잃었다. 또래와 함께 나누는 가상 상호 작용은 이렇게 상실된 경험을 완전히 보완하지 못한다. 게다가 놀이 시간과 사회생활이 온라인으로 옮겨간 아동과 청소년은 점점 더 어른의 공간을 배회하고 성인 콘텐츠를 소비하고 어른들과 상호 작용하게 되었는데, 이런 상호 작용은 미성년에게 해로운 방식으로 일어날 때가 많다. 따라서 부모들은 현실 세계에서 위험과 자유를 제거하려고 노력하다가 일반적으로 자녀에게 가상 세계에서 완전한 독립성을 허용하고 마는데(흔히 자기도 모르게), 일부 이유는 대다수 사람이 가상 세계에서 무엇을 어떻게 제한해야 하는지는 말할 것도 없고 거기서 어떤 일이 일어나는지조차 잘 모른다는 데 있다.

이 책에서 내가 주장하려는 핵심은 1996년 이후에 태어난 아동이 불안 세대가 된 주요 원인이 이 두 가지 추세—**현실 세계의 과잉보호와 가상 세계의 과소 보호**—에 있다는 사실이다.

여기서 몇 가지 용어를 정리하고 넘어갈 필요가 있을 것 같다. 이 책에서 말하는 '현실 세계'는 지난 수백만 년 동안 전형적으로 나타났던 다음 네 가지 특징을 지닌 관계와 사회적 상호 작용을 가리킨다.

1. **체화된**embodied 방식으로 일어난다. 이것은 우리가 몸을 사용해 의사소통을 하고, 남의 몸을 의식하고, 의식적으로 또는 무의식적으로 남의 몸에 반응한다는 뜻이다.
2. **동기화된**synchronous 방식으로 일어난다. 이것은 상호 작용이 타이밍과 자기 차례를 알려주는 미묘한 단서를 바탕으로 동시에 일어난다는 뜻이다.
3. 주로 **일대일 또는 일대다 방식의 의사소통**으로 일어나며, 한 순

간에 단 한 가지 상호 작용만 일어난다.

4. **진입과 퇴출 장벽이 높은** 공동체 내에서 일어난다. 그래서 사람들은 관계에 많은 투자를 했다가 균열이 생겼을 때 그것을 메우려는 동기가 강하다.

이와는 대조적으로 '가상 세계'는 불과 지난 수십 년 동안 전형적으로 나타났던 다음 네 가지 특징을 지닌 관계와 사회적 상호 작용을 가리킨다.

1. **비체화된**disembodied 방식으로 일어난다. 이것은 몸이 필요 없고 오직 언어만 필요하다는 뜻이다. 파트너는 인공 지능AI, artificial intelligence이 될 수도 있고, 이미 그런 일이 일어나고 있다.

2. **비동기화된**asynchronous 방식으로 일어나며 그 정도가 매우 심한데, 주로 텍스트 기반 게시물과 댓글을 통해 일어나기 때문이다.(이와 달리 영상 통화는 동기화된 방식으로 일어난다.)

3. 수많은 잠재적 청중을 상대로 방송을 하면서 **일대다 의사소통**이 아주 많이 일어난다. 다중 상호 작용이 병렬적으로 일어날 수도 있다.

4. **진입과 퇴출 장벽이 낮은** 공동체 내에서 일어난다. 그래서 기분이 나쁘면 상대방을 차단하거나 그냥 관계를 끊을 수도 있다. 공동체는 오래 지속하지 못하는 경향이 있으며, 관계는 보통 일회성에 그치는 경우가 많다.

실제로는 이 경계선이 모호한 경우가 많다. 내 가족은 비록 페이스타임FaceTime(아이폰 영상 통화), 문자와 이메일을 사용해 서로 접촉하지만 주로 현실 세계에서 살아간다. 반대로 18세기에 편지를 통해서만 서로 알고 지냈던 두 과학자의 관계는 가상 세계의 관계에 더 가깝다고 말할 수 있다. 핵심 요소는 관계를 유지하는 데 필요한 '몰입commitment'이다. 쉽게 탈출할 수 없는 공동체에서 자란 사람들은 수백만 년 동안 조상들이 해온 일을 하면서 살아간다. 이들은 관계를 관리하는 법과 그러한 소중한 관계를 유지하기 위해 처신하는 법, 감정을 다스리는 법을 배운다. 강한 대인관계 몰입과 소속감을 만드는 방법을 발견한 온라인 커뮤니티도 많지만, 일반적으로 실명을 사용할 필요가 없고 버튼을 클릭하는 것만으로 관계를 끊을 수 있는 네트워크에서 자란 아동은 그런 기술을 배우기가 어렵다.

이 책은 4부로 구성돼 있다. 1부에서는 2010년 이후에 청소년들 사이에서 나타난 정신 건강의 추세를 설명하고, 2부에서는 아동기의 본질과 우리가 어떻게 그것을 망치는지를 들여다본다. 3부에서는 새로운 스마트폰 기반 아동기가 초래하는 해악을 살펴보고, 4부에서는 가정과 학교와 사회에서 일어나는 피해를 되돌리기 위해 지금 우리가 무엇을 해야 하는지 이야기할 것이다. 서로 손을 잡고 함께 행동한다면 변화를 일으킬 수 있다.

1부는 단 하나의 장만으로 이루어져 있는데, 21세기에 십대의 정신 건강과 안녕이 얼마나 악화되었는지 살펴보면서 스마트폰 기반 아동기로의 급속한 전환이 얼마나 해로운지 보여준다. 2010년대 초부터 급증하기 시작한 불안 장애와 우울증, 자해 비율이 정신 건강 악화 추세를 보여주는 지표인데, 특히 여자아이들 사이에서 그 비율이 크게 증가했다. 남자아이들은 이야기가 조금 더 복잡하다. 증가 비율은 일반적으로 더 낮지만(자살 비율을 제외하고는), 이런 추세가 여자아이들보다 조금 더 일찍 나타나는 경우가 종종 있다.

2부에서는 배경 이야기를 들려준다. 2010년대의 정신 건강 위기는 1990년대에 증가하기 시작한 부모의 두려움과 과잉보호에 그 뿌리가 있다. 2부는 스마트폰이 과잉보호와 함께 '경험 차단제' 역할을 함으로써, 아동과 청소년이 위험한 놀이와 문화적 도제 경험에서부터 통과 의례와 낭만적 애착까지 필수적인 체화된 사회적 경험 습득을 어렵게 만들었다는 것을 보여준다.

3부에서는 스마트폰 기반 아동기가 많은 측면에서 아동의 발달을 방해한다는 것을 보여주는 연구들을 소개한다. 먼저 네 가지 기본적인 해악인 수면 박탈, 사회적 박탈, 주의 분산, 중독을 설명한다. 그러고 나서 여자아이*에게 초점을 맞춰 소셜 미디어 사용과 정신 질환

---

* 성별에 대한 주석이 약간 필요할 것 같다. 여자아이와 남자아이는 (평균적으로) 서로 다른 플랫폼을 서로 다른 방식으로 사용하며, 경험하는 정신 건강과 정신 질환의 패턴이 서로 다르기 때문에, 이 책에는 여자아이와 남자아이를 따로 구별해 추세와 과정을 다루는 내용이 많다(특히 6장과 7장). Z 세대 사이에서 논바이너리non-binary(남성과 여성 둘로만 분류하는 기존의 이분법적 성별 구분에서 벗어나는 성 정체성을 가진 사람) 수가 점점 늘어나고 있다는 사실에 주목할 필요가 있다. 논바이너리 젊은이의 정신 건강이 또래 남성과 여성보다 훨씬 나쁘다고 시사하는 연구 결과가 여럿 있다(Price-Feeney et al., 2020 참고). 이 집단에 대한 연구는 역사적으로도 그렇지만 현재도 드물다. 나는 기술이 논바이너리 젊은이에게 특별히 어떤 영향을 미치는지 탐구하는 연구들이 진행되길 기대한다. 이 책에서 제시한 연구들은 대부분 모든 청소년에게 적용된다. 예를 들면, 네 가지 기본적인 해악은 성 정체성에 상관없이 모든 청소년에게 영향을 미친다. ―원주

의 관계가 단지 **상관관계**에 불과한 게 아님을 보여준다. 소셜 미디어 사용은 정신 질환을 초래하는 **원인**인데, 나는 그런 일이 일어나는 여러 가지 방식을 보여주는 경험적 증거를 제시할 것이다. 또 남자아이들이 조금만 다른 경로를 택하더라도 정신 건강이 어떻게 나빠질 수 있는지 설명한다. 아동기 대재편이 어떻게 '이륙 실패failure to launch' 비율을 증가시키는지 보여줄 것이다.(여기서 '이륙launch'이란 청소년기에서 많은 책임이 따르는 성인기로 무사히 전환하는 것을 가리킨다.) 3부는 스마트폰 기반 삶이 우리를 영적 차원에서 '아래로 끌어내림'으로써 우리 모두—아동과 청소년과 어른—를 어떻게 변화시키는지 살펴보면서 마무리짓는다. 그리고 우리 모두가 더 잘 살아가도록 도움을 줄 수 있는 고대의 영적 수행 방법 여섯 가지를 알아본다.

4부에서는 우리가 지금 할 수 있고 해야만 하는 일들을 소개한다. 다양한 '집단행동 문제'에서 벗어나려면 테크 회사와 정부, 학교, 부모가 어떻게 해야 하는지에 대해 지금까지 나온 연구 결과를 바탕으로 조언한다. 집단행동 문제들은 사회과학자들이 오랫동안 연구한 덕으로, 개인이 홀로 행동할 때에는 큰 비용을 치러야 하지만 사람들이 함께 협력해 행동하면 결국에는 모두를 위해 훨씬 나은 행동을 손쉽게 선택할 수 있다.

나는 뉴욕대학교 교수로서 대학원생과 대학생을 가르치고 많은 고등학교와 대학교에서 강연을 하면서, Z 세대에게 긍정적 변화를 추진하는 데 도움을 줄 수 있는 장점이 여러 가지 있다는 사실을 발견했다. 첫 번째 장점은 거부하지 않는 자세이다. 그들은 더 강하고 튼튼해지길 원하며, 대다수는 새로운 상호 작용 방식에 열린 태도를 보인다. 두 번째 장점은 더 공정하고 더 배려하는 세계를 만들기 위한 체계적 변화를 원하며, 그렇게 하기 위해 조직하는 데 능숙하다는 점이다(그렇다, 소셜 미디어를 사용해). 작년 무렵에 나는 점점 더 많은 젊은이가 기술 산업이 자신들을 착취하는 방식에 관심을 기울인다는 이야기를 들었다. 그들이 조직하고 혁신한다면 이 책에서 제안한 것을 뛰어넘는 새로운 해결책을 찾을 것이고, 그 해결책은 그들을 행복하게 만들 것이다.

나는 임상심리학자나 미디어 연구자가 아니라 사회심리학자이다. 하지만 청소년의 정신 건강 붕괴는 한 분야의 관점으로만 바라보아서는 제대로 이해할 수 없는 긴급하고도 복잡한 주제이다. 나는 도덕성과 감정과 문화를 연구한다. 그리고 그 과정에서 습득한 일부 도구와 관점을 아동 발달과 청소년의 정신 건강 연구에 적용했다.

나는 행복의 원인 연구에 몰두하는 긍정심리학이 1990년대 후반에 탄생한 순간부터 이 분야에서 활발하게 활동해왔다. 나의 첫 번째 책인 『행복 가설The Happiness Hypothesis』*은 행복한 삶을 사는 방법에 관해 동양과 서양의 고대 문화들이 발견한 '위대한 진리' 열 가지를 살펴본다.

이 책을 토대로 나는 버지니아대학교 심리학과 교수로 재직한 2011년까지 '행복Flourishing'이라는 과목을 가르쳤고, 지금은 뉴욕대학

* 『The Happiness Hypothesis』는 국내에서 '명품을 코에 감은 코끼리, 행복을 찾아나서다'(2010년), '조너선 하이트의 바른 행복'(2022년)이라는 제목으로 출간되었으나, 원어에 가까운 뜻과 표현으로 번역했다.

교 스턴경영대학원에서 대학생과 MBA 과정 학생에게 비슷한 과목을 가르치고 있다. 나는 학생들이 플립폰을 사용하던 밀레니얼 세대에서 스마트폰을 사용하는 Z 세대로 넘어가면서 불안과 미디어 기기 중독이 증가하는 것을 목격했다. 그들이 자신들의 정신 건강 문제와 기술과의 복잡한 관계에 대해 솔직하게 이야기하는 데에서 많은 것을 배웠다.

나의 두 번째 책인 『바른 마음 The Righteous Mind』은 도덕성의 진화심리학적 기반에 대한 나 자신의 연구를 소개한다. 이 책은 공동의 의미와 목적을 느끼게 하는 도덕적 공동체에 소속되고 싶은 사람들의 욕구에 특별한 주의를 기울이면서, 왜 선량한 사람들이 정치와 종교 때문에 분열되는지 그 이유를 탐구한다. 이 연구는 어른들이 목표를 달성하도록 돕는 데 유용하게 쓰일 수 있는 온라인 소셜 네트워크가 왜 현실 세계 공동체(수십만 년 동안 그 안에서 아동이 뿌리를 내리고 형성되면서 자란)를 효과적으로 대체할 수 없는지 이해하는 발판이 되었다.

하지만 나를 청소년의 정신 건강 연구로 직접 안내한 것은 세 번째 책이었다. 내 친구 그레그 루키아노프 Greg Lukianoff는 대학교 캠퍼스에서 뭔가가 매우 빠르게 변했다는 사실을 맨 처음 알아챈 사람 중 한 명이다. 그는 학생들 사이에서 왜곡된 사고 패턴이 나타나기 시작하는 것을 보고서 그것을 알아챘다. 그 사고 패턴은 그가 2007년에 심각한 우울증을 겪은 후에 인지 행동 치료 cognitive behavioral therapy에 대해 배우며 식별하고 거부하는 법을 익힌 것과 똑같았다. 그레그는 변호사로 일하면서 '개인의 권리와 표현 재단 Foundation for Individual

Rights and Expression' 이사장도 맡고 있는데, 이 재단은 오래전부터 지나치게 트집만 잡으려고 드는 대학교 행정실 직원들에 맞서 자신들의 권리를 옹호하려는 학생들을 도와왔다. 2014년에 그는 뭔가 이상한 일이 일어나는 것을 목격했는데, 학생들이 '안전하지 않다'는 느낌을 주는 책과 강연자로부터 자신들을 보호해달라고 학교 측에 요구하기 시작했다. 그레그는 대학교들이 최악의 상황 상상하기, 흑백 논리, 감정적 추론 같은 인지 왜곡을 부추기는 방식으로 학생들을 **가르치고** 있고, 그것이 실제로 학생들을 우울증과 불안에 빠지게 하는 **원인**이 될 수 있다고 생각했다. 2015년 8월에 우리는 이 개념을《애틀랜틱The Atlantic》에「과잉보호로 나약해진 미국인The Coddling of the American Mind」라는 제목의 논문으로 발표했다.

우리의 생각은 일부만 옳았다. 일부 대학교 강좌와 학계의 새로운 추세[14]는 의도치 않게 정말로 인지 왜곡을 가르치고 있었다. 하지만 2017년에 이르자 많은 나라에서 모든 교육 수준과 사회 계층과 인종의 청소년 사이에서 우울증과 불안이 증가한다는 사실이 분명해졌다. 평균적으로 1996년과 그 이후에 태어난 사람들은 불과 몇 년 전에 태어난 사람들과 심리적으로 아주 달랐다.

우리는《애틀랜틱》에 발표한 논문을 더 확대해 같은 제목*의 책으로 출간하기로 결정했다. 거기서 우리는 2017년에 나온 진 트웽이의 책『#i세대iGen』를 바탕으로 이 정신 질환 위기의 원인을 분석했다. 하지만 그 당시에 거의 모든 증거는 상관관계만 있을 뿐이었다. 십대

---

*   우리나라에서는 '나쁜 교육'(2019년)이라는 제목으로 출간되었다.

가 아이폰을 갖자마자 얼마 지나지 않아 우울증이 더 빈발하기 시작했다. 아이폰을 많이 사용하는 사람일수록 우울증이 심한 반면, 스포츠 팀이나 종교 공동체에서 활동하는 것처럼 대면 활동에 시간을 더 많이 쓰는 사람이 가장 건강했다.[15] 하지만 상관관계가 곧 인과관계의 증거는 아니라는 사실을 감안해, 우리는 부모들에게 지금까지 나온 연구를 바탕으로 극단적인 행동을 취해서는 안 된다고 주의를 주었다.

이 글을 쓰고 있는 지금(2023년)은 소셜 미디어가 청소년, 그중에서도 특히 사춘기 여자아이들에게 아주 해롭다는 것을 보여주는 연구 결과가—상관관계를 보여주는 연구뿐만 아니라 실험 연구까지—훨씬 더 많이 나왔다.[16] 또한 이 책을 쓰기 위한 조사 과정에서 나는 문제의 원인이 처음에 생각했던 것보다 훨씬 광범위하다는 사실을 발견했다. 그 원인은 단순히 스마트폰과 소셜 미디어에만 있는 게 아니다. 역사적으로 유례없는 아동기 변화도 중요한 원인이다. 이 변화는 남자아이에게도 여자아이 못지않은 영향을 미친다.

우리는 현실 세계를 아이들에게 안전한 곳으로 만들려고 100년 이상 노력해왔다. 20세기 초에 자동차가 널리 보급되면서 수만 명의 어린이가 자동차를 타고 가다가 사망하는 사고가 일어나자, 결국 우리는 안전벨트(1960년대)와 유아용 의자(1980년대)를 의무화했다.[17] 내가 고등학교를 다니던 1970년대 후반에는 많은 또래 학생이 담배를 피웠는데, 담배는 자판기에서 쉽게 구입할 수 있었다. 결국 미국은 어른 흡연자에게 불편을 강요하면서 담배 자판기를 금지했고, 이제 어른

은 가게 점원에게 나이를 확인받으면서 직접 담배를 구입해야 한다.[18]

수십 년 동안 우리는 어린이를 보호하는 방법들을 계속 찾아내는 한편, 어른에게는 원하는 것을 마음대로 거의 다 하도록 허용했다. 그러다가 갑자기 어른이 충동적 기분에 따라 언제라도 몰입할 수 있는 가상 세계를 만들어냈지만, 그 세계에서 아이들을 거의 무방비 상태로 방치했다. 스마트폰 기반 아동기가 우리 아이들에게 정신적으로 해를 끼칠 뿐만 아니라 그들을 사회적으로 고립시키고 매우 불행하게 만든다는 증거가 증가하고 있는데도, 우리는 그러한 트레이드오프trade-off*에 만족하고 그냥 넘어가야 할까? 아니면, 20세기에 그랬듯이 때로는 어른들이 약간의 불편을 감수하더라도 아이들을 해로운 결과로부터 보호해야 한다는 사실을 마침내 깨달을까?

4부에서는 개혁을 위한 아이디어를 많이 제안하는데, 그것들은 모두 우리가 저지른 두 가지 큰 실수를 되돌리는 것을 목표로 한다. 두 가지 실수는 현실 세계(막대한 양의 직접적 경험을 배워야 하는 장소)에서 아이를 과잉보호하는 것과 온라인(사춘기 시절에 취약성이 두드러지게 드러나는 장소)에서 아이를 과소 보호하는 것이다. 내가 제안하는 조언들은 1부에서 3부까지 소개한 연구들에 기반을 둔 것이다. 연구 결과들은 복잡하고, 일부는 연구자들 사이에 이견이 있기 때문에 내가 틀린 부분도 분명히 있을 테지만, 이 책의 온라인 부록에서 필요한 부분을 계속 수정하면서 혹시라도 있을 오류를 바로잡기 위해 최선을 다할 것이다. 그럼에도 불구하고, 아주 중요하고 내가 크게 자신하는

---

* 한쪽을 추구하면 다른 쪽을 희생하지 않을 수 없는 상황이나 관계.

개혁이 네 가지 있는데, 이것들은 기본적인 개혁이라고 부를 만하며 디지털 시대에 더 건강한 아동기를 보낼 수 있는 기반을 제공할 것이다.

그 기본적인 개혁 네 가지는 다음과 같다.

1. **고등학생이 되기 전에는 스마트폰 금지**. 9학년(대략 만 14세) 전까지는 기본 휴대폰만 제공함으로써 아동이 24시간 내내 인터넷에 접속할 수 있는 시기를 늦추어야 한다.

2. **16세가 되기 전에는 소셜 미디어 금지**. 사회 비교social comparison와 알고리듬이 제공하는 인플루언서의 파이어호스에 접하는 시기를 아동의 뇌 발달 과정에서 가장 취약한 시기가 지난 뒤로 미룬다.

3. **학교에서 휴대폰 사용 금지**. 초등학교부터 고등학교까지 모든 학교에서 등교 후부터 수업 시간이 끝날 때까지 학생의 휴대폰과 스마트워치, 문자를 주고받을 수 있는 그 밖의 개인용 전자기기를 로커나 잠금 장치가 있는 가방에 보관하게 한다. 이것은 학생들끼리, 그리고 교사에게 주의를 집중하게 만드는 유일한 방법이다.

4. **감독하지 않는 놀이와 독립적 행동을 더 많이 보장한다**. 이것은 아동이 사회성 기술을 자연스럽게 발달시키고 불안을 극복하고 자립적인 영 어덜트young adult*로 성장하도록 돕는 방법이다.

---

* 영 어덜트는 문자 그대로 어린 성년기를 가리키는데, 학자에 따라 그 시기가 천차만별이지만, 18~25세로 보는 것이 무난하다.

불안 세대

이 네 가지 개혁은 실행하기 어렵지 않다(만약 많은 사람이 동시에 행동한다면). 비용도 거의 들지 않는다. 그리고 입법 기관의 도움이 전혀 없더라도 충분히 효과를 거둘 수 있다. 만약 공동체 내의 대다수 부모와 학교가 이 네 가지 개혁을 모두 동시에 추진한다면, 2년 안에 청소년의 정신 건강이 상당히 개선될 것이라고 믿는다. AI와 공간 컴퓨팅spatial computing(애플이 새로 출시한 비전 프로 고글 같은)은 가상 세계를 훨씬 더 몰입적이고 중독적으로 만들 것이기 때문에, 지금 당장 개혁을 시작하는 것이 좋다고 생각한다.

『행복 가설』을 쓰면서 나는 옛날 사람들의 지혜와 이전 세대들의 발견을 매우 존중하게 되었다. 오늘날 우리가 휴대폰 기반의 삶을 살아가는 것을 본다면, 옛날의 현인들은 어떤 조언을 할까? 그들은 당장 전자 기기를 내려놓고 자신의 마음을 다스리는 법을 회복하라고 말할 것이다. 1세기에 살았던 에픽테토스Epictetos는 다른 사람이 자신의 감정을 좌지우지하도록 방치하는 인간의 경향을 한탄하면서 이렇게 말했다.

누군가 당신의 몸을 다른 사람에게 넘긴다면, 당신은 분명히 분노할 것이다. 그런데 당신의 마음을 다른 사람에게 넘김으로써 그가 당신을 모욕하게 하고, 그 결과로 당신이 혼란에 빠지고 속상함을 느낀다면, 그것이야말로 더 수치스럽지 않은가?[19]

소셜 미디어에서 자신을 언급한 '멘션'을 찾아보거나 자신에 대해 다른 사람이 올린 글에 충격을 받은 적이 있는 사람이라면, 에픽테토스의 우려를 충분히 이해할 것이다. 자신에 대한 언급이나 비판을 접한 적이 거의 없는 사람과 다른 사람들의 활동과 수다와 행위가 끝없이 이어지는 게시물을 단순히 바라보기만 하는 사람도 2세기에 마르쿠스 아우렐리우스Marcus Aurelius가 스스로에게 한 충고가 몹시 마음에 와닿을 것이다.

서로에게 이익이 되는 일이 아니라면, 다른 사람의 일로 당신의 남은 시간을 낭비하지 마라. 그것은 다른 유익한 일을 하지 못하게 방해만 할 뿐이다. 다른 사람이 무슨 일을 하고 왜 그런 일을 하는지, 다른 사람이 무슨 생각을 하고 왜 그런 생각을 하는지, 다른 사람이 무엇을 계획하고 있으며 왜 그런 계획을 하는지 몰두하게 되고, 또한 당신 자신의 문제에서 벗어나게 하고 자신의 마음에 집중하지 못하게 하는 그 밖의 생각에 지나치게 몰두하게 될 것이다.[20]

X 세대와 이전 세대 어른들 사이에서는 2010년 이후에 임상적 우울증이나 불안 장애가 그다지 증가하지 않았지만,[21] 많은 사람이 새로운 기술들과 그것들의 끊임없는 참견과 주의 분산에 점점 더 지치고 정신이 산란해지고 기진맥진한 상태에 빠지고 있다. 생성형 AI가 초현실적인 가짜 사진과 영상과 뉴스를 만듦에 따라 온라인의 삶은 더욱 혼란스러워질 가능성이 높다.[22] 하지만 반드시 그래야 하는 것은 아니다. 우리는 자신의 마음을 다스리는 법을 회복할 수 있다.

이 책은 단지 부모와 교사, 그리고 아이들을 염려하는 사람만을 위한 것이 아니다. 인류의 역사에서 인간관계와 의식의 급속한 재편이, 어떻게 우리 모두가 생각하고 집중하고 다른 사람을 배려하며 친밀한 관계를 맺는 일을 훨씬 어렵게 만들었는지 이해하고자 하는 모든 이를 위한 책이다.

『불안 세대』는 모든 세대의 사람들을 위해 인간의 삶을 되찾는 방법을 알려주는 책이다.

밀려오는 해일

1장

고통의 급증

청소년 자녀를 둔 부모와 대화를 할 때면 대화 내용이 스마트폰과 소셜 미디어, 비디오게임으로 흘러갈 때가 많다. 부모가 들려주는 이야기는 대개 몇 가지 공통적인 패턴으로 귀결된다. 하나는 '끝없는 갈등'이다. 부모는 규칙을 정하고 제약을 가하려고 하지만 전자 기기가 너무나도 많고, 어떤 규칙을 완화해야 할 필요성을 놓고 너무나도 많은 설전이 벌어지고, 규칙을 우회하는 방법 역시 너무나도 많아 기술을 놓고 벌어지는 이견이 가정생활을 압도하게 되었다. 전통적인 가족 의식과 기본적인 연결관계를 유지하려는 노력은 끊임없이 밀려오면서 부모와 아이를 모두 집어삼키려는 물결에 저항하려고 하는 것처럼 매우 버겁게 느껴질 수 있다.

나와 대화를 나눈 대다수 부모가 하는 이야기는 병원에서 진단받은 정신 질환에 관한 것이 아니다. 대신에 뭔가 부자연스러운 일이 일어나고 있으며, 온라인에서 보내는 시간이 늘어날수록 자녀가 뭔가를(실제로 거의 모든 것을) 잃는다는 염려가 그 바탕에 깔려 있다.

그보다 더 어두운 이야기도 가끔 나온다. 자녀를 잃었다고 느끼는 부모도 있다. 보스턴의 한 어머니는 14세 딸인 에밀리[1]가 인스타그램을 못 하게 하려고 기울인 노력에 대해 이야기했다. 그들의 눈에는 인스타그램이 딸에게 미치는 해로운 영향이 분명히 보였다. 접근을 차단하기 위해 딸의 휴대폰을 감시하고 앱 사용을 제한하는 프로그램을 활용하려는 시도도 해보았다. 하지만 가족생활은 끊임없는 투쟁으로 전락했고, 매번 에밀리는 제약을 피하는 방법을 찾아냈다. 에밀리는 어머니의 휴대폰에 들어가 감시 소프트웨어를 무력화했고, 만약 그것을 다시 설치하면 죽어버리겠다고 위협한 고통스러운 일화도 있었다. 어머니는 내게 이렇게 말했다.

딸의 인생에서 소셜 미디어와 스마트폰을 없애는 방법은 그애를 무인도로 보내는 수밖에 없는 것처럼 보여요. 딸은 매년 여름에 6주 동안 여름 캠프에 참가했는데, 그곳에서는 스마트폰과 일체의 전자 기기 사용을 금지했지요. 캠프에서 데려올 때마다 딸은 정상적인 자신으로 돌아와 있었어요. 하지만 스마트폰을 사용하자마자 곧 전과 동일한 동요와 무뚝뚝한 태도가 반복되었지요. 작년에 두 달 동안 스마트폰을 빼앗고 대신에 플립폰을 주었더니 딸은 정상적인 자신으로 돌아왔어요.

남자아이는 대개 소셜 미디어보다는 비디오게임(그리고 때로는 포르노)에 빠지는 경우가 많은데, 간혹 게임을 하던 단계에서 게임 중독에 가까운 단계로 전환할 때 특히 문제가 심각해진다. 한 목수는 경미한 자폐증이 있는 14세 아들 제임스의 이야기를 들려주었다. 코로나19가 창궐하기 전에 제임스는 학교생활과 유도에서 진전된 모습을 보였다. 하지만 제임스가 11세 때 학교가 문을 닫자, 집에서 할 수 있는 일을 찾아주고 싶었던 부모는 플레이스테이션 게임기를 사주었다.

처음에는 그것이 제임스의 삶에 도움이 되는 것처럼 보였다. 제임스는 게임과 사회적 연결을 정말로 즐겼다. 하지만 장시간에 걸쳐 포트나이트Fortnite 게임을 시작하면서 행동이 변하기 시작했다. "그때부터 우울증과 분노, 나태함이 모두 나타나기 시작했어요. 우리에게 화를 분출하기 시작한 것도 그때부터였지요." 갑작스러운 행동 변화를 다스리기 위해 부모는 모든 전자 기기를 치웠다. 그러자 제임스는 흥분성과 공격성을 비롯해 금단 증상을 보였고, 방에서 나오려 하지 않았다. 며칠이 지나자 증상의 강도는 약해졌지만, 부모는 진퇴양난의 처지에 빠졌다는 생각이 들었다. "우리는 게임을 제한하려고 애썼지만, 제임스는 온라인에서 소통하는 사람들 말고는 친구가 하나도 없어요. 그러니 언제까지 게임을 못 하게 막을 수 있겠어요?"

이야기의 패턴이나 심각성 정도에 상관없이 모든 부모에게서 나타나는 공통점은 진퇴양난에 빠져 아무것도 할 수 없다는 무력감이다. 대다수 부모는 자녀가 스마트폰 기반 아동기를 보내길 원치 않지만, 세상 자체가 확 바뀌어 그 물결에 저항하는 부모는 자녀를 사회적 격리 상태로 내몰게 된다.

이 장의 나머지 부분에서는 뭔가 큰일이 일어나고 있으며, 2010년대 초반에 젊은이들의 삶에 일어난 변화가 그들의 정신 건강을 급격히 악화시켰다는 증거를 보여줄 것이다. 하지만 데이터를 자세히 들여다보기 전에, 어떤 의미에서 자녀가 물결에 휩쓸려 떠내려갔다고 느끼고 이제 그들을 되찾아오려고 애쓰는 부모들의 목소리를 들어보기로 하자.

해일이 밀려오기 시작하다

2000년대에는 청소년에게 정신 질환 위기가 임박했다는 징후가 거의 없었다.[2] 그러다가 갑자기 2010년대 초반에 상황이 확 변했다. 모든 정신 질환은 여러 가지 원인이 있다. 제각각 유전자와 어린 시절의 경험, 사회적 요인을 포함해 복잡한 배경 이야기가 있다. 나는 2010년부터 2015년까지 왜 많은 나라에서 Z 세대(그리고 일부 후기 밀레니얼 세대)의 정신 질환 비율은 증가한 반면, 나이가 더 많은 세대들은 그 추세에서 벗어났는가에 초점을 맞춰 연구를 진행했다. 청소년의 불안과 우울증이 국제적으로 동시에 증가한 이유는 무엇일까? 그레그와 나는 2018년 초에 『나쁜 교육』의 집필을 마쳤다. 그림 1.1은 2016년까지의 데이터를 바탕으로 『나쁜 교육』에 실은 그래프를 뼈대로 하여 만든 것인데, 그 이후에 일어난 일을 보여주기 위해 일부를 수정했다. 매년 미국 정부가 실시하는 조사는 십대들에게 약물 사용에 관한 일련의 질문과 함께 정신 건강에 관한 질문을 몇 가지 물었다. 예컨대 "슬프거나 공허하거나 우울한" 기분을 오랫동안 느낀 적

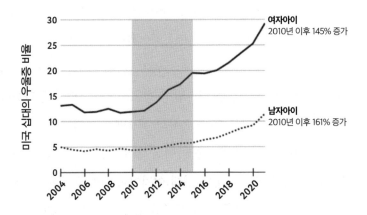

십대의 주요 우울증 비율

여자아이
2010년 이후 145% 증가

남자아이
2010년 이후 161% 증가

미국 십대의 주요 우울증 비율

그림 1.1 전해에 주요 우울증 에피소드를 적어도 한 번 이상 겪은 미국 십대(12~17세)의 비율. 자기 보고한 증상 체크리스트를 바탕으로 작성한 것이다. 이 그래프는 『나쁜 교육』에 실린 그림 7.1을 2016년 이후의 데이터를 덧붙여 보강한 것이다. (출처: 미국 전국약물사용·건강조사U.S. National Survey on Drug Use and Health.)[3]

이 있는가, 혹은 "평소에 즐기던 대부분의 일에 흥미를 잃거나 지겨움을 느낀" 기간이 오래 지속된 적이 있는가라는 질문도 있었다. 주요 우울증 증상에 관한 9개의 질문 중 5개 이상에 '예'라고 대답한 사람은 전해에 '주요 우울증 에피소드'를 앓았을 가능성이 매우 높은 것으로 분류된다.

그림 1.1에서 2012년경부터 주요 우울증 에피소드 비율이 갑자기 크게 증가한 것을 볼 수 있다.(그림 1.1과 뒤에 나오는 대다수 그래프에 음영 표시를 추가했는데, '아동기 대재편'이 일어난 시기인 2010~2015년에 뭔가 괄목할 만한 일이 일어났는지 판단하는 데 도움을 주기 위해서이다.) **절대적** 수치(2010년 이후에 증가한 발병 건수)로 보면, 여자아이들이 남자아

이들보다 훨씬 크게 증가했고, 하키 스틱 모양의 증가 양상이 훨씬 두드러지게 나타난다. 하지만 남자아이들은 애초에 여자아이들보다 훨씬 낮은 수준에서 출발했기 때문에, **상대적** 비율(내가 항상 기준선으로 사용하는 2010년 이후의 비율 변화)로 보면 증가 비율은 양성 모두 약 150%로 비슷하다. 즉, 우울증 발생 빈도는 **약 2.5배나 증가**했다. 이러한 증가 추세는 모든 인종과 사회 계층에서 나타났다.[4] 2020년 데이터 중 일부는 코로나19 봉쇄 이전에, 일부는 봉쇄 이후에 수집한 것인데, 그 무렵에는 미국의 십대 여자아이 4명 중 1명은 전해에 주요 우울증 에피소드를 경험한 상태였다. 2021년에는 상황이 더욱 악화되었다는 것도 알 수 있는데, 2020년 이후에 곡선이 위쪽으로 더욱 가파르게 상승했기 때문이다. 하지만 상승분 중 대부분은 코로나19 팬데믹 이전에 이미 나타났다.

급증의 근본 원인

2010년대 초반에 십대에게 도대체 무슨 일이 일어났던 것일까? **누가 언제부터 무슨 일로** 고통을 받았는지 파악할 필요가 있다. 급증의 원인을 확인하고 그 물결을 되돌릴 잠재적 방법을 찾으려면, 이 질문들에 대해 정확한 답을 알아내는 것이 무엇보다 중요하다. 우리 팀이 연구를 통해 알아내고자 한 것이 바로 이것인데, 이 장에서는 어떤 과정을 통해 우리가 얻은 결론에 이르렀는지 자세히 설명할 것이다.

우리는 방대한 청소년 정신 건강 데이터를 분석함으로써 이 수수께끼에 대한 중요한 단서들을 발견했다.[5] 첫 번째 단서는 정신 질환 증가가 불안과 우울증과 관련된 장애에 집중되었다는 점인데, 정신의학에서 이들 장애는 뭉뚱그려서 **내면화 장애**internalizing disorder로 분류한다. 이 장애는 심한 고통을 받는 사람이 증상을 **내면적으로** 느낄 때 나타난다. 내면화 장애가 있는 사람은 불안과 두려움, 슬픔, 절망 같은 감정을 느낀다. 이들은 반추를 자주 한다. 또 사회적 관여에 거리를 두는 경우가 많다.

반대로 외면화 장애는 고통을 느끼는 사람이 그 증상과 반응을 다른 사람들을 향해 **밖으로** 표출할 때 나타난다. 행동 장애, 분노 조절 장애, 폭력 성향과 과도한 위험 감수 성향 등이 이에 포함된다. 나이와 문화, 국가에 상관없이 내면화 장애는 여자아이와 여성에게서 더 높은 비율로 나타나는 반면, 외면화 장애는 남자아이와 남성에게서 더 높은 비율로 나타난다.[6] 그렇긴 하지만 양성 모두 두 장애로 고통받으며, 양성 모두 2010년대 초반 이후에 내면화 장애가 증가한 반면에 외면화 장애는 감소했다.[7]

전문가에게서 다양한 진단을 받았다고 말한 대학생들의 비율을 나타낸 그림 1.2는 그동안 내면화 장애가 급증한 추세를 보여준다. 이 데이터는 대학교들이 실시한 표준화 조사를 미국대학건강협회 American College Health Association가 종합한 것이다.[8] 우울증과 불안을 나타내는 선은 나머지 진단들보다 훨씬 높은 곳에서 시작하여 상대적으로나 절대적으로나 다른 진단들보다 더 크게 증가했다. 2010년대에 대학교 캠퍼스에서 증가한 정신 질환은 거의 다 불안 그리고/또는 우울증 증가가 차지한다.[9]

대학생의 정신 질환

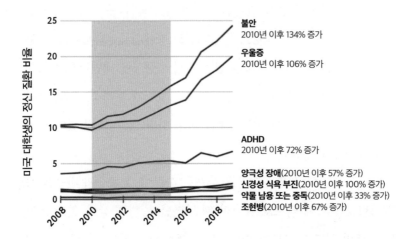

불안
2010년 이후 134% 증가

우울증
2010년 이후 106% 증가

ADHD
2010년 이후 72% 증가

양극성 장애(2010년 이후 57% 증가)
신경성 식욕 부진(2010년 이후 100% 증가)
약물 남용 또는 중독(2010년 이후 33% 증가)
조현병(2010년 이후 67% 증가)

그림 1.2 특정 정신 질환 진단을 받은 미국 대학생 비율. 2010년대에 대학생들 사이에서 여러 가지 정신 질환 진단 비율이 높아졌는데, 특히 불안과 우울증이 크게 증가했다. (출처: 미국대학 건강협회.)[10]

연령별 불안 비율

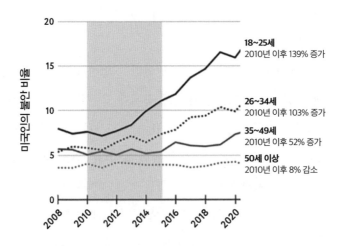

18~25세
2010년 이후 139% 증가

26~34세
2010년 이후 103% 증가

35~49세
2010년 이후 52% 증가

50세 이상
2010년 이후 8% 감소

그림 1.3 미국에서 높은 수준의 불안을 보고한 연령 집단별 어른의 비율. (출처: 미국 전국약물사용·건강조사.)[11]

불안 세대

두 번째 단서는 정신 질환 급증이 밀레니얼 세대 중 더 어린 집단을 포함해 Z 세대에 집중돼 나타난다는 사실이다. 네 연령 집단에서 지난 한 달 사이에 "대부분의 시간 동안" 또는 "항상" 불안을 느꼈다고 보고한 응답자 비율을 나타낸 그림 1.3이 이를 보여준다. 2012년 이전에는 네 연령 집단 어디에서도 별다른 추세가 나타나지 않았지만, 그 이후부터 가장 젊은 집단(2014년부터 Z 세대가 포함되기 시작했다)에서 그 비율이 급증하기 시작했다. 그다음으로 나이가 많은 집단(대부분 밀레니얼 세대)도 증가했지만 그 비율은 그만큼 높지 않았다. 나이가 많은 두 집단은 비교적 이전과 비슷한 수준을 유지했는데, X 세대(1965~1980년에 태어난)는 약간 증가했고 베이비붐 세대(1946~1964년에 태어난)는 약간 감소했다.

불안이란 무엇인가

불안은 두려움과 관련이 있지만, 같은 것은 아니다. 『정신의학 진단편람DSM-5-TR*』에서는 두려움은 "실제적인 또는 지각된 목전의 위협에 대한 감정적 반응인 반면, 불안은 미래의 위협에 대한 예상"으로 정의한다.[12] 둘 다 현실에 대한 건강한 반응일 수 있지만, 과도하면 장애가 될 수 있다.

---

* The Diagnostic and Statistical Manual of Mental Disorders, Fifth Edition, Text Revision의 약자이다.

불안과 불안 관련 장애는 오늘날 젊은이의 정신 질환을 정의하는 장애인 것처럼 보인다. 그림 1.2에서 다양한 정신 질환 진단 가운데 불안 비율이 가장 높고, 우울증이 그 뒤를 바짝 따르는 것을 볼 수 있다. 2022년에 위스콘신주 고등학생 3만 7000명 이상을 조사한 결과에서는 2012년에 34%이던 불안 비율이 2018년에는 44%로 증가했는데, 여학생과 LGBTQ 십대 사이에서 증가 폭이 더 컸다.[13] 2023년에 미국 대학생들을 대상으로 한 조사에서는 37%가 "항상" 또는 "대부분의 시간 동안" 불안을 느낀다고 응답했으며, 거기에 더해 31%는 "전체 시간 중 약 절반은" 불안을 느낀다고 응답했다. 그렇다면 불안을 느끼는 시간이 전체 시간 중 절반 미만이거나 불안을 전혀 느끼지 않는다고 응답한 비율이 **전체 대학생 중 3분의 1뿐**이라는 이야기가 된다.[14]

두려움은 분명히 동물계에서 생존에 가장 중요한 감정이다. 도처에 포식 동물이 널려 있는 세계에서는 번개처럼 빠르게 반응하는 개체가 자신의 유전자를 후손에게 물려줄 확률이 높다. 사실, 위협에 대한 빠른 반응이 너무나도 중요한 나머지 포유류의 뇌는 눈에서 온 정보가 뇌 뒤쪽의 시각 중추에 도달해 제대로 처리되기도 전에 두려움 반응을 촉발할 수 있다.[15] 우리가 눈앞에 나타난 것이 무엇인지 제대로 인식하기도 전에 두려움이 확 몰려오는 걸 느끼거나 달려오는 차를 피해 몸을 확 날릴 수 있는 것은 이 때문이다. 두려움은 빠른 반응계에 연결된 경보 벨이다. 위협이 지나가고 나면 경보 벨이 멈추고, 스트레스 호르몬 분비도 멈추고, 두려움이 잦아든다.

두려움은 위험이 닥친 순간에 전체 반응계를 촉발하는 반면, 불안은 위협 가능성을 지각했을 때 같은 반응계 중 일부를 촉발한다. 실제로 위험이 도사리고 있을 가능성이 있는 상황에서 불안을 느끼고 경계하는 것은 건강한 반응이다. 하지만 경보 벨이 민감한 감지기에 연결돼 있어 일상적인 사건(실제적인 위협이 되지 않는 많은 사건을 포함해)에도 쉽게 자주 작동한다면, 우리는 끊임없이 고통을 받는 상태에 놓이게 된다. 바로 이럴 때 일시적으로 작동하는 정상적이고 건강한 불안이 불안 장애로 변한다.

우리의 경보 벨이 단지 신체적 위협에 대한 반응으로만 진화한 게 아니라는 사실도 중요하다. 우리의 진화적 이점은 큰 뇌와 튼튼한 사회 집단을 형성하는 능력에서 나왔기 때문에, 우리는 따돌림을 당하거나 모욕을 당하는 것과 같은 **사회적** 위협에 특별히 주의를 기울이게 되었다. 사람들—특히 청소년—은 신체적 죽음보다 '사회적 죽음'의 위협을 더 염려하는 경우가 많다.

불안이 마음과 신체에 영향을 미치는 방법은 여러 가지가 있다. 많은 사람은 불안하면 몸이 긴장하거나 뻣뻣해지거나 복부와 흉강에 불편을 느끼는 신체적 증상이 나타난다.[16] 감정적으로는 두려움과 걱정을 느끼고, 잠시 지난 뒤에는 탈진 상태에 이른다. 인지적으로는 명확하게 사고하기가 어려워지는 경우가 많으며, 비생산적인 반추 상태에 빠지거나 최악의 상황 상상, 지나친 일반화, 흑백 논리 사고처럼 인지 행동 치료의 대상이 되는 인지 왜곡이 일어나기도 한다. 불안 장애가 있는 사람의 경우 이러한 왜곡된 사고 패턴은 불편한 신체적 증상을 촉발하는 경우가 많으며, 이것은 다시 두려움과 걱정을 유발하고, 이것은 또 더 불안한 생각을 촉발해 악순환이 계속 이어진다.

오늘날 젊은이들 사이에 두 번째로 흔한 심리적 장애는 그림 1.2에서 보듯이 우울증이다. 정신의학에서는 이것에 해당하는 범주를 주요 우울증 장애MDD, major depressive disorder라고 부른다. 두 가지 핵심 증상은 우울한 기분(슬픔과 공허함과 절망감)에 사로잡히는 것과 대부분의 활동이나 모든 활동에 흥미나 즐거움을 잃는 것이다.[17] 햄릿Hamlet은 신이 '자기 살해'를 금지한 것을 한탄하고 나서 "이 세상 모든 것이 내게는 너무나도 지긋지긋하고 진부하고 단조롭고 쓸모없어 보이기만 하는구나!"라고 말했다.[18] 주요 우울증 장애 진단을 받으려면, 이 증상들이 최소한 2주 동안 계속 나타나야 한다. 그리고 현저한 체중 감소나 체중 증가, 평상시보다 훨씬 줄어들거나 늘어난 수면 시간, 피로를 비롯한 신체적 증상을 동반하는 경우가 많다. 사고 장애도 동반하는데, 집중력 저하나 잘못이나 실패를 곱씹는 행동(죄책감을 유발하는 행동)이나 인지 행동 치료의 대상인 여러 가지 인지 왜곡이 일어날 수 있다. 우울 장애depressive disorder를 앓는 사람은 자살 생각을 하기 쉬운데, 현재의 고통이 영원히 끝나지 않을 것처럼 느껴지고 죽음만이 그것을 끝낼 수 있을 것 같기 때문이다.

이 책에서 다루는 우울증의 한 가지 중요한 특징은 사회적 관계와의 연관성이다. 사회적 연결이 더 많이 끊어질수록(혹은 그렇게 느낄 때) 우울증에 빠질 가능성이 더 높고, 우울증에 빠지면 사회적 연결에 흥미를 덜 느끼고 연결을 덜 추구하게 된다. 불안과 마찬가지로 우울증도 악순환의 고리에 빠진다. 그래서 나는 이 책에서 우정과 사회적 관계에 초점을 맞추려고 한다. 당신은 놀이 기반 아동기는 우정과 사회적 관계를 강화하는 반면, 스마트폰 기반 아동기는 그것들을 약화

불안 세대

시킨다는 사실을 보게 될 것이다.

나는 일반적으로 불안이나 우울증에 쉽게 빠지지 않지만, 내 인생에서 장기간 불안에 시달리면서 약을 처방받아야 했던 적이 세 번 있었다. 한 번은 주요 우울증 장애 진단을 받기까지 했다. 그래서 나는 우울증을 앓는 많은 젊은이에게 어느 정도 공감할 수 있다. 나는 불안이나 우울 장애가 있는 청소년이 단순히 "거기서 벗어나거나" "마음을 단단히 먹고 대처할" 수 없다는 사실을 잘 안다. 이 장애들은 유전자(어떤 사람들은 선천적으로 불안이나 우울증에 더 쉽게 빠진다)와 사고 패턴(사고 패턴은 학습을 통해 생길 수도 있고 폐기 학습을 통해 기존의 것을 없앨 수도 있다)과 사회적 또는 환경적 조건이 결합해 나타난다. 하지만 2010년에서 2015년 사이에 유전자가 변했을 리는 없으므로, 어떤 사고 패턴과 사회적/환경적 조건의 변화가 이러한 불안과 우울증 급증을 초래했는지 알아내야 한다.

그것은 과연 실제 현상인가

많은 정신 건강 전문가는 처음에는 불안과 우울증 급증이 정신 질환의 실제적 증가를 반영한 결과라고 믿지 않았다. 『나쁜 교육』이 출간된 다음 날, 《뉴욕 타임스The New York Times》에 「십대의 불안에 관한 큰 미신The Big Myth About Teenage Anxiety」이라는 제목의 글이 실렸다.[19] 그 글에서 한 정신과 의사는 십대와 스마트폰을 둘러싸고 점점 커져가는 도덕적 공황에 대해 중요한 반대 의견을 여러 가지 제기했다. 그는 정신 질환 증가를 보여주는 연구는 대부분 그림 1.2의 데이터처럼 '자기 보고'를 바탕으로 한 것이라는 점을 지적했다. 자기 보고에 변화가 일어났다고 해서 반드시 그 기반을 이루는 정신 질환 발생률에도 변화가 일어났다고 볼 수는 없다. 어쩌면 젊은이들이 그저 자가 진단에 더 적극적으로 임했거나 자신의 증상을 더 솔직하게 이야기한 결과가 아닐까? 어쩌면 그들이 경미한 불안 증상을 정신 장애로 오해하기 시작한 것은 아닐까?

의심을 제기한 그 정신과 의사의 주장이 옳았을까? 정신 질환이 정말로 증가하고 있는지 파악하려면 다양한 지표를 검토해야 한다는 그의 주장은 분명히 옳았다. 그렇게 하는 한 가지 방법은 십대들이 자기 보고한 것이 **아닌** 측정치들의 변화를 살펴보는 것이다. 예를 들면, 많은 연구는 매년 자해를 해 정신과 응급실에 실려오거나 병원에 입원하는 청소년 수의 변화를 도표로 제시한다. 그것은 주로 약물 과다 복용으로 인한 자살 시도일 수도 있고, 죽으려는 의도는 없이 몸에 상처를 입히는 비자살적 자해non-suicidal self-injury일 수도 있다. 그림 1.4는 미국의 응급실 방문 데이터를 보여주는데, 그림 1.1에서 본 우울증 증가와 비슷한 패턴이 나타난다(특히 여자아이들 사이에서).

2010년부터 2020년까지 이 여자 청소년들의 자해 비율은 약 **세 배**나 증가했다. 나이가 더 많은 여자 청소년(15~19세)에서는 약 두 배 증가한 반면, 24세 이상 여성에서는 그 시기에 오히려 **감소**했다(온라인 부록 참고).[20] 따라서 2010년대 초반에 무슨 일이 일어났건, **어떤 집단보다도 사춘기 직전의 여자아이들이 가장 큰 타격을 받았다.** 이것은 중요한 단서이다. 그림 1.4에서 의도적 자해 행동에는 아주 높은

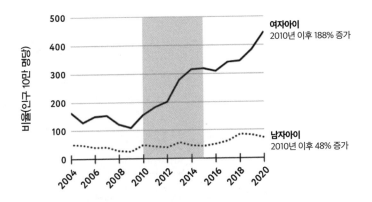

응급실 방문 자해 환자 수

여자아이
2010년 이후 188% 증가

남자아이
2010년 이후 48% 증가

그림 1.4 비치명적 자해로 병원 응급실에서 치료를 받은 청소년(10~14세) 수를 미국 인구 10만 명당 비율로 나타낸 그래프. (출처: 미국질병통제예방센터U.S. Centers for Disease Control, 미국국립부상예방통제센터National Center for Injury Prevention and Control.)[21]

수준의 고통과 절망감을 시사하는 비치명적 자살 시도와 칼로 긋거나 베기 같은 비자살적 자해가 포함된다. 비자살적 자해는 일부 사람(특히 여자아이와 젊은 여성)이 심신을 쇠약하게 만드는 불안과 우울증에 대처하는 행동으로 이해할 수 있다.

미국 청소년의 자살률은 급증 시기는 몇 년 먼저 시작하긴 하지만, 일반적으로 그 증가 추세는 우울증과 불안, 자해와 대체로 시기가 비슷하다. 그림 1.5 역시 10~14세 미국 청소년의 자살률을 보여주는데, 매년 같은 연령대의 청소년 10만 명당 자살로 사망한 청소년의 수로 나타냈다.[22] 자살의 경우 서양에서는 거의 항상 남자아이의 자살률이 여자아이보다 더 높은 반면, 자살 시도와 비자살적 자해 비율은 앞에서 보았듯이 여자아이가 더 높다.[23]

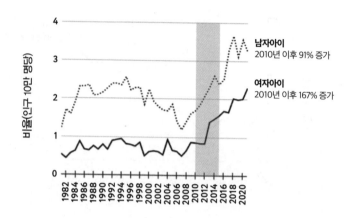

어린 청소년의 자살률

비율(인구 10만 명당)

남자아이
2010년 이후 91% 증가

여자아이
2010년 이후 167% 증가

그림 1.5 10~14세 미국 청소년의 자살률. (출처: 미국질병통제예방센터, 미국국립부상예방통제센터)[24]

그림 1.5는 어린 여자 청소년의 자살률이 1980년대 이래 제한된 범위 내에서 오르락내리락하다가 2008년부터 증가하기 시작해 2012년에 급등했음을 보여준다. 2010년부터 2021년까지 자살률은 167%나 증가했다. 이것 역시 자연스레 다음 질문으로 인도하는 한 가지 단서이다. **2010년대 초반에 사춘기 직전의 여자아이들에게 도대체 무슨 변화가 일어난 것일까?**

자해와 자살 비율의 급격한 증가는 불안과 우울증 증가를 보여주는 자기 보고 연구와 함께, 정신 건강 위기의 존재를 의심하는 사람들의 주장을 강하게 반박한다. 물론 이러한 상태를 더 적극적으로 보고하려고 하는 경향(좋은 경향)이나 일부 청소년이 정상적인 불안과 불편을 병적인 것으로 여기기 시작한 경향(좋지 않은 경향)이 불안과

불안 세대

우울증 증가에 일부 기여했다는 사실은 부인할 수 없다. 하지만 자기 보고한 고통을 행동 변화와 결합해서 분석하면 2010년대 초반에, 어쩌면 2000년대 후반부터, 청소년의 삶에 뭔가 큰 변화가 일어났음을 알 수 있다.

스마트폰과 Z 세대의 탄생

2007년에 출시된 애플의 아이폰과 함께 본격적으로 시작된 스마트폰 시대는 모든 사람의 삶을 확 바꾸어놓았다. 이전에 라디오와 텔레비전이 그랬던 것처럼 스마트폰은 온 나라와 전 세계를 휩쓸었다. 그림 1.6은 지난 세기에 다양한 통신 기술을 사용한 미국 가정의 비율을 보여준다. 그래프에서 보듯이 이 새로운 기술들은 아주 빠르게 확산되었는데, 초기 단계에는 항상 그래프 선이 거의 수직으로 치솟는 모습을 보여준다. 그것은 '모든 사람'이 그것을 구입한 것처럼 보인 10여 년의 기간이다.

그림 1.6은 인터넷 시대에 대해 뭔가 중요한 것을 알려준다. 인터넷 시대는 두 차례의 물결을 이루며 다가왔다. 1990년대에는 PC와 인터넷 접근(그때에는 모뎀을 통해) 기술이 함께 손을 잡고 빠르게 확산되면서 2001년 무렵에는 대다수 가정에서 사용되었다. 그다음 10년 동안은 십대의 정신 건강이 악화되는 징후가 전혀 나타나지 않았다.[25] 첫 번째 물결에 휩쓸려 놀면서 자란 밀레니얼 세대는 십대 시절의 X 세대에 비해 평균적으로 약간 더 행복했다. 두 번째 물결은

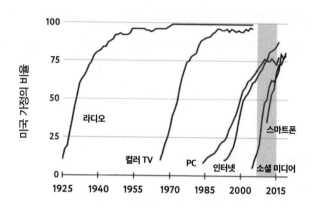

통신 기술의 채택

그림 1.6 특정 기술을 이용하기 시작한 미국 가정의 비율. 스마트폰은 역사상 어떤 통신 기술보다 더 빠른 속도로 채택되었다. (출처: 아워 월드 인 데이터Our World in Data.)[26]

소셜 미디어와 스마트폰 기술이 함께 손을 잡고 급속하게 확산된 시기였는데, 2012년 또는 2013년에 대다수 가정이 이를 사용하게 되었다. 여자아이들의 정신 건강이 무너지고, 남자아이들의 정신 건강에 더 다양한 방식의 변화가 일어난 시기가 바로 이때였다.

십대가 1990년대 후반부터 휴대폰을 사용한 것은 사실이지만, 그것은 인터넷 접속이 안 되는 '기본' 휴대폰이었고, 대부분의 디자인이 홱 젖혀서 열 수 있는 구조여서 그 당시에는 흔히 플립폰flip phone이라고 불렀다. 기본 휴대폰은 주로 친구와 가족과 직접 일대일 통화를 하는 데 유용했다. 숫자 키패드에 다소 번거롭게 엄지를 갖다대고 누름으로써 전화를 걸거나 문자를 보낼 수 있었다. 스마트폰은 아주 다르다. 언제든지 인터넷에 연결할 수 있고, 수백만 개의 앱을 사용할 수 있으며, 그래서 금방 소셜 미디어 플랫폼의 본거지가 되어 하

불안 세대

루 종일 끊임없이 딩동거리면서 누가 뭐라고 말하고 무슨 행동을 하는지 확인하게 만든다. 이러한 종류의 연결성은 친구와 직접 대화하는 이점을 거의 제공하지 않는다. 사실, 많은 젊은이에게 스마트폰은 해롭다.[27]

초기 스마트폰 시대에 관한 데이터의 출처는 여러 개가 있다. 퓨 연구 센터Pew Research Center가 2012년에 내놓은 휴대폰 소유에 관한 보고서에 따르면, 2011년에 미국인 십대 중 77%가 휴대폰을 소유했지만 **스마트폰을 소유한 비율은 23%에 불과했다.**[28] 이것은 대다수 십대가 컴퓨터를 사용해 소셜 미디어에 접속했다는 뜻이다. 부모나 가족의 컴퓨터를 사용할 때가 많았으므로 프라이버시와 접근에 제약이 따랐으며, 집 밖에서는 온라인에 접근하기가 쉽지 않았다. 이 시기에 미국에서는 고속 인터넷과 함께 랩톱 컴퓨터가 점점 확산되어 일부 십대는 스마트폰을 갖기 전부터 이미 인터넷에 접근하는 기회가 많아졌다.

하지만 십대가 늘, 심지어 집 밖에서도 온라인에 접속할 수 있게 된 것은 스마트폰을 갖게 된 이후부터였다. 비영리 단체인 커먼센스 미디어Common Sense Media가 2016년에 미국 부모를 대상으로 조사한 결과에 따르면, **십대 중 79%가 스마트폰을 소유했고,** 8~12세 아동도 28%가 소유했다.[29]

스마트폰을 소유한 청소년은 가상 세계에서 더 많은 시간을 보내기 시작했다. 커먼센스 미디어가 2015년에 발표한 보고서에 따르면, 소셜 미디어 계정이 있는 십대는 하루에 약 두 시간을 소셜 미디어에 쓰며, 평균적으로 하루에 여가 시간(학교에서 보내는 시간과 숙제를 하는 시간을 제외하고) 중 약 일곱 시간을 비디오게임을 하거나 넷플릭스, 유튜브, 포르노 사이트의 영상을 보면서 스크린 미디어에 쓴다고 보고했다.[30] 퓨 연구 센터가 2015년에 발표한 보고서[31]도 이렇게 높은 수치를 확인해준다. 십대 네 명 중 한 명은 "거의 항상" 온라인에 접속해 있다고 대답했다. 2022년에는 그 수치가 거의 두 배로 증가해 46%에 이르렀다.[32]

'거의 항상'에 해당하는 이 수치는 매우 놀라우며, 청소년 정신 건강의 급격한 붕괴를 설명하는 열쇠인지도 모른다. 이렇게 비정상적으로 높은 비율은 Z 세대 청소년이 전자 기기에 접속하고 있지 않거나 현실 세계에서 다른 활동(교실에서 수업을 받거나 식사를 하거나 친구와 대화를 나누거나)을 하고 있는 것처럼 **보일** 때에도 주의 중 상당 부분을 소셜 메타버스에서 일어나는 사건을 주시하거나 염려하는(불안해하면서) 데 기울이고 있음을 시사한다. MIT 교수 셰리 터클Sherry Turkle이 2015년에 스마트폰과 함께하는 삶에 대해 쓴 것처럼 "우리는 영원히 다른 곳에 있다."[33] 이것은 인간의 의식과 관계가 아주 크게 변한 사건인데, 2010~2015년에 미국의 십대에게 이 사건이 일어났다. 즉, 스마트폰 기반 아동기가 탄생한 것이다. 이것은 놀이 기반 아동기가 완전한 종말을 고한 시기이기도 하다.

이 이야기에서 한 가지 중요한 사실은 2010년 6월에 아이폰 4가 출시되었다는 것이다.[34] 이것은 전면 카메라 기능이 장착된 최초의 아이폰으로, 사용자가 자신의 사진과 영상을 촬영하기가 훨씬 편리했다. 삼성은 같은 달에 갤럭시 S에 그 기능을 탑재했다. 같은 해에 인스타그램이 스마트폰에서만 사용할 수 있는 앱으로 만들어졌다. 처음 몇 년 동안 인스타그램은 데스크톱이나 랩톱 컴퓨터에서는 사용할 수 없었다.[35] 인스타그램 사용자 수는 페이스북이 인수한 2012년까지는 비교적 적었지만 그 이후에 급속하게 성장했다(2011년 말에 1000만 명[36]이던 것이 2013년 초에는 9000만 명[37]으로). 따라서 오늘날 우리가 알고 있는 스마트폰과 셀피selfie 기반 소셜 미디어 생태계는 전면 카메라 기능이 도입되고 나서 2012년에 페이스북이 인스타그램을 인수하면서 나타났다고 말할 수 있다. 2012년 무렵에 많은 십대 여자아이는 '모두'가 스마트폰과 인스타그램 계정을 사용하며, 모두가 자신을 나머지 모든 사람과 비교한다고 느꼈을 것이다.

그다음 몇 년 동안 인스타그램에 훨씬 강력한 '필터'와 편집 소프트웨어가 도입되고, 페이스튠 같은 외부 앱을 사용하게 되면서, 소셜 미디어 생태계는 더욱 매력적으로 변했다. 필터를 사용했건 하지 않았건 간에, 여자아이들이 거울에서 보는 자신의 모습은 휴대폰에서 보는 다른 여자아이들에 비해 갈수록 덜 매력적으로 보였다.

여자아이들의 사회생활은 소셜 미디어 플랫폼으로 옮겨간 반면, 남자아이들은 다양한 디지털 활동, 특히 몰입형 온라인 멀티플레이어 비디오게임과 유튜브, 레딧, 하드코어 포르노(모두 언제 어디서건 스마트폰에서 공짜로 이용할 수 있게 된)를 즐기면서 가상 세계 속으로 점점 더 깊이 빠져들어갔다.

새롭고 흥미진진한 가상 활동이 너무나도 많다 보니 많은 청소년(그리고 어른)은 주변 사람들과 온전히 함께 있는 능력을 잃었다. 그러자 모든 사람의 사회생활이 변하게 되었는데, 심지어 이러한 플랫폼을 사용하지 않는 소수 집단도 그 여파에서 벗어나지 못했다. 내가

2010년부터 2015년까지의 시기를 아동기 대재편이 일어난 시기라고 부르는 이유는 이 때문이다. 불과 5년 동안에 청소년의 사회적 패턴과 롤 모델, 감정, 신체 활동, 심지어 수면 패턴까지 근본적으로 확바뀌었다. 2013년에 아이폰을 가진 13세 아이(2000년에 태어난)의 일상생활과 의식, 사회적 관계는 2007년에 플립폰을 가졌던 13세 아이(1994년에 태어난)의 그것과 너무나도 달랐다.

불안과 우울증에 시달리는 게 당연하지 않은가

내가 이 발견을 공개하자, 다음과 같은 주장을 펴면서 이의를 제기하는 사람이 종종 있었다. "Z 세대가 우울한 거야 당연하지. 21세기 세계 상황을 한번 보라고! 21세기는 9/11 테러와 아프가니스탄 전쟁, 이라크 전쟁, 세계적인 금융 위기로 시작하지 않았는가? 그들은 지구 온난화, 학교 총기 난사 사건, 정치적 양극화, 불평등, 날로 증가하는 학자금 대출 부채와 함께 자랐다. 2012년이 전환점이 된 해라고? 그해는 샌디훅초등학교 총기 난사 사건이 일어난 해가 아닌가!"[38]

2021년에 나온 책 『세대 재앙Generation Disaster』은 Z 세대의 정신 건강 문제에 대해 정확하게 이런 논리를 펼친다.[39] 21세기의 출발이 좋지 않았다는 주장에는 나도 동의하지만, 그 당시에 국가적 위협이나 세계적 위협이 증가했다는 객관적 사실 **때문에** Z 세대가 불안과 우울증에 시달린다는 주장은 시기적으로 합당하지 않다.

설령 9/11부터 세계적 금융 위기까지 일련의 사건들이 청소년의

정신 건강에 상당한 영향을 미쳤다는 전제를 받아들인다 하더라도,
이 사건들에 가장 큰 영향을 받아야 할 세대는 행복한 어린 시절이
와르르 무너지는 경험과 함께 경제적 지위 상승 전망이 꺾이는 경험
을 한 밀레니얼 세대(1981년부터 1995년까지 태어난)여야 하지 않을까?
하지만 **그런 일은 일어나지 않았다**. 밀레니얼 세대의 정신 질환 발생
비율은 십대 시절에 증가하지 않았다. 게다가 금융 위기와 그 밖의
경제적 불안이 주요 요인이었다면, 미국 청소년의 정신 건강은 금융
위기 와중에서도 가장 암울했던 해인 2009년에 곤두박질친 반면에
실업률이 낮아지고 주가가 오르고 경기가 활황으로 돌아선 2010년
대에는 개선되어야 했을 것이다. 하지만 드러난 데이터에서는 이런
추세 중 어느 것도 발견할 수 없다. 그림 1.7은 십대의 우울증에 관한

십대의 우울증 대 어른의 실직

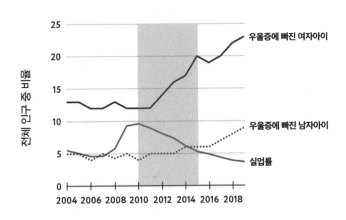

그림 1.7 미국의 실업률(노동 시장에서 실직 상태인 어른의 비율)은 계속 감소했지만, 청소년의
정신 건강 위기는 계속 악화되었다. (출처: 미국노동통계국U.S. Bureau of Labor Statistics, 미국 전
국약물사용건강조사.)[40]

그림 1.1을 미국의 실업률 그래프에 겹쳐 나타낸 것인데, 실업률은 금융 위기 시작과 함께 기업들이 직원을 무더기로 해고한 2008년과 2009년에 정점에 이르렀다. 그러고 나서 2010년부터 2019년까지 실업률은 오랫동안 점진적으로 감소하기 시작해 2019년 초에는 역사상 최저 수준인 3.6%로 떨어졌다.

청소년의 불안과 우울증 급증과 결부시킬 수 있는 경제적 사건이나 추세가 내 눈에는 전혀 띄지 않는다. 또한 왜 경제 위기가 남자아이보다 여자아이에게, 특히 사춘기 직전의 여자아이에게 더 큰 해를 끼쳤는지 그 이유를 알기 어렵다.

자주 듣는 또 다른 설명은 Z 세대의 불안과 우울증이 심한 이유가 기후 변화에 있으며, 나이가 많은 세대들보다 Z 세대의 삶이 기후 변화에 더 큰 영향을 받는다고 이야기한다. Z 세대의 그런 염려가 정당하다는 것은 부정하지 않지만, 국가나 세대(개인이 아니라) 앞에 닥친 위협이 정신 질환 급증의 원인이 된 사례를 역사적으로 찾을 수 없다는 점을 지적하고 싶다. 군사력이나 테러로 국가가 공격을 받으면, 시민들은 대개 깃발과 서로의 주위로 모여 뭉친다. 그와 함께 강한 목적의식이 솟구치면서 자살률이 감소하는데,[41] 실험실에서 진행한 연구에서는 전쟁이 시작될 때 십대였던 사람들이 수십 년이 지난 뒤에 더 높은 수준의 신뢰와 협력을 보여준다는 사실이 드러났다.[42] 1960년대에 베트남 전쟁 반대 운동이 펼쳐지던 때와 1970년대와 1990년대에 초기 기후 운동이 절정에 이르렀을 때처럼, 젊은 사람들이 정치적 대의를 위해 뭉치면 그들은 의기소침해지거나 우울해지는 것이 아니라 오히려 **활력이 넘친다**. 대공황과 제2차 세계 대전, 핵

전쟁 위협, 환경 악화, 인구 과잉, 파멸적 국가 부채 등을 비롯해 모든 세대는 재난이나 임박한 재난의 위협을 경험하면서 자란다. 사람들은 집단적으로 위협에 직면했다고 해서 우울증에 빠지지는 않는다. 고립되거나 외롭거나 쓸모없다고 느낄 때 우울증에 빠진다. 이어지는 장들에서 보여주겠지만, Z 세대를 바로 그렇게 만든 것은 아동기 대재편이었다.

집단 불안은 사람들을 뭉치게 하고 행동을 취하도록 자극할 수 있으며, 집단행동은 매우 짜릿한 경험이 될 수 있는데, 몸소 참여해 행동할 때 특히 그렇다. 연구자들은 이전 세대들 중에서 정치적 행동주의에 참여한 사람들이 평균적인 사람들보다 더 행복하고 활력이 넘친다는 사실을 자주 발견했다. 대학생과 행동주의와 행복에 관한 2009년 연구 논문의 공동 저자 팀 캐서Tim Kasser는 "행동주의 자체에 행복에 도움을 주는 뭔가가 있다."라고 말했다.[43] 하지만 기후 행동주의자를 포함한 젊은 행동주의자들에 대한 최근의 더 많은 연구에서는 정반대 결과가 나왔는데, 오늘날 정치적 행동을 적극적으로 하는 사람들은 대개 정신 건강이 **더 나쁘다.**[44] 위협과 위험은 항상 미래를 괴롭히는 문제였는데, 젊은 사람들이 주로 가상 세계에서 행동주의를 실행에 옮기면서 반응하는 방식은 주로 현실 세계에서 행동주의를 실천한 이전 세대들과 비교할 때 그들에게 아주 다른 영향을 미치는 것처럼 보인다.

기후 변화 가설은 일부 인구학적 세부 사실도 제대로 설명하지 못한다. 사춘기 직전 여자아이들 사이에서 상대적으로 불안과 우울증 증가가 가장 큰 이유는 무엇일까? 기후 문제에 대한 인식은 세계적 사건과 정치적 사건을 더 잘 알고 있는 십대 후반과 대학생에게 더 큰 영향을 미쳐야 하지 않을까? 이것은 시기적으로도 맞지 않는다. 2010년대 초반에 그토록 많은 나라에서 정신 질환이 급증한 이유는 무엇일까? 스웨덴의 기후 행동주의자 그레타 툰베리Greta Thunberg(2003년에 태어난)는 큰 자극을 주면서 전 세계의 젊은이들을 행동에 나서게 했지만, 2018년에 유엔 기후변화협약에서 연설을 한 이후에야 그랬다.

모든 것이 무너져가는 것처럼 보이지만, 그것은 1970년대에 내가 자랄 때에도 그랬고, 1930년대에 우리 부모님이 자랄 때에도 마찬가지였다. 그것은 모든 인류의 보편적인 이야기이다. 만약 세계적 사건들이 현재의 정신 건강 위기에 어떤 역할을 했다고 하더라도, 그것은 세계적 사건들이 2012년 무렵에 갑자기 악화되었기 때문이 아니다. 그것은 세계적 사건들이 갑자기 뉴스가 아니라 스마트폰을 통해, 소셜 미디어 게시물의 형태로 청소년의 뇌 속으로 주입되었기 때문이다. 그런 게시물에서는 다른 젊은이들이 무너져가는 세계에 대한 자신의 감정을 표현했는데, 그런 감정은 소셜 미디어에서 상당한 전염력을 발휘한다.

모든 영어권 국가들에서

과연 당면한 주요 사건들 때문에 미국 청소년의 불안과 우울증이 심해진 것이 확실한지 확인하는 한 가지 방법은, 그들의 정신 건강 추

불안 세대

세를 당면한 주요 사건들이 다르고 문화적 거리가 다른 나라들의 청소년과 비교하는 것이다. 나는 비교 대상으로 다양한 나라들을 살펴보았다. 캐나다와 영국처럼 문화적으로는 비슷하지만 주요 뉴스 사건들이 다른 나라들도 있고, 북유럽 국가들처럼 언어와 문화가 아주 다른 나라들도 있으며, 세계 각지에서 3년마다 한 번씩 15세 청소년을 대상으로 한 조사에 참여한 37개국도 있다. 곧 보게 되겠지만 비슷한 패턴과 시기가 발견되었는데, 모든 나라에서 2010년대 초에 뭔가 변한 것이 있었다.

미국과 문화적으로 많은 것을 공유하지만, 시민에게 심리적 타격을 줄 잠재력이 있는 사회적·경제적 특징(예컨대 높은 수준의 경제적 불안정)은 적은 캐나다부터 살펴보기로 하자. 캐나다는 미국이 자주 겪은 전쟁과 높은 수준의 폭력 범죄에서 벗어나 있었다. 캐나다는 또한 세계 금융 위기의 영향에서도 대체로 벗어나 있었다.[45] 하지만 이 모든 이점에도 불구하고, 캐나다 청소년은 미국 청소년과 같은 시기에, 그리고 같은 방식으로 정신 건강이 급격히 악화되었다.[46]

그림 1.8은 자신의 정신 건강이 '좋다' 또는 '아주 좋다'라고 보고한 캐나다 여자아이와 여성의 비율을 보여준다. 데이터 수집을 2009년에 멈추었다면, 가장 어린 집단(15~30세)이 가장 행복하다는 결론을 내리면서 염려해야 할 이유를 전혀 찾지 못할 것이다. 하지만 2011년에 가장 어린 여성 집단을 나타내는 곡선이 아래로 꺾이기 시작하면서 급전직하한 반면, 가장 나이 많은 여성 집단(47세 이상)을 나타내는 곡선은 그다지 큰 변화가 없었다. 남자아이와 남성을 나타내는 그래프도 같은 패턴을 보이지만, 다만 하락 폭이 더 작다.(각 장마

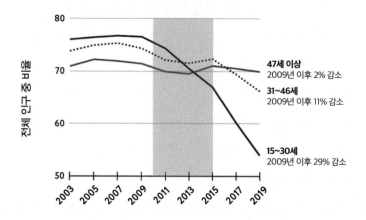

정신 건강이 좋거나 아주 좋은 캐나다 여성

전체 인구 중 비율

47세 이상
2009년 이후 2% 감소

31~46세
2009년 이후 11% 감소

15~30세
2009년 이후 29% 감소

그림 1.8 캐나다 온타리오주에서 자신의 정신 건강이 '좋다' 또는 '아주 좋다'라고 보고한 캐나다 여자아이와 여성의 비율. (출처: D. Garriguet, 2021, 캐나다 청소년의 초상: 데이터 보고서Portrait of youth in Canada: Data report.)[47]

다 별도의 구글 문서 도구Google Docs로 작성한 온라인 부록에서 이 그래프와 함께 더 많은 그래프를 볼 수 있다. 웹사이트 anxiousgeneration.com/supplement 를 방문해보라.)

미국과 마찬가지로 행동 변화는 자기 보고한 정신 건강 변화와 일치한다. 자해로 인한 캐나다 십대의 정신과 응급실 방문 비율을 그래프로 나타내면, 그림 1.4에서 본 미국 십대와 거의 정확하게 동일한 패턴이 드러난다.[48]

미국과의 문화적 거리가 캐나다보다 먼 영국에서도 동일한 이야기가 펼쳐진다. 문화적 거리가 더 먼데도 불구하고, 영국 십대는 미국 십대와 같은 방식으로 같은 시기에 고통을 겪었다. 불안과 우울증 비율은 2010년대 초반에 증가했는데, 특히 여자아이들 사이에서 더 많

불안 세대

영국 십대의 자해 비율

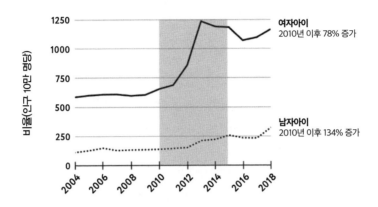

여자아이
2010년 이후 78% 증가

남자아이
2010년 이후 134% 증가

그림 1.9 영국 십대(13~16세)의 자해 비율. (출처: Cybulski et al., 2021, 익명 처리한 영국 진료 기록 데이터베이스 두 곳)[49]

이 증가했다.[50] 여기서도 행동 데이터를 보면 동일하게 갑작스러운 증가가 나타난다. 그림 1.9는 의도적으로 자해를 한 영국 십대의 비율을 보여주는데, 데이터는 진료 기록 연구를 바탕으로 한 것이다. 미국과 캐나다에서와 마찬가지로 영국에서도 십대의 자해 건수를 갑자기 급증시킨 어떤 일이 2010년대 초반에 일어난 것으로 보인다.[51]

아일랜드와 뉴질랜드, 오스트레일리아를 포함한 다른 주요 영어권 국가들에서도 같은 추세가 발견된다.[52] 예를 들면, 그림 1.10은 정신 응급 치료를 위해 입원한 오스트레일리아 십대와 영 어덜트 비율을 보여준다. 다른 영어권 국가들과 마찬가지로 아동기 대재편이 시작되는 시점(2010년)에 데이터 수집을 멈추었다면 아무것도 보이지 않겠지만, 2015년에는 십대들이 심각한 위기에 빠져 있었다.

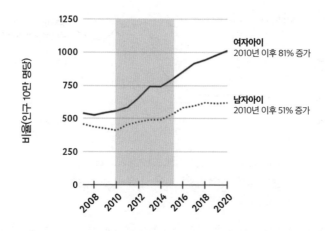

정신 건강 문제로 입원한 오스트레일리아 십대와 영 어덜트의 비율

여자아이
2010년 이후 81% 증가

남자아이
2010년 이후 51% 증가

그림 1.10 정신 건강 문제로 하룻밤 이상 입원한 오스트레일리아 십대와 영 어덜트(12~24세)의 비율. (출처: 오스트레일리아의 건강 2022: 데이터 인사이트Australia's Health 2022: Data Insights.)[53]

나머지 세계

2020년에 나는 1994년에 태어난 밀레니얼 세대로 심리학 학사 과정을 밟고 있던 잭 라우시Zach Rausch를 파트타임 연구 조수로 고용했다. 라우시는 얼마 지나지 않아 이 책을 쓰기 위한 풀타임 연구 파트너가 되었다. 라우시는 세계 각지에서 정신 건강 데이터를 수집했고, 애프터 바벨 서브스택(이 책과 다음번 책을 위한 우리의 개념을 시험하기 위해 만든)에 심층 보고서를 여러 개 발표했다. 한 보고서에서 라우시는 북유럽 국가 다섯 곳을 검토했는데, 영어권 국가 다섯 곳과 동일한 패턴을 발견했다. 그림 1.11은 2002년부터 2018년까지 핀란드, 스웨덴,

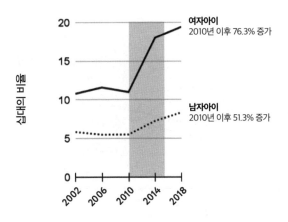

북유럽에서 심리적 고통을 겪는 십대의 비율

여자아이
2010년 이후 76.3% 증가

남자아이
2010년 이후 51.3% 증가

그림 1.11 높은 수준의 심리적 고통을 겪는 북유럽 국가 십대(11~15세)의 비율. (출처: 학령기 아동의 건강 행동 설문 조사Health Behavior in School Age Children Survey의 데이터.)[54]

덴마크, 노르웨이, 아이슬란드에서 높은 수준의 심리적 고통을 보고한 십대의 비율을 보여준다.[55] 그 패턴은 영어권 국가들에서 반복적으로 발견되는 것과 거의 구별할 수 없다. 그래프를 아동기 대재편이 시작된 2010년에서 잘라서 보면 문제의 징후가 전혀 발견되지 않는다. 하지만 2015년까지의 데이터를 죽 살펴보면 큰 문제가 나타난다.

부유한 영어권 국가와 북유럽 국가를 제외한 나머지 세계는 사정이 어떨까? **어른**의 정신 건강을 세계적 규모로 조사 연구한 것은 여러 가지가 있지만, **청소년**을 대상으로 한 조사 연구는 거의 없다.[56] 하지만 국제 학생 평가 프로그램PISA, Program for International Student Assessment이라는 국제적 조사가 있다. 2000년부터 3년마다 한 번씩 PISA는 조사에 참여한 37개국에서 15세 청소년과 그 부모 수천 명을 대상으로

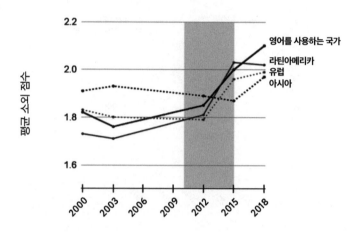

세계 각지 학교에서 학생들이 느끼는 소외

영어를 사용하는 국가
라틴아메리카
유럽
아시아

평균 소외 점수

그림 1.12 시간 경과에 따른 세계 각지 학교에서의 소외 점수(15세 기준). 주로 2012~2015년에 아시아를 제외한 모든 지역에서 학교에서 느끼는 외로움이 증가했다는 사실에 주목하라.(이 질문들은 2006년과 2009년 조사에서는 묻지 않았다.) 점수는 1점(낮은 수준의 소외)에서 4점(높은 수준의 소외)까지 매겨졌다. (출처: Twenge, Haidt et al., 2021, Data from PISA.)[57]

설문 조사를 한다. 학업 성적과 가정생활에 관한 수백 가지 질문 속에 학교에 대해 어떻게 느끼는지 묻는 여섯 가지 질문이 포함돼 있다. 이 질문들은 학생에게 "학교에서 외로움을 느낀다."라거나 "학교에서 아웃사이더 같다는(혹은 따돌림을 당한다는) 느낌이 든다."라거나 "학교에서 친구를 쉽게 사귄다."(여기에는 반대 점수가 매겨진다)와 같은 진술에 얼마나 공감하는지 묻는다.[58]

진 트웽이와 나는 이 여섯 가지 질문에 대한 응답을 분석하고, 37개국 모두에 대해 2000년 이후의 점수 추이를 그래프로 작성했다.[59] 그림 1.12는 전 세계에서 주요 지역 네 곳의 추세를 보여준다. 2000년부터 2012년까지는 비교적 평평한 수준을 유지하다가, 그 이

불안 세대

후부터 아시아를 제외한 모든 지역에서 학교에서 외로움을 느끼고 친구가 없다는 보고가 증가하기 시작했다. 서구권 전체에서 십대가 학교에 스마트폰을 가져가면서 쉬는 시간을 포함해 일상에서 소셜 미디어를 사용하자 친구와 연결되기가 더 어려워졌다. 그들은 "영원히 다른 곳"에 있었다.

2008년 세계 금융 위기는 여러 나라에서 이러한 정신 질환의 증가를 초래한 원인이 아니다. 미국 학교의 총기 난사 사건이나 미국 정치 역시 그러한 원인이 아니다. 국제적으로 십대의 정신 건강 하락을 설명할 수 있는 이론 중에서 유일하게 타당해 보이는 것은 십대들이 서로를 연결하는 데 사용하는 기술에 급작스럽게 일어난 대규모 변화이다.[60]

1990년대 후반에 태어난 아동은 가상 세계에서 사춘기를 보낸 역사상 최초의 세대이다. 2010년대 초에 그들에게 스마트폰을 준 것은 마치 Z 세대를 화성으로 보내 그곳에서 자라도록 한 것과 같다. 우리는 아이들을 역사상 최대 규모의 통제 불능 상태의 실험으로 몰아넣은 것이다.

1장 요점 정리

- 2010년부터 2015년까지 미국 십대의 사회생활은 대체로 소셜 미디어, 온라인 비디오게임, 그 밖의 인터넷 기반 활동에 계속 접근

할 수 있는 스마트폰으로 옮겨갔다. 이 아동기 대재편이야말로 2010년대 초에 시작된 청소년 정신 질환 급증을 설명할 수 있는 가장 큰 원인이다.

- 스마트폰(그리고 전체 인터넷)을 손에 들고 사춘기를 보낸 첫 번째 미국인 세대는 불안과 우울증, 자해, 자살 비율이 이전 세대에 비해 크게 증가했다. 이 세대를 아동기 대재편이 시작된 2010년에 사춘기가 끝난 밀레니얼 세대와 구분해 Z세대라 부른다.

- 불안과 우울증, 자해 급증은 남자아이들보다 여자아이들 사이에서 더 강하게 나타났고, 그중에서도 사춘기 직전의 여자아이들이 가장 큰 피해자였다.

- 남자아이도 정신 건강 위기를 피해갈 수 없었다. 여자아이만큼은 아니더라도 남자아이의 우울증과 불안 비율도 크게 증가했다. 7장에서 보여주겠지만, 남자아이의 기술 사용 방식과 정신 건강 문제는 여자아이와 좀 다르다.

- 미국에서 남자 청소년과 여자 청소년의 자살률은 2008년 무렵에 증가하기 시작했는데, 2010년대에는 훨씬 크게 증가했다.

- 고통의 증가는 미국만의 문제가 아니다. 영국과 캐나다를 비롯해 주요 영어권 국가들과 북유럽 5개국에서도 거의 같은 시기에 십대들 사이에 동일한 패턴이 나타났다. 2012년 이후에 학교에서 소외감을 느끼는 비율이 서구권에서 증가했다. 다른 지역의 데이터는 많지 않으며, 이곳들에서 나타나는 패턴은 덜 분명하다.[61]

- 불안과 우울증 비율이 그토록 많은 나라의 청소년 사이에서 동시에 같은 방식으로 급증한 이유를 다른 이론으로는 제대로 설명할

수 없다. 물론 정신 건강 악화를 초래하는 다른 요인들도 있긴 하지만, 2010년에서 2015년 사이에 정신 질환이 유례없이 급증한 현상은 세계 금융 위기나 미국과 다른 나라에서 일어난 일련의 사건들로 설명할 수 없다.

스마트폰 기반 아동기는 정확하게 어떤 메커니즘을 통해 아동의 발달을 방해하고 정신 질환을 초래하거나 악화시킬까? 이 질문에 답하려면 먼저 아동기가 무엇이며, 건강한 어른으로 발달하기 위해 아동은 무엇을 해야 하는지 살펴보아야 한다. 2부의 목적이 바로 그것이다. 2부에서는 놀이 기반 아동기의 점진적 상실(1980년대부터 시작된)로 정의되는 아동기 대재편의 배경 이야기를 들려줄 것이다.

2부

배경 이야기

놀이 기반 아동기의 쇠퇴

2장

아동기에 아동이 해야 하는 일

2007년 6월 28일(아이폰이 출시되기 전날)에 깊은 잠에 빠졌다고 상상해보라. 워싱턴 어빙Washington Irving이 1819년에 쓴 작품의 주인공 립 밴 윙클Rip Van Winkle처럼 당신은 10년 뒤에 깨어나 주변을 둘러본다. 물리적 세계는 대체로 이전과 똑같아 보이지만, 사람들의 행동이 뭔가 이상하다. 거의 모든 사람이 유리와 금속 재질의 소형 직사각형 물체를 들고 있고, 멈춰설 때마다 고개를 숙여 그것을 들여다본다. 지하철에서 자리에 앉거나 엘리베이터를 타거나 줄을 설 때마다 같은 동작을 한다. 공공장소에는 기묘한 정적이 감돈다. 심지어 아기들도 이 직사각형 물체에 넋을 잃고 빠져 조용하다. 사람들의 말소리가 가끔 들리지만, 그들은 하얀 귀마개 같은 것을 끼고서 혼잣말을 하는 것처럼 보인다.

이 사고 실험은 동료 연구자인 토비어스 로즈-스톡웰Tobias Rose-Stockwell과 그의 경이로운 저서 『분노 기계Outrage Machine』에서 빌려왔다. 토비어스는 이 시나리오를 사용해 **어른** 세계의 변화를 전달한다. 하지만 이 사고 실험은 후기 아동기와 청소년기 세계에 적용하는 편이 훨씬 효과적이다. 2007년에 십대와 사춘기 직전의 많은 아동은 휴대폰에 짧은 문자를 입력하느라 바빴지만, 그 당시에 문자 메시지를 입력하는 작업은 무척 번거로웠다(소문자 s를 입력하려면 7 키를 네 번 눌러야 할 정도로). 문자는 대부분 한 번에 한 사람에게만 보낼 수 있었고, 대개 기본 휴대폰을 사용해 직접 만나는 방법을 논의했다. 문자 메시지를 보내는 데 세 시간이나 쓰려는 사람은 아무도 없었다. 하지만 아동기 대재편 이후에는 청소년이 친구뿐만 아니라 낯선 사람의 콘텐츠를 소비하고, 모바일게임을 하고, 영상을 보고, 소셜 미디어에 게시물을 올리면서, 스마트폰으로 상호 작용하는 데 깨어 있는 시간 중 대부분을 쓰는 일상이 보편화되었다. 2015년 무렵에 청소년은 친구를 직접 만나서 보내는 시간과 그래야 할 동기가 크게 줄어들었다.[1]

일상생활(특히 사회생활)이 이런 식으로 급진적으로 개편되면, 아동과 청소년의 발달에 어떤 일이 일어날까? 새로운 스마트폰 기반 아동기가 생물학적, 심리학적, 문화적 발달의 복잡한 상호 작용을 변화시킬까? 아이들이 건강하고 행복하고 유능하고 성공적인 어른으로 발달하는 데 필요한 것들 중 일부를 방해하진 않을까? 이 질문들에 답하려면 한 걸음 뒤로 물러나서 아동기의 중요한 특징 다섯 가지를 살펴볼 필요가 있다.

불안 세대

성장이 느린 인간의 긴 아동기

사람에게는 기묘한 특징이 한 가지 있다. 아이는 빠르게 성장하다가 그다음에는 느리게 성장하고, 다시 빠르게 성장한다. 사람의 성장 곡선을 침팬지의 성장 곡선과 비교해보면, 침팬지는 생식을 할 수 있는 성적 성숙 단계에 이를 때까지 꾸준히 일정한 속도로 성장한다는 걸 알 수 있다.[2] 굳이 다른 방식을 선택할 이유가 있을까? 진화의 목적이 살아남는 자손을 최대화하는 것이라면, 최대한 빨리 생식 단계에 이르는 것이 최선의 적응이 아니겠는가?

하지만 사람은 성장이 느리다. 처음 2년 동안은 빠르게 성장하다가 그다음 7~10년은 느리게 성장하고, 사춘기 동안에 또다시 급격하게 성장하다가 몇 년 뒤에 성장이 멈춘다. 흥미롭게도 아이의 뇌는 5세 무렵에 이미 완전한 크기의 90%에 이른다.[3] 호모 사피엔스가 나타났을 때 아이들은 작은 체격에 큰 뇌를 가진 약골이었는데, 그 상태로 숲속을 돌아다니는 것은 포식 동물에게 '날 잡아 잡숴' 하고 자신을 먹이로 갖다바치는 것이나 다름없었다. 왜 우리는 이렇게 길고 위험한 아동기가 진화했을까?

가장 큰 이유는 우리가 문화적 동물로 진화했기 때문인데, 그 사건은 우리가 속한 속屬(호모속)이 그전의 호미니드 종種에서 진화해 출현한 시기인 100만~300만 년 전에 일어났다. 도구 제작을 포함한 그 문화는 우리의 진화 경로를 완전히 바꾸어놓았다. 한 예를 들면, 불을 사용해 음식을 조리하기 시작하면서 우리 턱과 창자는 크기가 줄어들었는데, 조리된 음식은 씹고 소화하기가 훨씬 쉽기 때문이다. 우리 뇌는 더 커졌는데, 생존 경쟁의 승리는 가장 빠르고 강한 자가 아니라 학습 능력이 가장 뛰어난 자에게 돌아갔기 때문이다. 세상을 확 바꾸어놓은 우리의 힘은 **서로에게서 배우는** 능력과 조상과 공동체가 축적한 공통의 지식 풀pool을 활용하는 능력에서 나왔다. 침팬지는 이런 능력이 거의 없다.[4] 사람의 아동기가 늘어난 것은 아이에게 학습할 시간을 많이 주기 위해서였다.

최대한 많이 배우기 위한 진화의 경쟁 때문에 사춘기에 최대한 빨리 도달하는 것은 적응에 불리했다. 오히려 천천히 가는 것이 도움이 되었다. 뇌는 후기 아동기 동안에 그렇게 많이 커지지 않지만, 새로운 연결을 만들고 낡은 연결을 없애면서 분주하게 활동한다. 아이가 경험을 추구하고 다양한 기술을 연습함에 따라 자주 쓰이지 않는 신경 세포와 시냅스는 쇠퇴하는 반면, 자주 연결되는 것들은 확고하게 자리를 잡고 더 활발해진다. 다시 말해서, 진화는 사람에게 연장된 아동기를 제공했고, 그 덕분에 사회에 축적된 지식을 장시간에 걸쳐 배울 수 있게 해주었다. 그것은 어른으로 간주되고 대우받기 전인 청소년기 동안에 겪는 일종의 문화적 도제 기간이다.

하지만 진화는 학습을 **가능하게** 하기 위해 단순히 아동기를 연장하는 데 그치지 않았다. 학습을 **쉽고 즐겁게** 만들도록 강하게 자극하는 세 가지 동기도 우리에게 심었다. 자유 놀이와 조율과 사회 학습을 위한 동기가 바로 그것이다. 놀이 기반 아동기가 대세이던 시절에는 학교가 끝나면 아이들이 아무 감시도 받지 않는 상태에서 함께 어울려 놀았는데, 그런 놀이는 이 세 가지 동기를 만족시키는 방식으로 일어났다. 하지만 스마트폰 기반 아동기로 전환되자 스마트폰과 비디오게임 시스템, 소셜 미디어, 그 밖의 중독성 기술 설계자들이 아이들을 가상 세계로 유인했는데, 그곳에서 아이들은 더 이상 이 세 가지 동기가 제공하는 혜택을 전혀 누릴 수 없게 되었다.

자유 놀이

놀이는 아동기에 아이가 하는 일인데,[5] 어린 포유류는 모두 동일한 작업에 몰두한다. 그것은 열심히, 그리고 자주 놀면서 뇌의 회로를 연결하고 완성하는 과정이다. 어린 쥐, 원숭이, 사람을 대상으로 실시한 수백 건의 연구에서 어린 포유류는 놀길 **원하고**, 놀 **필요가 있으며**, 놀이를 박탈당하면 사회적, 인지적, 정서적 **손상**을 입는다는 결과가 나왔다.[6]

놀이를 통해 어린 포유류는 어른으로서 성공적으로 살아가는 데 필요한 기술을 배우며, 그것도 신경세포들이 가장 좋아하는 방식으로 배운다. 즉, 위험이 낮은 환경에서 성공과 실패로부터 피드백을 받는 반복 활동을 통해 배운다. 새끼 고양이는 털실 뭉치를 서툰 동작으로 덮치는데, 이 행동은 생쥐 꼬리처럼 생긴 것이라면 무엇에건 큰 흥미를 느끼게 만들도록 진화한 시각 피질의 특수한 회로를 자극한다. 이렇게 털실 뭉치를 덮치는 놀이를 많이 하면서 새끼 고양이는 점차 숙련된 생쥐 사냥꾼이 된다. 걸음마를 배우는 아이는 갈 수 있는 곳은 어디건 서투른 걸음으로 돌아다니고 올라가고 들어가며, 그러한 시도를 무수히 한 끝에 복잡한 자연 환경에서 능숙하게 돌아다니는 기술을 익힌다. 이러한 기본 기술을 익히고 나면, 잡기 놀이나 숨바꼭질 또는 상어와 피라미 게임처럼 여럿이 함께 하는 포식자-피식자 게임으로 옮겨간다. 나이가 더 들면 언어 놀이(잡담, 놀리기, 농담 같은)를 통해 뉘앙스와 비언어적 단서, 내뱉은 말이 원하는 반응을 끌어내는 데 실패했을 때 즉각 관계를 회복하는 기술 등에 대한 상급 과정을 이수한다. 시간이 지나면 자치와 공동 의사 결정, 경쟁에서 졌을 때 결과를 받아들이는 태도를 포함해 민주 사회에서 살아가는 데 필요한 사회성 기술도 발달한다. 보스턴대학교의 발달심리학자이자 유명한 놀이 연구자인 피터 그레이Peter Gray는 "놀이는 지배 충동을 억제하는 것이 필요하고, 오래 지속되는 협력적 유대의 생성을 촉진한다."라고 말한다.[7]

그레이는 '자유 놀이free play'를 활동 자체와 분명히 구별된 어떤 목적을 달성하기 위해 의식적으로 추구하는 활동이 아니라, 참여자들이 자유롭게 선택하고 지휘하며 그 자체를 위해 하는 활동으로 정의한다.[8] 실외에서 다양한 나이의 아이들과 함께 하는 신체적 놀이는 가장 건강하고 자연스럽고 유익한 종류의 놀이이다. 약간의 신체적 위험이 따르는 놀이는 꼭 필요한데, 자신과 서로를 돌보는 법을 가르쳐주기 때문이다.[9] 친구와 레슬링을 하거나 가짜 칼싸움을 하거나 다른 아이와 시소를 즐겁게 타자는 협상(협상이 실패할 경우 창피할 뿐만 아니라 엉덩이에 고통을 받을 수 있다)을 하는 것처럼, 다칠 수 있는 상황에서 놀이를 해보아야만 다치지 **않는** 법을 배울 수 있다. 부모나 교사, 코치가 관여하면, 놀이는 덜 자유롭고 덜 즐겁고 덜 유익한 것으로 변한다. 어른은 대개 지휘나 보호를 하고 싶은 충동을 억누르지 못한다.

　자유 놀이의 중요한 특징 하나는 **일반적으로 실수의 비용이 그다지 크지 않다**는 점이다. 누구나 처음에는 다 서툴며, 누구나 매일 실수를 저지른다. 초등학생은 시행착오를 통해, 그리고 친구로부터 직접적인 피드백을 받으면서 중학교의 더 큰 사회적 복잡성에 대응할 준비를 서서히 해나간다. 그런 준비를 하게 하는 것은 숙제도 감정을 조절하는 수업도 아니다. 어른이 지도하는 수업은 유용한 정보를 제공할 수 있지만, 정보는 발달하는 뇌의 형성에 그다지 큰 역할을 하지 않는다. 반면에 놀이는 큰 역할을 한다. 이것은 정서 발달의 열쇠는 정보가 아니라 경험에 있다는 인지 행동 치료의 핵심 통찰과 관련이 있다. 아이들이 상처를 참고, 감정을 조절하고, 다른 아이의 감정을 읽고, 차례를 지키고, 갈등을 해결하고, 정정당당하게 승부를 겨루는 법을 가장 잘 배울 수 있는 활동은 감독을 받지 않고 아이들 스스로가 주도하는 놀이이다. 아이들은 본질적으로 이러한 기술을 습득하려는 동기를 느끼는데, 놀이 집단에 끼이길 원하고 놀이를 계속 즐기고 싶어 하기 때문이다.

　내가 '놀이 기반 아동기'를 '스마트폰 기반 아동기'와 대비하면서 이 책의 중심 용어로 선택한 이유는 이 때문이다. 놀이 기반 아동기는 아이가 자유 시간 중 상당 부분을 현실 세계에서 친구들과 함께 노는 데 쓰는 시기를 말한다. 머리말에서 정의했듯이, 현실 세계는 관계와 사회적 상호 작용이 체화되고 동기화된 방식으로 일대일 또는 일대다 관계로 일어나고, 진입과 퇴출에 비용이 들기 때문에 사람들이 관계에 투자를 하지 않을 수 없는 장소를 가리킨다. 공동체가 대표적인 예이다. 그레이가 수집한 인류학적 보고서들에 따르면 수렵 채집인들의 아동기가 바로 이런 식으로 진행되는데,[10] 이것은 사람의 아동기가 뇌 발달 과정에 막대한 자유 놀이가 (당연한 것으로서) '기대' 되었던 긴 시기에 걸쳐 진화했다는 것을 의미한다. 물론 많은 아동은 노동 기반 아동기를 보냈다.(일부 아동은 지금도 그런 상황에 놓여 있다.) 노동 기반 아동기는 산업 혁명 시절에 관행처럼 광범위하게 퍼졌는데, 1959년에 유엔 아동 권리 선언이 놀이를 기본적인 인권으로 명시한 것은 이 때문이다. "어린이에게 놀이와 레크리에이션을 즐길 기회를 완전히 제공해야 하며, 그것은 교육과 동일한 목적을 향해 추진되어야 한다."[11]

따라서 일부 청소년이 홀로 앉아 유튜브 영상을 보거나 인스타그램이나 틱톡, 그 밖의 앱에서 끝없는 게시물을 훑어보면서 깨어 있는 시간 중 대부분을 휴대폰(그리고 그 밖의 화면)에 쓰기 시작한다면 어떤 문제가 생길지 충분히 짐작할 수 있다. 이러한 상호 작용은 일반적으로 현실 세계와 대비되는 가상 세계의 특징을 지니고 있다. 그것은 비체화된 방식과 비동기화된 방식, 일대다 방식으로 혼자 활동하는 상황에서 일어나거나, 참여와 이탈이 매우 손쉬운 가상 집단에서 일어난다.

설령 이 사이트들의 콘텐츠를 효과적으로 필터링해 명백히 해로운 내용을 제거할 수 있다 하더라도, 중독성이 강하게 설계된 이 플랫폼들은 현실 세계의 대면 놀이에 쓸 시간을 감소시킨다. 놀이 시간의 감소는 너무나도 심각해서 어린이의 손에 쥐어진 스마트폰과 태블릿은 **경험 차단제**라고 불러도 무방할 정도이다. 물론 스마트폰은

불안 세대

비디오게임(놀이의 한 형태인)과 가상 장거리 우정을 포함해 **새로운** 경험의 세계를 열어준다. 하지만 그러한 경험을 하려면, 지금까지 인류가 진화를 통해 축적한 종류의 경험, 그리고 사회적으로 제 기능을 하는 어른이 되려면 많이 알아야 하는 경험을 감소시키는 대가를 치러야 한다. 그것은 마치 아이들에게 걷기에 관한 영화가 잔뜩 들어 있는 아이패드를 주는 것과 같다. 하지만 영화는 아이들의 마음을 너무나도 강하게 사로잡아, 아이들은 걷기 연습을 할 시간을 내거나 그러려는 노력을 하지 않는다.

젊은이가 소셜 미디어를 사용하는 방식은 일반적으로 자유 놀이와 비슷한 면이 별로 없다. 사실, 소셜 미디어에서 게시물을 올리고 댓글을 다는 것은 피터 그레이의 정의와 **정반대**되는 행동이다. 플랫폼에서의 삶은 젊은이를 항상 자신이 선택한 각 사진과 영상, 댓글, 이모티콘의 사회적 결과를 미리 생각하면서 자신의 브랜드 관리자가 되도록 강요한다. 각각의 행동은 반드시 '그 자체를 위해' 행해지는 것이 아니다. 반대로 모든 공개적 행동은 어느 정도 전략적이다. 그레이의 표현을 빌리면, 그것은 "활동 자체와 분명히 구별된 어떤 목적을 달성하기 위해 의식적으로 추구하는" 행동이다. 게시물을 전혀 올리지 않는 아동에게도 소셜 미디어 사이트에서 시간을 보내는 것은 해로울 수 있는데, 고질적인 사회 비교와 도달할 수 없는 미의 기준, 일상의 나머지 모든 것으로부터 앗아가는 엄청난 사용 시간 때문에 그렇다.

조사에 따르면, 청소년이 기본 휴대폰에서 스마트폰으로 옮겨간 바로 그 시기(2010년대 초반)에 친구들과 자유롭게 보내는 시간이 급

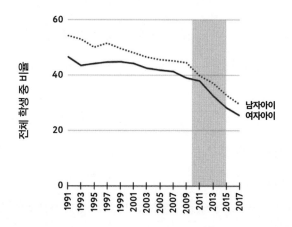

매일 친구들과 만나는 비율

남자아이
여자아이

그림 2.1 학교 밖에서 "거의 매일" 친구들을 만난다고 대답한 미국 학생(8학년, 10학년, 12학년이 섞인)의 비율.[12] (출처: 모니터링 더 퓨처Monitoring the Future. 내가 이 중요한 데이터 세트를 사용한 방법은 권말의 주석에서 설명한다.)[13]

감한 것으로 나타난다. 그림 2.1은 "거의 매일" 친구들을 만난다고 대답한 미국 학생(8학년, 10학년, 12학년이 섞인)의 비율을 보여준다.

남자아이와 여자아이는 이 비율이 1990년대와 2000년대 초반에 서서히 감소하다가(이것에 대해서는 다음 장에서 자세히 다룰 것이다) 2010년대에 아주 빠르게 감소했다. 이러한 가속적인 감소 추세는 단순히 아동기 대재편의 **증거**가 아니다. 그것은 아동기 대재편 그 **자체**이다. 그림 2.1은 스마트폰과 소셜 미디어, 멀티플레이어 비디오게임, 고속 무선 인터넷이 결합되면서 현실 세계에서 가상 세계로 옮겨간 세대를 보여준다.

조율

아이가 주변 세계와 연결을 맺으려면 움직임과 감정을 다른 사람과 조율attunement하고 동기화하는 것이 중요하다. 팔과 다리를 제대로 제어하기 전부터 이미 아이는 차례를 번갈아 바꾸고 감정을 공유하는 게임을 하면서 어른과 관계를 맺는다. 어른(귀여움에 보살핌 반응을 보이도록 만들어진 존재인[14])이 아이를 웃게 하려고 무슨 짓이라도 하면 아이는 무장을 해제시키는 함박웃음으로 반응한다. 이것은 상호 강화 피드백 고리를 만들어낸다. 태어난 지 몇 주일밖에 안 된 아기도 일부 얼굴 표정을 흉내낼 만큼 충분히 근육을 조절할 수 있으며, 많은 상호 응시와 다양한 얼굴 표정은 부모와 자식 간 애착을 촉진하는 중요한 수단이다.[15]

스마트폰은 이러한 필수적인 대면 상호 작용을 방해할 수 있다. 퓨 연구 센터의 조사에 따르면, 미국인 부모 중 17%는 아이와 함께 시간을 보낼 때 스마트폰 때문에 **자주** 한눈을 판다고 보고했고, 52%는 **가끔** 한눈을 판다고 보고했다.[16] 새로운 기술은 오래전부터 부모의 주의를 아이로부터 돌리게 해왔지만, 스마트폰은 부모와 아이 사이의 유대를 방해하는 데 독보적인 효과를 발휘한다. 끊임없이 울리고 방해하는 알림 신호 때문에 일부 부모는 아이보다는 스마트폰에 더 신경을 쓰는데, 심지어 아이와 함께 놀 때에도 그런다.

아이가 말을 하기 시작하면 조율을 위한 새로운 기회들이 활짝 열린다. 부모나 돌봐주는 사람들과 아이 사이의 사회적 연결이 더 깊어진다. 사회성 기술의 발달에는 차례를 지키고 타이밍을 잘 잡는 것이 필수적인데, 이것은 '다음번의 우스운 표정은 얼마나 더 기다렸다가 짓는 게 좋을까?' 또는 '현재 하고 있는 운율 맞추기 게임에서 다음번 운율을 언제 말하는 게 좋을까?' 등을 생각해야 하는 단순한 상호 작용들을 통해 발달하기 시작한다. 각자는 정확한 타이밍을 알기 위해 상대방의 얼굴 표정과 감정을 읽는 법을 배운다. 발달심리학자들은 이런 종류의 상호 작용을 **서브와 리턴**serve-and-return 이라고 부르는데, 이것은 사회적 상호 작용이 테니스나 탁구 게임과 비슷하다는 개념을 반영한 용어이다. 테니스와 탁구는 서로 번갈아가며 응수하고, 재미있으며, 예측 불가능성도 있고, 무엇보다 타이밍이 필수적이다.

신체 발달을 위해 움직임과 훈련이 필수적인 것처럼 조율 연습은 사회성 발달을 위해 필수적이다. 미국국립놀이연구소National Institute for Play는 다음과 같이 주장한다.

> 조율은 나중의 자기 조절을 위한 기반을 형성한다. 즐겁고 서로를 신뢰하는 이러한 종류의 사회적 경험을 하지 못한 아동은 나중에 정서적 어려움을 겪고 이상 행동을 보이는 경우가 많다. 청소년과 어른으로서 건강한 애착을 형성하는 데 어려움이 있을 수 있고, 예기치 못한 문제에 대처하거나, 감정을 조절하거나, 위험한 일이 닥쳤을 때 건전한 판단을 하거나, 점점 더 복잡한 사회적 상호 작용에 효과적으로 대응하는 법을 배우는 능력이 떨어질 수 있다.[17]

아이는 나이가 들수록 단순히 차례를 지키는 것을 넘어서서 상대방과 동시에 같은 일을 하는 완벽한 동기화에서 즐거움을 찾는다. 특히 여자아이는 함께 노래를 하거나 줄넘기를 하거나 운율을 맞추면서 손뼉 치는 게임(서로 손바닥을 마주치면서 노래를 부르는 게임처럼)에서 큰 즐거움을 얻는다. 이 게임에서는 두 사람이 동시에 별다른 의미는 없지만 운율이 맞는 노래를 빠르게 부르면서 빠른 손동작을 완벽하게 일치시킨다. 이런 게임은 명시적인 목적이나 승리 방법이 없다. 이 게임들이 즐거운 것은 관계없는 사람들 사이에 교감을 형성하기 위해 오래전부터 전래돼온 동기화의 힘을 사용하기 때문이다.

인류학자들은 오래전부터 집단 의례가 인간의 보편적인 문화라는 사실에 주목했다. 16세기와 17세기의 유럽인 탐험가들은 모든 대륙의 공동체들에서 모든 구성원이 함께 모여 북을 치거나 노래를 부르거나 비트가 강한 음악을 연주하는 등의 집단 의례를 행한다는 사실을 발견했다.[18] 집단 의례는 신뢰를 더욱 돈독하게 하고 균열이 생긴 사회적 관계를 회복하는 기능이 있다고 널리 이야기되었다. 위대한 사회학자 다비드-에밀 뒤르켐David-Émile Durkheim은 그러한 의례에서 생겨나는 '사회적 전기social electricity'에 관한 글을 썼다.[19] 그는 교감과 소속감을 북돋는 데 의례가 필수적이라고 생각했다.

지금은 많은 실험에서 동시에 일어나는 움직임도 동일한 효과를 발휘한다는 사실이 밝혀졌다. 한 연구에서는 작은 규모의 대학생 집단들에게 헤드폰을 쓰게 한 뒤, 맥주잔을 들고 헤드폰에서 흘러나오는 음악에 따라 몸을 흔들라고 했다. 전체 집단들 중 절반은 음악과 완벽하게 조화를 이루어 몸을 흔들었다(그들은 동시에 같은 음악을 듣고 있었으므로). 하지만 절반은 동작이 일치하지 않았다(각자의 헤드폰을 통해 들려주는 음악이 일치하지 않았으므로). 그러고 나서 모든 집단은 신뢰 게임을 했는데, 이것은 여러 라운드를 거치는 동안 모두가 협력한다면 가장 많은 돈을 딸 수 있지만, 한 사람이 한 라운드에서 이기적인 선택을 하면 그 사람이 더 많은 돈을 따는 게임이었다. 이 게임에서 서로 조화를 이루어 움직였던 집단들은 동작이 일치하지 않았던 집단들보다 서로를 더 신뢰하고 협력을 더 잘했으며, 그 결과로 더 많은 돈을 땄다.[20]

동기화된 대면 방식으로 일어나는 신체적 상호 작용과 의식은 인류의 진화에서 깊고 오래되고 그 진가가 제대로 알려지지 않았던 부분이다. 어른은 그것을 즐기며, 아동도 건강한 발달을 위해 그것이 필요하다. 하지만 주요 소셜 미디어 플랫폼들은 어린이를 끊임없이 **비동기화된** 상호 작용으로 끌어들이는데, 그런 상호 작용은 놀이보다는 일 비슷한 것이 될 수 있다. 대다수 십대는 복수의 플랫폼에 계정이 있으며, 소셜 미디어를 사용하는 십대는 흔히 **하루에 두 시간** 혹은 그 이상을 소셜 미디어 사이트에서 보낸다.[21] 2014년에 십대 여자아이들 중 약 3분의 1이 **일주일에 20시간 이상**을 소셜 미디어 사이트에서 보냈다. 이것은 풀타임으로 근무하는 시간의 약 절반에 해당하는데, 플랫폼을 위한 콘텐츠를 만들거나 남들이 만든 콘텐츠를 소비하면서 이 많은 시간을 보내는 것이다. 이렇게 소비하는 시간은 직접 친구들과 대면 상호 작용을 하는 데 쓸 수가 없다. 그 일은 즐겁지 않은 경우가 많지만, 많은 사람은 뭔가를 '놓치거나' 배제되는 것을 피하기 위해 강박적으로 해야 한다고 느낀다.[22] 결국 많은 사람에게 그것은 아무 생각 없이 하는 습관으로 변해 그들은 하루에 수십 번씩 그 사이트들을 방문한다. 이러한 사회적 노동은 얕은 연결을 만들어내는데, 대면 대화나 개인적인 전화나 영상 통화와 달리 비동기화되고 공개된 방식으로 일어나기 때문이다. 그리고 그 상호 작용은 비체화된 방식으로 일어나는데, 손가락을 화면에 대고 문지르거나 타자를 하는 것 외에는 근육을 거의 사용하지 않기 때문이다. 우리는 파트너의 비슷한 움직임에 실시간으로 반응하면서 손과 얼굴 표정, 머리 움직임을 의사소통 채널로 사용하도록 진화한 신체적이고 체화된 동물이다. Z 세대는 대신에 이모티콘을 선택하는 방법을 배우고 있다.

소셜 미디어가 아동기의 경로를 변화시키는(그와 함께 사회적 구조도 와해시키는) 두 번째 방법은 조율의 상실이다. 친구와 함께 지내는 대신에 비동기화된 상호 작용에 투입하는 막대한 시간을 감안하면, 2010년대 초반부터 그토록 많은 십대가 외로움을 느끼고 연결을 간절히 원하게 된 것은 전혀 놀랍지 않다.

사회 학습

우리 조상이 문화적 동물이 되자, 최선의 학습자에게 보상이 돌아가는 새로운 진화 압력이 생겨났다. 여기서 최선의 학습자란 학교에서 책과 수업을 통해 가장 좋은 성적을 거두는 자를 말하는 게 아니다. 그것은 **모방**을 통해 학습하고자 하는 선천적 욕구를 활성화하고, 모방을 위해 **적절한 사람을 선택**하는 능력이 뛰어난 아이를 뜻한다.

롤 모델을 선택하는 것은 간단한 일처럼 보일 수도 있다. 아이는 당연히 자신의 부모를 모방하지 않는가? 하지만 그것은 잘못된 전략이다. **자기** 부모가 공동체에서 가장 뛰어난 어른이라고 상정해야 할 이유가 전혀 없다. 그렇다면 더 넓은 범위에서 롤 모델을 찾는 게 낫지 않겠는가? 게다가 아이는 자신이 속한 공동체에서 성공적인 **나이 많은** 아이로 자라는 법을 배워야 하기 때문에, 그런 모델에 특별한 관심을 기울여야 한다.

유전자-문화 공진화[23] 연구를 선도한 로버트 보이드Robert Boyd와 피트 리처슨Pete Richerson에 따르면, 수천 세대가 지나는 동안 계속 성공을 거둔 '전략'이 몇 가지 있는데, 그것들은 진화한 문화적 성향의 일부가 되었다고 한다. 그중에서 소셜 미디어에 관한 논의와 가장 큰 관련이 있는 두 가지 성향은 **동조 편향**과 **권위 편향**이다.

동조가 중요하다는 것은 명백하다. 대다수 사람이 하는 행동을 따라 하는 것은 많은 환경에서 가장 안전한 전략이다. 기존 사회에 새로 편입한 사람이라면 동조는 특히 중요하다. 로마에서는 로마법을 따라야 한다. 그래서 아이가 새 학교를 다니기 시작한다면, 대다수 아이가 하는 행동을 따라 할 가능성이 매우 높다. 이것을 가끔 또래 압력이라고 부르는데, 어느 누구도 어떤 종류의 압력도 가하지 않을 때조차도 이 압력은 아주 강할 수 있다. 따라서 이것은 '동조 인력'이라고 부르는 것이 더 정확한 용어일 수 있다. 초등학교에서 중학교로 진학한(11세 무렵에) 미국 아동은 내 아이들이 그런 것처럼 대다수 급우가 인스타그램 계정을 가지고 있다는 사실을 알아채고는 자신도 그것을 갖고 싶어 한다. 일단 인스타그램에 접속하면, 자신이 팔로잉하는 사람 대부분이 그 플랫폼을 어떻게 사용하는지 금방 배우고, 자

불안 세대

신도 그렇게 사용하려는 경향이 있다.

현실 세계에서는 가장 보편적인 행동이 무엇인지 제대로 파악하는 데 시간이 좀 걸리는데(종종 몇 주일씩이나), 여러 환경에서 여러 집단을 관찰해야 할 필요가 있기 때문이다. 하지만 소셜 미디어 플랫폼에서는 한 시간에 1000개의 데이터점data point을 훑어볼 수 있고(게시물 하나당 약 3초씩), 각 게시물에는 그것이 성공했는지 실패했는지 알려주는 수치 증거(좋아요)와 댓글이 달려 있다.

따라서 소셜 미디어 플랫폼은 **지금까지 발명된 것 중 가장 효율적인 동조 엔진**이다. 부모는 자식에게 똑바른 자세로 앉으라거나 칭얼대지 말라고 몇 년 동안 훈육을 해도 실패하고 마는 반면, 소셜 미디어는 청소년에게 용납되는 행동에 대한 심적 모형을 불과 몇 시간 만에 형성할 수 있다. 부모는 동조 편향의 힘을 사용할 수 없으므로, 소셜 미디어의 사회화 힘에는 상대도 되지 않는 경우가 많다.[24]

그런데 다수를 모방하는 것 외에 또 한 가지 중요한 전략이 있다. 그것은 권위를 포착하고 권위자를 모방하는 것이다. 권위 편향에 관한 주요 연구를 한 사람은 로버트 보이드 밑에서 배운 진화인류학자 조 헨릭Joe Henrich이다.[25] 헨릭은 비인간 영장류의 사회적 위계가 지배성(결국은 남에게 폭력을 가하는 능력)을 기반으로 구축된다고 지적했다. 하지만 사람은 **권위**를 기반으로 한 대안 등급 체계가 있는데, 옛날에는 사냥이나 이야기를 잘하는 것처럼 가치 있는 영역에서 탁월한 능력을 보인 사람에게 그러한 권위가 부여되었다.

사람들은 탁월한 능력을 스스로 파악할 수도 있지만, 다른 사람들의 판단에 의존하는 편이 훨씬 효율적이다. 만약 대다수 사람이 프랭크가 공동체에서 가장 뛰어난 활쏘기 명인이라고 말한다면, 그리고 당신이 활쏘기를 가치 있게 여긴다면, 프랭크가 활을 쏘는 모습을 한 번도 본 적이 없더라도 당신은 그를 '존경'할 것이다. 헨릭은 사람들이 권위 있는 사람을 (스타처럼) 크게 존경하는 이유는, 유대를 통해 학습을 최대화하고 자기 자신의 권위를 높이기 위해 그와 친해지고 싶은 동기를 느끼기 때문이라고 주장한다. 반면에 권위 있는 사람은 일부 추종자가 가까이 다가오도록 허용하는데, 추종자(헌신적인 수행원과 팬) 무리는 공동체에 자신의 높은 지위를 확실하게 보여주는 신호가 되기 때문이다.

실리콘밸리의 플랫폼 설계자들은 모든 게시물과 사용자의 성공을 계량화해 전시할 때(좋아요, 공유, 리트윗, 댓글 등으로) 이러한 심리학적 체계를 정조준했다. 페이스북의 초기 창업자 중 한 명인 숀 파커Sean Parker는 2017년에 한 인터뷰에서 페이스북과 인스타그램 창업자들의 목표는 "사회적 타당화 피드백 고리social validation feedback loop"*를 만드는 것이었다고 인정하면서 "…… 그것은 나 같은 해커가 생각할 만한 바로 그런 종류의 목표인데, 인간 심리학의 취약성을 이용하려고 하기 때문이다."라고 말했다.[26] 하지만 프로그래머들은 다른 사람들의 클릭을 바탕으로 권위를 계량화할 때, 젊은이의 사회성 발달에 파괴적 영향을 미치는 방식으로 우리의 심리를 해킹했다. 소셜 미디어 플랫폼에서는 과거에 탁월한 능력과 권위 사이에 존재했던 연결이 그

---

* 여기서 사회적 타당화social validation란 피드백이나 인정, 수용을 통해 다른 사람들로부터 확인이나 승인을 추구하는 과정을 말한다.

어느 때보다 쉽게 끊어질 수 있다. 그래서 젊은이들은 가상 세계에서 유명해진 인플루언서를 팔로잉하면서 그들이 말하고 행동하고 감정을 표현하는 방법을 종종 배우는데, 이것은 사무실이나 가정, 그 밖의 현실 세계 상황에서 역효과를 낼 수 있다.

20세기에 대중 매체가 부상하면서 탁월성과 권위가 분리되기 시작했다. "유명한 것으로 유명한famous for being famous"이라는 표현은 평범한 사람이 대중의 인식에서 급부상하는 일이 가능해진 1960년대에 처음 유행했는데, 뭔가 중요한 일을 해서가 아니라 그저 TV를 통해 수백만 명 앞에 그 모습을 보인 일반인이 몇몇 뉴스에서 회자되면서 유명해지는 일이 일어났기 때문이다.[27] 이 표현은 훗날 2000년대 초에 사교계 명사이자 모델인 패리스 힐턴Paris Hilton에게 적용되었지만, 그녀의 명성은 여전히 주류 언론과 타블로이드 언론의 보도에 의존하고 있었다. 이 표현을 소셜 미디어 시대에 맞게 재정의한 사람은 패리스 힐턴의 가까운 친구 킴 카다시안Kim Kardashian이다. 카다시안은 높은 권위에 이르는 새 경로를 개척했는데, 그것은 인터넷에 공개된 섹스 테이프로 시작해 자신의 가족 전체를 대중에게 공개한 리얼리티 TV 쇼(《4차원 가족 카다시안 따라잡기keeping up with the Kardashians》)로 이어졌다. 2023년, 카다시안의 인스타그램 팔로워는 3억 6400만 명에 이르렀고, 여동생인 카일리Kylie는 4억 명에 이르렀다.

권위 기반 소셜 미디어 플랫폼은 현실 세계 공동체에서 성공하는 데 도움을 주는 멘토링 관계를 함께 발전시킬 다양한 롤 모델로부터 시간과 주의, 모방 행동을 다른 곳으로 돌림으로써 청소년의 가장 중요한 학습 메커니즘 중 하나를 망가뜨렸다. 그 대신에 2010년 초반부터 시작해 수백만의 Z 세대 여자아이는, 영향력을 행사할 팔로워를 끌어모으는 데 탁월한 능력이 있는 것처럼 보이는 소수의 젊은 여성에게 집단적으로 자신들의 가장 강력한 학습 체계를 집중시켰다. 그와 동시에 많은 Z 세대 남자아이는 자신들의 사회 학습 체계를 인기 있는 남성 인플루언서들에게 집중시켰는데, 이들은 남자아이들에게 이상적인 남성성을 제시했지만, 그것은 매우 극단적이고 일상생활에 적용하기 힘든 것이었다.

기대하는 뇌와 민감기

아이들은 느리게 성장하는 아동기와 빠르게 성장하는 사춘기의 긴 문화적 도제 기간 내내 놀고 남들과 조율하고 사회적으로 배우고자 하는 욕구를 다양한 방식으로 표현한다. 뇌가 건강하게 발달하려면 제때 적절한 경험을 정확한 순서에 따라 배워야 한다.

사실, 포유류와 조류의 뇌 발달은 가끔 '경험 기대적 발달experience-expectant development'이라고 부르는데,[28] 특정 종류의 경험을 할 가능성이 높은 시기에 뇌에서 특정 부위의 유연성이 매우 커지기 때문이다. 가장 분명한 예는 '결정적 시기critical period'인데, 이것은 어린 동물이 뭔가를 **꼭** 배워야 하는 시간의 창에 해당하며, 그 시기를 놓치면 나중에 그것을 배우기가 불가능하진 않더라도 매우 어렵다. 오리와 거위, 그리고 물이나 땅에서 사는 많은 조류는 각인이라는 진화한 학습 메커니즘이 있는데, 새끼는 이를 통해 누구를 쫓아다녀야 하는지 파

그림 2.2 콘라트 로렌츠의 부츠를 어미로 각인한 새끼 거위들.[29]

악한다. 새끼는 알에서 깨어난 뒤 일정 시간 동안 자신의 시야에서 움직이는 어미만 한 크기의 물체라면 그것이 무엇이건 그 뒤를 따라다닌다. 많은 심리학 교과서에는 새끼 거위들이 동물행동학자 콘라트 로렌츠Konrad Lorenz의 뒤를 줄지어 따라가는 그림 2.2의 사진이 실려 있다. 훗날의 연구에서 시간의 창이 닫힌 뒤에도 새끼 거위가 새로운 애착을 배우는 것이 가능하다는 사실이 밝혀졌지만, 그렇다고 하더라도 맨 처음 각인된 대상이 여전히 새끼의 마음을 강하게 끌어당기는 힘을 유지했다.[30] 처음 각인된 대상은 뇌에 영원히 확고하게 새겨졌다.

사람은 시간 한계가 확실하게 정해진 진정한 '결정적 시기'가 별로 없지만, '민감기sensitive period'는 여러 가지가 있는 것으로 보인다. 민감기는 무엇을 배우거나 어떤 기술을 습득하기가 아주 쉬운 시기를 말하는데, 그때를 놓치면 배우기가 훨씬 어려워진다.[31] 가장 분명한 사례로는 언어 학습이 있다. 어린이는 여러 언어를 쉽게 배우지만, 이 능력은 사춘기의 처음 몇 년 동안에 급격히 떨어진다.[32] 가족이 새 나라로 이주했을 때 12세 이하의 아동은 새 언어를 아무 억양의 차이도 없이 자연스럽게 원어민처럼 금방 익히는 반면, 14세 이상은 평생 동안 "너 어디 출신이니?"라는 질문을 받기 쉽다.

문화 학습에도 이와 비슷하게 민감기가 있는 것으로 보이는데, 그 시간의 창은 언어 학습의 민감기보다 몇 년 뒤에 닫힌다(여전히 사춘기 동안이긴 하지만). 일본 인류학자 미노우라 야스코箕浦康子는 1970년대에 부모가 미국으로 전근하면서 캘리포니아주에서 몇 년 동안 살아야 했던 일본인 기업가의 자녀들을 연구했다.[33] 미노우라는 미국 환경에서 아이들의 자아 개념과 느낌, 친구와의 상호 작용 방식이 형성되는(아이들이 일본으로 돌아온 뒤에도) 나이를 알아내려고 했다. 그래서 찾아낸 답은 9세에서 14~15세 사이였다. 이 민감기에 캘리포니아주에서 살았던 아이들은 '미국식'으로 느끼고 사고했다. 그랬다가 15세나 그 이후에 일본으로 돌아오면, 재적응하는 데 혹은 '일본식'으로 느끼고 사고하는 데 훨씬 힘든 시간을 보냈다. 15세가 넘어 미국에 간 아이들은 그런 문제를 겪지 않았는데, 이들은 미국식으로 느끼고 사고한 적이 없었기 때문이다. 그리고 14세 이전에 일본으로 돌

불안 세대

아온 아이들은 재적응하는 데 별 문제가 없었는데, 여전히 민감기에 머물러 있어 별 어려움 없이 일본식으로 재학습할 수 있었기 때문이다. 미노우라는 "민감기 동안에는 대인관계에 대한 문화적 의미 체계가 감정적으로 애착을 느끼는 자기 정체성의 핵심 부분이 되는 것으로 보인다."라고 지적했다.[34]

그렇다면 일반적으로 11세 무렵에 스마트폰을 처음 소유한 뒤 나머지 십대 시절 동안 인스타그램과 틱톡, 비디오게임, 온라인 생활을 통해 사회화되는 미국 어린이에게는 무슨 일이 일어날까? 놀이 기반 아동기 시절에는 나이에 어울리는 경험을 순차적으로 하는 것이 표준이었고, 그런 경험은 민감기에 잘 조율돼 있었으며 또래 친구들 사이에서 공유되었다. 하지만 스마트폰 기반 아동기에는 아이들이 정해진 순서 없이 쏟아지는 성인 콘텐츠와 경험의 소용돌이 속으로 내던져진다. 현실 세계가 아닌 온라인 세계에서 발달한다면, 그들의 정체성과 자아와 인간관계가 확 달라질 것이다. 받는 보상이나 처벌, 우정의 깊이, 그리고 무엇보다도 **바람직한** 것, 이 모든 것은 아이가 매주 보는 수천 개의 게시물과 댓글, 평점에 따라 결정될 것이다. 소셜 미디어를 과도하게 사용하면서 민감기를 보내는 아이의 마음은 그 사이트들의 문화에 의해 형성될 것이다. Z 세대의 정신 건강 결과가 밀레니얼 세대에 비해 그토록 나쁜 이유는 이것으로 설명이 가능할지 모른다. Z 세대는 스마트폰으로 문화 학습을 하면서 사춘기와 민감기를 보낸 첫 번째 세대이다.

사춘기에 관한 이 가설은 단순히 나의 추측에 불과한 것이 아니다. 최근에 영국의 한 연구는 사춘기가 정말로 소셜 미디어가 해를 끼칠 수 있는 민감기라는 직접적 증거를 발견했다. 심리학자 에이미 오벤 Amy Orben이 이끄는 연구 팀은 영국의 대규모 데이터 세트 2개를 분석하여, 소셜 미디어 사용과 삶에 대한 만족 사이에 나타나는 음의 상관관계가 16~21세 연령 집단이나 나머지 어떤 연령 집단보다도 10~15세 연령 집단에서 더 크다는 사실을 발견했다.[35] 그들은 어느 한 해에 소셜 미디어 사용이 증가한 영국 십대들이 **다음 해** 조사에서 정신 건강이 악화되었다고 보고하는지 알아보기 위해 대규모 종단 연구도 검토했다. 사춘기의 절정(여자아이에게 조금 더 일찍 찾아오는)에 이른 청소년은 악화되었다는 결과가 나왔다. 소셜 미디어 사용이 가장 유해한 나이는 여자아이는 11~13세였고, 남자아이는 14~15세였다.[36]

이 결과들은 현재 소셜 미디어 플랫폼에서 계정을 개설할 수 있는 최소한의 나이(하지만 법으로 엄격하게 실행되지 않는)인 13세가 충분히 낮은 게 아님을 보여주는 분명한 증거이다. 뇌가 활짝 열린 상태에 있어 모방할 대상을 찾고 있는 13세 아동은 인플루언서와 낯선 사람들의 끝없는 게시물에 노출되지 않아야 한다. 이들은 놀고 동기화된 행동을 하고 친구들과 직접 만나 함께 어울려야 하며, 그와 동시에 부모와 교사와 그 밖의 공동체 내 롤 모델로부터 사회 학습을 통해 배우기 위해 눈과 귀로 입력을 허용할 여지를 약간 남겨놓아야 한다.

이 모든 것을 종합하면, 앞 장의 많은 그래프에서 나왔던 '하키 스틱' 형태의 급격한 변화를 이제 이해할 수 있다. Z 세대는 친구들과 대면 대화와 공동의 모험을 덜 하는 대신에 스마트폰과 태블릿에 고개를 박고 사춘기를 보낸 첫 번째 세대이다. 아동기가 재편되면서(특히 2010년부터 2015년까지) 청소년은 불안과 우울증이 심화되고 취약해졌다. 이 새로운 스마트폰 기반 아동기에서는 자유 놀이와 조율, 사회 학습을 위한 현실 롤 모델이 화면 시간screen time*과 비동기화된 상호작용, 알고리듬이 선택한 인플루언서로 대체된다. 아동은 어떤 의미에서 아동기를 박탈당했다.

2장 요점 정리

- 사람의 아동기는 나머지 동물들과 아주 다르다. 아이의 뇌는 5세 무렵에 완전한 크기의 90%까지 자라지만, 그러고 나서 제대로 완성되기까지 오랜 시간이 걸린다. 이렇게 성장이 느린 아동기는 문화 학습을 위한 적응 기간이다. 아동기는 자신의 문화에서 성공하는 데 필요한 기술을 학습하는 도제 기간이다.
- 자유 놀이는 신체적 기술뿐만 아니라 갈등 해결 같은 사회성 기술을 발달시키는 데 필수적이다. 하지만 아동과 청소년의 사회생활과 자유 시간이 인터넷 연결 기기로 옮겨감에 따라 스마트폰 기반 아동기가 놀이 기반 아동기를 대체하게 되었다.
- 아이는 놀이를 통해 연결하고 동기화하고 차례를 지키는 법을 배운다. 아이는 조율을 즐기고 막대한 양의 조율이 필요하다. 조율과

---

*   스마트폰, 태블릿, 컴퓨터, 비디오게임기 등 화면이 있는 기기를 사용하는 시간.

동기화는 짝과 집단과 전체 공동체의 유대를 공고히 한다. 반대로 소셜 미디어는 대부분 비동기화된 방식에 의존하고 보여주기 위해 꾸미는 것이 많다. 소셜 미디어는 조율을 방해하고, 과도한 사용자의 사회적 연결을 박탈한다.

- 아이는 문화 습득을 돕는 두 가지 선천적 학습 프로그램을 가지고 태어난다. 동조 편향은 가장 보편적인 것을 모방하게 한다. 권위 편향은 가장 성공적이고 권위가 높아 보이는 사람을 모방하게 한다. 관여를 끌어내기 위해 설계된 소셜 미디어 플랫폼은 사회 학습을 강탈하고 가족과 지역 공동체의 문화를 질식시키는 한편, 아이의 눈을 그 가치가 의문스러운 인플루언서에게 고정시킨다.

- 사회 학습은 아동기 내내 일어나지만 문화 학습에 민감한 시기가 있는데, 그 시기는 대략 9세부터 15세까지로 추정된다. 이 시기에 배운 내용과 형성된 정체성은 다른 나이에 배우거나 형성된 것에 비해 각인되기가 더 쉽다. 이 시기가 바로 사춘기에서 매우 중요한 민감기이다. 불행하게도, 이 시기는 선진국의 대다수 청소년이 스마트폰을 소유하면서 사회생활을 온라인으로 옮겨가는 시기이기도 하다.

불안 세대

발견 모드와 위험한 놀이의 필요성

최근에 미국과 많은 서구 국가는 아동의 안전에 관해 서로 모순되는 두 가지 선택을 했는데, 둘 다 잘못된 선택이었다. 현실 세계는 도처에 위험이 널려 있으므로 아동이 어른의 감독 없이 그 세계를 탐구하게 해서는 안 된다고 결정했는데, 1990년대 이후로 범죄와 폭력, 음주 운전자, 그 밖의 요인이 아동에게 미치는 위험이 크게 줄어들었는데도 불구하고 그랬다.[1] 그러는 한편으로 온라인에서 아동의 나이에 적절한 가드레일을 설계하고 요구하는 것은 너무 번거로워 보였으므로, 아동을 위협하는 요인이 곳곳에 널려 있는데도 아동이 가상 세계의 거친 서부를 마음대로 돌아다니도록 방치했다.

　우리의 단견을 보여주는 한 예를 살펴보자. 많은 부모가 크게 두려워하는 한 가지 불안은 아이가 성적 착취를 당할 위험성이다. 하지만 오늘날 성범죄자는 가상 세계에서 대부분의 시간을 보내는데, 인터넷에서는 아동과 소통하거나 아동이 나오는 성적 영상과 폭력 영상을 유통시키기가 매우 쉽기 때문이다. 2019년에 《뉴욕 타임스》의 한 기사는 이렇게 보도했다. "테크 회사들은 아동이 성적 학대를 당하는 온라인 사진과 영상이 크게 늘어났다고 보고하고 있는데(작년 한 해에 만 기록적인 숫자인 4500만 건의 불법 이미지가 올라왔다), 이것은 시스템 이 한계점에 이르러 범법자들을 따라갈 수 없는 지경에 이르렀음을 보여준다."[2] 더 최근인 2023년에 《월스트리트 저널The Wall Street Journal》은 "인스타그램이 소아 성애자들을 연결하고 틈새 관심사를 공유 하는 사람들을 연결하는 데 탁월한 추천 시스템을 통해 그들을 콘텐 츠 판매자에게 안내하는" 방법을 폭로하는 기사를 실었다.[3]

또 다른 예를 살펴보자. 로드아일랜드주에 사는 14세 소녀 이자벨 호그벤Isabel Hogben은 《프리 프레스The Free Press》에 쓴 글에서 미국 부 모들이 엉뚱한 위협에 초점을 맞추고 있다는 것을 보여주었다.

내가 포르노를 처음 본 것은 열 살 때였다. 우연히 발견한 폰허브 Pornhub 사이트에서 보았는데, 나중에 호기심에서 다시 방문했다. 이 웹사이트는 나이를 입증하는 절차도 없었고, ID 인증도 요구하지 않 았으며, 심지어 내가 18세 이상인지 묻지도 않았다. 이 사이트는 찾 기 쉽고, 피하기가 불가능하며, 내 또래 아이들에게는 빈번하게 일 어나는 일종의 통과 의례가 되었다. 엄마는 어디에 있었냐고? 바로 옆방에 있었다. 내게 매일 아홉 가지 색깔의 과일과 채소를 먹이려 고 애쓰면서. 엄마는 자녀의 일에 사사건건 참견하려는 헬리콥터 부 모에 가까운 분이지만, 그래도 나는 온라인에서 포르노를 쉽게 발견 했다. 그것은 내 친구들도 마찬가지였다.

호그벤의 글은 **우리가 현실 세계에서는 자녀를 과잉보호하는 반면, 온라인에서는 과소 보호하고 있다는** 사실을 함축적으로 보여준다. 우리가 정말로 자녀를 안전하게 지키길 원한다면, 가상 세계에 진입하는 시기를 늦추고, 대신에 밖으로 내보내 현실 세계에서 뛰어놀게 해야 한다.

감독받지 않는 실외 놀이는 아이들에게 많은 종류의 위험과 도전 과제에 대처하는 법을 가르쳐준다. 놀이는 신체적, 심리적, 사회적 능력을 길러주어 아이들에게 새로운 상황에 맞설 수 있는 자신감을 심어주는데, 이러한 자신감은 불안에 맞서는 백신과도 같다. 이 장에서 나는 현실 세계에서 많은 자율성을 보장받으며 감독받지 않는 놀이를 즐기는 건강한 아동기가 아이의 뇌를 주로 '발견 모드'에서 작동하도록 설정하며, 그와 함께 애착 체계와 일상생활의 위험에 대처하는 능력도 잘 발달시킨다는 것을 보여주려고 한다. 반대로 부모가 사회의 강한 압력을 못 이기고 과잉보호 양육 방식을 채택하면, 아이의 뇌는 주로 '방어 모드'에서 작동하면서 애착 체계가 약해지고 위험을 평가하거나 다루는 능력이 떨어진다. 먼저 이 용어들의 정확한 의미가 무엇이고, 왜 발견 모드가 불안 세대를 돕는 열쇠 중 하나인지 설명하고 넘어가기로 하자.

발견 모드 대 방어 모드

지난 수백만 년 동안 호미니드의 진화를 좌우한 환경은 안전하고 자원이 풍부한 시기 다음에 결핍과 위험, 가뭄과 기아가 닥치는 시기가 반복되면서 변동성이 매우 심했다.[4] 우리 조상들이 이 두 가지 환경에서 잘 살아남으려면 심리적 적응이 필요했다. 환경의 변동성은 더 오래된 뇌의 네트워크를 두 종류의 상황에 각각 전문화된 두 가지 체계로 개선하는 결과를 낳았다. 행동 **활성화** 체계BAS, behavioral **activation** system는 자신과 자신이 속한 무리가 굶주리다가 잘 익은 열매가 가득한 나무를 갑자기 발견한 경우처럼 기회를 포착할 때 작동한다.[5] 무리 전체가 긍정적 감정과 공동의 흥분에 휩싸이고 입에 침이 고이기 시작하며, 모두가 당장 달려들 준비를 한다! 나는 BAS 대신에 조금 더 직관적인 이름을 사용하려고 하는데, **발견 모드**discover mode가 바로 그것이다.[6]

반대로 행동 **억제** 체계BIS, behavioral **inhibition** system는 열매를 따고 있는데 가까이에서 표범의 포효 소리가 들려오는 경우처럼 위협을 감지할 때 작동한다. 그러면 하던 일을 모두 멈추고, 몸에 스트레스 호르몬이 흘러넘치면서 식욕이 뚝 떨어지며, 위협의 정체를 확인하고 도망갈 방법을 찾는 데 온 신경을 쓰게 된다. 나는 BIS를 **방어 모드** defend mode라고 부르려고 한다. 만성 불안에 시달리는 사람들은 방어 모드가 만성적으로 작동한다.

두 체계는 함께 환경 변화에 재빨리 적응하는 메커니즘을 형성하는데, 온도 등락에 따라 냉난방 장치를 가동하는 자동 온도 조절 장치와 비슷하게 작동한다. 모든 종에서 전체 시스템의 기본 설정은 그 동물의 진화사와 예상되는 환경에 좌우된다. 먹이 사슬의 최고 포식자나 포식자가 전혀 없는 섬에서 살아가는 초식 동물처럼, 일상생활

불안 세대

에서 갑작스러운 죽음을 맞이할 위험이 거의 없는 상태에서 진화한 동물은 평온하고 자신감이 넘치는 것처럼 보인다. 이들은 겁 없이 사람에게 가까이 다가오려고 한다. 공격을 받으면 즉각 방어 모드로 변하긴 하지만, 이들의 기본 설정은 발견 모드이다. 반대로 늘 포식자의 위협 속에서 진화한 토끼와 사슴 같은 동물은 겁이 많다. 그래서 언제든지 몸을 휙 돌려 달아나려고 한다. 이들의 기본 설정은 방어 모드이며, 주변 환경이 평소와 다르게 안전하다고 지각할 때에만 느리게 머뭇거리면서 발견 모드로 옮겨간다.

사람(그리고 개처럼 사회성이 매우 높은 포유류)의 경우, 기본 설정은 개성을 결정하는 주요 인자이다. 평생 동안(직접 위협을 받을 때를 제외하고) 발견 모드로 살아가는 사람(그리고 개)은 더 행복하고 사회성도 더 높으며, 새로운 경험에 더 열린 태도를 보인다. 반대로 거의 항상 방어 모드로 살아가는 사람(그리고 개)은 더 방어적이고 더 불안해하며, 안전하다고 지각하는 순간이 드물다. 이들은 새로운 상황과 사람, 개념을 기회보다는 잠재적 위협으로 바라보는 경향이 있다. 이러한 상습적 조심성은 옛날의 일부 환경에서는 살아남는 데 도움이 된 적응이었고, 오늘날에도 불안정하고 폭력적인 환경에서 자라는 아동에게는 그럴 수 있다. 하지만 방어 모드에 갇혀 있으면 오늘날 선진국의 대다수 아동이 누리는, 신체적으로 안전한 환경에서 학습하고 성장하는 데 방해가 된다.

방어 모드로 살아가는 학생들

발견 모드는 학습과 성장을 촉진한다. 만약 젊은 사람들을 잘 살아가
도록(가정과 학교와 일터에서) 돕길 원한다면, 그들을 발견 모드로 전환
하도록 돕는 것이 우리가 달성할 수 있는 가장 효과적인 변화일지 모
른다. 대학생에게서 나타날 수 있는 두 가지 모드의 차이를 살펴보자.
그림 3.1은 아동기를 거치면서(그리고 유전자의 작용으로) 기본 설정이
발견 모드 또는 방어 모드로 정해진 학생이 대학교에 입학하면 어떤
태도를 보이는지 보여준다. 발견 모드에 있는 학생이 대학교의 풍부
한 지적, 사회적 기회에서 큰 이익을 얻으며 빠르게 성장하리란 것은
명백하다. 반면에 대부분의 시간을 방어 모드로 보내는 학생은 배우
는 것도 적고 성장도 느리다.

　이 비교는 2014년 무렵에 많은 대학교 캠퍼스에서 일어난 갑작스

두 가지 기본 사고방식

발견 모드(BAS)

- 기회를 찾는다.
- 사탕 가게에 간 아이.
- 스스로 생각한다.
- 성장하고 싶어!

방어 모드(BIS)

- 위험을 찾는다.
- 결핍에 찌든 사고방식.
- 자신의 팀에 의지한다.
- 안전을 챙겨!

그림 3.1 대학교에 입학한 발견 모드 학생과 방어 모드 학생의 태도 비교.

불안 세대

러운 변화를 설명해준다. 그림 3.2는 Z 세대의 첫 번째 구성원이 대학교에 입학하고 밀레니얼 세대의 마지막 구성원이 졸업하기 시작했을 때 여러 가지 장애의 분포가 어떻게 변했는지 보여준다. 유일하게 급증한 장애는 심리적 장애였다. 심리적 장애 중에서는 불안과 우울증이 압도적으로 많았다.

Z 세대가 캠퍼스에 도착하자마자 대학교 상담 센터들이 분주해졌다.[7] 발견 모드로 살아가던 이전 밀레니얼 세대 학생들의 풍요로운 문화는 방어 모드로 살아가는 Z 세대 학생들의 더 불안한 문화로 대체되었다. 2010년에 거의 또는 아무 논란도 야기하지 않던 책과 단어, 강연자, 개념이 2015년에는 유해하거나 위험하거나 정신적 외상을 야기한다고 이야기되었다. 주거 시설을 갖춘 미국 대학교들은 완

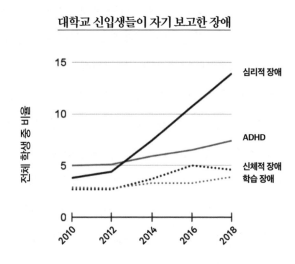

대학교 신입생들이 자기 보고한 장애

그림 3.2 미국 대학교 신입생이 보고한 다양한 종류의 장애 비율. (출처: UCLA 고등교육 연구소 UCLA Higher Education Research Institute의 「연례 신입생 설문조사Annual Freshman Survey」.)[8]

벽하진 않더라도, 영 어덜트를 위해 만들어진 것 중 가장 안전하고 따뜻하고 포괄적인 환경이다. 하지만 2015년 무렵부터 미국뿐만 아니라 영국[9]과 캐나다[10]에서도 캠퍼스 문화가 변했다. 어떻게 그토록 큰 변화가 그렇게 빨리, 그리고 국제적으로 일어날 수 있었을까?

이 장의 나머지 부분에서는 놀이 기반 아동기가 아이의 뇌를 발견 모드로 발전하도록 유도하는 자연의 방식임을 보여주는 한편, 스마트폰 기반 아동기가 어떻게 한 세대의 아이들을 방어 모드로 바꾸어 놓았는지 보여줄 것이다.

아이는 안티프래질 능력을 갖고 태어난다

1980년대 후반에 애리조나사막에서 거대한 실험이 진행되었다. 바이오스피어 2Biosphere 2는 닫힌 인공 생태계를 만들려는 사상 최대 규모의 시도였고(지금까지도), (언젠가) 우주 공간에서 자급자족 생태계를 만들기 위한 준비 작업이었다. 바이오스피어 2는 그 안에서 몇 년 동안 살아갈 8명을 부양하도록 설계되었다. 그들이 숨 쉬는 산소와 마시는 물, 먹는 식품은 모두 그 안에서 공급해야 했다.

그 목표는 결국 달성되지 못했다. 종들 사이의 생물학적 상호 작용과 사람들 사이의 사회적 상호 작용의 복잡성은 너무나도 큰 것으로 드러났지만, 그래도 여러 차례의 실패에서 많은 것을 배울 수 있었다. 예를 들면, 우림 생태계를 만들기 위해 심었던 나무 중 많은 것은 빨리 자랐지만, 충분히 성숙한 단계에 이르기 전에 쓰러지고 말았다. 설계자들은 어린나무가 제대로 자라려면 바람이 필요하다는 사실을 알아채지 못했다. 바람은 나무를 휘게 만드는데, 그러면 바람이 불어오는 쪽에 있는 뿌리 부분이 끌어당겨지면서 반대 방향에 있는 나무 부분이 압축된다. 뿌리계는 이에 대한 반응으로 필요한 곳에 더 단단한 닻을 제공하려고 팽창하며, 압축된 나무 세포들은 구조가 더 튼튼하고 단단하게 변한다.

이렇게 변화된 세포 구조를 '이상재reaction wood' 또는 '응력재stress wood'라고 부른다. 어릴 때 강한 바람에 노출된 나무는 다 자랐을 때 훨씬 강한 바람도 견뎌낼 수 있다. 이와 반대로 보호받는 온실 환경에서 자란 나무는 다 자라기 전에 자신의 무게를 이기지 못하고 쓰러지는 일이 종종 생긴다.

응력재를 뜻하는 영어 단어 스트레스 우드는 어린이에게 적용하기에 완벽한 은유인데, 어린이가 튼튼한 어른으로 자라려면 스트레스 인자에 자주 노출될 필요가 있기 때문이다. 바이오스피어 2의 나무는 '안티프래질리티antifragility' 개념을 생생하게 보여주는 예이다. 이 용어는 뉴욕대학교의 동료인 나심 탈레브Nassim Taleb가 2012년에 출간한 책 『안티프래질Antifragile』에서 처음 사용했다. 탈레브는 이렇게 설명한다. 어떤 물체는 와인 잔처럼 연약하여 부서지기 쉽다. 이렇게 연약한 물체는 충격과 위협으로부터 보호해야 하는데, 식탁에서 넘어지는 것처럼 약한 충격도 견뎌내기 힘들기 때문이다. 반대로 플라스틱 컵처럼 탄력성이 좋아 식탁에서 떨어지더라도 그 충격을 충분히 견뎌내는 물체도 있다. 하지만 탄력성이 좋은 물체도 식탁에서 떨어지는 충격을 받고 나서 더 좋아지지는 않는다. 그저 더 나빠지지 않을 뿐이다.

탈레브는 이런 것들과는 달리 강해지기 위해 때때로 넘어질 **필요가 있는** 것을 가리키기 위해 'antifragile'이라는 단어를 만들었다. 앞의 설명에서 나는 '물체'라는 단어를 사용했지만, 안티프래질 특성을 지닌 무생물 물체는 매우 드물다. 안티프래질리티는 오히려 앞날을 예측할 수 없는 세계에서 기능하도록 설계된(진화를 통해 혹은 때로는 사람에 의해) 복잡계의 공통적인 성질이다.[11] 궁극적인 안티프래질 계는 면역계인데, 아동기에 제대로 완성되려면 먼지와 기생충과 세균에 일찍 노출되는 게 **필요하기** 때문이다. 완벽한 위생 거품 속에서 아이를 키우려고 하는 부모는 안티프래질 면역계의 발달을 차단함으로써 오히려 아이에게 해를 끼친다.

그것은 심리적 면역계[12](아이가 좌절과 작은 사고, 괴롭힘, 따돌림, 지각된 불공정 행위, 일상적인 갈등을 몇 시간 또는 며칠 동안의 내적 동요를 겪는 일 없이 다루고 처리하고 극복하는 능력)에 작용하는 것과 동일한 역학이다. 갈등과 박탈을 겪지 않고 다른 사람들과 함께 살아갈 수 있는 방법은 없다. 스토아학파와 불교가 오래전부터 가르쳤듯이, 행복은 인생에서 모든 불행 '유발 요인trigger'을 없앤다고 해서 얻을 수 있는 것이 아니다. 행복은 외부 사건이 내부의 부정적 감정을 촉발하는 힘을 없애는 법을 배우는 데에서 찾아온다. 사실, 우리 아이들이 걸음마를 배울 무렵에 아내와 내가 읽은 최고의 양육서[13]는 매일 아이들에게 우발적 사건을 경험하게 함으로써 좌절을 맛볼 기회를 주라고 권했다. 〈꼬꼬마 텔레토비Teletubbies〉를 보고 싶으면 먼저 장난감을 치워야 해. 만약 계속 그걸 고집한다면 타임아웃time-out 벌을 줄 거야. 그래,

네 여동생은 네가 갖지 않은 걸 갖고 있지만, 살다 보면 그런 일은 종종 일어나게 마련이야.

아이를 좌절과 나쁜 영향과 부정적 감정으로부터 보호하면서 만족의 거품 속에서 키우길 원하는 부모는, 비록 좋은 의도로 그러겠지만 실제로는 아이에게 해를 끼칠 수 있다. 그런 양육 방식은 아이가 역량과 자기 통제, 좌절감에 대한 내성, 감정적 자기 관리를 발달시킬 기회를 차단할 수 있다. 여러 연구에서 아이를 '응석받이로 키우는 방식'이나 '헬리콥터 양육'은 훗날의 불안 장애와 낮은 자기 효능감, 대학교 생활 적응의 어려움과 상관관계가 있다는 사실이 드러났다.[14]

아이는 선천적으로 안티프래질 능력이 있다. 과잉보호를 받으며 자란 아이가 방어 모드에 머무는 청소년이 되기 쉬운 이유가 여기에 있다. 방어 모드가 되면 덜 배우고, 가까운 친구도 적으며, 불안을 더 많이 느끼고, 일상적인 대화와 갈등에서 고통을 더 많이 경험할 가능성이 높다.

안티프래질 아이가 발견 모드를 유지하려면 위험한 놀이가 필요하다

안티프래질리티는 인간의 발달에 관한 많은 수수께끼를 푸는 열쇠이다. 그런 수수께끼로는 이런 것들이 있다. 왜 아이는 놀이에 위험을 추가할까? 왜 아이는 완만한 경사로를 스케이트보드를 타고 내려가는 것과 같은 기술을 일단 연마하고 나면, 그다음에는 더 가파른 경사, 계단, 계단 난간처럼 점점 더 어려운 도전 과제로 옮겨가려고 할까? 왜 아이는 다칠 위험이 매우 높은 활동을 선택하려 하고, 여러 차례 반복해서 그런 위험을 감수할까? 놀이 연구자들은 오래전부터 그 답을 알고 있었다. 노르웨이의 엘렌 산세테르Ellen Sandseter와 레이프 케나이르Leif Kennair가 2010년에 썼듯이, 스릴을 느끼는 경험은 공포증에 대항하는 효과가 있다.[15]

산세테르와 케나이르는 임상심리학 분야에서 오래전부터 알려진 수수께끼를 살펴보는 것으로 시작했다. 그것은 공포증의 대상이 죽음의 위험을 초래할 일이 없는 몇몇 동물과 상황에 집중돼 있다는 사실이었다. 예컨대 뱀(아주 작은 뱀이라도), 사방이 꽉 막힌 장소, 어둠, 대중 연설, 높은 곳 등이 있다. 반대로 자동차, 아편 유사제, 칼, 총, 정크 푸드를 포함해 많은 현대인을 죽이는 대상에 공포증이 발달하는 사람은 거의 없다. 게다가 어른의 공포증이 아동기의 나쁜 경험에서 유래된 사례는 매우 드물다.[16] 사실, 나무에서 자주 떨어진 아이는 나무를 오르는 것을 전혀 두려워하지 않는 어른으로 성장하는 경우가 많다.

진화적 관점에서 바라보면 이 수수께끼가 쉽게 풀린다. 일반적인 공포증은 우리 조상이 수렵채집인으로 살아간 수백만 년에 걸쳐 발달했는데, 그중 일부(예컨대 뱀) 대상에 대한 공포증은 다른 영장류도 공유하고 있다. 우리에게는 뱀 같은 일부 대상에 각별한 주의를 기울이고, 단 한 번의 나쁜 경험을 하거나 집단의 다른 구성원이 뱀을 두려워하는 장면을 보고서 두려움 반응이 아주 쉽게 생기는, '진화한 준비성'이 있다. 반대로 아이가 노출과 경험을 통해 그 대상에 익숙해지

불안 세대

면 두려움은 대개 사라진다.

　능력이 발전할수록 아이는 전에 두려움을 느꼈던 일부 대상에 점점 더 큰 **흥미를 느끼게** 된다. 아이는 그 대상에 가까이 다가가고, 어른과 나이가 많은 아이에게 지도를 바라고, 위험한 상황과 덜 위험한 상황을 구별하는 법을 배우고, 결국에는 자신의 두려움을 극복하게 된다. 그러면서 두려움은 스릴과 승리감으로 바뀐다. 야외에서 산책을 하다가 돌을 들어올려 그 밑에 있는 지렁이를 보여주었을 때 지렁이를 만지려고 손을 뻗는 아이의 얼굴에서 그런 변화를 볼 수 있다. 손가락을 뒤로 물리면서 깔깔대고 소리치는 순간, 두려움과 흥미로움이 섞인 감정이 즐거움과 혐오감으로 바뀌는 것을 볼 수 있다.

　이 장을 쓰고 있던 2022년 가을에 우리 집에 강아지가 왔다. 그 강아지는 체구가 작았는데, 산책을 위해 뉴욕시의 번잡한 보도로 처음 데리고 나갔을 때 몸무게가 겨우 3.2kg에 불과했다. 처음에 강아지는 더 큰 개들을 포함해 주변의 모든 것을 두려워하는 기색이 역력했고, '용변을 볼' 만큼 충분히 안정을 찾지 못했다.

　시간이 지나자 강아지는 주변 상황에 어느 정도 익숙해졌고, 나는 이른 아침에 강아지가 공원에서 다른 개들과 함께 마음대로 뛰어다니도록 목줄을 풀어주기 시작했다. 그곳에서도 강아지는 처음에는 두려워했지만, 마치 산세테르와 케나이르의 연구 결과를 읽은 것처럼 그 상황에 대처해나갔다. 훨씬 큰 개에게 천천히 다가갔다가 큰 개가 달려들 것처럼 보이면 번개같이 도망쳤다. 때로는 안전을 위해 나를 향해 달려왔지만, 그다음에는 공포증에 대항하는 프로그램이 작동하기 시작했다. 속도를 늦추지 않고서 빠른 속도로 내 다리 주위

그림 3.3 생후 7개월 된 월마가 셰퍼드를 향해 돌진하다가 황급히 방향을 틀어 달아나려고 U턴을 하는 장면. 그러고 나서 다시 놀이를 즐기는 자세로 돌아가 큰 셰퍼드를 향해 돌진하길 여러 번 반복했다. 이 상호 작용을 촬영한 영상은 온라인 부록에서 볼 수 있다.

를 빙 돌더니 또 한 번 스릴을 느끼기 위해 큰 개를 향해 돌진했다. 강아지는 그 순간에 즐거움과 두려움의 균형을 찾으려고 실험하고 있었다. 발견 모드와 방어 모드를 반복적으로 왔다 갔다 함으로써 강아지는 다른 개의 의도를 가늠하는 법을 배웠고, 비록 가끔 발과 꼬리가 뒤엉키면서 다른 개 밑에 깔리긴 했지만, 거칠고 즐거운 놀이에 참여하는 능력을 발달시켰다.

아이와 강아지는 스릴을 추구하는 동물이다. 이들은 스릴에 굶주려 있으며, 어린 시절의 두려움을 극복하고 발견 모드가 기본 설정

불안 세대

이 되도록 뇌를 연결하려면 스릴을 경험해야 한다. 아이는 그네를 타고 높이 올라갈 뿐만 아니라 그네에서 뛰어내릴 필요가 있다. 새로운 것과 모험을 찾아 숲과 폐품 처리장을 탐험할 필요가 있다. 친구들과 함께 공포 영화를 보거나 롤러코스터를 타면서 비명을 지를 필요가 있다. 그런 과정을 통해 눈앞에 닥친 위험을 판단하고, 위험이 닥쳤을 때 적절한 행동을 취하는 능력을 포함해 다양한 능력이 발달하며, 일이 잘못되었을 때 설령 좀 다친다 하더라도 대개는 어른을 부르지 않고도 충분히 대처할 수 있다는 사실을 배우게 된다.

산세테르와 케나이르는 위험한 놀이를 "신체적 부상 위험을 포함하는, 스릴 넘치고 흥미진진한 형태의 놀이"로 정의한다.(원래 연구를 확대한 2023년 논문에서 두 사람은 위험한 놀이에는 또한 불확실성이라는 요소가 필요하다고 덧붙였다.[17]) 두 사람은 그러한 놀이는 어른이 조직한 활동보다는 대개 실외에서 자유 놀이를 즐기는 동안 일어난다고 지적한다. 아이들은 비교적 큰 해가 없는 부상, 특히 타박상과 베인 상처가 발생할 수 있는 활동을 선택한다.

산세테르와 케나이르는 어른이 재량권을 주었을 때 아이들이 추구하는 위험을 분석해, 그런 위험은 모두 여섯 가지가 있다는 사실을 발견했다. 그 여섯 가지는 높은 곳(예컨대 나무나 놀이터의 구조물 기어오르기), 빠른 속도(그네나 가파른 미끄럼틀 타기), 위험한 도구(망치와 드릴), 위험한 요소(불을 가지고 실험하기), 거친 몸싸움(레슬링), 사라지기(길을 잃거나 무리에게서 떨어질 가능성이 있는 숨기나 정처 없이 배회하기)이다. 이것들은 아이들이 스릴을 느끼는 데 필요한 종류의 위험들이다. 어른이 막으려고 개입하지만 않는다면(1990년대에 어른들은 개입하고 나섰다), 아이들은 스스로 그것들을 찾는다. 포트나이트 같은 게임에서 아바타들이 이 **모든** 위험한 활동을 한다고 해도,[18] 비디오게임은 이런 위험을 실제로는 **전혀** 제공하지 않는다는 사실에 주목할 필요가 있다. 우리는 체화된 동물이다. 아이는 가상 세계에서 많은 시간을 보내기 전에 물리적 세계에서 자신의 몸을 제대로 다루는 법을 배워야 한다.

1980년대 이전에 찍은 놀이터 사진에서는 아이들이 위험과 스릴을 모두 추구하는 장면을 흔히 볼 수 있다.[19] 그중 일부는 그림 3.4처럼 얼핏 봐도 **매우** 위험해 보이는 놀이터를 보여준다. 만약 그렇게 높은 곳에서 떨어진다면 아이는 분명히 심한 부상을 입을 테고, 심지어 목이 부러질 수도 있을 것이다. 이와는 대조적으로 그림 3.5는 놀이터 뺑뺑이를 보여주는데, 개인적으로는 지금까지 발명된 것 중 가

그림 3.4 텍사스주 댈러스의 아주 위험한 놀이터(연도 미상).[20]

불안 세대

장 훌륭한 놀이터 기구라고 생각한다. 뻥뻥이가 돌아가려면 협력이 필요하다. 더 많은 아이가 참여할수록 더 빨리 돌아가고 비명 소리도 더 많이 나는데, 이 두 가지 요소는 스릴을 증폭시킨다. 다른 곳에서 경험할 수 없는 원심력으로부터 강렬한 신체적 느낌을 얻을 수 있기 때문에, 이것은 교육적일 뿐만 아니라 경험적으로도 독특한 느낌을 준다. 만약 중앙에 앉아 있으면 일종의 변성 의식 상태(현기증)를 경험한다. 무엇보다도, 이 놀이는 뻥뻥이가 빙빙 도는 동안 일어서거나 옆에 매달리거나 다른 아이와 공을 주고받거나 하면서 추가로 위험을 감수할 기회를 끝없이 제공한다.

놀이터 뻥뻥이를 탈 때에는 조심하지 않으면 다칠 수 있지만 크게 다치지는 않는다. 이 말은 능숙한 움직임과 능숙하지 못한 움직임으

그림 3.5 1970년대의 놀이터에서 핵심 놀이 기구였던 뻥뻥이.[21]

로부터 직접 피드백을 받을 수 있다는 뜻이다. 그러면서 자신의 몸을 다루는 법과 자신과 남들을 안전하게 하는 법을 배운다. 놀이를 하는 어린이를 연구하는 연구자들은 작은 부상 위험은 놀이터 설계에서 결함이 아니라 특징이 되어야 한다고 결론 내렸다. 영국에서 놀이터 설계자들은 이 통찰을 실천에 옮기면서 건축 자재와 망치와 그 밖의 도구를 놀이터에 추가하고 있다(물론 어른의 감독하에 사용하게 하면서).[22] 한 현명한 여름 캠프 운영자는 내게 "우리는 흉터가 아니라 타박상을 보길 원합니다."라고 말했다.

안타깝게도 지금은 놀이터 뺑뺑이를 보기 힘든데, **약간**의 위험성이 있어 걸핏하면 소송을 걸길 좋아하는 미국 같은 나라에서는 놀이

그림 3.6 지나치게 안전한 놀이터는 안티프래질 아동에게 다치지 않는 법을 가르칠 기회를 거의 제공하지 않는다.[23]

불안 세대

터 책임자가 소송을 당할 위험이 있기 때문이다. 그 결과로 1990년 대에 미국의 대다수 놀이터에서 위험한 놀이가 사라졌다. 그림 3.6은 2010년대 초반에 내 아이들이 놀던 뉴욕시의 놀이터에서 가장 흔했던 놀이 기구를 보여준다. 이런 놀이 기구에서는 다치기가 어렵기 때문에, 아이들은 다치지 **않는** 법을 제대로 배울 수 없다.

내 아이들은 이러한 초안전 놀이 기구들을 서너 살 때에는 즐겼지만 여섯 살 무렵이 되자 더 큰 스릴을 원했고, 코니아일랜드에서 그것을 발견했다. 전 세계 각지의 놀이공원들은 아이들에게 산세테르와 케나이르가 제시한 여섯 가지 스릴 중 두 가지를 경험하도록 설계되었는데, 그것은 바로 높은 곳과 빠른 속도이다. 놀이 기구들은 제각각 정도가 다른 두려움과 스릴을 제공하는데(부상당할 위험은 거의 0에

그림 3.7 뉴욕시의 코니아일랜드는 아주 다양한 종류의 스릴을 제공한다.[24]

가까우면서), 내가 아이들과 그 친구들을 코니아일랜드로 데려갈 때마다 차 안에서 벌어지는 대화의 주요 주제는 오늘은 누가 가장 무서운 놀이 기구를 탈 것이냐 하는 것이었다.

옛날 놀이터 사진을 본 사람들은 "이런 것들이 없어져서 참 잘됐군!"이라는 반응을 보일지 모른다. 아이를 **조금이라도** 위험에 처하게 하는 것을 좋아할 부모가 있겠는가? 하지만 위험한 실외 놀이를 모두 없애는 조치가 초래하는 해는 매우 크다. 이 장을 쓰는 동안 나는 브리티시컬럼비아대학교의 놀이 연구자 마리아나 브루소니Mariana Brussoni를 만났다. 브루소니는 신체적 놀이는 한 시간 하는 동안 부상을 당할 위험이 어른이 지도하는 스포츠를 한 시간 하는 동안 부상을 당할 위험보다 **낮은** 반면, 발달에 이로운 도움은 훨씬 많다는(아이가 모든 선택을 하고, 규칙을 정해 실행하고, 모든 분쟁을 해결해야 하므로) 것을 보여주는 연구를 소개했다.[25] 브루소니는 위험한 실외 놀이를 장려하는 캠페인을 벌이고 있는데, 결국에는 그것이 가장 건강한 아동을 만드는 최선의 방법이기 때문이다.[26] 브루소니는 아이들이 노는 장소를 설계할 때 그 목표는 "아이들의 안전을 최대한 보장하는 것이 아니라 필요한 만큼만 보장하는" 것이 되어야 한다고 말한다.[27]

놀이 연구자들인 브루소니와 산세테르, 케나이르, 피터 그레이는 안티프래질 아동이 능력을 발달시키고 아동기의 불안을 극복하려면 약간의 위험을 포함한 놀이가 필요하다는 사실을 사람들에게 이해시키려고 노력한다. 우리 강아지 윌마와 마찬가지로 오직 아이들 자신들만이 경험을 기대하는 뇌를 조율하면서 매 순간 맞닥뜨릴 위험 수준을 스스로 조절할 수 있다. 바람에 노출된 어린나무처럼 작은 위험

불안 세대

에 일상적으로 노출되는 아이는 공황 상태에 빠지지 않고 훨씬 큰 위험에 대처할 수 있는 어른으로 성장한다. 반대로 과잉보호를 받으며 온실 환경에서 자란 아이는 가끔 성숙 단계에 이르기 전에 불안을 극복하지 못해 정상적인 생활을 하지 못하는 지경에 이른다.

부모가 자녀를 지나치게 감시하는 행동을 멈추고 자녀에게 독립성을 부여하는 방법을 알려주는 강연을 다년간 해온 나는, 왜 부모에게 아이의 온라인 활동을 감시하고 제한하라고 하느냐는 질문을 자주 받는다. 온라인을 통해서도 안티프래질 아동으로 성장할 수 있지 않을까? 온라인에서도 좌절과 스트레스 인자와 도전 과제를 경험하지 않는가?

나는 스마트폰 기반 아동기가 안티프래질리티를 발달시킨다고 시사하는 단서를 거의 보지 못했다. 사람의 아동기는 현실 세계에서 진화했고, 아동의 마음은 현실 세계의 도전 과제들을 '기대'하는데, 그것은 지속적인 공동체 내에서 체화되고 동기화되고 일대일 또는 일대다 상호 작용 방식으로 나타난다. 신체적 발달이 일어나려면 신체적 놀이와 신체적 위험 감수가 필요하다. 비디오게임의 가상 전투는 신체적 이득을 전혀 또는 거의 제공하지 않는다. 사회성 발달을 위해서는 체화된 방식으로 우정의 기술을 배울 필요가 있다. 친구들은 함께 어떤 일들을 하며, 아이 시절에는 서로 만지고 껴안고 레슬링을 한다. 실수는 큰 비용이 따르지 않으며 실시간으로 바로잡을 수 있다. 게다가 적절한 얼굴 표정과 함께 사과를 하는 행동처럼 이러한 교정을 분명히 보여주는 체화된 신호들이 있다. 미소나 등 두드리기, 악수는 모두에게 두 사람 사이에 아무 문제가 없으며, 다음 단계로 넘어가 놀이를 계속할 준비가 돼 있고, 관계 회복 기술을 발달시키고 있음을 보여준다. 반대로 젊은 사람들이 사회적 관계를 온라인으로 옮기면 그들의 관계는 비체화되고 비동기화된 방식으로 변하고, 때로는 일회성으로 끝나기도 한다. 콘텐츠가 영원히 살아남고 모두가 그것을 볼 수 있는 바이럴viral 세계에서는 작은 실수조차 큰 비용을 치를 수 있다. 실수를 하면 자신과 기본적인 유대가 전혀 없는 다수의 개인으로부터 심한 비판을 받을 수 있다. 사과는 조롱을 받을 때가 많으며, 재수용 신호는 호오가 혼재된 것이거나 모호할 수 있다. 아이는 사회적 숙달 경험을 얻는 대신에 사회적 무능, 지위 상실, 미래의 사회적 상호 작용에 대한 불안만 느끼는 경우가 많다.

부모가 현실 세계에서는 감시를 덜 하는 대신에 가상 세계에서는 감시를 더 많이 해야 한다는(주로 몰입을 지연시킴으로써) 내 주장이 모순되지 않는 이유는 이 때문이다. 아동기는 지구에서 진화했고, 아이의 안티프래질리티는 지구의 특성에 맞추어져 있다. 작은 실수는 성장과 학습을 촉진한다. 하지만 만약 화성에서 아이를 키운다면 아이의 필요와 환경이 제공하는 것이 일치하지 않는 부조화가 일어난다. 화성은 매우 혹독한 곳이고, 그곳에서는 방어 모드로 살아가야 한다. 물론 온라인 세계는 화성만큼 위험한 곳은 아니지만, 작은 실수에 막대한 대가가 따른다는 공통점이 있다. 아이는 가상 세계의 바이럴리티virality*와 익명성, 불안정성, 대규모 공개 모욕의 잠재성에 잘 대처하도록 진화하지 않았다. 심지어 어른도 이러한 것들에 제대로 대처

---

* 어떤 정보가 바이러스처럼 급속하게 확산되는 현상을 말한다.

하는 데 어려움을 겪는다.

우리는 보호 노력을 잘못 배분하고 있다. 우리는 아이에게 현실 세계에서 필요한 연습을 더 많이 제공하고, 얻는 이득은 적고 가드레일은 거의 존재하지 않는 온라인 세계 진입을 최대한 늦추어야 한다.

놀이 기반 아동기의 종말이 시작되다

당신은 언제 자유를 얻었는가? 500m쯤 떨어진 친구 집까지 혼자 걸어가도록 부모가 허락했을 때 당신의 나이는 몇 살이었는가? 혹은 친구들과 함께 어른의 감시 없이 공원이나 가게로 가도록 허락받은 때는 언제였는가? 나는 수십 명의 청중에게 이 질문을 해보았는데, 항상 세대에 따라 뚜렷한 차이가 있었다.

처음에 나는 1981년 이전에 태어난 사람들만 손을 들라고 했다. 이들은 X 세대(1965~1980년 출생)와 베이비붐 세대(1946~1964년 출생), 그리고 이른바 침묵의 세대(1928~1945년 출생) 중 마지막 구성원이다. 나는 이들에게 개인적으로 해방을 느낀 나이를 떠올려보고 크게 말해보라고 했다. 거의 모든 사람이 "여섯 살"이나 "일곱 살" 또는 "여덟 살"을 외쳤다. 가끔 나는 강연을 계속 이어가기가 어려웠는데, 모두가 막 웃으면서 서로에게 이웃 아이들과 즐겼던 그 대단한 모험들을 그리운 듯이 이야기하기 시작했기 때문이다. 그다음에는 1996년과 그 이후에 태어난 사람들(Z 세대)에게 손을 들라고 했다. 해방을 느낀 나이를 외쳐보라고 했을 때, 그 차이는 아주 컸다. 대다수는 열 살에서 열두 살 사이였고, 극소수만 여덟 살이나 아홉 살, 열세 살, 열네 살이라고 답했다.(밀레니얼 세대는 그 중간에 위치하는데, 해방을 느낀 나이의 폭이 상당히 넓었다.)

이 결과는 더 엄밀한 연구를 통해 확인되었다. 과거에는 미국[28]과 캐나다,[29] 영국[30]에서 아이들이 학교까지 걸어가고, 집 주변을 배회하고, 게임을 발명하고, 갈등을 빚고, 그러한 갈등을 해결하면서 상당한 자유를 누리기 시작한 시기가 초등학교 1학년 또는 2학년 때부터였다. 하지만 1990년대에 이 세 나라 모두에서 양육 방식이 변했다. 아이에게 더 주의를 집중하고 보호를 강화하고 두려움이 커지는 쪽으로 바뀌었다.

1990년대에 미국인이 시간을 보내는 방식을 연구한 결과에서도 갑작스러운 변화가 나타났다. 1970년대 이후 많은 여성이 노동 전선에 뛰어들기 시작해 가정에서 보내는 시간이 크게 줄어들었다. 하지만 시간 압력의 증가에도 불구하고, 1990년대 중반부터 갑자기 아버지들뿐만 아니라 어머니들도 자녀와 더 **많은** 시간을 보낸다고 보고하기 시작했다. 그림 3.8은 1965년부터 2008년까지 어머니들이 일주일 동안 아이들과 함께 보낸다고 보고한 시간의 변화를 보여준다. 대학교를 졸업한 어머니와 졸업하지 않은 어머니 모두 1995년까지는 그 수치가 일정하거나 약간 감소하는 추세를 보이다가, 그 이후에 갑자기 크게 증가했다(특히 대학교를 졸업한 어머니의 경우). 아버지의 경우도 거의 비슷한데, 다만 어머니에 비해 시간이 좀 적은 것만 다르다(1995년까지는 일주일에 약 4시간을 유지하다가 그때부터 증가해 2000년에는 약 8시간으로 껑충 뛰었다).

불안 세대

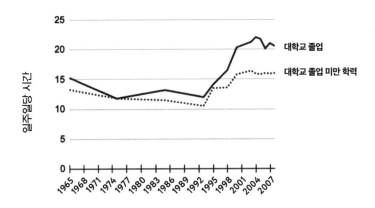

어머니가 자녀 양육에 쓰는 시간

그림 3.8 미국 어머니가 자녀 양육에 쓰는 시간. 1990년대 중반(Z 세대가 시작한 시기)에 양육 시간이 갑자기 증가했다. (출처: Ramey & Ramey, 2009.)[31]

아이들이 시간을 어떻게 보내는지(부모들의 보고를 바탕으로) 살펴본 별개의 연구에서는 미국 아동들 역시 1981년에서 1997년 사이에 자유 놀이 시간이 줄어들었다는 결과가 나왔다.[32] 아이들은 학교와 그 밖의 조직된 활동(어른이 감독하는)에 더 많은 시간을 쓰기 시작했고, 놀거나 TV를 보는 시간은 줄어들었다.(영국에서도 똑같은 일이 일어났다.[33]) 도대체 무슨 일이 일어난 것일까? 아이들은 노는 시간이 줄어든 반면에 갑자기 시간이 부족한 부모와 **더 많은** 시간을 보내기 시작하다니?

그림 3.8의 결과를 얻은 저자들은 1990년대에 관심의 초점이 대학교 입학 경쟁으로 옮겨간 것이 한 가지 요인이라고 주장한다. 미국 부모들, 특히 소득 분포에서 상위 25%에 속한 부모들이 (이전보다 수가 줄어든) 자녀를 소중하고 섬세한 경주용 자동차로, 그리고 자신들

을 최고 대학교에 입학하는 경주에서 그 자동차가 승리하도록 돕기 위해 미친 듯이 노력하는 피트 크루pit crew로 생각하기 시작한 것처럼 보인다.[34]

이 이론은 1990년대에 사회학자 아네트 라로Annette Lareau가 한 정량적 연구 결과와 일치하는데, 라로가 쓴 『불평등한 어린 시절Unequal Childhoods』[35]은 미국 부모들이 사용한 두 가지 기본 양육 철학을 연대순으로 기술한 책이다.

라로가 '집중 양육concerted cultivation'이라고 이름 붙인 첫 번째 철학은 중산층과 상류층의 지배적인 모형이었다. 이것은 아이에게는 어른의 도움을 통한 비상한 보살핌과 훈련이 필요하다는 전제에서 시작한다. 부모는 자녀의 IQ를 높이기 위해 〈베이비 아인슈타인Baby Einstein〉 비디오를 구입해야 한다(비록 나중에 연구자들은 그런 비디오가 아무 쓸모 없다는 것을 입증했지만[36]). 자녀의 달력은 중국어 학습이나 수학 과외처럼 **부모**가 아이의 능력을 키워준다고 믿는 활동으로 가득차 있어야 한다. 그런 활동이 자율성을 위축시키고 자유 놀이를 즐길 시간을 없앤다 하더라도 말이다.

노동자 계층과 가난한 계층은 아주 다른 접근법을 사용했는데, 라로는 그것을 '자연 성장 양육natural growth parenting'이라고 불렀다. 이 철학에 따르면 아이는 아이다워야 하며, 굳이 깊이 관여할 필요 없이 그냥 내버려두면 유능하고 책임감 있는 어른으로 성장한다. 하지만 놀랍게도 최근에 양육 태도를 연구한 결과에 따르면, 2010년대에는 많은 노동자 계층 부모가 위험에 대해 높은 수준의 보호를 제공하는 것을 포함해 집중 관리 양육 방식으로 옮겨간 것으로 드러났다.[37]

불안 세대

미국의 양육 방식은 1990년대에 변하기 시작했는데, 처음에는 대학교 학력의 부모들 사이에서, 그리고 그다음에는 더 광범위하게 퍼져갔다. 납치와 성범죄자에 대한 두려움은 1980년대부터 증가했지만, 1980년대가 끝날 때까지도 초등학교와 중학교에서 아이들을 양육하는 일반적인 패턴은 방과 후와 주말에는 아이들이 다양한 나이의 이웃 아이들과 자유롭게 놀고, 스릴을 추구하고, 모험을 하고, 갈등을 해결하고, 공포증에 대항하는 위험한 활동을 하고, 선천적인 안티프래질리티를 발달시키고, 발견 모드를 함께 즐기도록(그리고 가로등에 불이 들어오면 집으로 돌아오도록) 하는 것이었다. 이러한 방과 후 시간은 학교에서 일어나는 (쉬는 시간 외의) 어떤 활동보다도 사회성 발달과 정신 건강에 훨씬 도움이 되었을 것이다.

두려움에 사로잡힌 양육 방식

아동기의 자율성이 급속하게 상실된 현상의 주요 원인은 대학 입학에 대한 부모의 두려움이 아닌 것으로 드러났다. 그러한 두려움은 중위 소득과 상위 소득 계층의 미국인 사이에서 행동 변화를 초래했을 수 있지만, 대학 입학이 그렇게 심한 고민거리가 아닌 나라인 캐나다와 영국 부모들 사이에서도 왜 같은 시기에 같은 변화가 일어났는지 제대로 설명하지 못한다. 심리학자들과 사회학자들은 1980년대와 1990년대에 부모가 자녀에게 자율성을 덜 부여하기 시작한 이유를 몇 가지 지적했는데, 그중에는 도시가 점점 더 자동차 중심적이고 현대적으로 변해감에 따라 일어난 도시 설계의 점진적 변화도 있었다. 이와 관련이 있는 한 가지 요인은 20세기 후반에 사람들이 느낀 사회적 응집성 감소였는데, 여기에는 많은 원인이 있다. 사람들이 이웃끼리 서로 모르고 지내게 되자, 아이들을 지켜볼 수 있는 어른들의 시선인 '거리를 바라보는 눈들eyes on the street'이 사라졌다.[38] 하지만 1980년대에 일어난 가장 중요한 변화는 아마도 부모들 사이에 모든 사람과 모든 것이 자녀에게 위협 대상이라는 두려움이 커진 것이 아닐까 싶다.[39]

2001년, 영국 사회학자 프랭크 푸레디Frank Furedi는 『편집증에 사로잡힌 양육: 전문가를 무시하는 것이 아이에게 최선일 수 있는 이유 Paranoid Parenting: Why Ignoring the Experts May Be Best for Your Child』라는 중요한 책을 출판했다.[40] 이 책에는 오늘날 미국에서 일어날 수도 있는 영국의 사례 수십 건이 실려 있다. 그중에는 현장 학습을 떠나는 스쿨버스에 탄 아들이 목적지까지 안전하게 도착하는지 확인하기 위해 스쿨버스 뒤를 몇 시간이고 차를 몰고 쫓아간 어머니의 사례도 있다.

푸레디의 책은 양육 '전문가'가 아니라 학계의 사회학자가 쓴 것이어서 특히 중요하다. 푸레디는 부모의 태도 변화를 1980년대와 1990년대에 일어난 사회적, 경제적, 기술적 변화에 대한 반응으로 분석한다. 그런 변화의 예로는 케이블 TV(그리고 하루 24시간 일주일 내내 계속 흘러나오는 뉴스)의 확산, 부모의 두려움을 증폭시키는 이야기를 퍼뜨리는 TV의 능력, 일하는 여성 증가와 그에 상응한 어린이집과 방과 후 프로그램 증가, 양육 '전문가'의 영향력 증가 등이 있는데, 양육 전문가의 조언은 과학적으로 검증된 의견이라기보다는 자신의 사회적, 정치적 견해를 반영한 경우가 많았다.

푸레디는 부모들을 편집증에 사로잡힌 양육으로 몰아간 1990년대의 조건을 만들어낸 주요 요인으로 '어른 간 결속력 붕괴'를 꼽았다. 그는 이를 다음과 같이 설명한다.

모든 문화에서, 그리고 역사 전체를 통해 어머니와 아버지는 자녀에게 문제가 생기면 다른 어른들이(종종 낯선 사람들도) 도울 것이라는 가정하에서 행동했다. 많은 사회에서 어른들은 공공장소에서 잘못된 행동을 하는 남의 아이를 꾸짖는 것이 의무라고 생각했다.

하지만 1980년대와 1990년대에 영국과 미국에서는 어린이집, 스포츠 리그, 보이 스카우트, 가톨릭교회에 이르기까지 모든 곳에서 아이를 학대하는 어른에 관한 뉴스가 반복적으로 흘러나왔다. 개중에는 평판 악화를 피하려고 수십 년 동안 아동 학대 사실을 조직적으로 덮어온 공포 소설에 가까운 사례도 있었다. 또 조작이나 도덕적 공황 사례도 일부 있었는데,[41] 특히 어린이집에서 일하는 사람들이 기괴한 성적 의식이나 악마 의식을 행한다는 비난을 받은 사례도 있었다.(이런 주장은 아주 어린 아이들에게서 나왔는데, 나중에 의욕이 넘치는 어른들의 유도 신문에 대한 반응으로 상상력을 가미한 이야기를 지어낸 것으로 드러났다.[42])

이 추문들—실제로 있었던 일이건 지어낸 것이건—의 결과로 아동 학대 가해자를 발견하고 가해자에게 피신처를 제공한 조직에 책임을 묻기 위해 더 나은 탐지 및 보고 메커니즘이 구축되었다. 하지만 거기에는 비극적인 부작용이 따랐는데, 이제 어떤 어른도 믿을 수가 없으므로 아이들을 보호자 없이 다른 어른과 함께 남겨두어서는 안 된다는 정서가 일반화되었다. 아이들은 낯선 어른, 특히 남성을 조심하라는 교육을 받았다. 구글의 엔그램 뷰어Ngram Viewer(매년 출판된 모든 책에 사용된 단어와 용어의 빈도를 도표로 작성해 보여주는)에 따르면, '낯선 사람의 위험stranger danger'이라는 용어는 영어로 쓰인 책들에서 1980년대 초에 처음 나타났다. 그러고 나서 그 빈도는 1990년대 중반까지 수평을 그리다가 그 이후에 급격히 증가했다. 그와 동시에 어른들은 그에 상응하는 메시지를 내면화했다. '남의 아이에게 다가가지 마라,' '그들에게 말을 걸지 마라,' '잘못된 행동을 하더라도 나무라지 마라,' '상관하지 마라' 등이 그것이다.

하지만 어른들이 뒤로 물러나 아이의 양육을 서로 돕길 멈추자, 이제 모든 부담을 고스란히 부모가 져야 했다. 앞의 그림 3.8에서 보듯이 양육은 더 힘들어졌고, 두려움이 더 커졌으며, 시간을(특히 여성의 시간을) 더 많이 앗아갔다

푸레디는 문제의 범위에 대해 중요한 통찰을 제공했다. "책임 있는 양육이란 아이를 계속 감시하는 것이라는 개념은 영미권에 특유한 것이다."[43] 이탈리아에서 스칸디나비아에 이르는 유럽에서, 그리고 그 밖의 많은 곳에서 아이들은 영국과 미국 아이들에 비해 훨씬 큰 자유를 누리면서 놀고 바깥 세계를 탐구한다. 푸레디는 영국 부모들은 짧은 거리라도 자녀를 차에 태워 학교까지 데려다주어야 한다고 생각하는 반면, 독일과 스칸디나비아 부모들은 아이들을 학교까지 걸어가게 하는 경향이 훨씬 높다는 연구를 인용했다.[44]

이렇게 1990년대에 두려움에 사로잡힌 양육 방식이 증가하면서 결국 2000년 무렵에 영어권 국가들의 공공장소에서 부모의 감시를 받지 않는 아이들이 사라지는 현상이 나타났다. 어느 모로 보더라도, 아이들은 공공장소에서 범죄와 성범죄자, 심지어 음주 운전자의 위험으로부터 더 안전해졌는데, 이전 수십 년 동안 이 위험들은 모두 발생 비율이 훨씬 높았다.[45] 부모가 보살피지 않는 아이를 보기가 희귀해지자, 가끔 그런 아이가 목격되면 이웃이 911에 신고해 경찰이나 아동보호국을 부르는 일이 흔해졌고, 자신들이 30년 전에 누렸던 독립성을 아이에게 누리게 하려고 과감하게 시도했다가 철창신세를 지는 부모도 가끔 생겨났다.[46]

Z 세대는 바로 이런 분위기 속에서 자라났다. 그것은 어른과 학교와 그 밖의 기관이 합심해 아이들에게 세상은 위험한 곳이라고 가르치고, 아이들이 위험과 갈등과 스릴을 경험하지 않도록 노력한 세계였다. 경험을 기대하는 아동의 뇌가 불안을 극복하고 기본 정신 상태를 발견 모드로 설정하려면 그러한 위험과 갈등과 스릴의 경험이 필요한데도 말이다.[47]

안전 지상주의와 개념 확장

'개념 확장concept creep'이라는 용어는 오스트레일리아 심리학자 닉 해즐럼Nick Haslam이 창안했는데,[48] 최근 수십 년 사이에 심리학 개념이 아래쪽(더 작고 더 사소한 사례에 적용되는 경우)과 바깥쪽(새롭고 개념적으로 관련이 없는 현상을 포함하는 경우)의 두 방향으로 확장해간 현상을 가리킨다. '중독,' '트라우마,' '학대,' '안전' 같은 용어가 사용되는 사례가 확대된 것을 살펴보면, 현실 세계에서 개념 확장이 실제로 어떻게 일어났는지 알 수 있다. 20세기가 거의 끝날 때까지 '안전'이란 단어는 거의 전적으로 신체적 안전을 가리키는 데 쓰였다. '감성 안전 emotional safety'이란 용어는 1980년대 후반에 나타나기 시작했는데, 그마저도 구글의 엔그램 뷰어에서 아주 드물게 나타나는 수준에 불과했다. 1985년부터 아동기 대재편이 시작된 2010년까지 이 용어의 사용 빈도는 급격히, 그리고 꾸준히 늘어나 무려 600%나 증가했다.[49]

신체적 안전은 당연히 좋은 것이다. 건전한 생각을 가진 사람이라면 아무도 안전띠와 화재경보기 사용에 반대하지 않을 것이다. 심리적 안전이라는 중요한 개념도 있다. 이것은 집단 내에서 구성원이 거리낌없이 자기 의견을 말하더라도 처벌이나 창피를 당하지 않을 것이라는 공통의 믿음을 가리키는데, 그래야 사람들이 기꺼이 생각을 공유하고 그것에 대해 논의할 것이기 때문이다.[50]

심리적 안전은 건강한 직장 문화를 알려주는 최선의 지표 중 하나이다. 심리적으로 안전한 집단에서는 구성원들 사이에 의견이 엇갈릴 수 있고, 상대방의 생각을 정중한 태도로 비판할 수 있다. 이런 과정을 통해 서로의 생각을 심사하고 검증할 수 있다. 이와는 달리 캠퍼스에서는 감성 안전이 훨씬 광범위한 개념으로 변질돼 사용되는데, 예컨대 "다른 사람이 한 말이나 행동 때문에 내가 부정적 감정을 경험할 필요가 없어. 나는 '도발을 당하지' 않을 권리가 있어."라는 태도로 나타난다.

"우리는 안전하고 판단을 하지 않는 환경을 만들었어요.
이 환경은 당신의 자녀를 현실 세계에 제대로 적응하지 못하게 할 테지만요."

그림 3.9 《뉴요커The New Yorker》에 실린 W. 해펠리W. Haefeli의 만화.[51]

『나쁜 교육』에서 그레그와 나는 Z 세대와 그들 주변의 많은 교육
자와 치료사 사이에서 안전의 개념 확장이 매우 광범위하게 일어난
탓에, 그 개념이 너무나도 널리 확산되고 의문의 여지가 없는 가치가
되었다는 사실을 발견했다. 우리는 '안전 지상주의safetyism'라는 용어
를 '안전이 신성한 가치가 된 문화나 믿음 체계'를 가리키기 위해 사
용했는데, "이것은 사람들이 다른 실제적, 도덕적 관심사가 요구하는
트레이드오프에 응하길 꺼린다는 걸 의미한다. 잠재적 위험이 실제
로 일어날 가능성이 얼마나 희박하고 사소한가에 상관없이 '안전'이
나머지 모든 것을 압도하게 되는 것이다."[52] 놀이터에서 안전 지상주
의의 보호를 받으며 자란 학생들은 가끔 교실과 기숙사, 캠퍼스 행사
에서도 안전 지상주의가 군림하길 기대한다.

버클리의 내 친구가 보내준 자료인 그림 3.10은 모든 것을 압도하면서 놀이를 압살하는 안전 지상주의의 위력을 보여준다. 이 초등학교 관리자들은 학생들이 지도하는 어른 없이 술래잡기 놀이를 무사히 할 수 있다고 믿지 않았다. 분쟁이 발생하거나 누가 따돌림이라도 당하면 어쩌나 하는 염려 때문이었다.

그림 3.10 캘리포니아주 버클리의 한 초등학교에서 내건 자유 놀이에 관한 규칙.[53] 안내문에 다음과 같이 쓰여 있다. "모두가 참여해야 한다. 이견이 생기면 '가위바위보'로 해결한다. 스포츠맨 정신을 발휘한다. 터치는 손가락 하나만으로. 공으로 태그 금지. 태그 게임을 원치 않는 사람이 있으면, 모두 그 의사를 존중해야 한다. 태그 게임은 밖에 나가 운동장에서 해야 한다. 태그 게임은 지정된 구역 밖이나 다른 게임 도중에 할 수 없다. 벨이 울리면 모든 놀이를 중단하고 학생들은 하던 동작을 멈추어야 한다. 그리고 모여서 줄을 맞춰 정렬한다."

이 학교는 다른 게임들에서도 아이들을 돕기 위해 이와 비슷하게 어리석은 지시와 금지 사항을 나열한 목록을 내걸었다. 터치풋볼touch football* 경기 규칙을 보면, 어른이 감독하고 심판을 볼 때 이 경기를 할 수 있다고 명시하고 있다. 관리자들은 인간의 상호 작용에 내재하는 종류의 갈등을 어떻게든 방지하려고 하는 것처럼 보이지만, 아이들은 그런 갈등을 통해 자신이 맞닥뜨린 문제를 해결하고, 차이를 해소하고, 민주 사회에서 살아갈 준비를 할 수 있다.

미국 부모들은 동료 시민과 자녀에 대한 신뢰를 크게 잃은 나머지 지금은 아동기에서 자유를 거의 완전히 말살하는 데 찬동한다. 퓨 연구 센터가 2015년에 내놓은 보고서에 따르면, 부모들은 (평균적으로) 아이가 적어도 10세가 되어야 부모의 감시 없이 **자기 집 앞마당에서** 놀 수 있다고 생각한다.[54] 그들은 또한 적어도 12세가 되어야 자기 집에서 **부모의 감시 없이 한 시간 이상** 혼자 머물 수 있다고 말한다. 그리고 부모의 감시 없이 **공원**에 가려면 14세가 되어야 한다고 말한다. 이렇게 응답한 사람들 중에는 자신은 훨씬 위험한 시대였는데도 6세나 7세 혹은 8세 때 마음대로 나돌아다녔다고 유쾌하게 이야기하는 X 세대와 베이비붐 세대 부모도 있었다.

---

* 미식축구의 변형으로, 다른 규칙들은 비슷하지만 태클 대신에 손으로 몸을 터치하는 것만으로 상대의 공격을 저지하는 스포츠.

안티프래질리티와 애착 체계

이 장 앞부분에서 나는 발견 모드와 방어 모드를 자동 온도 조절 장치처럼 변화하는 조건에 빠르게 적응하기 위한 동역학계의 일부라고 이야기했다. 이 동역학계는 '애착 체계attachment system'라는 더 큰 동역학계에 포함돼 있다. 포유류는 암컷이 새끼(알이 아니라)를 낳고 젖을 먹여 키우는 진화적 혁신이 일어난 동물로 정의한다. 따라서 포유류 새끼는 오랫동안 취약한 상태에서 의존적으로 살아야 하는데, 그동안에 다음의 두 가지 목표를 이루어야 한다. ① 어른이 되는 데 필요한 기술 역량을 발달시켜야 하고, ② 포식 동물에게 잡아먹히지 않아야 한다. 잡아먹히지 않는 최선의 방법은 일반적으로 어미 곁에 붙어 있는 것이다. 하지만 포유류는 성장함에 따라 경험을 기대하는 뇌가 달리기와 싸우기, 친구 만들기 같은 기술을 익히면서 연결되어야 한다. 새끼 포유류가 친구들과 놀이(위험한 놀이를 포함해)를 하기 위해 어미 곁을 벗어나려고 하는 것은 이 때문이다.

이렇게 상충하는 필요들을 관리하는 심리적 계를 애착 체계라 부른다. 이것은 제2차 세계 대전 때 부모에게서 떨어져 지낸 아이들을 연구한 영국 정신분석학자 존 볼비John Bowlby가 처음 기술했다. 심리학자 디어드리 페이Deirdre Fay가 작성한 그림 3.11은 애착 체계가 어떻게 작동하는지 아주 잘 보여준다.

모든 아이는 '안전한 기반' 역할을 하는 어른이 최소한 한 명 필요하다. 대개는 그 역할을 어머니가 맡지만, 아버지나 조부모, 육아 도우미, 혹은 편안함과 보호를 믿을 수 있게 제공할 수 있는 어른이라

불안 세대

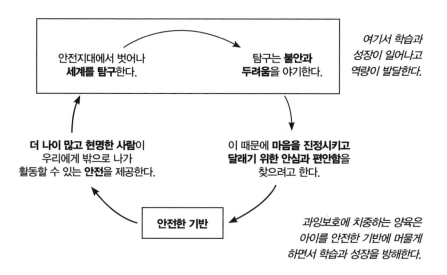

애착 체계

안전지대에서 벗어나 **세계를 탐구**한다.

탐구는 **불안**과 **두려움**을 야기한다.

여기서 학습과 성장이 일어나고 역량이 발달한다.

더 나이 많고 현명한 사람이 우리에게 밖으로 나가 활동할 수 있는 **안전**을 제공한다.

이 때문에 **마음을 진정시키고 달래기 위한 안심과 편안함**을 찾으려고 한다.

안전한 기반

과잉보호에 치중하는 양육은 아이를 안전한 기반에 머물게 하면서 학습과 성장을 방해한다.

그림 3.11 포유류의 애착 체계.[55]

면 누구라도 맡을 수 있다.

만약 안전이 아이의 유일한 목표라면, 아동기 내내 '안전한 기반'에 머물면 된다. 복잡한 조절 장치 같은 것은 전혀 필요가 없다. 하지만 아이가 기어다니기 시작하면, 만지고 빨고, 그 밖의 방법으로 탐구할 수 있는 모든 것으로 기어가고 싶어 한다. 아이는 발견 모드로 많은 시간을 보낼 필요가 있는데, 그 과정에서 학습과 신경 미세 조정이 일어나기 때문이다. 하지만 결국 뭔가 잘못된 일이 일어난다. 아이가 넘어지고 머리를 찧거나, 고양이가 아이를 보고 쉭쉭거리거나, 낯선 사람이 접근하는 일이 벌어진다. 그 순간 방어 모드가 작동하면서 아이는 재빨리 안전한 기반으로 되돌아가거나 울기 시작하는데, 울음은 아이가 자신에게 와달라고 안전한 기반을 부르는 방법이다.

애착이 잘 형성된 아이는 대개 몇 초 또는 몇 분 만에 진정을 되찾고 발견 모드로 되돌아가 더 많은 학습을 향해 나아간다. 이 과정은 하루에 수십 번, 한 달에 수백 번씩 일어나며, 몇 년 지나지 않아 아이는 두려움을 덜 느끼게 되고 혼자서 탐구를 더 계속하길 원할 가능성이 높다(어쩌면 어른의 도움을 전혀 받지 않고 학교나 친구 집까지 걸어감으로써).[56] 아이는 발달하면서 안전한 기반을 내면화하게 된다. 부모의 물리적 존재가 없더라도 자신이 지원을 받는다는 사실을 알기 때문에 혼자서 역경에 맞서는 법을 배운다.

청소년기에는 낭만적 관계를 추구하기 시작한다. 이 새로운 애착은 부모에 대한 애착이 생길 때 발달한 심리적 구조와 '내적 작동 모델internal working model'을 재사용한다. 청소년은 이 모델을 사용해 애정 상대, 그리고 나중에는 배우자에게 애착을 느끼게 된다. 하지만 집 안의 기반에 갇혀 지내면서 안티프래질 본성을 발달시키는 데 유익한 바깥 여행을 하지 않는 아이는 성장대growth zone에서 많은 시간을 보내지 못한다. 그래서 이들은 자신의 삶 중 많은 시간을 방어 모드로 보내고 부모의 물리적 존재에 더 많이 의존하는 상태에 머물게 되는데, 이는 다시 부모의 과잉보호를 강화하는 악순환을 낳는다.

지금까지 나는 이 모든 일이 이론적으로 어떻게 작동하는지 개략적으로 설명했다. 현실에서는 아이를 키우는 일은 모두 엉망진창으로 일어나고, 통제하기가 어려우며, 예측하기는 더 어렵다. 자율성과 놀이와 성장을 장려하면서 애정이 넘치는 가정에서 자란 아이도 불안 장애가 생길 수 있으며, 과잉보호 가정에서 자란 아이도 대개 정상적으로 성장한다. 부모로서 어떻게 해야 하는지 딱 정해진 정답은 없다. 완벽한 아이를 만드는 청사진 같은 것은 없다. 하지만 다음과 같은 아동기의 일반적인 특징을 알아두면 도움이 된다. 아이는 안티프래질 특성을 지니고 있으며, 따라서 위험한 놀이와 안전한 기반에서 큰 혜택을 얻는데, 이것들은 발견 모드로 나아가는 데 도움을 준다. 놀이 기반 아동기는 스마트폰 기반 아동기보다 여기서 성공을 거둘 가능성이 더 높다.

3장 요점 정리

- 사람의 뇌는 두 가지 하부 체계로 이루어져 있는데, 이에 따라 뇌는 **발견 모드**(기회에 접근하기 위한)와 **방어 모드**(위협에 방어하기 위한)의 두 가지 모드로 작동한다. 1996년 이후에 태어난 젊은이는 그 이전에 태어난 사람들에 비해 방어 모드에 갇혀 있을 가능성이 더 높다. 이들은 새로운 경험을 갈망하기보다는 늘 위협을 경계하는 태세에 놓여 있다. 불안에 사로잡혀 살아가는 것이다.
- 모든 아동은 선천적으로 안티프래질 특성을 갖고 있다. 면역계가 병원체에 노출되어야 하고 나무가 바람에 노출되어야 하는 것처럼, 아동은 강한 내구력과 자신에 대한 믿음을 발달시키려면 좌절과 실패, 충격, 실수에 노출될 필요가 있다. 과잉보호는 이러한 발달을 저해해 아동을 취약하고 두려움에 사로잡힌 어른으로 성장하게 할 가능성이 높다.

- 아이는 제대로 발달하려면 자유 놀이를 많이 해야 하며, 공포증에 대항하는 효과가 있는 위험한 신체적 놀이는 아이의 발달에 큰 도움을 준다. 아이가 두려움을 극복하고 역량을 발달시키려면 자신이 맞설 준비가 돼 있는 위험과 스릴의 수준을 찾아내야 한다. 온라인에서 위험을 감수하는 활동은 현실 세계의 활동만큼 공포증에 대항하는 효과가 없다.

- 1980년대와 특히 1990년대에 영어권 국가 부모들은 미디어 생태계와 뉴스 사이클의 변화를 포함해 많은 이유 때문에 두려움에 사로잡혔다. 그들은 서로에 대한 신뢰를 잃었고, 자녀를 감시하는 데 훨씬 많은 시간을 쓰기 시작했으며, 도처에서 위험과 위협을 보면서 방어 모드로 양육을 했다.

- 다른 무엇보다도 '안전'을 우선시하는 태도를 안전 지상주의라고 한다. 안전 지상주의는 위험한데, 아이가 스스로를 돌보는 법과 위험과 갈등, 좌절에 대처하는 법을 배우기 힘들게 만들기 때문이다.

- 애착 체계는 새끼 포유류가 위협을 느낄 때에는 자신의 '안전한 기반'으로 물러나면서 어른이 되는 데 필요한 기술을 배우도록 돕기 위해 진화했다. 두려움에 사로잡힌 양육은 아이를 안전한 기반에 지나치게 가두어두어 강하게 자라고 안전한 애착 형태를 발달시키는 데 필요한 경험을 하지 못하게 한다.

- 아동은 현실 세계에서 놀이 기반 아동기를 보낼 때 가장 잘 자란다. 두려움에 사로잡힌 양육과 스마트폰 기반 아동기로 인해 성장 기회를 박탈당하면 건강하게 제대로 자라기 어렵다.

4장

사춘기와 차단된 성인기 전환

우리는 아이가 자라고 변하는 모습을 지켜보면서 느끼는 감정을 표현하기 위해 『미운 오리 새끼』에서부터 『배고픈 애벌레』에 이르기까지 동물의 변신 이야기를 찾는다. 사람의 신체 변화는 나비처럼 극적인 변화가 일어나지 않지만, 마음의 변화는 어느 모로 보나 아주 특이하다. 그런데 애벌레는 외부 세계에서 거의 아무런 입력이 없어도 나비로 변신하는 반면, 아이에서 어른으로 전환하는 과정은 청소년의 뇌가 급속하게 재배선되는 과정을 제대로 유도하기 위해 제때에 적절한 종류의 경험이 필요하다.

사춘기의 가소성과 취약성

앞서 2장에서 언급했듯이 사람의 뇌는 다섯 살 무렵에 크기가 어른의 90% 수준에 이르며, 그때에는 어른이 되었을 때보다 신경세포와 시냅스가 훨씬 더 많다. 따라서 그다음에 일어나는 뇌의 발달은 전체적으로 성장하는 양상으로 진행되는 것이 아니라, 자주 사용되는 것만 남기고 신경세포와 시냅스의 선택적 가지치기가 일어나는 양상으로 진행된다. 뇌 연구자들은 "함께 발화하는 신경세포들끼리 서로 연결된다."[1]라고 말하는데, 일단의 신경세포를 반복적으로 활성화하는 활동이 그 신경세포들을 더 긴밀하게 연결하는 결과를 낳는다는 뜻이다. 만약 아이가 활쏘기나 그림그리기나 비디오게임이나 소셜 미디어를 많이 하면서 사춘기를 보낸다면 이 활동들은 뇌에 지속적으로 구조적 변화를 초래하는데, 이 활동들이 보상을 가져다준다면 특히 그렇다. 문화적 경험은 바로 이런 방식으로 뇌를 변화시키며, 그 결과로 자신을 일본인이 아니라 미국인으로 느끼거나 습관적으로 방어 모드 대신에 발견 모드로 작동하는 영 어덜트를 만들어낸다.

아동기 동안에 일어나는 두 번째 종류의 뇌 변화는 '말이집 형성 myelination' 또는 '수초화'라고 부르는데, 말이집(수초)은 신경세포의 축삭 돌기를 말아 싸고 있는 덮개를 말한다. 지방질 물질로 이루어진 말이집은 절연체 역할을 하면서 일단의 신경세포 사이의 장거리 연결 경로에서 신호가 더 빨리 전달되도록 돕는다. 느리게 진행되는 가지치기와 말이집 형성 과정은 사람의 뇌 발달에서 일어나는 거대한 트레이드오프와 관련이 있다. 아이의 뇌는 **잠재력**은 엄청나지만(많은 경로로 발달할 수 있다), **능력**은 떨어진다(많은 일을 어른 뇌만큼 잘 처리하지 못한다). 하지만 가지치기와 말이집 형성이 진행됨에 따라 아이의 뇌는 어른의 뇌 구조로 고착되면서 더 효율적으로 변한다. 이 고착 과정은 서로 다른 시기에 뇌의 서로 다른 부분들에서 일어나며, 각각의 고착은 한 민감기의 끝이 될 수 있다. 이것은 시멘트가 굳는 과정과 비슷하다. 묽은 상태의 시멘트에 이름을 쓰면, 그것은 금방 사라지고 말 것이다. 반면에 시멘트가 완전히 말라서 굳을 때까지 기다리면 거기에 아무 흔적도 남길 수 없다. 하지만 묽은 상태와 마른 상태 사이의 과도기를 잘 포착하면, 시멘트에 이름을 영원히 새길 수 있다.[2]

가지치기와 말이집 형성은 사춘기가 시작될 때 가속되기 때문에, 이 시기에 아이의 경험에 생기는 변화는 크고 지속적인 효과를 미칠 수 있다.[3] 발달심리학자 로런스 스타인버그Laurence Steinberg는 청소년에 관한 교과서에서 청소년기가 반드시 특별히 **스트레스가 많은** 시기는 아니라고 지적한다. 대신에 청소년기는 뇌가 지속적인 스트레스 인자의 효과에 **더 취약한** 시기이고, 그 때문에 청소년은 범불안장애와 우울증, 섭식 장애, 약물 남용 같은 정신 질환을 앓기 쉽다. 스타인버그는 이렇게 덧붙였다.

청소년기에 높아진 스트레스 감수성은 사춘기가 뇌를 더 유연하게 만든다는, 즉 '가소성'을 높인다는 사실을 보여주는 구체적인 예이다. 이 때문에 청소년기는 위험한 시기(뇌의 가소성은 스트레스가 많은 경험에 노출된 결과로 해를 입을 가능성을 증가시키기 때문에)이기도 하지만, 청소년의 건강과 안녕을 증진하는(뇌의 가소성은 청소년기를 정신 건강 개선을 위한 개입이 훨씬 큰 효과를 낳을 수 있는 시기로 만들기 때문에) 기회의 창이기도 하다.[4]

따라서 사춘기는 **자녀가 경험하는 것에 특별한 관심을 기울여야 하는 시기**이다. 영양 섭취와 수면, 운동을 포함한 신체적 조건은 아동기와 청소년기 내내 중요하다. 하지만 문화 학습에 민감한 시기가 있고, 그것이 사춘기가 시작될 때 뇌의 재배선이 가속적으로 일어나는 시기와 일치하기 때문에, 사춘기의 처음 몇 년에 특별한 주의를 기울일 필요가 있다.

경험 차단제: 안전 지상주의와 스마트폰

필요한 영양분을 거의 다 다른 동물의 살에서 섭취하도록 진화한 육식 동물과 달리 사람은 잡식 동물이다. 우리는 필요한 비타민과 미네랄, 파이토케미컬phytochemical을 모두 얻으려면 아주 다양한 식품을 섭취해야 한다. 화이트 푸드(파스타, 감자, 닭고기)만 섭취하는 아이는 영양결핍 상태에 놓여 괴혈병(심각한 비타민 C 결핍으로 생기는) 같은 질병에 걸릴 위험이 높아진다.

또한 사람은 사회적으로나 문화적으로 적응이 필요한 동물이어서, 유연하고 사회성 기술이 뛰어난 어른으로 발달하려면 광범위한 사회적 경험이 필요하다. 아이는 안티프래질 능력이 있기 때문에, 그러한 경험에 두려움과 갈등과 배제가 약간(너무 많이는 아니더라도) 포함될 필요가 있다. 안전 지상주의는 경험 차단제이다. 안전 지상주의는 아이가 현실 세계의 경험과 자신에게 필요한 도전을 충분히 그리고 다양하게 얻지 못하게 방해한다.

아이가 제대로 성장하려면 얼마나 많은 스트레스와 도전이 필요할까? 스타인버그는 "스트레스가 많은 경험"은 "해를 초래할 수 있는 경험"이라고 지적한다. 나는 스타인버그에게 아이에게 안티프래질 특성이 있다는 사실과, 탄력성과 정서적 강건함을 발달시키기 위해 스트레스 인자(하루 동안 놀이 집단에서 배제되는 것 같은)에 단기간 노출되는 것이 필요하다는 사실에 동의하는지 물어보았다. 그는 아이에게 안티프래질 특성이 있다는 데 동의했고, 스트레스가 많은 경험에 관한 자신의 진술에 두 가지 조건을 추가했다.

첫째, 그는 놀이터에서 흔히 발생하는 갈등처럼 금방 생기지만 오래 지속되지 않는 '급성 스트레스'보다 며칠 혹은 몇 주일, 심지어 몇 년 동안 지속되는 '만성 스트레스'가 나쁘다고 지적했다. 그리고 "만성 스트레스 상황에서는 적응하고 회복하고 도전을 통해 더 강해지기가 훨씬 어렵다."라고 썼다. 두 번째 조건은 "스트레스와 안녕 사이의 관계는 뒤집힌 U자 패턴이다. 약간의 스트레스는 발달에 이롭지만, 급성이건 만성이건 스트레스가 많으면 해롭다."라는 것이다.

불행하게도 미국인과 영국인, 캐나다인은 1980년대부터 아동의 삶에서 스트레스 요인들과 불편한 요소들을 제거하려고 시도했다. 많은 부모와 학교는 단지 신체적 부상뿐만 아니라 정서적 고통을 포함해 위험한 요소가 있다고 간주한 활동을 **모두** 금지했다. 안전 지상주의는 아동기에 독립적 행동, 특히 실외 활동(어른 심판 없이 터치풋볼 경기를 하는 것과 같은)을 대부분 금지했는데, 그러한 활동을 통해 몸과 마음이 상처를 입을 가능성이 있기 때문이었다.

안전 지상주의는 1980년대부터 천천히 시작해 1990년대에는 더 빠르게 밀레니얼 세대에게 영향을 미쳤다.[5] 하지만 정신 건강의 급속한 악화는 2010년대 초반에 가서야 시작되었고, 밀레니얼 세대가 아니라 Z 세대에 집중되었다.[6] 그리고 그러한 급증은 두 번째 경험 차단제—스마트폰—가 추가되고 나서야 일어났다.

물론 스마트폰 사용도 분명히 하나의 경험이다. 그것은 위키피디아와 유튜브, 그리고 챗GPT의 무한한 지식에 접속하는 통로이다. 스마트폰은 젊은이를 베이킹과 책에서부터 극단적인 정치와 거식증에 이르기까지 모든 특별 이익 공동체와 연결해준다. 스마트폰은 청소년이 하루 종일 수십 명의 사람들과 손쉽게 접촉하고, 남을 칭찬하거나 비난하는 사람들의 대열에 합류하게 해준다.

사실, 스마트폰과 그 밖의 디지털 기기는 아동과 청소년에게 흥미로운 경험을 너무나도 많이 제공해 심각한 문제를 야기한다. **이것들은 화면에 기반을 두지 않는 형태의 경험에 대한 관심을 감소시킨다.** 스마트폰은 다른 새의 둥지에 알을 낳는 뻐꾸기와 같다. 뻐꾸기 알은 다른 새의 알들보다 먼저 부화한다. 알을 깨고 나온 새끼 뻐꾸기는 먹이를 독차지하기 위해 즉각 나머지 알들을 모두 둥지 밖으로 밀어내는데, 그래도 어미 새는 아무 의심 없이 먹이를 물어다주면서 뻐꾸기를 자기 새끼인 양 키운다. 이와 비슷하게 스마트폰이나 태블릿이나 비디오게임 콘솔이 아이의 삶에 침투하면, 나머지 활동을 대부분 혹은 적어도 일부를 밀어낸다. 아이는 화면에 홀려 앉아서 꼼짝도 하지 않고(손가락 하나만 빼고) 매일 많은 시간을 보내며, 화면 밖에 있는 것은 모두 무시한다.(물론 이것은 부모도 마찬가지일 수 있어서 가족들이 모두 '함께 홀로' 앉은 채 지낸다.)

화면 기반 경험은 현실 세계의 생생한 경험보다 가치가 없을까? 뇌가 특정 나이에 특정 종류의 경험을 기대하도록 진화한 우리 아이들의 경우에는 분명히 그렇다. 이모티콘으로 보강된 문자로 소통하는 것은 얼굴 표정과 목소리 톤 변화, 직접적인 눈맞춤, 몸짓 언어를 통해 보강된 대화를 하는 동안 조율되길 '기대하는' 뇌 부분들을 발달시키지 못한다. 사회적 상호 작용이 대부분 가상 세계에서 일어난다면, 아동과 청소년이 어른과 같은 수준으로 현실 세계의 사회성 기술을 발달시키리라고 기대하기 어렵다.[7] 동기화된 영상 대화는 현실 세계의 상호 작용에 더 가깝지만, 여전히 체화된 경험이 부족하다.

만약 자녀가 건강한 경로를 통해 사춘기를 통과하길 바란다면, 그들의 안티프래질 마음이 제대로 형성되는 데 도움을 주는 현실 세계의 스트레스 인자들을 포함해 필요한 경험을 광범위하게 축적할 수 있도록, 무엇보다도 그들을 경험 차단제에서 떼어내야 한다. 그러고 나서 아이에게 도전 과제와 이정표와 함께 어른으로 완성되는 목적지까지 명확한 경로를 제공해야 하며, 그 과정에서 점점 확대되는 자유와 책임도 부여해야 한다.

통과의례

인간의 보편적 특성[8] 목록과 인류학 개론 강의를 위한 교수요목에는 으레 통과의례가 포함돼 있다. 공동체에서는 사람의 지위에 일어나는 변화를 보여주기 위해 의례가 필요하기 때문이다. 의례를 거행하는 것은 공동체의 책임인데, 그러한 의례는 대개 탄생(새로운 구성원과 새로운 어머니를 환영하기 위한), 결혼(새로운 사회적 단위의 탄생을 공식적으로 선언하기 위한), 죽음(한 구성원의 죽음과 가까운 친족의 슬픔을 인지하기 위한)처럼 살아가면서 맞닥뜨리는 중요한 사건을 중심으로 일어난다. 대다수 사회는 사춘기를 맞이한 청소년을 위한 통과의례도 치른다. 인간 문화와 성 역할의 다양성에도 불구하고 모든 사회의 사춘기 의례는 공통 구조를 갖고 있는데, 모두 동일한 목적을 지향하기 때문이다. 그 목적은 바로 여자아이와 남자아이를 공동체의 어엿한 구성원이 되는 데 필요한 지식, 기술, 미덕, 사회적 지위를 갖추고 곧 결혼을 해 부모가 될 수 있는 여성과 남성으로 변신시키는 것이다. 1909년, 네덜란드계 프랑스인 민족지학자 아르놀트 판 헤네프Arnold van Gennep는 세계 각지의 통과의례가 세 단계로 이루어져 있다는 사실에 주목했다. 맨 먼저 청소년이 부모와 어린 시절의 습관에서 벗어나는 **분리**separation 단계가 있다. 그다음에는 부모가 아닌 어른이 청소년을 도전 과제, 때로는 시련을 겪는 과정으로 인도하는 **전이**transition 단계가 있다. 마지막으로, 대개 공동체(부모를 포함해)가 청소년을 성인 사회의 새 구성원으로 환영하면서 축하 행사를 벌이는 **재통합**reincorporation 단계가 있다. 다만, 그러고 나서도 몇 년 동안 교육과 지원을 더 받아야 하는 경우가 많다.

청소년의 통과의례는 항상 성인 사회의 구조와 가치를 반영한다. 모든 사회는 최근까지 성별을 엄격히 분리했기 때문에, 남자아이와 여자아이의 통과의례는 일반적으로 차이가 있었다. 여자아이의 통과의례는 초경 직후에 일어났고, 출산과 어머니 역할을 준비하도록 설계된 경우가 많았다. 예를 들면, 북아메리카 원주민인 애리조나주의 아파치족은 지금도 여자아이가 초경을 겪고 나면 '일출 춤'을 추는 의례를 치른다. 나이 많은 여성(이 영광스러운 행사를 위해 가족이 선택한 대모)이 여자아이를 인도해 무리가 함께 지내는 야영지에서 멀리 떨어진 곳으로 가 혼자서 임시 오두막을 짓고 살아가게 한다. 이 과정은 분리 단계에 해당하며, 목욕과 머리 감기, 새 옷 갈아입기 등을 포함하는데, 이 모든 것은 아동기의 모든 흔적으로부터 정화와 분리를 강조하는 의식이다.[9]

전이 단계에서는 나흘 동안 나이 많은 여성들이 춤을 추고 북을 리드미컬하게 치고 노래를 부르는 의식이 진행된다. 이 극적인 의식에는 신성한 분위기가 잔뜩 배어 있다. 전이 단계가 끝나면 여자아이는 큰 환영을 받으며 여성으로 인정을 받는데, 가족과 다른 사람들이 참석한 가운데 잔치와 선물 교환이 벌어진다. 여자아이는 자신의 마을과 가정으로 재통합되지만, 이제 새로운 역할과 책임과 지식을 지닌 구성원이 되었다.

전통적인 사회에서 남자아이가 남성으로 변하는 의례와 여자아이가 여성으로 변하는 의례는 서로 차이가 있다. 남자아이는 사춘기의 징후가 겉으로 덜 뚜렷하게 나타나므로 그 시기가 좀 더 유동적이다. 많은 사회에서는 남자아이들이 집단으로 통과의례를 치른다. 즉, 특정 나이에 이른 남자아이들이 모두 같이 통과의례를 치르며, 공통의 시련을 통해 서로 결속을 다진다. 이웃 집단과 무장 충돌을 자주 경험한 사회에서는 남성들 사이에 전사 기질이 흔히 발달하며, 전이 단계에 남성성을 시험하고 공개적으로 입증하기 위해 보디 피어싱이나 할례같이 신체적 고통을 가하는 과정이 필수적으로 포함되는 경우가 많다. 그레이트플레인스 지역의 블랙풋족처럼 많은 북아메리카 원주민 사회에서는 전이 단계에 계시 얻기vision quest 과정이 포함되는데, 이 의례를 치르는 남자아이는 장로들이 선택한 신성한 장소에서 혼자서 나흘 동안 단식을 하면서 인생의 목적과 공동체에서 자신이 담당할 역할에 대한 환영이나 계시를 달라고 정령들에게 기도한다.[10]

남자아이를 전쟁에 대비시키지 않은 사회는 남자아이를 위한 통과의례의 양상이 아주 달랐다. 모든 유대인 공동체에서 남자아이는 13세가 되면 토라Torah(모세 오경)의 율법을 따라야 하는데, 전통적으로 유대인 남성의 주요 의무 중에는 토라 공부도 포함돼 있었다. 따라서 유대인의 통과의례인 바르 미츠바Bar Mitzvah*는 남자아이가 랍비나 학자(아버지가 아닌)로부터 오랜 기간 공부를 배운 뒤에 날을 잡아, 토요일의 안식일 예배 때 랍비의 자리에 서서 토라와 하프토라 haftorah(안식일 말씀 등으로 낭독하는 유대교 경전 구절)를 히브리어로 읽는 행사를 포함한다.[11] 일부 유대인 공동체에서는 남자아이가 자신이 읽은 구절을 해석하기도 한다. 이것은 아직 아이처럼 보이는 남자아이에게는 도전적인 공개 행사이다.

유대교에서 여자아이는 12세가 되면 율법을 따라야 하는데, 여자아이는 남자아이보다 1~2년 먼저 사춘기가 시작된다는 전래의 지식

---

* 히브리어로 '바르'는 '아들'을, '바트'는 '딸'을, '미츠바'는 '율법'을 의미하므로, 바르[바트] 미츠바는 직역하면 '율법의 아들[딸]이 되었다'는 뜻이다. 지금은 흔히 성년 의식 자체를 바르 미츠바 혹은 바트 미츠바라고 부르는데, 원래는 성년 의식을 치르는 당사자를 가리키는 말이다.

에 따라 정해졌을 가능성이 높다. 전통을 가장 충실하게 따르는 집단은 거의 다 여자아이를 위해 바르 미츠바에 해당하는 성년 의식을 치르는데, 이를 바트 미츠바Bat Mitzvah라고 부른다. 통과의례에 늘 남녀 구분이 있었다고 해서 오늘날에도 반드시 그래야 하는 것은 아니다.

대다수 사회가 그런 의례를 치렀다는 사실을 감안할 때, 극도로 새로운 우리 세속 사회들이 공동으로 치르는 공적인 통과의례를 포기하면서 뭔가 중요한 것을 잃고 있는 게 아닐까 하는 생각이 든다. 아이는 생물학적 성숙만을 통해서는 문화적으로 제대로 기능하는 어른으로 변신할 수 없다. 아이는 유능하고 성공적인 어른으로 성장해가는 과정에서 롤 모델(문화 학습을 위해)과 도전(안티프래질리티를 자극하기 위해), 새로운 지위의 공개 인정(사회적 정체성을 바꾸기 위해), 그리고 부모가 아닌 멘토로부터 큰 도움을 받는다. 아이에게 통과의례가 **필요**하다는 개념을 뒷받침하는 증거는, 더 넓은 문화에서 어른들의 지지가 없는 성인식을 청소년이 자발적으로 구성하는 사례가 많다는 데에서 얻을 수 있다. 사실, 인류학자들은 그러한 의례는 사회가 "의미 있는 청소년 통과의례를 제공하지 못하기" 때문에 생겨난다고 말한다.[12]

그러한 구성은 아마도 남자아이들의 집단에서 가장 두드러지게 나타나는데, 특히 다른 남자아이들 집단과의 경쟁에서 더 큰 효율을 발휘하기 위해 단결할 필요가 있을 때 그렇다. 젊은 남성이 대학교 남학생 사교 클럽이나 비밀 결사나 길거리 갱단에 들어갈 때 치르는 입회식을 생각해보라.[13] 남자아이와 젊은 남성이 자신들만의 의례를 만들어낼 때, 적어도 그중 한 명은 인류학 입문 강의를 들은 것처럼 행동하는 경우가 많다. 그들은 자발적으로 분리와 전이와 통합(또래 집단으로) 의례를 만들어내는데, 외부 사람들은 그것을 뭉뚱그려 간단히 '신고식'이라 부른다. 남자아이와 젊은 남성은 연장자로부터 거의 또는 전혀 도움을 받지 않고 이러한 의례를 만들기 때문에, 그 의식은 잔인하고 위험할 수 있다. 그 결과로 생겨나는 문화는 여성에게도 위험할 수 있는데, 이 젊은이들이 여성을 착취하거나 모욕하는 방식으로 자신의 남성성을 친구들에게 보여주려고 할 때 그런 일이 일어난다.

여자아이들도 통과의례를 만드는데, 예컨대 대학교 여학생 클럽에 새 회원이 들어올 때 그런 의례를 치른다. 이들의 통과의례는 남자아이들만큼 심한 신체적 고통을 수반하지 않는 경향이 있지만, 미와 섹슈얼리티에 관련된 심리적 고통을 수반하는 경우가 많다. 입회자들은 신체적 특징 때문에 평가받고 비교당하고 모욕을 당한다고 이야기한다.[14]

입회에 따르는 고통과 모욕에도 불구하고 많은 젊은이는 결속력이 강한 사회 집단에 가입하고, 부모에 의존하던 아동기에서 벗어나 또래 중심의 젊은 성인기로 전환할 기회를 얻기 위해 이러한 의례에 기꺼이 참여하려고 한다. 이 사실은 많은 청소년이 소속감과 그러한 소속을 만들어내고 표현하는 의례와 의식을 깊이 갈망한다는 것을 시사한다. 이러한 지식을 이용해 청소년이 성인기로 전환하는 과정을 개선할 수 없을까?

왜 우리는 성인기 전환을 차단하는가

나는 사춘기가 나비의 일생 중 번데기 단계와 비슷하다고 비유했다. 그런데 애벌레는 몇 주일 뒤에 나비로 변신해 나타나기 위해 잠깐 번데기 속으로 숨지만, 아이는 몇 년에 걸쳐 공개적으로 전환 과정을 거쳐야 한다. 역사적으로 아이가 이 과정을 무사히 거치도록 도운 어른과 규범과 의식은 아주 많다. 하지만 학자들은 20세기 초 이후에 현대 산업 사회 전반에 걸쳐 청소년의 통과의례가 사라졌다고 지적한다. 이제 그러한 통과의례는 대부분 종교적 전통에 국한돼 있는데, 그 예로는 앞서 언급한 유대교의 바르 미츠바와 바트 미츠바, 가톨릭을 믿는 라틴아메리카에서 여자아이의 15세 생일을 축하하는 킨세아녜라quinceañera 파티, 많은 기독교 교파에서 거행하는 십대를 위한 견진 성사 등이 있다. 최근 수십 년 사이에 종교 공동체가 아이의 삶에서 차지하는 비중이 줄어들면서, 이렇게 남아 있는 의례들도 변신을 상징하는 역할이 과거에 비해 크게 축소되었다.[15]

공식적인 성인식이 없더라도, 현대의 세속 사회들에는 얼마 전까지 발달 과정의 이정표에 해당하는 징표들이 남아 있었다. 20세기에 미국의 아날로그 세계에서 자란 우리는 더 큰 자유를 부여하면서 더 큰 성숙을 요구한 세 가지 연령 전환기가 있었던 시절을 기억하는데, 그것은 국가적으로 인정되었다.

- 13세가 되면 부모의 동행 없이 극장에 갈 수 있을 만큼 충분히 성숙했다고 인정되었다. 우리가 보고 싶었던 영화는 대부분

PG-13(13세 미만은 보호자를 동반해야 입장할 수 있는 영화) 등급이
었기 때문이다.

- 16세가 되면 대다수 주에서 차를 운전할 수 있었다. 미국의 십
대에게 자동차는 거의 신성시되는 대상이기 때문에, 16세 생일
은 독립적인 경험의 신세계가 활짝 열리는 중요한 날이었다. 주
당국과 부모가 보기에 책임감 있게 차를 운전하는 법을 배워야
했는데, 그러지 않으면 이 특권을 잃었다.
- 18세가 되면 어른으로 간주되었다. 합법적으로 술집에 출입할
수 있고, 주류 판매점에서 술을 살 수 있었다.[16] 대다수 주에서
는 담배도 살 수 있었다(정확한 나이는 주에 따라 차이가 있었지만).
투표도 할 수 있었고, 남성이라면 잠재적 병역 의무를 위해 등
록을 해야 했다. 또한 고등학교를 졸업하는 시기도 대략 18세
무렵인데, 많은 사람은 이때가 정규 교육 과정이 끝나는 시점이
었다. 고등학교를 졸업한 뒤에는 일자리를 구하거나 대학교로
진학했다. 어느 쪽이건, 이제 아동기와 영영 결별하고 성인기를
향해 큰 걸음을 내디뎌야 했다.

현실 세계에서는 나이가 중요할 때가 많다. 하지만 온라인으로 삶
이 이동하면서 나이의 중요성이 점점 감소했다. 현실 세계에서 가
상 세계로 대규모 이동이 일어난 시기는 두려움에 사로잡힌 양육이
시작되고 놀이 기반 아동기가 점진적으로 사라진 시기와 일치한다.
1990년대에 과잉보호와 안전 지상주의가 심화되면서 젊은이들은 전
통적으로 십대의 발달과 관련이 있던 주요 활동에 덜 참여하기 시작

불안 세대

했는데, 그런 활동은 자동차 사용과 함께 감시받지 않고 외출하는 허락이 필요한 경우가 많았다. 그림 4.1은 운전면허를 땄거나, 술을 마신 적이 있거나, 돈을 벌기 위해 일한 적이 있거나, 성 경험을 한 적이 있는 미국 고등학교 졸업반 학생(대략 18세)의 비율을 보여준다. 표에서 보듯이, 이런 활동들이 감소하기 시작한 것은 2010년대 초가 **아니다**. 그것은 1990년대와 2000년대 초에 시작되었다.

어른들이 젊은이의 현실 세계 접근을 점점 차단하던 그 시기에 가상 세계는 접근이 더 쉬워지고 더 매력적으로 변해갔다. 1990년대에 밀레니얼 세대 청소년은 인터넷에 연결된 가정용 컴퓨터에서 더 많은 시간을 보내기 시작했다. 컴퓨터는 휴대하기 편하고(랩톱 컴퓨터) 더 빨라졌다(더 빠른 연결 속도). 새로운 가상 세계에서 나이가 몇 살

성인 활동에 참여한 십대

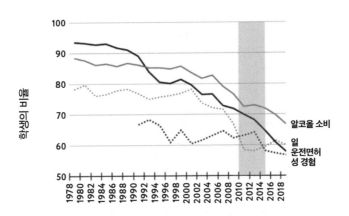

그림 4.1 네 가지 성인 활동에 참여한 미국 고등학교 졸업반 학생의 비율은 2010년부터 2015년까지 아동기 대재편이 일어나기 전인 1990년대나 2000년대 초부터 감소하기 시작했다. (출처: 모니터링 더 퓨처와 CDC 청소년 위험 행동 설문 조사CDC Youth Risk Behavior Survey.)[17]

인지는 별로 중요하지 않았다. 웹 브라우저를 사용할 줄만 알면, 아이들도 웹의 모든 콘텐츠에 사실상 무제한 접근할 수 있었다. 그리고 2010년대 초에 십대가 기본 휴대폰에서 스마트폰으로 옮겨가자, 하루 종일 모든 것을 경험할 수 있게 되었다. 온라인 세계에서는 PG-13이나 R, X 같은 영화 등급에 해당하는 것이 존재하지 않았다. 인스타그램과 스냅챗, 틱톡 같은 소셜 미디어 플랫폼은 사용자의 나이를 13세 이상으로 제한하지 않는다.[18] 아이들은 비디오게임을 하고 낯선 어른과 메시지와 사진을 주고받는 등 원하는 것은 무엇이건 자유롭게 할 수 있다. 18세 이상이냐고 묻는 질문에 그렇다고 클릭만 하면 포르노 사이트도 얼마든지 방문할 수 있다. 포르노 사이트는 아이들이 첫 키스를 하기도 한참 전에 항문 섹스를 하는 법을 보여준다.

일단 온라인 세계에 들어오면, 더 많은 자율성이나 권리를 부여하는 나이 문턱이 전혀 없다. 인터넷에서는 구체적인 나이 구분이 없어 모두가 같은 나이로 간주된다. 이것은 스마트폰 기반 청소년기가 청소년의 필요와 매우 어울리지 않는 주요 이유이다.

요컨대 어른들은, 대개는 좋은 의도로 그러긴 하지만, Z 세대가 아동기의 의존성에서 어른의 독립성을 향해 나아가는 길에서 널리 공유되고 사회적으로 입증된 과정을 경험하지 못하도록 방해하는 일을 여러 가지 저지르고 있다. 1980년대와 1990년대에 우리는 위험한 놀이를 못 하게 하고 어른의 감독과 감시를 늘림으로써 그들의 성장을 방해했다. 대신에 어른의 세계로 가는 길을 표시하는 데 쓰이던 나이 제한을 철폐함으로써 인터넷에 무제한 접근을 허용했다. 몇 년 뒤에는 중학교를 다니던 그들의 더 어린 형제에게 스마트폰을 주었다. 새

　　　　　　　　　　　　　　　　　　　　　불안 세대

로운 세대가 사춘기 **이전에** 스마트폰(그리고 그 밖의 화면)에 빠지자, 그들의 눈과 귀로 흘러들어가는 정보의 홍수에 현실 세계 공동체에서 사춘기 **동안에** 멘토가 제공하던 안내가 끼어들 여지가 전혀 없어졌다. 클릭과 광고 수입을 최대화하기 위해 각각의 아이를 위해 맞춤 설정된 무한한 디지털 경험의 강만이 넘쳐흐를 뿐이었고, 아이는 자신의 방에서 혼자서 그것을 소비했다. '사회적 거리두기'를 시행하면서 온라인으로 모든 것을 해결하던 코로나19 팬데믹 기간에 상황은 더욱 악화되었다.

하지만 반드시 이래야만 하는 것은 아니다.

아동기와 성인기를 이어주는 사다리 만들기

땅이 넓고 세속적이고 인종과 종교와 정치 성향이 다양한 나라는 아파치족의 일출 춤 의식처럼 도덕적 지도가 넘치는 공통의 통과의례를 구성할 수 없다. 많은 차이에도 불구하고 모든 사람은 자녀가 자신의 일을 잘 처리하고 생계를 유지하고 안정적인 낭만적 유대를 형성하면서, 사회적으로 유능하고 정신적으로 건강한 어른으로 성장하길 바란다. 만약 이 점에 동의한다면, 그러한 길로 나아가는 일부 단계를 설계하는 규범에도 동의할 수 있지 않을까? 무엇보다도, 그것이 법이 아니라 부모가 자유의사에 따라 따르거나 무시할 수 있는 규범이 되어야 한다는 사실이 중요하다. 각 가족이 자체적으로 만드는 실행 방식보다 공통의 규범에 기반한 의식에 참여하고 이정표를 공유하는 것이 더 효율적일 수 있다.

맨 먼저, 대화를 시작하기 위해 6세부터 18세까지 **짝수 해 생일**에 초점을 맞추자고 제안한다. 이 생일들을 새로운 자유와 새로운 책임, 상당한 용돈 인상과 연결지음으로써 상당히 큰 효과를 거둘 수 있다. 우리는 아이들이 그저 게임과 케이크와 선물이 넘치는 연례 파티를 즐기는 대신에, 각각의 단에 해당 단계가 분명히 표시된 사다리를 오른다고 느끼길 원한다. 그것은 예컨대 다음과 같은 식으로 설계할 수 있다.

- 6세: **가족의 책임을 느끼는 나이.** 아이는 의존적인 존재가 아니라, 가정의 중요한 기여자로 공식적으로 인정받는다. 예를 들면, 아이가 해야 할 허드렛일 목록을 주고 그 성과에 따라 매주 소액의 용돈을 줄 수 있다.[19]

- 8세: **국지적 자유를 누리는 나이.** 어른의 감시 없이 친구들과 함께 놀고 시간을 많이 보낼 수 있는 자유를 누린다. 아이들은 서로를 돌볼 수 있다는 것을 보여주어야 하고, 잠깐 걷거나 자전거로 갈 수 있는 거리에 있는 가게에 심부름을 가기 시작한다. 어른의 휴대폰을 주어서는 안 되지만, 소수의 사람들(부모와 형제 같은)과 통화를 하거나 문자 메시지를 주고받을 수 있도록 어린이용으로 제작된 휴대폰이나 시계를 줄 수 있다.

- 10세: **주변을 돌아다닐 수 있는 나이.** 사춘기 직전 아동은 부모들

이 8~9세 무렵에 했던 것과 비슷하게 더 넓은 주변 지역을 돌아다닐 자유를 얻는다. 이 나이의 아동은 훌륭한 판단 능력을 보여주어야 하고, 가족을 돕는 일을 더 많이 해야 한다. 증가한 이동성과 책임에 맞춰 앱이 얼마 없고 인터넷 연결이 안 되는 플립폰 또는 그 밖의 기본 휴대폰을 생일 선물로 줄 수도 있다. 대부분의 오후 시간을 어른이 주도하는 '심화' 활동으로 보내서는 안된다. 친구들과 직접 접촉하며 시간을 보내는 게 필요하다.

· **12세: 도제 생활을 시작하는 나이.** 많은 사회에서 성인식을 치르는 나이인 12세가 되면 청소년은 부모 외에 어른 멘토와 롤 모델을 찾아야 한다. 청소년에게 이웃이나 친척을 위해 갈퀴로 낙엽을 긁어모으거나 갓난아기나 어린아이를 돌보는 등의 잡일을 하면서 스스로 돈을 벌도록 권장할 필요가 있다. 또 부모가 없는 상황에서 믿을 만한 친척과 더 많은 시간을 보내도록 권장한다.

· **14세: 고등학교 생활 시작.** 14세 생일 무렵에 고등학교 시절이 시작되는데, 이 시기는 학습 압력, 시간 압력, 사회적 압력과 함께 독립성이 증가하는 주요 전환기이다. 돈을 벌기 위한 노동과 스포츠 팀 가입 같은 활동은 힘든 노력이 즐거운 보상을 가져다준다는 교훈을 얻기에 좋은 방법이다. 고등학교 생활의 시작은 십대에게 스마트폰을 처음 허용하는 최소 나이에 관한 국가적 규범(법이 아니라)을 정할 때 합리적인 지표가 될 수 있다.[20]

- **16세: 인터넷 성인기의 시작.** 앞 단계 이후에 책임 능력과 성장을 충분히 보여주었다는 전제하에 16세는 독립성을 인정받을 수 있는 중요한 나이이다. 미국 의회는 1998년에 저지른 실수, 즉 13세가 넘으면 소셜 미디어 계정을 개설하고 부모의 인지나 동의 없이 자신의 데이터를 넘길 수 있는 계약에 서명할 수 있도록 한 실수를 바로잡아야 할 것이다. 나는 그 나이를 16세 이상으로 올려야 한다고 믿는다. 열여섯 번째 생일은 십대에게 "이제 너는 운전면허를 딸 수 있고, 부모의 동의를 요구하는 법적 제약 없이 특정 종류의 계약에 서명할 수 있어. 이제 소셜 미디어 계정도 개설할 수 있어."라고 말할 수 있는 주요 이정표가 되어야 한다.(18세까지 기다려야 한다는 상당히 설득력 있는 주장도 있지만, 나는 16세가 적절한 **최소** 법정 나이라고 생각한다.)

- **18세: 법적 성인기의 시작.** 18세 생일은 투표권과 군 복무 자격, 계약에 서명하고 자기 인생의 중요한 결정을 내리는 것을 포함해 많은 법적 권리를 얻기 때문에 아주 중요하다. 미국에서 이 생일은 고등학교를 졸업할 무렵이기 때문에, 판 헤네프의 용어를 빌리면 아동기에서 **분리**되는 시기이자 인생의 다음 단계로 **전이**가 일어나기 시작하는 시기이다.

- **21세: 완전한 법적 성인기.** 21세 생일을 맞이하면, 미국과 많은 나라에서 법적으로 완전한 권리를 누릴 수 있다. 이 나이가 되면 술과 담배를 마음대로 살 수 있다. 카지노에도 출입할 수 있고

불안 세대

인터넷 스포츠 도박도 할 수 있다. 법의 관점에서 볼 때 이제 완전한 어른이 된 것이다.

이상은 현대의 세속 사회에서 성인기를 향해 나아가는 경로로 내가 제안하는 그림이다. 당신이 처한 환경은 다를 수 있고, 당신의 아이는 다른 경로와 다른 속도로 나아갈 필요가 있을 수도 있다. 하지만 그런 차이 때문에 공통적인 이정표를 **모두** 무시하고, 공통의 표준이나 나이에 따른 자유와 책임의 증가 없이 아이를 방황하도록 방치해서는 안 된다. 아이는 혼자서 제대로 기능하는 어른으로 변하지 않는다. 아이들이 목적지에 제대로 도달하는 데 도움을 줄 수 있는 일부 단계들을 설계하도록 노력하자.

4장 요점 정리

- 사춘기 초기는 생후 처음 몇 년을 제외하고는 뇌가 가장 급속하게 재배선되는 시기이다. 청소년의 경험에 큰 영향을 받으면서 신경 가지치기와 말이집 형성이 아주 빠른 속도로 일어난다. 우리는 그러한 경험에 큰 관심을 가져야 하고, 낯선 사람이나 알고리듬에 그런 경험의 선택을 맡겨서는 안 된다.
- 안전 지상주의는 경험 차단제이다. 아이의 안전을 준신성한 가치로 여겨 어떤 위험에도 노출시키지 않으려고 하면 아이가 불안을 극복하거나 위험에 대처하거나 자신을 관리하지 못하게 되는데,

이 능력들은 건강하고 유능한 어른이 되는 데 필수적이다.

- 스마트폰은 두 번째 종류의 경험 차단제이다. 일단 스마트폰이 아동의 삶 속으로 침투하면 스마트폰에 기반을 두지 않은 모든 형태의 경험을 밀어내거나 감소시키는데, 이것들은 경험을 기대하는 뇌에 절실히 필요한 종류의 경험이다.

- 통과의례는 청소년이 성인기로 전이하는 과정을 돕기 위해 사회가 세심하게 설계한 경험이다. 판 헤네프는 이 의례들이 분리 단계, 전이 단계, 재통합 단계로 이루어져 있다고 지적했다.

- 서양 사회들이 많은 통과의례를 없애고, 1990년대에 시작된 디지털 세계가 결국 대부분의 이정표를 없앰으로써 성인기로 이행하는 경로를 모호하게 만들었다. 아이가 일단 온라인에서 많은 시간 또는 대부분의 시간을 보내기 시작하면, 발달하는 뇌에 입력되는 정보들은 나이 구분이나 나이 제한이 없는 무차별적 자극의 홍수가 되어 뇌를 압도한다.

- 땅이 넓고 다양하고 세속적인 사회(미국이나 영국처럼)는 여전히 자유와 책임의 단계별 증가를 표시하는 일련의 이정표에 동의할 수 있다.

이것이 2010년부터 2015년까지 일어난 아동기 대재편의 사전 준비 단계를 설명한 2부의 결론이다. 나는 사람의 아동기가 왜 그토록 독특한 특징을 지니며, 놀이 기반 아동기가 그런 특징과 왜 그토록 잘 조화되는지 설명했다. 스마트폰이 등장하기 이전부터 이미 놀이 기반 아동기가 퇴조하고 있었다는 증거도 보여주었다. 이제 3부로 넘

불안 세대

어갈 준비가 되었는데, 3부에서는 청소년이 기본 휴대폰에서 스마트폰으로 옮겨갔을 때(2000년대 후반에 시작되어 2010년대 초반에 가속된 현상) 어떤 일이 일어났는지 살펴볼 것이다. 그때 나타난 새로운 스마트폰 기반 아동기가 아동과 청소년에게 좋지 못한 결과를 가져왔다는 증거를 제시하고, 그 유해성이 정신 질환의 증가를 넘어 훨씬 광범위하게 뻗친다는 사실을 보여줄 것이다.

아동기 대재편

스마트폰 기반 아동기의 부상

네 가지 기본적인 해악:
사회적 박탈, 수면 박탈, 주의 분산, 중독

2016년의 어느 날 아침, 버몬트주로 가족 여행에 나섰을 때 여섯 살이던 딸은 내 아이패드로 비디오게임을 하고 있었다. 그러다가 딸이 외쳤다. "아빠, 나한테서 아이패드 좀 빼앗아 갈래요? 여기서 눈을 떼고 싶은데 그럴 수가 없어요." 딸은 게임 설계자가 설치한 **변동 비율 강화 계획**variable-ratio reinforcement schedule에 휘말렸는데, 이것은 뇌에 전극을 집어넣는 것 다음으로 가장 강력한 동물 행동 통제 방법이다.

1911년, 심리학의 기본적인 실험 중 하나에서 에드워드 손다이크Edward Thorndike는 굶주린 고양이들을 '퍼즐 상자'라는 작은 우리에 집어넣었다. 만약 고양이가 특정 행동을 하면, 예컨대 사슬에 연결된 고리를 끌어당기면, 걸쇠가 열리면서 우리에서 탈출해 먹이를 얻을 수 있었다. 고양이는 탈출하려고 애쓰면서 초조하게 발버둥을 쳤고, 그러다가 결국 우연히 해결책을 찾아냈다. 그런데 같은 고양이를 다시 같은 상자에 집어넣으면 어떤 일이 일어날까? 고양이는 곧장 고리를 향해 다가갈까? 그렇지 않았다. 고양이는 또다시 전과 마찬가지로 발버둥을 쳤다. 다만, 이번에는 저번보다 조금 더 빨리 해결책에 도달했고, 그 후에는 횟수를 거듭할수록 조금씩 더 빨라지다가, 결국에는 즉각 탈출에 성공하는 행동을 취하게 되었다. 이런 일은 항상 학습 곡선과 일치하는 방식으로 일어났다. 고양이가 '깨달음을 얻어' 탈출 시간이 갑자기 확 짧아지는 통찰력의 순간은 결코 없었다.

손다이크는 고양이의 학습을 다음과 같이 설명했다. "우연한 많은 자극 중에서 즐거움을 초래하는 한 가지 자극이 강화되고 각인된다." 그는 동물의 학습은 "합리적 의식의 결정으로 일어나는 것이 아니라, 뇌에서 어떤 경로를 부드럽게 닦는 것이다."라고 말했다.[1] 황홀경에 빠진 것처럼 터치스크린에서 어떤 움직임을 반복하는 사람(당신 자신을 포함해)을 볼 때마다 "뇌에서 어떤 경로를 부드럽게 닦는 것"이란 이 구절을 기억하라.

3부의 목표는 전 세계 각지의 광범위한 결과 스펙트럼으로부터 아동기 대재편이 초래한 해악의 증거를 검토하는 것이다. 플립폰(그리고 그 밖의 기본 휴대폰)에서 고속 인터넷과 소셜 미디어 앱을 갖춘 스마트폰으로 급속한 전환이 일어난 사건은 새로운 아동기를 만들어냈고, 그 결과로 Z 세대의 뇌에 새로운 경로가 많이 생겨났다. 이 장에서 나는 모든 연령의 남자아이와 여자아이에게 해를 입히는 새로운 스마트폰 기반 아동기의 네 가지 기본적인 해악을 설명할 것이다. 그것은 사회적 박탈, 수면 박탈, 주의 분산, 중독이다. 6장에서는 왜 소셜 미디어가 특히 여자아이에게 고질적인 사회 비교와 관계적 공격성을 포함해 큰 해를 입히는지 그 이유를 알아볼 것이다. 7장에서는 남자아이에게는 무슨 문제가 있는지 검토할 것이다. 남자아이는 정신 건강이 여자아이만큼 갑자기 나빠지진 않았지만, 그들이 현실 세계를 떠나 가상 세계에서 점점 더 많은 시간을 보내는 일이 수십 년 동안 계속돼왔다. 8장에서는 아동기 대재편이 전 세계의 종교적, 철학적 전통에서 축적된 지혜와는 정반대되는 습관을 조장한다는 것을 보여줄 것이다. 그리고 혼란스럽고 압도적인 이 시대를 살아가는 방법에 대해 옛날의 영적 수행이 큰 도움이 될 수 있다는 것을 보여줄 것이다. 하지만 그 전에 먼저 스마트폰 기반 아동기가 무엇이며, 그것이 어떻게 생겨났는지 설명할 필요가 있다.

스마트폰 기반 아동기의 출현

2007년 6월에 스티브 잡스Steve Jobs는 최초의 아이폰을 발표하면서, 그것을 "터치컨트롤을 갖춘 와이드스크린 아이팟으로, 혁명적인 이동 전화이자 혁신적인 인터넷 커뮤니케이션 기기"라고 표현했다.[2] 최초의 아이폰은 오늘날의 기준으로 보면 아주 단순했고, 그것이 정신 건강에 해롭다고 믿어야 할 이유가 전혀 없었다. 2008년에 아이폰을 구입한 나는 필요할 때마다 언제든지 불러낼 수 있는 도구로 가득 찬 그것이 경이로운 디지털 스위스 군용 칼 같다고 생각했다. 심지어 손전등을 겸할 수도 있었다! 그것은 중독성이 있거나 내 주의를 독점하도록 설계된 것이 아니었다.

얼마 지나지 않아 서드파티 앱third party app*을 모바일 기기에 다운로드할 수 있게 해주는 소프트웨어 개발 키트가 도입되면서 이 상황에 큰 변화가 일어났다. 이 혁명적인 변화는 2008년 7월에 애플이 우선 500개의 앱을 사용할 수 있는 앱 스토어를 출시하면서 절정에 이르렀다. 뒤를 이어 구글이 같은 해 10월에 안드로이드 마켓을 출시했는데, 이것은 2012년에 구글 플레이로 그 이름을 바꾸면서 대폭 확장했다. 2008년 9월에 애플 앱 스토어는 앱을 3000개 이상으로 늘렸고, 2013년에는 앱이 100만 개 이상으로 늘어났다.[3] 구글 플레이도 애플과 보조를 맞추며 성장해 2013년에 앱의 수가 100만 개에 이르렀다.[4]

스마트폰이 서드파티 앱에 문호를 개방하자, 크고 작은 회사들 사이에 가장 매력적인 모바일 앱을 만들기 위해 치열한 경쟁이 벌어졌다. 이 경쟁에서 승리는 공짜로 사용할 수 있는 광고 기반 비즈니스 모델을 채택한 회사가 차지하는 경우가 많았는데, 경쟁사가 공짜로 제공하는 앱을 굳이 2.99달러를 지불하고 사용하려는 소비자는 거의 없었기 때문이다. 광고 기반 앱의 확산은 스마트폰 사용에 쓰는 시간의 성격에 변화를 가져왔다. 2010년 초에 이르자 휴대폰은 어떤 도구가 필요할 때 꺼내 펼치는 스위스 군용 칼에서, 회사들이 누가 시선을 가장 오래 붙들 수 있는지를 놓고 경쟁하는 플랫폼으로 변신했다.[5]

의지력이 가장 약하고 조종에 가장 취약한 사람들은 당연히 아동과 청소년인데, 전두 피질이 아직 제대로 발달하지 않은 상태에 있기 때문이다. 아동은 텔레비전이 등장한 이후 화면에 강하게 끌렸지

---

* 기기 제조사가 만들어 기기에 기본 탑재되어 있는 것이 아닌 앱.

만, 학교에 가거나 밖에 놀러 갈 때 화면을 함께 가져갈 수 없었다. 아이폰이 등장하기 전에는 아이가 화면에 쓸 수 있는 시간에 한계가 있었고, 그래서 놀거나 직접 얼굴을 마주 보고 대화를 나눌 시간이 여전히 있었다. 하지만 십대와 사춘기 직전 아동이 기본 휴대폰에서 스마트폰으로 옮겨가던 바로 그 시기에 인스타그램 같은 스마트폰 기반 앱들이 폭발하자, 아동기의 성격에 질적인 변화가 일어났다. 2015년에는 미국의 십대 중 70% 이상이 터치스크린을 갖고 다녔고,[6] 이 화면들은 심지어 친구들과 함께 있을 때에도 그들의 주의를 빼앗는 데 강력한 효과를 발휘했다. 내가 스마트폰 기반 아동기의 시작을 2010년대 초반으로 잡는 이유는 이 때문이다.

머리말에서 말했듯이, 나는 '스마트폰 기반'이라는 용어를 모든 **인터넷 연결 기기**를 포함하는 넓은 의미로 사용한다. 2000년대 후반과 2010년대 초반에 이들 기기 중 다수, 특히 PS3과 Xbox 360 같은 비디오게임 콘솔 등은 인터넷에 접근할 수 있게 되면서 전에는 자체 울타리에 갇혀 있던 플랫폼에 광고와 새로운 상업적 인센티브를 제공했다. 고속 인터넷에 연결된 랩톱이 소셜 미디어 플랫폼과 인터넷 기반 컴퓨터게임, 사용자 제작 영상(유튜브와 많은 온라인 포르노 사이트를 포함해)을 제공하는 공짜 스트리밍 플랫폼에 접속하게 해주는 한, 그것들 역시 스마트폰 기반 아동기의 일부이다. 나는 여기서 '아동기'라는 용어도 아동과 청소년을 모두 포함하는 넓은 의미로 사용한다.

소셜 미디어와 그 변신

소셜 미디어는 시간이 지나면서 진화했지만,[7] 우리가 일반적으로 소셜 미디어의 분명한 예라고 생각하는 플랫폼들에는 공통되는 주요 특징이 적어도 네 가지 있다. 그 네 가지 특징은 **사용자 프로필**(사용자는 개인 정보와 관심사를 공유하는 개인 프로필을 만들 수 있다), **사용자 제작 콘텐츠**(사용자는 텍스트 게시물, 사진, 영상, 링크를 포함해 다양한 콘텐츠를 제작해 많은 시청자와 공유할 수 있다), **네트워킹**(사용자는 프로필을 팔로잉하거나 친구가 되거나 같은 그룹에 가입함으로써 다른 사용자들과 연결할 수 있다), **상호 작용성**(사용자들은 서로, 그리고 각자가 공유하는 콘텐츠와 상호 작용할 수 있다. 상호 작용에는 '좋아요' 누르기, 댓글 달기, 공유하기, DM 보내기 등이 포함된다)이다. 페이스북, 인스타그램, 트위터(현 X), 스냅챗, 틱톡, 레딧, 링크드인처럼 원조 격인 소셜 미디어 플랫폼은 이 네 가지 특징을 모두 갖고 있으며, 유튜브(비록 유튜브는 사회적 연결 특징보다는 전 세계의 영상 라이브러리로 더 널리 사용되긴 하지만)와 현재 인기 있는 비디오게임 스트리밍 플랫폼인 트위치도 마찬가지다. 온리팬스OnlyFans처럼, 오늘날의 성인 콘텐츠 사이트들도 이 특징들을 모두 갖고 있다. 반면에 왓츠앱과 페이스북 메신저 같은 메신저 앱은 네 가지 특징을 모두 갖고 있지는 않으며, 이것들은 분명히 사회적 연결 성격을 지니고 있긴 하지만 소셜 미디어로 간주되지 않는다.

2010년 무렵에 소셜 미디어의 성격에 획기적인 변화가 일어났는데, 이 때문에 소셜 미디어가 젊은이에게 더 해로운 것으로 변했다. 페이스북과 마이스페이스, 프렌드스터(모두 2002~2004년에 창립된)는 초창기에는 **소셜 네트워킹 시스템**social networking system이라고 불렸는데, 오랫동안 소식이 끊긴 고등학교 동창이나 특정 음악가의 팬과 같은 개인들을 연결하는 데 주로 쓰였기 때문이다. 하지만 2010년 무렵부터 일련의 혁신이 일어나면서 이 서비스들의 성격이 근본적으로 변하게 되었다.

무엇보다도 2009년에 페이스북이 '좋아요' 버튼을, 트위터가 '리트윗' 버튼을 도입한 것이 큰 계기가 되었다. 그러자 다른 플랫폼들도 이 혁신을 광범위하게 받아들였고, 그럼으로써 바이럴 콘텐츠 확산이 가능하게 되었다. 이 혁신은 모든 게시물의 성공을 계량화했고, 사용자에게 널리 확산되는 게시물을 제작하도록 인센티브를 제공했는데, 이는 가끔 더 극단적인 발언을 하거나 더 심한 분노와 혐오를 표현하도록 조장하는 결과를 낳았다.[8] 그와 동시에 페이스북은 알고리즘을 통해 큐레이션한 뉴스 피드를 사용하기 시작했고, 다른 플랫폼들도 이에 자극을 받아 사용자들을 가장 성공적으로 끌어당길 수 있도록 콘텐츠를 큐레이션하는 경쟁에 뛰어들었다. 푸시 알림은 2009년에 출시되었는데, 하루 종일 사용자들에게 알림 신호를 보내기 시작했다. 앱 스토어는 새로운 광고 기반 플랫폼들을 스마트폰에 제공했다. 전면 카메라 기능 도입(2010년)으로 자신의 사진과 영상을 찍기가 훨씬 편리해졌고, 고속 인터넷의 급속한 확산(2010년 1월에 전체 미국 가정 중 61%가 사용할 수 있게 되었다[9]) 덕분에 모든 사람이 모든 것을 빨리 소비하기가 훨씬 쉬워졌다.

(주로) 사람들을 연결하는 목적으로 설계되었던 소셜 '네트워킹' 시스템은 2010년대 초반에 이르자, (주로) 단지 친구뿐만 아니라 낯

선 사람으로부터도 타당화를 추구하는 일대다 공연 행위를 장려하는 방식으로 재설계된 소셜 미디어 '플랫폼'으로 변했다. 적극적으로 게시물을 올리지 않는 사용자들도 이 앱들이 설계한 인센티브 구조에 영향을 받았다.[10]

이러한 변화는 왜 아동기 대재편이 2010년 무렵에 시작되었고, 2015년 무렵에 대체로 완료되었는지 설명해준다. 집 안에 머무는 시간의 증가와 전국적인 과잉보호 광풍 때문에 고립된 아동과 청소년은 날로 늘어나는 인터넷 가능 기기에 눈길을 돌리기가 더 쉬워졌고, 이 기기들은 더 매력적이고 다양한 보상을 제공했다. 그러면서 놀이 기반 아동기가 끝나고 스마트폰 기반 아동기가 시작되었다.

스마트폰 기반 아동기의 기회비용

전자 제품 가게의 세일즈맨이 당신의 11세 딸에게 딱 어울리는 신제품이 나왔는데, 그것이 유해한 부작용이 전혀 없으면서 아주 재미있는(텔레비전보다 더) 것이지만 엔터테인먼트 가치 외에는 이득 되는 것이 거의 없다고 말했다고 하자. 이 제품은 당신에게 얼마나 가치가 있을까?

기회비용을 모르면 이 질문에 제대로 대답할 수 없다. 경제학자들은 기회비용을 어떤 것을 선택했을 때 다른 것을 포기함으로써 잃게 되는 잠재적 이득으로 정의한다. 당신이 사업을 시작했는데, 회사의 홍보에 도움을 얻기 위해 대학교에서 그래픽 디자인 강의를 수강하

불안 세대

는 데 2000달러를 지불하는 방안을 고려한다고 하자. 당신은 단지 더 매력적인 광고 전단지나 웹사이트로 2000달러를 회수할 가능성만 고려해서는 안 된다. 그 돈으로 할 수 있는 나머지 모든 일도 고려해야 한다. 게다가 아마도 더 중요하게는, 강의를 듣는 동안 쓰는 그 모든 **시간**을 사업에 투자해 할 수 있는 일들까지 고려해야 한다.

따라서 세일즈맨이 그 제품이 공짜라고 말하더라도, 당신은 기회비용을 따져보아야 한다. 평균적인 어린이가 그 제품에 사용하는 시간은 얼마나 될까? 당신 딸처럼 사춘기 직전의 아동은 일주일에 약 40시간을 쓴다고 세일즈맨은 말한다. 그리고 13~18세의 십대는 50시간이 넘는다고 한다. 그 말을 들은 당신은 가게에서 그냥 나오지 않을까?

이 수치, 즉 하루 6~8시간은 십대가 모든 화면 기반 레저 활동에 보내는 시간이다.[11] 물론 스마트폰과 인터넷이 일상생활의 일부로 자리잡기 전에 이미 어린이는 TV 시청과 비디오게임에 많은 시간을 쓰고 있었다. 미국 청소년을 장기간에 걸쳐 조사한 자료에 따르면, 1990년대 초반에 평균적인 십대가 텔레비전을 시청하는 시간은 세 시간이 조금 못 되었다.[12] 1990년대에 대다수 가정이 전화선과 모뎀을 통해 인터넷에 접속하고 2000년대에 고속 인터넷이 도입되자, 인터넷 기반 활동에 쓰는 시간이 늘어난 반면에 TV 시청 시간은 줄어들었다. 아이들도 비디오게임을 하는 시간이 늘어난 반면, 책과 잡지를 읽는 시간은 줄어들었다. 종합하면, 아동기 대재편과 스마트폰 기반 아동기의 도래는 스마트폰 시대 전의 삶과 비교해 아이의 하루에 **추가적인** 화면 기반 활동 시간을 평균 두세 시간 늘린 것으로 보인다. 이 수치는 사회 계층(고소득층보다 저소득층의 사용 시간이 더 많다)과 인종(백인과 아시아계보다는 흑인과 라틴계의 사용 시간이 더 많다[13]), 성 소수자 지위(LGBTQ 젊은이의 사용 시간이 더 많다. 더 자세한 것은 권말 주석을 참고하라[14])에 따라 약간 차이가 있다.

화면 시간을 측정하려는 연구자들의 노력에서 나온 결과는 필시 과소평가된 값일 가능성이 높다는 점을 지적하고 싶다. 퓨 연구 센터가 질문을 다른 방식으로 던졌을 때, 십대 중 약 3분의 1은 주요 소셜 미디어 사이트 중 하나에 '거의 항상' 접속한다고 대답했고,[15] 45%는 인터넷을 '거의 항상' 사용한다고 대답했다. 따라서 평균적인 십대가 레저를 위해 하루에 쓰는 화면 시간이 '단' 7시간이라고 보고했다 하더라도, 그들이 현실 세계에서 멀티태스킹을 하면서 소셜 미디어에 대해 적극적으로 **생각하는** 시간을 모두 포함한다면, 왜 십대 중약 절반이 거의 항상 온라인에 있다고 대답하는지 이해할 수 있다. 그렇다면 주변에서 무슨 일이 일어나든지 간에 거기에 완전히 관여하지 않는 시간이 하루에 약 16시간(일주일에는 112시간)이나 된다는 이야기가 된다. 이런 종류의 연속적인 사용(동시에 두세 개의 화면을 포함할 때도 많은)은 아이들이 호주머니 속에 터치스크린을 넣어 가지고 다니기 전에는 아예 불가능한 것이었다. 이것은 인지와 중독, "뇌에서 어떤 경로를 부드럽게 닦는 것"에 엄청난 영향을 미치는데, 사춘기의 민감한 시기에는 특히 그렇다.

헨리 데이비드 소로Henry David Thoreau는 단순한 삶을 성찰한『월든 Walden』에서 이렇게 썼다. "어떤 것의 비용은 …… 즉각적으로건 장기적으로건 그것과 교환하는 데 필요한 삶의 양이다."[16] 그렇다면 자신

불안 세대

의 기기와 상호 작용하느라 매일 6시간이나 8시간 혹은 16시간을 쓰기 시작한 아동과 청소년의 기회비용은 얼마일까? 그들은 그 대가로 건강한 인간의 발달을 위해 필요한 삶의 일부를 교환한 것이 아닐까?

해악 1: 사회적 박탈

아동은 서로 얼굴을 맞대고 함께 놀면서 사회적 발달을 촉진하는 데 많은 시간을 보낼 필요가 있다.[17] 하지만 2장에서 '거의 매일' 친구와 함께 어울린다는 12학년의 비율이 2009년 이후에 급감했다는 것을 보여주었다.

친구와 함께 지내는 시간이 어떻게 감소했는지 그림 5.1이 더 자세히 보여주는데, 이것은 모든 연령대의 미국인이 시간을 어떻게 보내는지 연구한 결과이다.[18] 이 그래프는 각 연령대의 사람들이 매일 친구들과 함께 보내는 평균적인 시간을 분 단위로 나타낸다. 당연히 가장 젊은 연령대(15~24세)가 나이가 더 많은 연령대(일자리와 가정이 있을 가능성이 더 높으므로)보다 친구와 보내는 시간이 더 많다. 2000년대 초반에는 그 차이가 아주 컸지만, 그 차이는 줄어들고 있었고 2013년 이후에는 그 추세가 가속되었다. 2020년 데이터는 코로나19 팬데믹 이후에 수집되었는데, 나이가 많은 두 집단의 곡선이 마지막 해에 아래로 급격히 꺾인 이유는 이 때문이다. 하지만 가장 젊은 연령대 집단은 2019년에 급격히 꺾인 부분이 나타나지 않았다. 코로나19 팬데믹 첫해에 접촉 제한으로 인한 감소폭은 그 이전부터 진행되던 감소

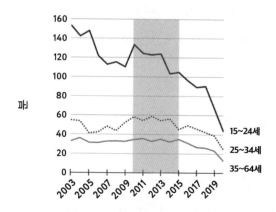

하루에 친구와 함께 보내는 연령대별 시간

분

15~24세
25~34세
35~64세

그림 5.1 친구와 함께 보내는 시간을 분 단위로 나타낸 그래프. 가장 젊은 연령대에서만 2020년(코로나19 팬데믹으로 인한 접촉 제한이 시작된 이후에 데이터를 수집한) 이전에 이미 급격한 감소가 일어났다. (출처: 미국인의 시간 사용 조사American Time Use Survey.)[19]

폭에 비해 크지 않았다. 2020년에 우리는 모든 사람에게 자신의 '거품' 바깥에 있는 사람과 접촉을 피하라고 말했지만, Z 세대는 스마트폰을 처음 소유하는 순간부터 사회적 거리두기를 하기 시작했다.

물론 그 당시 십대들은 친구를 잃고 있다는 사실을 미처 생각하지 못했을 수도 있다. 그들은 우정이 현실 세계에서 인스타그램과 스냅챗, 온라인 비디오게임으로 옮겨갈 뿐이라고 생각했다. 그것 역시 현실 세계의 우정만큼 좋은 것이 아닌가? 그렇지 않다. 진 트웽이가 보여주었듯이 소셜 미디어 사용에 더 많은 시간을 쓰는 십대는 우울증과 불안, 그 밖의 정신 질환을 앓을 가능성이 더 높은 반면, 젊은이 집단과 더 많은 시간을 보내는(예컨대 팀 스포츠를 하거나 종교 커뮤니티에 참여하는 활동을 하면서) 십대는 정신 건강 상태가 더 양호하다.[20]

불안 세대

이것은 일리가 있다. 아동은 대면 방식의 동기화되고 체화된 신체적 놀이가 필요하다. 가장 건강한 놀이는 가끔 신체적 위험 감수와 스릴이 넘치는 모험을 동반하는 실외 놀이이다. 페이스타임에서 가까운 친구들과 대화를 나누는 것도 시각적 채널을 추가한 구식 전화로 대화를 나누는 것과 마찬가지로 나쁘지 않다. 반면에 자기 방에 혼자 틀어박혀 다른 사람들의 콘텐츠를 끝없이 소비하거나, 계속 바뀌는 친구들이나 낯선 사람들과 끝없이 비디오게임을 하거나, 자신의 콘텐츠를 올리고서 다른 아이(혹은 낯선 사람)가 '좋아요'를 누르거나 댓글을 달길 기다리는 것은 아동에게 필요한 것과 매우 거리가 멀다. 따라서 이런 활동들은 새로운 형태의 건강한 청소년 상호 작용으로 간주할 수 없다. 이것들은 너무나도 많은 시간을 잡아먹는 대체 형태의 상호 작용으로, 십대가 서로와 함께 보내는 시간을 앗아간다.

친구와 함께 보내는 시간의 급감은 실제로는 아동기 대재편이 초래한 사회적 박탈의 심각성을 **과소평가하는** 것인데, 친구와 손닿는 거리에 있을 때조차 스마트폰 기반 아동기는 친구와 함께 지내는 시간의 질을 훼손하기 때문이다. 스마트폰은 우리의 주의를 너무나도 강력하게 사로잡아, 호주머니 속에서 0.1초만 진동을 해도 많은 사람은 혹시 중요한 정보라도 있을까 봐 대면 대화를 중단한다. 우리는 대개 상대방에게 대화를 잠시 중단하자고 이야기하지도 않는다. 그저 휴대폰을 꺼내 그것을 들여다보는 데 시간을 조금 할애하는데, 그러면 상대방은 '나는 최신 알림보다 덜 중요한 존재구나!'라는 합리적인 결론을 내린다. 대화 상대가 휴대폰을 꺼내거나[21] 단지 휴대폰(당신의 것이 아니더라도)이 보이기만 해도[22] 사회적 상호 작용의 친밀도가 떨어진다. 화면 기반 기술이 호주머니에서 나와 손목과 헤드셋과 고글로 옮겨감에 따라 타인에게 주의를 집중하는 능력은 더욱 나빠질 가능성이 높다.

나이에 상관없이 무시를 당하는 것은 고통스러운 경험이다. 당신이 자신이 어떤 사람이고 자신의 위치가 어디인지에 대한 감각을 발달시키려고 노력하는 십대라고 상상해보라. 그런데 만나는 사람마다 간접적으로 "너는 내 휴대폰에 있는 사람들만큼 중요하지 않아."라고 말한다면 어떨까? 이번에는 당신이 어린아이라고 상상해보라. 《하이라이츠Hightlights》 잡지가 2014년에 6~12세 아동을 대상으로 실시한 설문 조사에서는 62%가 부모와 대화를 하려고 시도했을 때 부모가 "흔히 딴 데 정신이 팔려" 있다고 대답했다.[23] 그 이유를 묻자 휴대폰이 가장 높은 비율을 차지했다. 부모도 자신이 자녀를 부당하게 대한다는 사실을 안다. 2020년에 퓨 연구 센터가 실시한 설문 조사에서는 68%의 부모가 자녀와 함께 시간을 보낼 때 가끔 혹은 자주 휴대폰에 정신이 팔린다고 대답했다. 나이가 더 젊고 대학교를 졸업한 부모들은 이 수치가 더 높았다.[24]

아동기 대재편은 Z 세대를 세상의 모든 사람과 연결하면서 주변 사람들과의 연결을 차단함으로써 그들의 사회생활을 황폐하게 만들었다. 한 캐나다 대학생은 내게 보낸 이메일에서 이렇게 썼다.

Z 세대는 매우 고립된 집단입니다. 우리는 대체로 소셜 미디어가 매개하고 지배하는 얕은 우정과 불필요한 연애 관계를 유지합니다……. 캠퍼스는 공동체 느낌이 거의 나지 않는데, 그 점은 어렵지

않게 볼 수 있습니다. 종종 강의실에 일찍 갈 때가 있는데, 강의실 안에는 30여 명의 학생이 앉아 있지만 누군가에게 말을 걸거나 누군가 말을 걸어오는 걸 두려워하면서 모두 자신의 스마트폰에 몰입한 채 완전한 침묵만 흐릅니다. 이것은 고립과 함께 자기 정체성과 자신감의 약화를 심화하는데, 제가 직접 그것을 경험해봐서 잘 압니다.[25]

해악 2: 수면 박탈

오래전부터 부모는 밤에 자녀를 일찍 재우려고 애썼지만, 스마트폰은 이 상황을 더 어렵게 만들었다. 사춘기 동안에 자연 수면 패턴이 변한다.[26] 십대는 잠자는 시간이 늦어지지만, 주중에는 등교 시간에 맞춰 일찍 일어나야 하기 때문에 늦잠을 잘 수가 없다. 그래서 대다수 십대는 뇌와 신체에 필요한 것보다 더 적은 잠을 잔다. 이것은 안타까운 현실인데, 학교와 인생에서 좋은 성과를 거두려면 잠이 아주 중요하기 때문이다. 뇌가 사춘기 전보다 훨씬 빠른 속도로 재배선되는 사춘기 동안에는 특히 그렇다. 잠이 모자란 십대는 잠을 충분히 잔 십대에 비해 집중력과 기억력이 떨어진다.[27] 그에 따라 학업 능력과 성적도 떨어진다.[28] 반응 시간과 의사 결정, 운동 능력도 지장을 받는데, 그 결과로 사고 위험이 높아진다.[29] 하루 종일 짜증과 불안 수준이 더 높아지고, 그래서 대인관계에도 문제가 생긴다. 만약 수면 박탈이 충분히 오래 지속되면, 다른 생리적 계들도 교란되어 체중 감소, 면역력 저하를 비롯해 여러 가지 건강 문제가 생긴다.[30]

십대는 어른보다 잠이 더 많이 필요하며, 십대 초반 아동은 밤에 최소한 9시간, 십대는 8시간을 자야 한다.[31] 2001년에 한 선구적인 수면 전문가는 "거의 모든 십대는 사춘기가 되면 잠을 너무 적게 자는 바람에 걸어다니는 좀비가 된다."라고 썼다.[32] 그가 이 글을 썼을 때, 그림 5.2가 보여주듯이 수면 박탈은 이미 10년 전부터 계속 심화돼왔다. 그러다가 2010년대 초반에는 그래프가 수평을 그리다가 2013년 이후에 다시 상승하기 시작했다.

이것은 그저 우연의 일치일까, 아니면 수면 문제 급증이 스마트폰 기반 아동기의 도래와 직접적 관계가 있다는 증거가 있을까? 증거는 차고 넘친다. 36건의 상관 연구를 검토한 연구에서 소셜 미디어 사용 증가와 수면 부족 사이에서 유의미한 상관관계가 발견되었으며, 소

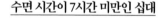

수면 시간이 7시간 미만인 십대

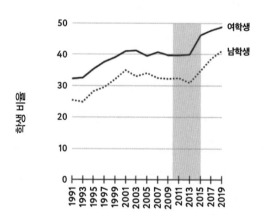

그림 5.2 대부분의 밤 동안 수면 시간이 7시간 미만인 미국 학생(8학년, 10학년, 12학년)의 비율. (출처: 모니터링 더 퓨처.)[33]

불안 세대

셜 미디어 사용 증가와 정신 건강 악화 사이에서도 유의미한 상관관계가 발견되었다.[34] 동일한 연구에서 한동안 소셜 미디어를 과도하게 사용하면 나중에 수면 문제와 정신 건강 악화가 예측된다는 사실도 발견되었다. 한 실험 연구에서는 2주 동안 등교하는 날에는 오후 9시 이후에 화면 기기의 사용을 제한한 청소년은 전체 수면 시간이 늘어나고 잠자리에 드는 시간도 빨라지며, 집중력과 빠른 반응이 필요한 과제에서 성적이 향상된다는 결과가 나왔다.[35] 다양한 화면 기반 기술(전자책 단말기, 비디오게임, 컴퓨터를 포함해)을 사용해 실시한 다른 실험들에서도 밤늦게까지 화면을 사용하면 수면에 악영향을 미친다는 결과가 나왔다.[36] 따라서 그 관계는 단순한 상관관계가 아니라 인과관계가 분명하다.

이 결과는 직관적으로도 타당해 보인다. 진 트웽이와 그 동료들이 영국의 대규모 데이터를 바탕으로 연구한 결과, "화면 미디어의 과도한 사용은 수면 시간 단축과 수면 잠복기 연장, 수면 도중에 깨는 빈도 증가와 상관관계"가 있다는 사실을 발견했다.[37] 수면 장애는 잠자리에서 소셜 미디어를 사용하거나 인터넷을 서핑하는 사람들에게서 가장 크게 나타났다.[38]

Z 세대의 수면을 방해하는 것은 스마트폰의 소셜 미디어뿐만이 아니다. 모바일게임과 비디오 스트리밍을 포함해 매우 자극적인 그밖의 스마트폰 활동에 접근이 용이해진 것도 수면 박탈을 악화시켰다.[39] 넷플릭스 CEO는 투자자들에게 수익 결산 보고를 하면서 넷플릭스의 경쟁자에 대한 질문을 받았을 때 이렇게 대답했다. "생각해보세요. 넷플릭스에서 어떤 프로그램을 보고서 그것에 중독되면, 밤늦

게까지 자지 않고 그것을 봅니다. 우리는 장외에서 잠과 경쟁하고 있어요."[40]

수면 박탈은 급격히 변화하는 청소년의 뇌에 어떤 영향을 미칠까? 2016년에 9세와 10세 아동 1만 1000명 이상의 뇌를 스캐닝한 뒤, 그들이 사춘기와 청소년기를 거치는 동안 계속 추적한 청소년 뇌 인지 발달 연구 결과가 그 답을 얻는 데 도움을 줄 수 있다. 이 대규모 협력 연구에서는 수백 편의 논문이 나왔는데, 여러 논문은 수면 박탈의 효과를 검토했다. 예를 들면, 2020년의 한 연구는 더 큰 수면 장애와 더 짧은 총 수면 시간은 높은 내면화 점수(우울증을 포함하는)뿐만 아니라 더 높은 외면화 점수(충돌 조절 문제와 관련이 있는 공격성과 그 밖의 반사회적 행동을 포함하는)와도 상관관계가 있다는 사실을 발견했다.[41] 또한 연구를 시작할 때의 수면 장애 정도는 "1년 뒤의 추적 조사에서 나타나는 우울증, 내면화 점수와 외면화 점수를 유의미하게 예측"한다는 사실도 발견했다. 다시 말해서, 수면이 부족하거나 수면 장애가 있으면, 우울증이나 행동 문제가 발생할 확률이 더 높다는 것이다. 이 효과는 여자아이에게서 더 크게 나타났다.

요컨대, 아동과 청소년이 건강한 뇌 발달과 다음 날의 좋은 집중력과 기분을 유지하려면 잠을 많이 잘 필요가 있다. 하지만 잠자리에서 화면을 허용하면, 많은 아이는 그것을 밤늦게까지 사용한다(이불 밑에서 사용할 수 있는 소형 화면이 있다면 더더욱). 화면으로 인한 수면 감소는 2010년대 초반에 많은 나라를 휩쓴 청소년 정신 질환 해일의 주요 원인일 가능성이 높다.

불안 세대

해악 3: 주의 분산

커트 보니것Kurt Vonnegut이 1961년에 쓴 단편 소설 「해리슨 버저론Harrison Bergeron」의 배경 무대는 초평등 사회인 미래의 미국이다. 수정 헌법으로 인해 어느 누구도 다른 사람보다 더 똑똑하거나 잘생기거나 신체적 능력이 탁월해서는 안 된다. 평등 유지 관리국 요원들이 능력과 결과의 평등을 실현하는 임무를 맡고 있다. IQ가 높은 사람에게는 20초마다 한 번씩 지속적인 사고를 방해하도록 설계되어 다양한 소음이 시끄럽게 울리는 이어폰을 착용하게 하는데, 그럼으로써 그 사람의 기능적 지능을 평균적인 시민 수준으로 끌어내린다.

몇 년 전에 내 학생들과 함께 그들의 휴대폰이 생산성에 미치는 영향에 관한 대화를 나눌 때 이 이야기가 떠올랐다. 젊은이들은 1990년대 후반부터 문자 메시지를 기본적인 의사소통 방식으로 사용해왔다. 그들은 벨 소리를 꺼놓는데, 그 결과로 하루 종일 전화기가 반복적으로 진동한다. 그룹 채팅에 참여할 때면 특히 그렇다. 그런데 상황은 내가 상상했던 것보다 훨씬 나빴다. 대다수 학생은 메신저 앱(왓츠앱 같은)을 포함한 수십 개의 앱과 정치와 스포츠, 유명인사의 연애 이야기 같은 '긴급 뉴스'를 전하는 다양한 뉴스 사이트로부터 알림 신호를 받는다. MBA 과정의 내 학생들(대부분 이십대 후반인)은 슬랙Slack처럼 일과 관련된 앱도 사용한다. 게다가 대다수 학생은 이메일 메시지가 도착할 때마다 진동하도록 휴대폰을 설정해두었다.

한 연구에 따르면, 주요 소셜 앱과 커뮤니케이션 앱에서 보낸 알림이 젊은이의 휴대폰에 뜨는 평균 횟수는 하루에 192개나 된다.[42] 따라서 밤에 겨우 7시간밖에 자지 않는 평균적인 십대는 깨어 있는 동안 한 시간에 약 11개의 알림 신호를 받는데, 이는 5분당 1개씩 받는 셈이다. 이것은 커뮤니케이션 앱만 놓고 따졌을 때의 이야기이다. 거기다가 푸시 알림 기능을 끄지 않은 나머지 앱 수십 개까지 감안하면, 시도 때도 없이 불쑥 끼어드는 불청객 알림의 수는 훨씬 많다. 그리고 이것은 어디까지나 **평균적인** 십대에 관한 이야기이다. 어떤 집단보다도 문자 메시지와 소셜 미디어 앱을 훨씬 자주 사용하는 십대 후반의 여자아이처럼 과도한 사용자의 경우, 약 1분마다 한 번씩 알림 신호에 방해를 받는다. 테크 산업, 그리고 한정된 자원인 청소년의 주의를 놓고 벌이는 그들의 탐욕스러운 경쟁 때문에, 오늘날 많은 Z세대 구성원은 커트 보니것의 디스토피아에서 살아간다.

1890년, 위대한 미국 심리학자 윌리엄 제임스William James는 주의attention를 "동시에 가능한 여러 대상이나 일련의 생각 중에서 하나를 마음이 분명하고 생생한 형태로 차지하는 것……. 이것은 어떤 것을 효과적으로 처리하기 위해 다른 것들을 포기한다는 뜻이다."라고 정의했다.[43] 주의는 매력적인 옆길들이 손짓하는데도 불구하고 우리가 한 가지 과제, 한 가지 생각, 한 가지 정신적 길에 집중하기 위해 내리는 선택이다. 그런 선택을 내리는 데 실패하고 자주 옆길로 새면, 우리는 "혼란스럽고 멍하고 산만한 상태"에 빠지게 되는데, 제임스는 그것을 주의의 정반대 상태라고 말했다.

인터넷이 등장하고 우리가 읽는 것 중 상당수가 온라인으로 옮겨가자, 한길을 고수하기가 더욱 어려워졌다. 모든 하이퍼링크는 우리에게 얼마 전에 내린 선택을 포기하라고 종용하는 옆길이다. 니컬러스 카Nicholas Carr는 2010년에 출간한 『생각하지 않는 사람들The Shallows: What the Internet Is Doing to Our Brains』에서 자신이 한길을 고수하는 능력을 잃었다고 한탄했다. 인터넷에서의 삶은 그의 뇌가 정보를 찾는 방식을 변화시켰는데, 오프라인에서 책을 읽으려고 할 때조차도 그랬다. 인터넷은 집중하고 성찰하는 능력을 감소시켰는데, 이제 그는 끊임없는 자극의 흐름을 갈망했기 때문이다. "한때 나는 단어들의 바다를 탐구하는 스쿠버 다이버였다. 하지만 이제 나는 제트스키를 탄 남자처럼 수면 위에서 질주한다."[44]

카의 책은 1990년대와 2000년대에 자신이 컴퓨터로 경험한 인터넷을 다룬 것이었다. 그는 자신의 책이 나오기 몇 년 전에 유행한 블랙베리와 아이폰도 가끔 언급한다. 하지만 윙윙거리는 스마트폰은 수동적인 하이퍼링크보다 훨씬 매혹적이어서 집중을 방해하는 데 훨씬 치명적이다. 모든 앱은 우리를 옆길로 새게 한다. 모든 알림은 라스베이거스 스타일로 우리에게 핸들을 돌리라고 외치는 신호이다. "여길 누르면 방금 누군가 당신에 대해 한 이야기를 들려줄게!"

어른도 하나의 정신적 길에 집중하기가 어려운데, 아직 전두 피질이 완전히 성숙하지 않아 옆길로 벗어나라는 유혹에 "안 돼!"라고 말할 수 있는 능력이 제한적인 청소년은 그러기가 훨씬 어렵다. 제임스는 아동을 다음과 같이 묘사했다. "아동과 젊은이의 주의는 즉각적으로 흥분을 불러일으키는 감각 자극에 대한 민감성이 특징이다……. 아동은 자신보다는 주목을 끄는 모든 대상에 더 많이 속해 있는 것처럼 보인다." 이렇게 한눈을 팔면서 옆길로 새는 경향을 극복하는 것이 "교사가 맨 먼저 극복해야 하는 장애물이다." 학교에서 보관함이

나 자물쇠가 있는 가방을 사용해 휴대폰 사용을 금지하는 것이 매우 중요한 이유는 이 때문이다.[45] "즉각적으로 흥분을 불러일으키는 감각 자극"으로 아이의 주의를 사로잡는 것이 앱 설계자의 목표이며, 그들은 이 일에 아주 능숙하다.

끝없는 방해의 흐름(끊임없는 주의 분산)은 청소년의 사고 능력을 갉아먹으면서 빠르게 재배열이 일어나는 뇌에 영구적인 자국을 남긴다. 휴대폰에 접근할 수 있는 학생은 수업 중에 그것을 사용하면서 교사에게 주의를 훨씬 덜 기울이는데, 이러한 사실은 많은 연구에서 확인되었다.[46] 사람들은 실제로는 멀티태스킹을 할 수 없다. 우리가 할 수 있는 최선은 과제들 사이를 왔다 갔다 하면서 주의를 옮기는 것인데, 그렇게 한 번씩 왔다 갔다 할 때마다 많은 주의를 낭비한다.[47]

그런데 학생은 휴대폰을 확인하지 않을 때에도, 단지 휴대폰이 존재한다는 사실만으로도 사고 능력에 손상을 입는다. 한 연구에서는 대학생들을 실험실로 부른 뒤 무작위로 ① 실험실에 들어오기 전에 가방과 휴대폰을 별도의 보관실에 두고 온 집단, ② 휴대폰을 호주머니나 가방에 넣고 온 집단, ③ 휴대폰을 자기 옆 책상 위에 올려놓은 집단으로 나누었다. 그리고 나서 문자열을 기억하는 동시에 수학 문제를 푸는 것처럼 유동성 지능과 작업 기억 능력을 평가하는 과제를 내주었다. 결과는 휴대폰을 다른 곳에 놓고 온 집단의 성적이 가장 높았고, 휴대폰을 눈에 보이는 곳에 둔 집단의 성적이 가장 낮았으며, 호주머니나 가방에 휴대폰을 넣어둔 집단의 성적은 그 중간이었다. 과도한 사용자에게서는 이 효과가 더 크게 나타났다. 이 논문의 제목은 「뇌 고갈: 스마트폰의 존재만으로도 가용 인지 능력이 감소한다Brain Drain: The Mere Presence of One's Own Smartphone Reduces Available Cognitive Capacity」였다.[48]

청소년이 발달 과정에서 아주 민감한 시기에 스마트폰에 계속 접근하면, 집중력 성숙 과정이 방해를 받을 수 있다. 주의력 결핍 과잉 행동 장애ADHD, attention deficit hyperactivity disorder가 있는 청소년 중에 스마트폰과 비디오게임의 과도한 사용자가 많다는 사실이 연구를 통해 드러났는데, ADHD가 있는 사람은 비디오게임이 제공하는 화면과 증대된 집중력의 자극을 추구할 가능성이 더 높다는 게 일반적인 가정이다. 그런데 인과관계는 반대 방향으로도 성립할까? 스마트폰 기반 아동기가 기존의 ADHD 증상을 악화시킬 수 있을까?

실제로 그런 것으로 보인다.[49] 네덜란드의 한 종단 연구에서는 어느 시점에서 좀 더 문제가 있는(중독성이 있는) 소셜 미디어를 더 많이 사용한 젊은이들이 다음번 조사 때 ADHD 증상이 더 심해졌다는 결과를 얻었다.[50] 또 다른 네덜란드 연구자들은 비슷한 설계를 사용해 연구를 진행하여, 과도한 미디어 멀티태스킹이 나중에 주의 문제를 초래한다고 시사하는 증거를 발견했지만, 이 인과관계는 어린 청소년(11~13세) 사이에서만 발견되었고, 여자아이들 사이에서 특히 강하게 나타났다.[51]

뇌는 아동기 내내 발달하며 사춘기 때 가속적 변화가 일어난다. 중학교와 고등학교로 진학하면서 청소년이 발달시켜야 할 것으로 기대되는 주요 기술 한 가지는 '집행 기능executive function'인데, 이것은 계획을 세우고 실행하기 위해 필요한 일들을 하는 능력을 가리킨다. 집행 기능 기술은 발달 속도가 느리다. 이 기능은 주로 전두 피질에서 주관하는데, 전두 피질은 사춘기 동안에 재편이 맨 마지막에 일어나는 부분이기 때문이다. 집행 기능에 필수적인 기술에는 자기 통제와 집중력, 옆길로 새고 싶은 충동을 억누르는 능력이 포함된다. 스마트폰 기반 아동기는 집행 기능의 발달을 방해할 가능성이 높다.[52] 휴대폰을 적당히 사용하는 것이 주의에 해롭다고 말할 수는 없지만 과도한 사용자 중에서는 일관되게 최악의 결과가 나타나는데, 그런 사용자들이 어느 정도 중독된 경우가 많다는 데 일부 이유가 있다.

해악 4: 중독

내 딸이 자력으로 아이패드에서 눈을 떼기가 불가능하다는 것을 발견했을 때, 그 뇌 속에서는 정확하게 무슨 일이 일어나고 있었을까? 손다이크는 신경 전달 물질을 전혀 몰랐지만, 뇌에서 새 경로들을 만들어내는 데 작은 즐거움의 반복이 큰 역할을 한다고 정확하게 추측했다. 오늘날 우리는 어떤 행동이 좋은 결과(음식물을 얻거나 통증을 줄이거나 어떤 목표를 달성하는 것과 같은)를 낳으면, 학습에 관련된 특정 뇌 회로가 약간의 도파민dopamine(주로 즐거움과 통증 느낌에 중심적 역할을 하는 신경 전달 물질)을 분비하게 한다는 사실을 알고 있다. 도파민이 분비되면 기분이 좋아진다. 우리는 그것을 의식 속에 기록해둔다. 하지만 우리를 만족시키고 갈망을 줄이는 것은 수동적 보상이 아니다. 오히려 도파민 회로는 "그것 참 기분 좋은데? 그걸 더 많이 원해!"와 같은 반응을 유발하는 것처럼 욕망과 밀접한 관련이 있다. 포테이

불안 세대

토칩을 먹으면 도파민이 약간 분비되는데, 그러면 우리는 첫 번째 포테이토칩을 원했던 것보다 훨씬 더 강렬하게 두 번째 포테이토칩을 원하게 된다.

슬롯머신도 마찬가지다. 한번 이기면 기분이 매우 좋지만, 그렇다고 해서 도박 중독자가 그것에 만족해 딴 돈을 챙겨 집으로 돌아가진 않는다. 오히려 그 즐거운 느낌은 도박을 계속하게 만드는 자극이 된다. 비디오게임과 소셜 미디어, 쇼핑 사이트, 그 밖의 앱도 마찬가지인데, 이 때문에 이것들은 사람들에게 처음에 생각했던 것보다 훨씬 많은 시간과 돈을 쓰게 만든다. 소셜 미디어나 비디오게임 행동 중독의 신경학적 기반이 코카인이나 아편 유사제의 화학적 중독과 똑같은 것은 아니다.[53] 그럼에도 불구하고 둘 다 도파민과 갈망, 강박 행동, 그리고 내 딸이 표현한 느낌(자신의 의지로 행동을 취하기가 불가능한 느낌)을 공유한다. 이런 일은 설계 때문에 일어난다. 이 앱들을 만든 사람들은 심리학자의 연장통에 있는 모든 기술을 다 사용해 슬롯머신이 도박사를 사로잡듯이 사용자들을 사로잡는다.[54]

분명히 인스타그램을 사용하거나 포트나이트 게임을 하는 청소년 중 대다수는 중독되지 않았지만, 그럼에도 불구하고 그들의 욕망은 해킹되고 행동은 조종된다. 물론 광고주들은 오래전부터 바로 이것을 노려왔지만, 터치스크린과 인터넷 연결은 행동주의 심리학자의 기술 사용에 광대한 새 가능성을 열었는데, 이 기술들은 아주 빠른 행동과 보상 사이클 또는 고리가 있을 때 가장 효과가 크다. 스탠퍼드대학교의 B. J. 포그B. J. Fogg 교수는 이 가능성을 탐구한 연구자로 2002년에 『설득 기술: 컴퓨터를 사용해 우리의 생각과 행동을 변화시키는 방법Persuasive Technology: Using Computers to Change What We think and Do』이란 책을 출간했다. 포그는 또한 '설득 기술'이라는 과목을 강의했는데, 여기서 그는 학생들에게 행동주의 심리학자의 기술을 사용해 동물을 훈련시키고, 그것을 인간에게 적용하는 방법을 가르쳤다. 그의 학생 중에는 소셜 미디어 회사를 설립하거나 그런 회사에서 일한 사람이 많은데, 인스타그램의 공동 창립자인 마이크 크리거Mike Krieger도 그중 한 명이다. 습관을 형성하는 제품이 어떻게 청소년의 마음을 사로잡을까? 집에서 책상 앞에 앉아 다음 날 과학 시간에 치를 시험에 대비해 광합성을 이해하려고 애쓰는 열두 살 여자아이의 사례를 살펴보자. 인스타그램은 어떻게 이 아이를 유혹해 한 시간 동안 공부에서 눈길을 돌리게 할 수 있을까? 앱 설계자는 그림 5.3이 보여주듯이 자기 영속적 고리를 만들어내는 4단계 과정을 자주 사용한다.

훅 모형은 설계자가 사용자에게 강한 습관을 형성하길 원할 때 만들어야 하는 고리를 보여준다. 이 고리는 사용자의 게시물에 누가 댓글을 달았다는 알림 같은 외부 방아쇠로 시작한다. 이것이 1단계인데, 사용자에게 지금 가고 있는 길에서 벗어나도록 유혹하는 출구 차선이다. 이것은 사용자의 휴대폰에 나타나 자동적으로 이전에 보상을 받은 적이 있는 행동을 취하고 싶은 욕구를 촉발하는데, 그 행동은 알림 메시지를 터치해 인스타그램 앱을 작동시키는 것이다(2단계). 그 행동은 즐거운 사건으로 이어지지만 가끔만 그럴 뿐인데, 이것이 3단계인 가변적 보상이다. 어쩌면 사용자는 칭찬이나 우정의 표현을 발견할 수도 있지만, 발견하지 못할 수도 있다.

방아쇠 | 행동

외부
내부

투자 | 가변적 보상

그림 5.3 혹 모형Hooked model. 니르 이얄Nir Eyal이 2014년에 출간한『혹: 일상을 사로잡는 제품의 비밀Hooked: How to Build Habit-Forming Products』에서 인용했다. 이얄은 이 책의 '조종의 도덕'이라는 절에서 이 모형을 악용할 경우의 윤리적 함의에 대해 경고했다.[55]

행동주의 심리학의 주요 발견 중 하나는, 동물이 내가 원하는 대로 행동할 때마다 매번 보상을 주지 않는 편이 좋다는 사실이다. 동물에게 **변동 비율 계획**variable-ratio schedule에 따라 보상을 준다면(평균적으로 열 번 중 한 번이지만 때로는 그보다 적게, 때로는 그보다 많게 주는 식으로), 가장 강하고 가장 지속적인 행동을 만들어낼 수 있다. 우리 안의 막대를 눌러 먹이를 얻는 법을 배운 쥐를 그 우리에 집어넣으면, 쥐는 보상을 기대하면서 도파민 수치가 급등한다. 쥐는 달려가 막대를 누르기 시작한다. 처음 몇 번의 시도에서 아무런 보상을 받지 못한다고 해서 쥐의 열정이 사그라드는 것은 아니다. 오히려 쥐는 막대를 계속 누름에 따라 보상을 기대하면서 도파민 수치가 더 **올라가는데**, 보상은 언제건 나올 것이 확실하기 때문이다. 마침내 보상이 나오면 쥐는 기분이 고조되지만 상승한 도파민 수치 때문에 다음번 보상을 기대하면서 계속해서 막대를 누른다. 먹이가 정확하게 언제 나올지는 몰라도 나올 게 확실하므로 그저 계속 그렇게 한다. 이와 마찬가지로 정보가 끝없이 계속 공급되는 앱에는 출구가 없다. 즉, 멈춤 표지판이 없다.

앞의 이 세 단계는 고전적인 행동주의 모형이다. 이것들은 1940년 대에 B. F. 스키너B. F. Skinner가 가르친 조작적 조건 형성operant conditioning을 실행한다. 혹 모형이 사람을 위해 추가한(쥐에게는 적용할 수 없었던) 네 번째 단계는 바로 투자이다. 사람에게는 자신의 일부를 앱 속에 집어넣어 그 앱을 자신에게 더 중요한 것으로 만드는 방법을 제시할 수 있다. 열두 살 여자아이는 이미 자신의 프로필을 작성하고 자신의 많은 사진을 게시했으며, 친구들뿐만 아니라 수백 명의 인스타그램 사용자와 연결을 맺었다.(옆방에서 시험공부를 하고 있는 남동생은 디지털 배지를 모으고, '스킨'을 구매하고, 포트나이트와 콜 오브 듀티Call of Duty 같은 비디오게임에 그 밖의 투자를 하느라 수백 시간을 보냈다.)

투자를 하고 난 시점에서 다음번 행동을 촉발하는 방아쇠는 **내부** 방아쇠가 될 수 있다. 여자아이는 더 이상 인스타그램으로 유혹하는 푸시 알림이 필요 없다. 교과서에서 어려운 구절을 다시 읽을 때마다 마음속에 '20분 전에 내가 올린 사진에 누가 "좋아요"를 눌렀을까?'와 같은 생각이 떠오른다. 의식 속에 매력적인 옆길이 떠오른다(1단계). 유혹을 뿌리치려고 애쓰면서 공부를 계속하려고 하지만 보상 가능성

불안 세대

에 대한 생각만으로도 도파민 분비가 촉발되고, 그러면 당장 인스타그램으로 달려가고 싶은 충동이 치솟는다. 이제 강한 갈망을 느낀다. 여자아이는 인스타그램을 방문해(2단계) 자신의 게시물에 '좋아요'를 누르거나 댓글을 단 사람이 아무도 없다는 사실을 발견한다. 실망을 느끼지만 도파민에 젖은 뇌는 여전히 보상을 갈망한다. 그래서 자신의 다른 게시물이나 메시지 또는 자신이 누군가에게 중요하다는 것을 보여주거나 손쉽게 즐거움을 제공하는 것이라면 무엇이건 훑어보기 시작하고, 그런 것을 발견한다(3단계). 자신의 게시물들을 배회하면서 도중에 친구들에게 댓글을 남기기도 한다. 그러다 보면 최근 게시물에 '좋아요'를 눌러 답하는 친구가 나타난다. 한 시간 뒤에 광합성 공부로 돌아오지만, 에너지는 고갈되었고 집중력은 현저히 떨어졌다.

사용자 자신의 감정이 가변적인 보상이 따르는 행동을 촉발하기에 충분하면, 사용자는 그것에 '사로잡힌' 것이다. 우리는 페이스북 파일(내부 고발자 프랜시스 하우건Frances Haugen이 2021년에 폭로한 내부 문서와 프레젠테이션 스크린샷 자료) 덕분에 페이스북이 의도적으로 행동주의 기법을 사용해 십대를 사로잡는다는 사실을 안다. 한 섬뜩한 회의에서는 페이스북 직원 세 명이 "정체성의 힘: 십대와 영 어덜트가 인스타그램을 선택하는 이유"라는 제목의 프레젠테이션을 한다. 공식적으로 천명한 목표는 "젊은 사용자를 끌어들이기 위한 페이스북의 제품 전략 지원"이다. "십대의 기본"이라는 제목이 붙은 절에서는 신경과학을 깊이 파고들면서 사춘기 동안 뇌가 점진적으로 성숙하는 과정을 보여주는데, 전두 피질은 20세를 넘을 때까지 완전한 성숙 단계에 이르지 않는다는 점도 짚는다. 나중에 한 사진은 뇌의 MRI 영상을 보여주는데, 여기에는 다음과 같은 설명이 붙어 있다.

> 십대의 뇌는 대개 80% 정도 성숙한 상태에 있다. 나머지 20%는 전두 피질에 미완의 상태로 남아 있다……. 이 시기에 십대는 감정과 기억, 학습, 보상 체계에 중요한 역할을 하는 측두엽(관자엽)에 크게 의존한다.

이어지는 슬라이드 쇼는 페이스북의 설계자들이 사용자에게 만들려고 애쓰는 고리를 보여주면서, 취약한 지점들을 지적한다(그림 5.4 참고).

프레젠테이션에 나온 그 밖의 많은 슬라이드는 그 중심에 있는 젊은 여성을 과다 사용과 중독으로부터 보호하려고 애쓰지 않는다는 것을 시사한다. 그들의 목표는 다른 페이스북 직원들에게 그 여성을 보상과 새로운 것과 감정으로 더 오래 '사로잡는' 방법을 조언하는 것이었다. 조언 중에는 십대가 복수의 계정을 개설하는 절차를 더 간편하게 하고 "연관된 관심 콘텐츠로 연결되는 더 강력한 경로들을" 설치하는 것도 포함돼 있었다.

스탠퍼드대학교의 중독 연구자 애나 렘키Anna Lembke는 『도파민 네이션Dopamine Nation』이란 책에서 다양한 약물 중독과 행동 중독(도박, 쇼핑, 섹스 중독 같은)으로 고통받는 환자들에게 중독이 어떻게 일어나는지 설명한다. 2010년대에 렘키는 십대 디지털 중독 환자들을 치료하

불안 세대

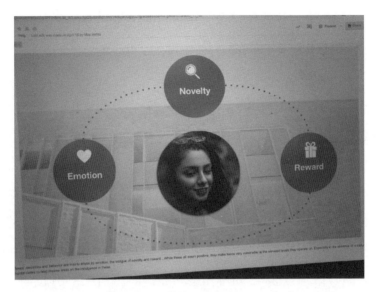

그림 5.4 프랜시스 하우건이 폭로한 페이스북 내부 프레젠테이션 스크린샷. 설명에는 다음과 같이 쓰여 있다. "십대의 결정과 행동을 주로 좌우하는 것은 감정과 새것에 대한 호기심과 보상이다. 이것들은 모두 긍정적인 것으로 보이지만, 이것들이 작동하는 감정이 고조된 상태에서는 십대가 매우 취약해진다. 특히 이것들에 탐닉하는 것을 제약하는 데 도움을 줄 수 있는 성숙한 전두 피질이 없는 상태에서는 더욱 그렇다." (출처: 페이스북 파일The Facebook Files, section 42/15, p. 53.)[56]

는 일이 점점 많아졌다. 헤로인이나 코카인에 중독된 사람과 마찬가지로 디지털 활동에 중독된 이들은, 자신이 선호하는 활동을 하지 않을 때에는 "더 이상 어떤 것도 즐거워하지 않았다." 그 이유는 뇌가 항상성을 유지하기 위해 다양한 방식으로 자신을 변화시킴으로써 장기간 도파민 수치가 높은 상태에 적응하기 때문이다. 가장 중요한 적응은 도파민 전달을 '하향 조절'하는 것이다. 그래서 사용자는 즐거움을 되찾으려면 약물의 용량을 늘려야 한다.

불행하게도, 중독된 사람의 뇌가 약물의 효과를 중화시킴으로써 적응할 때 사용자가 약물을 섭취하지 **않으면**, 뇌는 결핍 상태에 빠진다. 도파민 분비가 즐거움을 가져다준다면, 도파민 결핍은 불쾌한 느낌을 초래한다. 정상 생활은 따분한 것으로 변하며, 약물이 없으면 심지어 고통스러운 것이 된다. 약물 말고는 이제 그 어떤 것도 즐겁지 않다. 중독된 사람은 금단 상태에 빠지는데, 그것은 뇌가 기본값 상태로 되돌아가기까지 약물 없이 충분히 오랫동안(대개 몇 주일) 버틸 수 있을 때에만 사라진다.

렘키는 "중독성 물질로 인한 보편적인 금단 증상은 불안과 과민성, 불면증, 불쾌감이다."라고 말한다.[57] 불쾌감은 행복감의 반대이다. 이것은 불편감이나 불안감을 일반화한 느낌이다. 평소에 소셜 미디어나 비디오게임을 과도하게 사용하다가 비자발적으로 휴대폰과 게임 콘솔로부터 차단되었을 때 많은 십대가 느낀다고 이야기하는(그리고 부모와 의사가 관찰하는) 상태가 바로 이것이다. 슬픔과 불안, 과민성 증상은 인터넷 게임 장애 진단을 받은 사람들에게 나타나는 금단 증상 목록에 포함돼 있다.[58]

렘키의 보편적인 금단 증상 목록은 중독이 어떻게 나머지 기본적인 해악 세 가지를 증폭하는지 보여준다. 지극히 당연한 일이지만, 화면 기반 활동에 중독된 사람은 잠이 드는 데 더 큰 어려움을 겪는다. 잠과 벌이는 직접적 경쟁이 첫 번째 원인이고, 바로 눈앞에서 망막으로 전달되는 다량의 블루라이트가 두 번째 원인이다. 블루라이트는 뇌에 "지금은 아침이야! 멜라토닌 생산을 멈춰!"라고 말한다.[59] 또한 대다수 사람은 밤중에 여러 번 잠이 깼다가 금방 다시 잠이 들지만, 중독된 사람은 종종 휴대폰으로 손을 뻗어 스크롤을 하기 시작한다.

렘키는 "스마트폰은 인터넷에 연결된 세대에게 디지털 도파민을 하루 24시간씩 일주일 내내 공급하는 현대판 피하 주사기이다."라고 썼다.[60] 이 은유는 놀이 기반 아동기에서 스마트폰 기반 아동기로의 전환이 왜 그토록 파괴적인지, 그리고 이 위기가 2010년대 초반에 왜 그토록 갑자기 나타났는지 설명하는 데 도움을 준다. 1990년대와 2000년대 초반에 밀레니얼 세대 청소년은 집에 있는 컴퓨터로 온갖 종류의 중독 활동에 접근했고, 그중 일부는 중독되었다. 하지만 그들은 다니는 모든 곳에 컴퓨터를 갖고 갈 수는 없었다. 그런데 아동기 대재편 이후에 다음 세대의 청소년은 그럴 수 있었고, 그렇게 했다.

스마트폰으로의 전환이 미치는 광범위한 영향을 보려면, 수면 박탈 상태로 불안하고 과민한 학생이 학교에서 친구들과 상호 작용하는 장면을 상상해보라. 상호 작용이 제대로 일어날 리가 없는데, 학교 당국이 학생이 학교에서 지내는 동안 휴대폰을 계속 사용하도록 허용한다면 특히 그렇다. 학생은 점심시간과 쉬는 시간 중 상당 부분을 건강한 사회성 발달에 필요한 대면 상호 작용 대신에 소셜 미디어에서 최신 소식을 훑어보는 데 쓸 테고, 그럼으로써 사회적 고립감이 더욱 심화될 것이다.

이번에는 수면 박탈 상태로 불안하고 과민하고 사회적으로 고립된 학생이 책상 위에 놓인 휴대폰에서 옆길들이 손짓을 하는 가운데 숙제에 집중하려고 노력하는 장면을 상상해보라. 학생의 손상된 집행 기능은 한 번에 1~2분 이상 과제에 집중하는 일도 힘겨워할 것이다. 학생의 의식은 윌리엄 제임스가 주의의 정반대 상태라고 말한 "혼란스럽고 멍하고 산만한 상태"에 빠진다.

2010년대 초반에 아동과 청소년에게 스마트폰을 주었을 때 우리는 테크 회사들에 변동 비율 강화 계획을 하루 종일 실행할 능력을 넘겨주고 말았고, 그 결과로 뇌에서 재배선이 일어나는 가장 민감한 시기에 그들이 아동과 청소년을 쥐처럼 훈련시키도록 방치했다. 이 회사들은 중독성이 강한 앱들을 개발했고, 이 앱들은 우리 아이들의 뇌에 매우 깊은 경로들을 새겼다.[61]

소셜 미디어가 청소년에게 이득이 된다는 주장에 관하여

2023년, 미국 의무총감 비벡 머시Vivek Murthy는 소셜 미디어 사용이 젊은이의 정신 건강에 미치는 효과를 언급한 권고를 발표했다.[62] 이 권고는 소셜 미디어가 "아동과 청소년의 정신 건강과 안녕에 해를 끼칠 위험이 아주 크다."라고 경고했다. 25쪽짜리 그 보고서는 소셜 미디어 사용의 잠재적 비용과 이득을 요약 정리했다. 이득에 관해 그는 이렇게 말했다.

> 소셜 미디어는 긍정적인 공동체와 함께 정체성과 능력과 관심사를 공유하는 사람들과의 연결을 제공함으로써 일부 젊은이에게 이득을 줄 수 있다. 소셜 미디어는 중요한 정보에 접근할 수단을 제공하고, 자기표현을 위한 공간을 만들 수 있다. 온라인에서 우정을 형성하고 유지하며 사회적 연결을 발달시키는 능력은 젊은이에게 소셜 미디어 사용이 가져다줄 수 있는 긍정적 효과 중 일부이다. 이러한 관계들은 오프라인에서 만날 수 있는 것보다 더 다양한 또래 집단과 궁

정적 상호 작용을 할 기회와 함께 젊은이에게 중요한 사회적 지원을 제공할 수 있다. 온라인에서 또래가 제공하는 사회적 지원의 스트레스 완충 효과는 인종, 민족, 성, 젠더 측면의 소수 집단을 포함해 사회에서 자주 소외받는 젊은이에게 특히 중요할 수 있다.

이러한 이득은 모두 그럴싸해 보이며, 실제로 의무총감은 많은 십대가 소셜 미디어에서 이러한 이득을 얻는다고 답한 설문 조사를 바탕으로 이렇게 이야기했다. 예를 들면, 2023년에 퓨 연구 센터의 한 보고서는 십대 중 58%가 소셜 미디어가 인정을 받는 느낌에 도움을 주고, 71%는 소셜 미디어를 창의적인 배출구로 여기며, 80%는 친구들의 삶에 더 밀접하게 다가가는 느낌을 받는다고 답했다고 보고했다.[63] 같은 해에 커먼센스 미디어가 발표한 보고서에 따르면, 여자아이 중 73%는 매일 틱톡에서 즐거움을 얻는다고 보고했고, 34%는 그 플랫폼에 접근하지 못하면 자신의 삶이 더 나빠질 것이라고 대답했다. 또한 63%는 매일 인스타그램에서 즐거움을 얻는다고 보고했으며, 21%는 그 플랫폼에 접근하지 못하면 자신의 삶이 더 나빠질 것이라고 대답했다.[64]

이전 세대들에게 텔레비전이 그랬던 것처럼 이 디지털 플랫폼들이 십대에게 즐거움과 엔터테인먼트를 제공한다는 것은 틀림없는 사실이다. 또한 성 소수자 젊은이와 자폐증 환자처럼 특정 집단에 몇 가지 독특한 이득을 제공하기도 한다(일부 가상 커뮤니티는 현실 세계에서 사회적 배제의 고통을 완화하는 데 도움을 줄 수 있으므로).[65]

하지만 상관관계 연구와 종단 연구, 실험 연구 등에서 광범위한 해악의 증거가 발견된 것과는 달리, 소셜 미디어의 장기간 사용 또는 과도한 사용이 청소년의 정신 건강에 **이득**을 준다는 증거는 거의 없다.[66] 젊은이들이 인스타그램을 적극적으로 수용한 2013년에 전 세계 각지에서 정신 건강 향상과 행복의 물결은 전혀 감지되지 않았다. 소셜 미디어가 친구들과의 연결을 제공한다고 말한 십대들의 이야기는 분명히 사실이지만, 외로움과 고립이 증가했다는 그들의 보고에서 보았듯이 그 연결은 그것이 밀어낸 연결만큼 좋은 것으로 보이지 않는다.

소셜 미디어가 청소년에게 이득이 된다는 주장을 의심하는 두 번째 이유는, 이 주장이 소셜 미디어를 더 광범위한 인터넷과 혼동하는 경우가 많기 때문이다. 코로나19 봉쇄 기간에 "소셜 미디어가 있어서 참 다행이야! 그게 아니었더라면 젊은 사람들이 서로 어떻게 연결할 수 있었겠어?"라는 말을 자주 들었다. 그 말을 들으면 나는 이렇게 응수한다. "아동과 청소년이 연결하는 방법이 전화나 문자 메시지, 스카이프, 줌, 페이스타임, 이메일을 사용하거나 혹은 서로의 집을 찾아가 대화를 나누거나 밖에서 노는 것밖에 없던 세상을 상상해보세요. 그리고 정보를 찾는 방법이 구글이나 빙, 위키피디아, 유튜브[67]를 활용하는 것밖에 없고, 블로그와 뉴스 사이트, 많은 비영리 단체의 웹사이트를 포함해 인터넷의 나머지 부분들이 각자 자신의 특정 관심사에만 몰두하던 세상을 상상해보세요."[68]

세 번째 이유는 소셜 미디어에서 가장 많은 이득을 얻는다고 널리 이야기되는 인구 집단은 이 플랫폼들에서 나쁜 경험을 겪을 가능성이 가장 높은 집단이기도 하다는 데 있다. 커먼센스 미디어가 2023년에 실시한 설문 조사에서, LGBTQ 청소년은 자신이 사용하는 플랫폼들이 없다면 자신의 삶이 더 나아질 것이라고 믿는 경향이 비LGBTQ 또래보다 더 높은 것으로 드러났다.[69] 같은 보고서는 LGBTQ 여자아이는 비LGBTQ 여자아이보다 자살과 섭식 장애와 관련이 있는 해로운 콘텐츠에 접할 가능성이 두 배 이상 많다고 보고했다. 인종 측면을 살펴보자면, 퓨 연구 센터가 2022년에 내놓은 보고서에서 인종이나 민족성 때문에 자신이 온라인에서 학대의 표적이 된다고 생각한다고 답한 비율은 흑인 십대가 히스패닉계나 백인 십대보다 약 두 배 높은 것으로 드러났다.[70] 그리고 저소득 가구(연소득 3만 달러 이하)의 십대는 고소득 가구(연소득 7만 5000달러 이상)의 십대보다 온라인에서 신체적 위협을 받았다고 보고하는 비율이 약 두 배나 높았다(16% 대 8%).

네 번째 이유는 이득에 관한 이 논의들은 아동의 나이를 고려하는 경우가 드물다는 데 있다. 모든 이득은 십대 후반의 경우에는 그럴 수도 있을 것처럼 들린다. 하지만 12세 아이가 자신의 친구들을 직접 만나는 대신에 낯선 사람들과 '연결'하기 위해 인스타그램이나 틱톡을 사용할 필요가 과연 있을까? 나는 소셜 미디어 플랫폼에서 계정을 개설할 수 있는 최소 연령이 13세로 정해져 있으면서도 왜 그것이 강제로 집행되지 않는지 그 이유를 모르겠다.

우리는 디지털 풍경에 대해 더 세밀하고 다양한 차이를 포함한 정신적 지도를 개발할 필요가 있다. 소셜 미디어는 인터넷과 동의어가 아니고 스마트폰은 데스크톱 컴퓨터나 랩톱과 동일하지 않으며, 팩맨PacMan은 월드 오브 워크래프트World of Warcraft가 아니고 2006년 버전 페이스북은 2024년 버전 틱톡이 아니다. 이것들은 거의 다 십대 후반보다는 십대 초반에게 더 해롭다. 11세 아동은 인터넷에 접근하지 못하게 해야 한다고 주장하는 것이 아니다. 내 주장의 요지는 스마트폰 기반 아동기가 놀이 기반 아동기를 대체한 아동기 대재편이 청소년 정신 질환이라는 국제적 유행병의 주요 원인이라는 것이다. 우리는 어떤 아동이 어떤 제품에, 어떤 나이에, 어떤 기기로 접근하는지 주의를 기울일 필요가 있다. 나이에 상관없이 어디서나 모든 것에 무제한 접근을 허용하는 것은, 설령 일부 이득이 있다 하더라도 아동에게는 큰 재앙이다.

5장 요점 정리

이 장에서 나는 스마트폰 기반 아동기의 기본적인 해악 네 가지를 소개했다. 이것들은 2010년대 초반의 급격한 기술 변화가 아동기에 가져온 큰 변화이다. 이것들은 모두 여러 가지 사회적, 정서적, 인지적 능력의 발달에 영향을 미치기 때문에 기본적인 해악이다.

- 청소년이 휴대폰에 쓰는 시간은 아이폰이 발명되기 전에 그들이 쓴 많은 화면 시간과 비교하더라도 엄청나게 많다. 사용 시간을 조사한 연구들에서는 평균적인 십대가 화면 기반 레저 활동에 쓰는 시간이 하루에 7시간 이상(학교 수업과 숙제에 쓰는 시간은 제외하고)으로 나왔다.

불안 세대

- 스마트폰 기반 아동기의 기회비용은 아동이 하루 종일 무제한으로 인터넷에 접근할 때 그 때문에 하지 못하는 모든 것을 가리킨다.

- 첫 번째 기본적인 해악은 사회적 박탈이다. 미국 청소년이 스마트폰으로 옮겨갔을 때 즉각 친구와 대면 활동을 하는 시간이 급감했는데, 2012년에 하루에 122분이던 것이 2019년에는 67분으로 줄어들었다. 코로나19로 인한 제약 때문에 친구와 함께 보내는 시간은 더 줄어들었지만, Z 세대는 코로나19로 인한 제약이 시행되기 전부터 이미 사회적 거리 두기를 하고 있었다.

- 두 번째 기본적인 해악은 수면 박탈이다. 청소년이 기본 휴대폰에서 스마트폰으로 옮겨가자마자 전 세계의 선진국 청소년들 사이에서 수면의 양과 질이 모두 떨어졌다. 종단 연구 결과들은 스마트폰 사용이 먼저 일어나고, 그 뒤를 이어 수면 박탈이 일어났다는 것을 보여준다.

- 수면 박탈은 연구가 아주 잘돼 있는데, 그 영향은 매우 광범위하다. 그 결과에는 우울증, 불안, 과민성, 인지 결손, 학습 능력 저하, 성적 하락, 사고 증가, 사고로 인한 사망 증가 등이 포함된다.

- 세 번째 기본적인 해악은 주의 분산이다. 주의는 많은 옆길이 유혹의 손짓을 보내는데도 한 가지 정신적 길을 고수하는 능력이다. 한길을 고수하고 한 과제에 집중하는 능력은 성숙의 특징이자 훌륭한 집행 기능을 나타내는 징후이다. 하지만 스마트폰은 주의를 빼앗는 데 치명적인 위력을 발휘한다(슈퍼맨에게 크립토나이트 kryptonite가 그렇듯이). 많은 청소년은 하루에 수백 건의 알림 신호를

받는데, 이것은 방해를 받지 않고 생각을 계속할 수 있는 시간이 5~10분을 넘기 힘들다는 뜻이다.

- 소셜 미디어와 비디오게임의 잘못된 사용에서 비롯된 청소년기 초기의 주의 분산이 집행 기능의 발달을 방해한다는 증거가 있다.

- 네 번째 기본적인 해악은 중독이다. 행동주의 심리학자들은 학습이 동물의 경우 "뇌에서 어떤 경로를 부드럽게 닦는 것"이란 사실을 발견했다. 가장 성공적인 소셜 미디어 앱을 개발한 사람들은 아동을 '사로잡아' 자기 제품의 과도한 사용자로 만들기 위해 고도의 행동주의 심리학 기술을 사용했다.

- 도파민 분비는 즐거운 느낌을 주지만 만족감을 촉발하지는 않는다. 오히려 도파민 분비를 촉발하기 위해 했던 것을 더 많이 하게 만든다. 중독 연구자인 애나 렘키는 보편적인 금단 증상은 "불안과 과민성, 불면증, 불쾌감"이라고 말한다. 렘키와 여러 연구자는 많은 청소년이 슬롯머신 도박에 중독되는 사람들과 매우 비슷한 방식으로 행동 중독에 빠졌으며, 그 결과로 그들의 안녕과 사회성 발달, 가족이 심각한 해를 입었다는 사실을 발견했다.

- 이 네 가지 기본적인 해악을 종합하면, 아동기가 스마트폰 기반 아동기로 변하자마자 왜 그토록 갑자기 아이들의 정신 건강이 크게 나빠졌는지 설명할 수 있다.

불안 세대

6장

왜 소셜 미디어는 남자아이보다
여자아이에게 더 해로운가

알렉시스 스펜스Alexis Spence는 2002년에 뉴욕주 롱아일랜드에서 태어났다. 알렉시스는 10세가 된 2012년 크리스마스에 아이패드를 처음 받았다. 처음에는 그것을 웹킨즈Webkinz(아이들이 가상 버전의 봉제 동물 인형들과 함께 놀 수 있는 온라인 게임)를 하는 데 사용했다. 그런데 5학년이던 2013년에 일부 아이들이 왜 그런 유치한 게임을 하고 노느냐고 놀리면서 인스타그램 계정을 개설하라고 권했다.

부모는 기술 사용에 매우 세심한 주의를 기울였다. 침실에서는 화면 사용을 엄격하게 금지했다. 알렉시스는 남동생과 함께 거실의 공용 컴퓨터를 사용해야 했다. 부모는 어떤 앱들이 깔려 있는지 보기 위해 알렉시스의 아이패드를 자주 조사했다. 그들은 인스타그램은 안 된다고 말했다.

하지만 많은 어린이 사용자처럼 알렉시스는 그러한 규율을 우회하는 방법을 찾아냈다. 알렉시스는 11세인데도 13세라고 말함으로써 인스타그램 계정을 스스로 개설했다. 그 앱을 다운로드받아 잠깐 사용하다가 부모가 보지 못하도록 삭제하곤 했다. 어린 사용자들로부터 화면에서 그 앱을 계산기 아이콘 밑에 숨기는 법을 배운 뒤로는 굳이 삭제할 필요도 없어졌다. 결국 부모가 딸이 계정을 갖고 있다는 사실을 알아채고 감시를 하면서 제약을 가하자, 알렉시스는 부모 몰래 게시물을 올릴 수 있는 두 번째 계정을 만들었다.

처음에 알렉시스는 인스타그램을 하면서 기분이 한껏 들떴다. 2013년 11월에 일기에 이렇게 썼다. "인스타그램 팔로워가 127명을 돌파했다. 좋아! 팔로워가 10명일 때 행복과 흥분을 느꼈다고 한다면, 이것은 실로 **경이롭다!!!**" 하지만 그다음 몇 개월이 지나는 동안 알렉시스의 정신 건강은 나빠졌고, 우울증 증세가 나타나기 시작했다. 인스타그램에 계정을 처음 만든 지 5개월이 지났을 때에는 그림 6.1과 같은 그림을 그렸다.

계정을 개설한 지 6개월이 지나자, 인스타그램의 알고리듬이 알렉시스를 위해 골라주는 콘텐츠는 처음 관심사였던 피트니스에서 모델들의 사진으로, 그다음에는 다이어트 조언으로, 그다음에는 프로아나 pro-ana*로 변했다. 8학년 때 알렉시스는 거식증과 우울증 치료를 위해 병원에 입원했다. 그리고 나머지 십대 시절을 섭식 장애와 우울증과 싸우며 보냈다.

알렉시스는 이제 21세가 되었다. 자신의 삶에 대한 통제를 되찾고 응급 구조사로 일하고 있지만, 여전히 섭식 장애로 애를 먹고 있

---

* pro-anorexa의 준말로, 마른 몸을 추구하며 거식증 치료를 거부하는 사람들을 가리킨다.

다. 위험한 제품을 자신들의 승인 없이 딸에게 제공했다는 이유로 알 렉시스의 부모가 메타를 상대로 제기한 소송 기사를 읽고 나서, 나는 알렉시스와 그 어머니와 대화를 나누었다. 알렉시스가 병원을 드나 든 이야기와 부모가 소셜 미디어로부터 딸을 떼어놓으려고 애쓴 이 야기를 포함해 알렉시스의 어두운 시절에 관해 더 자세한 이야기를 들었다. 알렉시스는 소셜 미디어에서 떨어져 지내는 동안 한번은 분 노를 참지 못해 주먹으로 쳐 벽에 구멍을 냈다. 하지만 소셜 미디어

그림 6.1 알렉시스 스펜스가 12세 때인 2015년 4월에 그린 그림. 랩톱 위의 단어들은 '쓸모없 는worthless,' '죽어die,' '못생긴ugly,' '멍청한stupid,' '자살해kill yourself'이고, 휴대폰에 쓴 단어 들은 '멍청한stupid,' '못생긴ugly,' '뚱뚱한fat'이다. 이 그림은 스펜스 대 메타Spence v. Meta 소 송 사건의 법정 기록에서 복사한 것이다.[1]

와 차단된 상태로 오랫동안 병원에 머문 뒤에 알렉시스는 옛날의 사랑스러운 자신으로 되돌아갔다고 어머니는 말했다. "딸은 완전히 다른 사람이 되었어요. 친절하고 예의가 발랐지요. 마침 그날은 어머니날이었는데, 딸은 내게 가장 아름다운 어머니날 카드를 만들어주었어요. 우리는 딸을 되찾았지요."

왜 소셜 미디어는 그토록 마법 같은 힘으로 여자아이들을 끌어당길까? 정확하게 어떤 방식으로 그들을 빨아들여 우울증과 불안 장애, 섭식 장애, 자살 충동 등을 유발하는 해를 가할까?[2]

앞에서 보았듯이, 2010년대 초반에 우리가 기본 휴대폰에서 스마트폰으로 넘어가면서 디지털 활동의 종류와 강도가 크게 증가했고, 그와 함께 네 가지 기본적인 해악(사회적 박탈, 수면 박탈, 주의 분산, 중독)도 크게 증가했다. 2013년 무렵에 미국과 그 밖의 영어권 국가들에서 정신과 병동들이 불균형적으로 여자아이들로 꽉 차기 시작했다.[3] 이 장에서는 왜 소셜 미디어가 남자아이보다 여자아이에게 더 큰 해를 끼쳤는지 그 이유들을 살펴볼 것이다. 남자아이에게 미친 영향을 살펴보는 다음 장에서는 남자아이와 여자아이가 기술을 사용하는 데 어떤 차이가 있는지 이야기하고, 남자아이들의 안녕에 미친 타격은 정신 질환 발생률(분명히 증가한)에서는 덜 나타나는 반면, 성공 감소와 현실 세계 이탈 증가에서 더 강하게 나타난다는 점을 보여줄 것이다. 두 장에서 나는 미국과 영국의 데이터에 초점을 맞출 텐데, 그것은 단순히 두 나라의 데이터가 풍부하기 때문이다.[4]

소셜 미디어가 여자아이에게 해롭다는 증거

소셜 미디어 플랫폼은 앞 장에서 정의한 것처럼 사용자 제작 콘텐츠를 광범위하고 비동기화된 방식으로 공유하는 기능을 한다. 인스타그램처럼 가장 원형적인 플랫폼에서 사용자들은 콘텐츠(대개 자신에 관한 것)를 게시하고는 타인의 판단과 댓글을 기다린다. 이렇게 콘텐츠를 게시하고 기다리는 것은 사회 비교와 함께 남자아이와 젊은 남성보다 여자아이와 젊은 여성에게 더 크고 해로운 영향을 미치는데, 이 차이는 많은 상관 연구에서 일관되게 나타난다. 이 연구들은 대개 십대에게 기술 사용 방식과 정신 건강에 대해 묻고, 특정 기술을 더 많이 사용하는 사람의 정신 건강이 더 나빠지는지 살펴본다.

여기서 일부 연구에서는 해롭다는 증거를 찾지 못했다는 점을 언급해야 할 것 같다. 한 유명한 연구는 디지털 미디어 사용과 해로운 심리적 결과 사이의 연관관계는 '감자를 먹는 것'과 그러한 해로움 사이의 연관관계와 비슷할 정도로 0에 아주 가깝다고 보고했다.[5] 하지만 진 트웽이와 내가 동일한 데이터 세트를 재분석하면서 **소셜 미디어**(TV 시청과 컴퓨터 소유를 포함한 더 광범위한 디지털 기술 사용과 반대되는 개념으로)와 **여자아이**(모든 십대를 뭉뚱그려 살펴보는 대신에)의 나쁜 정신 건강 사이의 연관관계에 초점을 맞추자, 훨씬 더 큰 상관관계가 나타났다.[6] 이제는 감자를 먹는 것 대신에 폭음을 하거나 마리화나를 피우는 것에 비교하는 것이 더 적절해 보였다. 분명하고 일관되고 상당히 큰 상관관계[7]가 과도한 소셜 미디어 사용과 여자아이의 정신 질환[8] 사이에 나타나지만, 그러한 관계는 모든 십대의 모든 디지털 활동을 살펴보는 연구와 문헌 리뷰에서 묻히거나 축소된다.[9] 피해의 증거가 약하다고 보고하는 저널리스트들은 대개 이런 연구들을 언급한다.[10]

그림 6.2는 상당히 큰 상관관계를 보여주는데, 이 그래프는 영국에서 2000년경에 태어난 아동 약 1만 9000명을 청소년기가 지날 때까지 추적 조사한 밀레니엄 코호트 연구Millennium Cohort Study 데이터를 보고한 것이다. 이 그래프는 우울증 환자로 간주할 수 있는(각자가 13개 항목으로 된 우울증 척도에 응답한 결과를 바탕으로) 영국 십대의 비율을, 평일에 소셜 미디어에 쓴다고 보고한 시간에 대한 함수로 보여준다. 남자아이의 경우, 본인이 과도한 사용자라고 말하지 않는 한 소

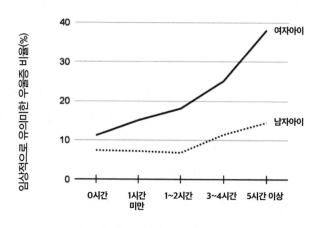

영국에서 소셜 미디어 사용 수준과 비교한 우울증 발생 비율

그림 6.2 우울증을 앓는 영국 십대의 비율을 소셜 미디어에 쓰는 시간(평일 하루당)에 대한 함수로 나타낸 그래프. 소셜 미디어를 과도하게 사용하는 십대는 적게 사용하거나 전혀 사용하지 않는 십대에 비해 우울증 비율이 더 높은데, 여자아이의 경우 이 추세가 특히 두드러지게 나타난다. (출처: 밀레니엄 코호트 연구.)[11]

불안 세대

셜 미디어에 쓴 시간만으로는 유의미한 정보를 얻을 수가 없다. 남자아이는 하루에 두 시간 이상을 쓸 때에만 곡선이 상승하기 시작한다.

여자아이의 경우, 더 크고 더 일관된 상관관계가 나타난다. 소셜 미디어에 쓰는 시간이 많을수록 우울증에 걸릴 확률이 높아진다. 평일에 소셜 미디어에 5시간 이상 쓴다고 답하는 여자아이는 소셜 미디어에 시간을 전혀 쓰지 않는다고 답하는 여자아이보다 우울증에 걸릴 확률이 **세 배나** 높다.

소셜 미디어는 원인일까 아니면 그저 상관관계에 불과할까?

상관 연구는 항상 다양한 해석의 여지가 있다. 소셜 미디어 사용이 우울증을 일으키는 게 아니라 우울증이 소셜 미디어를 사용하게 만드는 '역상관관계'도 존재할 수 있다.[12] 유전학이나 지나치게 관대한 양육, 외로움처럼 소셜 미디어 사용과 우울증 둘 다 초래할 수 있는 세 번째 변수도 존재할 수 있다. 한 사건이 다른 사건의 **원인**이라는 관계를 확립하기 위해 과학자들이 사용하는 주요 도구는 일부 사람들은 진짜 치료를 받는 집단(실험군)으로, 다른 사람들은 대조군으로 무작위로 배정해 실시하는 실험이다. 여기서 후자는 플라세보를 투여받거나(의학 연구의 경우) 평소처럼 행동하며 살아간다(많은 사회 과학 실험의 경우). 이와 같은 실험을 가끔 무작위 대조 시험randomized controlled trial이라고 부른다. 일부 소셜 미디어 실험에서는 영 어덜트에게 며칠 혹은 몇 주 동안 소셜 미디어 접근을 줄이거나 아예 차단하는 치료법을 사용한다. 다른 실험에서는 영 어덜트(대개 대학생)를 실험실로 데려가 소셜 미디어 사용의 일부 측면(사진들을 죽 훑어보는 것과 같은)을 본뜬 상황에 처하게 한 뒤, 그러한 치료법이 심리적 변인에 어떤 영향을 미치는지 조사한다.

예를 들면, 한 연구에서는 대학생들을 소셜 미디어 플랫폼 사용을 크게 제한하는 실험군(혹은 전혀 제한하지 않은 대조군)에 무작위로 배정한 뒤, 3주 뒤에 우울증 증상을 측정했다. 연구자들은 "사용을 제한한 실험군은 대조군에 비해 3주 동안 외로움과 우울증이 유의미하게 감소했다."라고 보고했다.[13] 또 다른 연구에서는 십대 여자아이들을 무작위로 두 집단으로 나누어 인스타그램에서 가져온 셀피를 보여주었는데, 한 집단에는 원래 상태 그대로의 사진을 보여주고 다른 집단에는 연구자들이 더 매력적으로 보이도록 수정한 사진을 보여주었다. "그 결과는 수정된 인스타그램 사진이 신체상을 직접적으로 낮추는 효과를 초래한다는 것을 보여주었다."[14] 진 트웽이와 잭 라우시와 내가 수집한 수십 건의 실험[15]은 전체적으로 볼 때, 상관 연구에서 발견된 패턴을 확인하고 확장시킨다. 그 패턴은 바로 소셜 미디어 사용은 불안과 우울증, 그리고 그 밖의 질환과 단순히 **상관관계**만 있는 것이 아니라 그 **원인**이라는 것이다.

소셜 미디어는 개인뿐만 아니라 집단에도 영향을 미칠까?

이 모든 실험에는 큰 제약이 한 가지 있다. 이 실험들은 소셜 미디어가 **고립된 개인**에게 미치는 효과를 조사하는데, 이것은 마치 설탕 섭취가 건강에 미치는 효과를 조사하는 것과 비슷하다. 100명의 십대를 무작위로 배정한 뒤 석 달 동안 설탕 섭취를 줄이게 하고, 이들에게서 대조군에 비해 건강 개선 효과가 나타나는지 보는 식이다. 하지만 소셜 미디어는 설탕과 같은 것이 아니다. 소셜 미디어는 단순히 그것을 소비한 사람에게만 영향을 미치지 않는다. 2010년대 초반에 학생들의 호주머니에 든 스마트폰을 통해 소셜 미디어가 학교로 전파되었을 때, 그것은 즉각 모든 사람의 문화를 변화시켰다.(통신망은 성장하면서 빠르게 훨씬 강력해진다.[16]) 학생들은 수업이 없는 시간이나 쉬는 시간, 점심시간에 서로 대화를 덜 나누었는데, 휴대폰을 확인하는 데 그 시간을 쓰기 시작한 것이 그 원인이었으며, 하루 종일 마이크로드라마microdrama에 빠지는 경우도 많았다.[17] 이것은 학생들이 눈을 덜 마주치고, 함께 웃는 일이 줄어들고, 대화 연습이 사라졌다는 걸 뜻한다. 따라서 소셜 미디어는 거기서 벗어나 있던 학생들의 사회생활에도 해를 끼쳤다.

집단에 미치는 이 효과는 개인에 미치는 효과보다 훨씬 클 수 있고, 개인에게 미치는 실제 효과의 크기를 가릴 가능성이 있다.[18] 만약 일부 청소년을 한 달 동안 소셜 미디어를 중단하는 집단에 배정하고 나머지 친구들에게는 모두 소셜 미디어를 여전히 사용하게 한다면, 소셜 미디어를 중단한 청소년은 한 달 동안 사회적으로 더 고립될 것이다. 그럼에도 불구하고 여러 연구에서는 소셜 미디어를 끊으면 정신 건강이 개선되는 결과가 나왔다. 그러니 중학교 20곳의 학생 **모두**를 소셜 미디어를 1년 동안 중단하는 실험군에, 혹은 (더 현실적으로) 매일 아침 휴대폰을 보관함에 집어넣는 실험군에 배정하고, 다른 중학교 20곳을 대조군으로 삼아 실험을 한다면 그 효과가 얼마나 클지 상상해보라. 집단 수준의 효과를 살펴보려면 우리에게는 바로 이런 종류의 실험이 절실히 필요하다.

규모는 작지만 중요한 종류의 실험이 있는데, '어떤 공동체가 소셜 미디어를 갑자기 더 많이 사용한다면 **전체** 공동체가 어떻게 변할까?'라는 질문을 던짐으로써 집단 수준의 효과를 **측정**하는 것이다.[19] 예를 들면, 한 연구는 페이스북이 원래 소수의 대학교 학생들만 사용하던 것이란 사실에 착안했다. 페이스북이 새로운 대학교들로 확대돼간 그다음 1~2년 동안 그 대학교들에서는 아직 페이스북에 접근하지 않은 대학교들에 비해 학생들의 정신 건강에 변화가 일어났을까? 그랬다. 정신 건강이 나빠진 것으로 보고되었고, 그 효과는 여학생에게서 더 크게 나타났다. 연구자들은 다음과 같이 보고했다.

> 한 대학교에서 페이스북 사용이 시작되자 정신 건강, 특히 우울증이 악화된 징후가 증가했으며, 그 결과로 정신 건강 진료와 치료 서비스 사용이 증가했다는 사실이 발견되었다. 또한 학생들의 보고에 따르면, 정신 건강 악화가 성적 저하로 이어졌다는 사실도 발견되었다. 메커니즘에 관한 추가 증거는, 이 결과가 페이스북이 부정적인 사회 비교를 조장하는 데에서 비롯되었다고 시사한다.[20]

나는 전 세계에서 고속 인터넷의 확산을 살펴본 연구 5건을 검토해보았는데, **5건 모두** 고속 인터넷이 정신 건강에 손상을 입힌 증거를 발견했다. 데이터 속도가 느릴 때에는 스마트폰 기반 아동기가 도래하기 어려웠다. 예를 들면, 광섬유 케이블과 고속 인터넷 설치가 지역에 따라 제각각 다른 시기에 진행된 에스파냐에서는 어떤 일이 일어났을까? 2022년에 한 연구는 "고속 인터넷 접근이 청소년의 행동

불안 세대

및 정신 건강 사례에 관한 병원 퇴원 진단에 미친 효과"를 분석했다. 결론은 다음과 같았다.

> 여자아이에게서는 양성의 유의미한 영향이 발견되지만, 남자아이에게서는 발견되지 않는다. 이 영향 뒤에 숨어 있는 메커니즘을 조사한 결과, 〔고속 인터넷의 도래가〕 중독적 인터넷 사용을 늘리고 잠과 숙제, 가족과 친구와의 사교를 위한 시간을 크게 감소시킨다는 사실이 드러난다. 여기서도 여자아이들 사이에서 이 효과들이 크게 나타난다.[21]

이 연구들과 그 밖의 많은 연구들[22]은 청소년의 사회생활이 급속히 소셜 미디어로 옮겨간 것이 2010년대 초반에 시작된 우울증과 불안, 자살 충동, 그 밖의 정신 건강 문제 증가와 단순히 상관관계만 있는 것이 아니라 그 **원인**임을 시사한다.[23] 그렇게 큰 증가를 설명하기에는 상관관계나 효과의 크기가 너무 작다고 주장하는 일부 연구자들은 **오직 개인 수준**의 효과만 측정한 연구들을 언급한다. 이들은 내가 아동기 대재편이라고 부르는 집단 동역학의 급속한 변화를 거의 고려하지 않는다.

그런데 왜 소셜 미디어는 남자아이보다 여자아이에게 더 큰 해를 미칠까? 소셜 미디어는 여자아이들의 발달하는 뇌와 정체성에 어떤 영향을 미칠까?

여자아이는 남자아이보다 소셜 미디어를 더 많이 사용한다

2010년대 초반에 스마트폰 때문에 남자아이와 여자아이는 온라인에서 더 많은 시간을 쓰기 시작했지만, 시간을 쓰는 방식에 차이가 있었다. 남자아이는 유튜브 영상 시청, 레딧 같은 문자 기반 플랫폼 사용에 시간을 많이 썼고, 특히 온라인 멀티플레이어 비디오게임에 몰두했다. 여자아이는 시각 이미지 중심의 새 플랫폼들을 훨씬 많이 방문했는데, 인스타그램을 주로 많이 사용했고, 그 뒤를 이어 스냅챗, 핀터레스트, 텀블러를 많이 사용했다.[24]

2017년에 영국에서 실시한 한 연구는 십대에게 가장 인기 있는 소셜 미디어 플랫폼들이 불안과 외로움, 신체상, 수면을 비롯해 자신의 안녕 중 여러 측면에 미친 영향을 평가하게 했다. 그들은 다섯 가지 앱 중에서 인스타그램을 최악으로 꼽았고, 스냅챗을 그다음으로 꼽았다.* 전체적으로 긍정적인 점수를 받은 플랫폼은 유튜브가 유일했다.[25]

시각 중심 플랫폼들은 모두 페이스북이 개발한 사업 모델을 사용했다. 그것은 데이터 추출과 광고주에 대한 사용자의 가치를 최대화하기 위해 사용자가 플랫폼에 쓰는 시간을 최대화하는 것이었다. 그림 6.3은 소셜 미디어 플랫폼을 **일주일에 40시간** 이상 사용한 미국 고등학생의 비율을 보여준다. 이것은 풀타임으로 학교를 다니면서 풀타임으로 직장 일을 하는 것과 비슷하다. 2015년 무렵에 미국 여자

---

* 나머지 두 앱은 트위터와 페이스북이다.

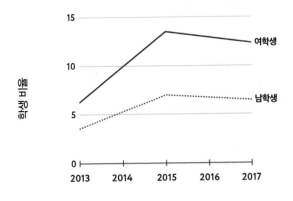

그림 6.3 소셜 미디어 활동에 일주일에 40시간 이상 쓴다고 보고한 미국 학생(8학년, 10학년, 12학년)의 비율. (출처: 모니터링 더 퓨처.)[26]

아이 7명 중 1명이 이 엄청난 수준의 소셜 미디어 활동에 빠졌다. 설문 조사의 이 질문은 2013년에야 추가되었다. 만약 이 데이터를 스마트폰을 소유한 십대가 극소수였던 2010년에 수집했더라면, 그 비율은 0에 가까웠을 것이다. 호주머니에 인터넷을 넣고 다닐 수 있기 전에는 십대가 소셜 미디어 활동에 일주일에 40시간을 쓴다는 것은 거의 불가능했다.[27]

여자아이는 소셜 미디어 플랫폼에 더 많은 시간을 쓰고,[28] 그들이 방문하는 플랫폼들은 정신 건강에 아주 나쁘다. 따라서 설령 여자아이와 남자아이가 심리적으로 동일하다 하더라도, 여자아이들 사이에서 불안과 우울증이 더 크게 증가할 것이라고 예상할 수 있다. 하지만 여자아이와 남자아이는 심리적으로 동일하지 않다. 여자아이는 발달 단계상의 핵심 욕구가 남자아이의 그것(남자아이의 욕구는 비디오게임 회사들에 이용당하기 더 쉽다)보다 소셜 미디어에 더 쉽게 이용당하고 와해되는데, 여기에는 여러 가지 이유가 있다.

주체성과 융화성

여자아이와 남자아이는 심리적으로 대다수 측면에서 비슷하다. 심리학 개론 교과서들은 성별 차이를 아주 가끔만 주석으로 언급하기만 하면 된다. 하지만 다양한 문화와 시대에 걸쳐 광범위하게 나타나는 성별 차이가 몇 가지 있다. 미디어의 효과를 이해하는 데 유용한 한 가지는 주체성agency과 융화성communion 사이의 차이인데, 이것은 거의 모든 사람에게서 발견되는 두 가지 동기 또는 목표를 가리킨다. 최근의 한 리뷰 논문에서는 이 둘을 다음과 같이 정의했다.

> 주체성은 개성을 추구하고 자신을 확장하려는 노력에서 비롯되며, 효율성과 역량과 자기주장성 같은 속성을 포함한다. 융화성은 남을 배려함으로써 자신을 더 큰 사회적 단위에 통합하려는 노력에서 비롯되며, 박애와 협력성, 공감 같은 속성을 포함한다.[29]

이 두 가지 동기는 인생을 살아가는 동안 다양한 패턴으로 서로 얽히는데, 그러한 얽힘은 정체성이 발달하는 청소년에게 특히 중요하다. 자신을 정의하는 것 중 일부는 집단에 성공적으로 통합되는 데에서 나온다. 집단에 매력적인 존재가 되는 것은 독특한 재주를 가진

개인으로서 자신의 가치를 보여주는 것이다.[30]

연구자들은 오래전부터 남자아이와 남성은 주체성 추구 노력에 더 집중한 반면, 여자아이와 여성은 융화성 추구 노력에 더 집중한다는 사실을 발견했다.[31] 이러한 성별 차이가 시간이 지나면서 감소했다는 사실은 그것이 문화적 요인과 힘에서 비롯되는 측면이 있다는 것을 말해준다. 이 두 가지 속성이 아이의 놀이에서 일찍부터 나타나며,[32] 다른 영장류[33]의 성별 차이가 있는 놀이 패턴에서 발견된다는 사실은 생물학적 요인도 있음을 시사한다. 이 책의 목적상 그 차이가 어디서 유래하는지는 중요하지 않다. 중요한 것은 테크 기업들이 이러한 차이를 알고 핵심 고객을 사로잡는 데 이것을 이용한다는 사실이다. 소셜 미디어는 새롭고 쉬운 '연결' 방법을 제공한다. 소셜 미디어는 융화성 욕구를 만족시키는 것처럼 **보이**지만, 여러 측면에서 오히려 그런 욕구를 좌절시킨다.

여자아이가 특별히 취약한 네 가지 이유

융화성과 그 밖의 사회적 관심사를 더 절실히 원하는 여자아이의 욕구를 소셜 미디어 회사들이 이용하는 방법이 최소한 네 가지 있다. 나는 이 경로들을 함께 묶어서 바라보면, 왜 그토록 많은 나라에서 스마트폰을 소유하면서 사회생활을 인스타그램과 스냅챗, 텀블러를 비롯한 '공유' 플랫폼으로 옮겨가자마자 여자아이의 정신 건강이 그토록 빨리 무너졌는지 설명할 수 있다고 믿는다.

이유 1. 여자아이는 시각적 사회 비교와 완벽주의에 더 큰 영향을 받는다.

2021년에 올리비아 로드리고Olivia Rodrigo가 부른 노래 〈젤러시, 젤러시Jealousy, Jealousy〉는 많은 여자아이가 오늘날 소셜 미디어를 훑어보면서 어떤 감정을 느끼는지 잘 표현한다. 노래는 이렇게 시작한다.

나는 휴대폰을 방 건너편으로 휙 던져버리고 싶어.
내가 보는 여자들은 모두 믿을 수 없을 정도로 너무 멋지기 때문에.

로드리고는 그러고 나서 모르는 여자들의 완벽한 몸매와 백지처럼 하얀 치아를 '서로 비교하는 것'이 서서히 자신을 죽인다고 말한다. 이것은 아주 강렬한 호소력이 있는 노래이다. 당신도 한번 들어보길 권한다.[34]

심리학자들은 사회 비교와 그것이 미치는 광범위한 효과를 오랫동안 연구해왔다. 사회심리학자 수전 피스크Susan Fiske는 인간을 '비교 기계comparison machine'라고 말한다.[35] 또 다른 사회심리학자 마크 리리Mark Leary는 그 기계를 다음과 같이 더 자세히 묘사한다. "그것은 마치 모든 사람의 뇌에 0에서 100까지 눈금이 매겨져 있는 '사회성 계량기sociometer'가 들어 있는 것과 같은데, 이 계량기는 매 순간 국지적 권위 순위에서 자신이 어느 위치에 있는지 알려준다. 바늘이 아래로 내려가면 경보—불안—가 울리고, 우리는 행동을 바꾸어 바늘을 위로 올려보내야 할 동기를 느낀다."[36]

십대는 특히 불안정에 취약한데, 아동기를 떠나면서 몸과 사회생활이 급속하게 변하기 때문이다. 그들은 자기가 속한 성의 새로운 권위 순위에서 스스로가 어디쯤 위치하는지 파악하려고 애쓴다. 거의 모든 청소년은 외모에 신경을 쓰는데, 이성에 관심이 생기기 시작하면 특히 그렇다. 선택을 받거나 무시를 당하는 데 외모가 상당한 비중을 차지한다는 사실은 누구나 안다. 하지만 여자 청소년은 여기에 훨씬 많은 것이 걸려 있는데, 남자 청소년에 비해 사회적 지위가 아름다움과 성적 매력에 더 크게 좌우되기 때문이다. 소셜 미디어에 진출한 여자 청소년은 남자 청소년에 비해 자신의 외모와 신체에 대해 더 신랄하고 끊임없는 판단에 노출되고, 도저히 도달할 수 없는 미의 기준에 직면하게 된다.

내가 자란 시기인 1970년대와 1980년대에 여자아이들이 에어브러시로 수정하거나 나중에는 포토샵으로 수정한 모델 사진에 노출된 상황만 해도 충분히 나쁜 것이었다. 하지만 그 모델들은 낯선 성인 여자였다. 그들은 여자아이들의 경쟁 상대가 아니었다. 그렇다면 학교를 다니는 대다수 여자아이가 인스타그램이나 스냅챗 계정을 개설하고, 자신의 삶을 세심하게 편집한 하이라이트 장면들을 게시하기 시작하고, 필터와 편집 앱을 사용해 가상의 미와 온라인 브랜드를 개선하기 시작했을 때, 과연 무슨 일이 일어났을까? 많은 여자아이의 사회성 계량기 바늘이 아래로 곤두박질쳤는데, 이제 대다수 여자아이가 평균처럼 보이는 수준보다 아래에 위치했기 때문이다. 모든 선진국에서 거의 동시에 여자아이들의 마음속에 불안 경보가 울리기 시작했다.

필터와 보정 앱의 위력은 그림 6.4에서 볼 수 있는데, 인스타그램의 인플루언서 조세핀 리빈Josephine Livin이 사실상 다이얼을 살짝 돌리는 것만으로 자신의 모습을 비현실적인 인스타그램 미인으로 바꾸는 일이 얼마나 쉬운지 보여준다.

이러한 보정 앱은 완벽한 피부와 더 두툼한 입술, 더 큰 눈, 더 가는 허리를 가진 자신의 모습을 보여주는(자기 삶의 가장 '완벽한' 부분을 보여주는 것에 더해) 능력을 제공한다.[37] 스냅챗은 2015년에 처음 출시한 필터들을 통해 비슷한 기능을 제공했는데, 그중 많은 것은 사용자에게 버튼을 누르는 것만으로 두툼한 입술과 작은 코, 크고 아름다운 눈을 가질 수 있게 해주었다.

그림 6.5는 "자신에게 얼마나 만족하는가?"라는 질문에 만족하거나 완전히 만족한다고 답한 미국 고등학교 졸업반 학생들의 비율을

그림 6.4 뷰티 필터는 원하는 만큼 당신의 모습을 완벽하게 만들 수 있다. 그렇게 보정한 사진은 다른 여자아이들에게 자신의 미모를 개선하라는 압력을 증가시킨다. (출처: 조세핀 리빈의 인스타그램 계정.)[38]

불안 세대

보여주는데, 여기서 사회성 계량기의 바늘이 곤두박질쳤음을 알 수 있다. 이러한 급락은 남학생들에게서도 나타났는데, 이들의 삶에 일어난 변화는 다음 장에서 살펴볼 것이다.

여자아이는 끊임없는 사회 비교에 특히 취약한데, 특정 종류의 완벽주의에 사로잡힌 비율이 높기 때문이다. 그것은 **사회적으로 부과된**socially prescribed 완벽주의로, 다른 사람들 혹은 대체로 사회가 부과한 아주 높은 기대에 맞춰 살아야 한다는 느낌을 말한다.[39] (자신의 아주 높은 기준에 맞춰 살아가는 데 실패할 때 고통을 느끼는 **자기 지향적 완벽주의**self-oriented perfectionism는 성별 차이가 없다.) 사회적으로 부과된 완벽주의는 불안과 밀접한 관계가 있다. 불안을 느끼는 사람은 사회적으로 부과된 완벽주의에 휩쓸리는 경향이 더 강하다. 완벽주의 성향

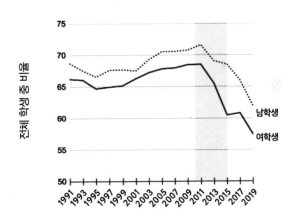

그림 6.5 2012년에 급락이 나타난 사회성 계량기. 자신에게 만족한다고 답한 미국 학생(8학년, 10학년, 12학년)의 비율. (출처: 모니터링 더 퓨처.)

은 불안을 증가시키는데, 무슨 일이든지 실패하면 공개적으로 창피를 당할까 봐 두렵기 때문이다. 이제 당신도 충분히 짐작하겠지만, 사회적으로 부과된 완벽주의는 2010년대 초반에 영어권 국가들에서 증가하기 시작했다.

라지 사이즈 패션 블로그를 운영하는 제시카 토레스Jessica Torres는 "소셜 미디어 인플루언서의 삶이 나의 정신 건강에 어떤 영향을 미쳤는가?"라는 제목의 글을 썼다. 거기서 토레스는 이렇게 말했다.

인스타그램 사진 한 장에 쓰는 수백 달러의 돈과 시간은 낭비처럼 느껴졌다. 게시하기에 충분할 만큼 완벽한 것은 하나도 없었다. 나는 자기 사랑을 설파하고 있었지만, 나 자신에게는 정반대로 행동했다. 내 인스타그램 페이지를 내 것보다 더 예뻐 보이는 다른 인플루언서와 비교하는 행동을 멈출 수가 없었다. 나는 자신의 개인적 가치와 일의 가치를 내 이미지들이 얻는 '좋아요' 수로 측정하기 시작했다.[40]

광고 시대가 개막된 이후로 젊은 여성은 외관상 '더 나은' 버전의 자신을 추구하는 노력에 유혹을 느끼게 되었다. 소셜 미디어 때문에 여성은 매일 수백 개 혹은 심지어 수천 개의 그러한 이미지에 노출되는데, 그중 많은 것에는 비현실적이라고 할 정도로 완벽한 몸매를 가지고 완벽한 삶을 살아가는 여성이 등장한다. 그토록 많은 이미지에 노출되는 현실은 비교 기계에 부정적 영향을 미칠 수밖에 없다.

프랑스 연구자들은 젊은 여성들을 소셜 미디어에서 아주 날씬한

불안 세대

여성 사진이나 평균 체격의 여성 사진에 노출시키는 실험을 했다.[41] 그리고 아주 날씬한 여성 사진에 노출된 경우 자신의 몸매와 외모에 더 불안을 느낀다는 결과를 얻었다. 정작 놀라운 사실은 따로 있는데, 그 사진들은 화면에 불과 20밀리초 동안만 비쳤다. 즉, 너무나도 짧은 순간에 지나가서 실험 대상자들은 자신이 본 것이 무엇인지 인식할 수 없었다. 연구자들은 "사회 비교는 인식 밖에서 일어나 명시적인 자기 평가에 영향을 미친다."라고 결론 내렸다. 이것은 여성들이 소셜 미디어가 현실이 아니라고 서로에게 자주 상기시키는 말의 효과가 제한적일 가능성이 높다는 걸 의미한다. 그러한 비교를 하는 뇌 부분은 자신이 보는 것이 편집된 하이라이트 장면에 불과하다는 것을 의식적으로 아는 뇌 부분에 지배를 당하지 않기 때문이다.

레딧에서 한 13세 여자아이는 소셜 미디어에서 다른 여자아이들을 보면서 어떤 느낌이 드는지, 알렉시스 스펜스와 올리비아 로드리고와 동일한 단어를 사용해 설명했다.

나 자신을 남과 비교하는 걸 멈출 수가 없다. 이런 모습으로 살아가고 싶지 않은데, 무슨 수를 쓰더라도 나는 여전히 못생겼고 못생겼다는 느낌에서 벗어나지 못할 것이기 때문에, 결국은 죽고 싶다는 생각까지 들었다. 이 때문에 나는 눈물 그칠 날이 없다. 이런 상황은 열 살 때부터 시작되었는데, 지금 나는 열세 살이다. 열 살 때 나는 틱톡에서 한 여자아이를 보고는 기본적으로 그 여자아이에게 집착하게 되었다. 그 여자아이는 문자 그대로 완벽했는데, 상상할 수 없을 정도로 그 아이를 부러워한 것으로 기억한다. 십대 초반 내내 나

는 그 밖의 예쁜 여자아이들에게 강박적으로 '집착'했다.[42]

남보다 앞서려는 노력이 훗날에 유용하게 쓰일 기술을 익히도록 자극하는 동기가 된다면 건전할 수 있다. 하지만 소셜 미디어 알고리듬은 날씬해지는 것을 포함해 사회적으로 규정된 방식으로 아름다워지고 싶어 하는 여자아이의 욕망을 겨냥한다(그리고 그것을 증폭한다). 만약 사용자가 체중 감량이나 아름다움 혹은 심지어 건강한 식사에 관심을 보이면, 인스타그램과 틱톡은 아주 날씬한 여성의 이미지를 보내준다. 디지털 증오 대응 센터Center for Countering Digital Hate 연구자들은 틱톡에 13세 소녀로 등록한 가짜 계정을 12개 만들었는데, 가입한 지 몇 주 이내에 틱톡의 알고리듬이 체중 감량 영상을 수만 개나 보내준다는 사실을 알게 되었다.[43] 그 영상들 중에는 매우 여윈 여성들이 나와 '유령 신부' 다이어트나 물만 마시는 다이어트처럼 팔로워들에게 극단적인 다이어트를 시도해보라고 권하는 것이 많았다. 2012년에 알렉시스 스펜스도 인스타그램에서 바로 이런 일을 겪었다.

페이스북은 자체적으로 인스타그램이 미국과 영국의 십대에게 어떤 영향을 미치는지 조사해달라는 연구를 의뢰했다. 그 결과는 결코 발표되지 않았지만, 내부 고발자 프랜시스 하우건이 내부 문서 스크린샷 자료를 빼돌려 《뉴욕 타임스》 기자들에게 전했다. 그 연구에서는 인스타그램이 여자아이에게 특히 나쁘다는 결과가 나왔다. "십대는 불안과 우울증 비율 증가 원인으로 인스타그램을 지목한다……. 이런 반응은 누가 시키지도 않은 것인데, 모든 집단에서 일관되게 나

불안 세대

타났다."[44] 연구자들은 또한 다른 경쟁 앱들보다 인스타그램에서 "사회 비교가 더 나쁘다."라고 지적했다. 스냅챗의 필터는 "얼굴에 초점을 맞추는" 반면, 인스타그램은 "몸과 생활방식에 과도하게 초점을 맞춘다."

이유 2. 여자아이의 공격성은 더 관계적이다

남자아이는 여자아이보다 더 공격적이라고 알려져왔는데, 폭력과 신체적 위협에만 초점을 맞춘다면 그 말이 맞다.[45] 남자아이는 또한 스포츠와 싸움, 전쟁, 폭력에 관한 이야기와 영화를 보는 것에도 더 큰 관심을 보이는데, 이 모든 것은 주체성에 대한 관심과 동기를 자극한다. 전통적으로 남자아이들은 싸움에서 누가 이기는지, 혹은 누가 폭력적 보복을 두려워하지 않고 상대를 모욕할 수 있는지를 바탕으로 사회적 지위를 결정해왔다. 하지만 여자아이는 융화성 동기가 더 강하기 때문에, 다른 여자아이에게 정말로 타격을 주는 방법은 그 아이의 관계를 손상시키는 것이다. 그래서 소문을 퍼뜨리고, 그 아이의 친구들을 돌아서게 만들고, 그 아이가 지닌 친구로서의 가치를 떨어뜨린다. 연구자들은 '간접적 공격성'(타인의 관계나 평판에 손상을 입히는 것을 포함하는)에 초점을 맞추면, 여자아이가 남자아이보다 공격성이 더 높다는 사실을 발견했다(아동기 후기나 청소년기에만 그렇지만).[46] 자신의 가치 추락을 느끼는 여자아이는 불안이 커지는 것을 경험한다. 만약 사회성 계량기에서 바늘이 충분히 급격히 떨어진다면, 그 여자아이는 우울증에 빠져 자살을 생각할 수도 있다. 우울증에 빠지거나 따돌림을 당한 십대에게 신체적 죽음은 고통을 끝내는 수단인 반면, 사회적 죽음은 살아 있는 지옥이나 마찬가지다.

연구들을 통해, 청소년이 사회생활을 온라인으로 옮겨가면서 집단 괴롭힘의 성격도 변하기 시작했다는 사실이 확인되었다. 1998년부터 2017년까지의 연구들을 체계적으로 검토한 결과에서 남자아이들 사이에서는 대면 방식의 집단 괴롭힘이 **감소**했지만, 여자아이들 사이에서는 **증가**했는데, 특히 더 어린 여자 청소년 사이에서 증가한 것으로 드러났다.[47] 2006년부터 2012년까지 매사추세츠주 고등학생 약 1만 6000명을 조사한 연구에서는 여자아이들 사이에서 대면 방식의 집단 괴롭힘이 증가하지 않았고, 남자아이들 사이에서는 감소한 것으로 나타났다. 하지만 여자아이들 사이에서 사이버 집단 괴롭힘은 급증했다.[48] 미국의 한 주요 설문 조사에 따르면, 이렇게 높은 비율의 사이버 집단 괴롭힘은 2011년부터 2019년까지 계속 지속되었다(비록 증가하지는 않았지만). 이 기간에 매년 대략적으로 남자 고등학생 10명 중 1명이, 그리고 여자 고등학생 5명 중 1명이 사이버 집단 괴롭힘을 경험했다.[49] 다시 말해서, 사회생활이 온라인으로 옮아가면서 여자아이들에게는 집단 괴롭힘과 괴롭힘이 일상생활에서 더 큰 부분을 차지하게 되었다.

매년 사이버 집단 괴롭힘을 경험했다고 보고하는 십대의 **비율**이 2010년대에 증가하지 않았을지 몰라도, 소문을 퍼뜨리거나 새로운 공격 방법을 제공하는 새 플랫폼들에 십대 청소년이 가입하면서 학생들이 관계적 공격성을 드러내고 경험하는 방식이 변했다. 소셜 미디어는 어떤 나이의 어느 누구라도 쉽게 익명의 프로필을 여러 개 만들 수 있게 해주었는데, 그러한 익명의 프로필은 트롤링trolling[*]이나 평판 손상에 이용될 수 있다. 이 모든 것은 부모와 교사가 거의 접근하지 않거나 이해하지 못하는 가상 세계에서 일어난다. 게다가 스마트폰이 학교와 화장실, 침대까지 청소년을 따라다님에 따라 그들을 괴롭히는 가해자도 함께 따라다닐 수 있다.

2018년에 《애틀랜틱》에는 인스타그램에서 일어나는 집단 괴롭힘에 관한 이야기가 실렸다.[50] 테일러 로렌즈Taylor Lorenz는 13세 소녀 메리의 이야기였는데, 메리는 치어리더 팀에 들어가는 데 성공한 반면, 친구는 들어가지 못했다. (사이가 멀어진) 친구는 인스타그램의 많은 기능을 사용해 메리와 다른 학생들의 관계에 손상을 입혔다. "인스타그램에는 '메리를 제외한 우리 반 모두'라는 이름의 단체 채팅방이 있었어요. 그곳에서 그들이 하는 것은 오로지 나를 헐뜯는 이야기뿐이었지요."라고 메리는 말했다. 이 일로 메리는 살면서 처음으로 공황 발작을 겪었다.

소셜 미디어는 자신의 말과 행동을 면밀히 관찰하는 여자아이들에게 막대한 압력을 가하면서 관계적 집단 괴롭힘의 범위와 영향을 증폭시켰다. 이들은 자칫 실수라도 하는 날이면, 그것이 금방 급속하게 퍼져 지울 수 없는 자국을 남긴다는 사실을 잘 안다. 소셜 미디어는 그러지 않아도 이미 배척 가능성에 대한 염려가 매우 큰 시기에 청소년의 불안감에 기름을 부었고, 그럼으로써 한 세대의 여자아이들을 발견 모드에서 방어 모드로 전환하게 만들었다.

여자아이와 정신 건강에 관한 글을 쓰는 영국의 Z 세대 여성인 프

---

* 누군가를 화나게 할 의도로 인터넷에 모욕적인 언행을 하는 것을 뜻한다.

레야 인디아Freya India는 "소셜 미디어는 단순히 여자아이를 우울증에 빠지게 하는 데 그치지 않고, 우리를 '쌍년'으로 만들기도 한다"라는 제목의 글을 썼다. 거기서 인디아는 다음과 같이 썼다.

> 익명의 인스타그램 증오 페이지에서부터 본격적인 십대의 캔슬 컬처cancel culture* 운동에 이르기까지 오늘날의 여자아이들은 온갖 종류의 창의적인 방법으로 서로를 끌어내릴 수 있다. 게다가 소극적 공격성도 있는데, 오늘날에는 서브트윗subtweet(대상의 이름을 쓰지 않고 그에 대해 비판적인 언급이나 조롱을 하는 행위), 소프트 블록soft block(상대방이 자신을 더 이상 팔로잉할 수 없게 할 목적으로 누군가를 차단했다가 바로 차단을 해제하는 행위), 읽씹(읽고 씹음)의 형태로 나타난다. 심지어 마음에 들지 않는 사진에 공개적인 태그를 달기도 한다.[51]

2010년대 초반에 스마트폰 기반 생활로 전환이 일어난 사건은 여자아이들의 관계와 삶을 거꾸로 뒤집어놓았다. 그러지 않아도 사춘기는 고민거리가 많은 전환기로, 몇몇 가까운 친구들이 절실히 필요한 시기이다. 그때 소셜 미디어가 등장해 관계적 공격성을 너무나도 쉽게 드러낼 수 있게 하고 지위 경쟁을 너무나도 광범위하고 공개적인 것으로 만듦으로써 그 전환을 더 힘들게 만들었다. 많은 여자 청소년의 자살은 Ask.fm과 NGL(Not Gonna Lie)을 포함한 소셜 미디어

---

* 소셜 미디어에서 주로 저명인을 대상으로 과거의 잘못된 행동이나 발언을 고발함으로써 직업이나 사회적 지위를 잃게 만드는 현상을 말한다.

플랫폼이 촉진한 집단 괴롭힘과 모욕과 직접적 관련이 있는데, 이 플랫폼들은 사용자에게 익명으로 타인에 대한 자신의 생각을 방송하도록 노골적으로 장려하는 방식으로 설계되었다.[52]

이유 3. 여자아이는 감정과 장애를 더 쉽게 공유한다

가까운 친구가 우리의 기분에 영향을 미친다는 것은 누구나 아는 사실이다. 그런데 친구의 친구도 우리에게 영향을 미친다는 사실을 알고 있는가? 사회학자 니컬러스 크리스태키스Nicholas Christakis와 정치과학자 제임스 파울러James Fowler는 매사추세츠주 프레이밍햄 주민들을 장기간 조사한 '프레이밍햄 심장 연구Framingham Heart Study'의 데이터를 분석했다.[53] 이 연구는 신체적 건강에 초점을 맞춘 것이었지만, 크리스태키스와 파울러는 설문 조사 항목들을 사용해 공동체 내에서 시간 경과에 따라 감정이 이동하는 방식을 연구할 수 있었다. 그들은 행복이 무리를 지어 나타나는 경향이 있다는 사실을 발견했다. 이것은 단지 행복한 사람들끼리 만나기 때문만이 아니었다. 그보다는 한 사람이 행복해지면 그 친구들도 행복해질 확률이 높아지기 때문이었다. 놀랍게도 그 효과는 친구의 친구에게까지 미쳤으며, 때로는 친구의 친구의 친구에게까지 미쳤다. 행복은 전염성이 있다. 그것은 소셜 네트워크를 통해 퍼져간다.

후속 연구에서 크리스태키스와 파울러는 심리학자 제임스 로젠퀴스트James Rosenquist와 팀을 이루어 동일한 데이터 세트를 사용해 우울증 같은 부정적 감정 상태도 그런 네트워크를 통해 퍼져가는지 연구했다.[54] 이들의 발견에는 흥미로운 반전이 두 가지 있었다. 첫째, 심리학에서 대다수 경우에 그런 것처럼 나쁜 것이 좋은 것보다 더 큰 효과를 미쳤다.[55] 우울증은 행복이나 좋은 정신 건강보다 전염성이 훨씬 강했다. 두 번째는 우울증이 여성에게서만 전파된다는 사실이었다. 한 여성이 우울증에 빠지면, 가까운 친구들(남녀를 불문하고)도 우울증에 빠질 가능성이 142%나 증가했다. 하지만 남성이 우울증에 빠졌을 때에는 주변 친구들에게서 측정 가능한 효과가 나타나지 않았다. 저자들은 이 차이가 여성이 감정적 표현을 더 잘하고 기분 상태를 친구와 훨씬 효과적으로 소통하기 때문이라고 추측했다. 반대로 남자들끼리 만나면, 느끼는 것에 대해 이야기를 나누기보다는 어떤 것을 함께 **하길** 더 좋아하는 경향이 있다.

프레이밍햄 심장 연구를 분석한 이들의 연구는 소셜 미디어 시대가 개막하기 전인 2001년에 일단락되었다. 그렇다면 프레이밍햄 심장 연구의 대상이었던 어른들보다 상호 연결이 훨씬 긴밀해진 2010년 이후 십대들의 공동체에는 어떤 일이 일어났을까? 우울증과 불안이 양호한 정신 건강보다 전염성이 더 강하다는 사실을 감안하면, 그리고 여자아이가 남자아이보다 자신의 감정에 대한 이야기를 나눌 가능성이 더 높다는 사실을 감안하면, 2012년 무렵에 많은 여자아이가 인스타그램과 그 밖의 '공유' 플랫폼에 가입하자마자 우울증과 불안이 폭발적으로 늘어났을 것이라고 예상할 수 있다.

앞서 1장에서 보여주었듯이, 실제로 정확하게 바로 그런 일이 일어났다. 2010년대 초반에 여러 나라에서 여자아이의 우울증 비율이 급증했다. 자해와 정신과 입원 비율도 급증했다. 하지만 소셜 미디어가 확산시키는 장애는 우울증뿐만이 아니다.

1997년, 미국질병통제예방센터Centers for Disease Control의 연구자로 일하던 레슬리 보스Leslie Boss는 '사회 원인sociogenic' 유행병에 관한 역사적, 의학적 문헌을 검토한 연구 결과를 발표했다.[56] ('사회 원인'은 생물학적 원인에 대응하는 개념으로, '사회적 힘에 의해 발생하는' 것을 가리킨다.) 보스는 사회 원인 유행병에는 역사를 통해 계속 반복된 두 가지 변이가 있다고 지적했다. 복통, 두통, 어지러움, 기절, 욕지기, 과다 호흡 등이 가장 흔한 증상인 '불안 변이'와 히스테리 춤, 경련, 웃음, 가성 발작 등이 가장 흔한 증상인 '운동 변이'가 있다. 역사학자들이 '무도병dancing plague'이라고 부른 이 유행병은 때때로 중세 유럽 마을들을 휩쓸었는데, 이 병에 걸린 주민들은 탈진해 죽을 때까지 계속 춤을 추었다.[57] 그런데 이 두 가지 변이가 최근 수십 년 사이에 나타났을 때, 의학 전문가들은 이런 증상을 초래할 만한 독소나 환경오염을 전혀 발견하지 못했다. 대신에 어떤 집단보다도 여자 청소년이 이 질환에 걸릴 위험이 훨씬 높으며, 해당 공동체에 최근에 특이한 스트레스 인자나 위협이 있었을 때 발병 가능성이 더 높다는 사실을 반복적으로 발견했다.[58]

보스는 이 유행병은 대면 의사소통을 통해 소셜 네트워크를 따라 전파된다고 지적했다. 더 최근에는 그것이 텔레비전 같은 대중 매체의 보도를 통해 퍼져나간다고 지적했다. 인터넷 시대 초창기인 1997년에 보스는 이렇게 예측했다. "최근에 등장한 인터넷을 비롯해 매스컴에서 새로운 접근법이 발전하면서 의사소통을 통한 발병 가능성이 증가할 것이다."

보스는 선견지명이 있었다. 청소년이 이미지 기반 소셜 미디어 플랫폼으로(특히 유튜브와 틱톡 같은 비디오 중심 플랫폼으로) 옮겨가자마자, 그들은 심인성 질환의 전파를 부추기는 방식으로 거기에 푹 빠지게 되었다. 이들이 그렇게 하자마자 전 세계 도처에서 불안과 우울증 비율이 급증했는데, 이런 증가는 특히 여자 청소년 사이에서 두드러지게 나타났다. 청소년의 정신 질환 유행 중 상당수는 두 가지 독특한 심리적 과정을 통해 확산되는 불안 변이의 직접적 결과일지 모른다. 첫 번째 과정은 파울러와 크리스태키스가 '단순한 감정적 전염simple emotional contagion'이라고 부른 것이다. 사람들 사이에서는 감정이 전염되는데, 감정적 전염은 여자아이들 사이에서 특히 강하게 일어난다. 두 번째는 2장에서 설명한 사회 학습 규칙인 '권위 편향'이다. 이것은 아무나 모방하는 것이 아니라, 먼저 누가 가장 권위가 있는 사람인지 알아낸 뒤에 그 사람을 모방하는 경향을 말한다. 그런데 소셜 미디어에서 팔로워와 '좋아요'를 얻는 방법은 더 극단적으로 변한다. 그래서 더 극단적인 양상으로 자신을 내비치는 사람이 인기가 가장 빨리 치솟고 사회 학습을 위해 모두가 모방하려고 하는 모델이 된다. 이 과정은 가끔 **청중 포획**audience capture이라고 부르는데, 청중이 보길 원하는 것이 무엇이건 그것보다 더 극단적인 버전을 보여주도록 청중에 의해 훈련되는 과정을 가리킨다.[59] 그리고 만약 대다수 사람이 특정 행동을 추구하는 네트워크에 들어가면 또 다른 사회 학습 과정이 작동하는데, 그것은 바로 동조 편향이다.

2020년에 코로나19 팬데믹이 닥쳤을 때, 이 질병과 그로 인한 봉쇄는 사회 원인 질환의 발생 가능성을 높였다. 코로나19는 전 세계적인 위협이자 스트레스 인자였다. 봉쇄로 인해 십대는 소셜 미디어에 더 많은 시간을 쓰게 되었는데, 특히 그 당시에 상대적으로 새로운 플랫폼이었던 틱톡을 많이 사용했다. 틱톡은 여자 청소년에게 특히 유혹적이었는데, 틱톡이 초기에 이들에게 하라고 권한 것은 다른 여자아이들로부터 모방한 양식화된 춤(전 세계로 퍼진 춤) 동작 연습이었다. 그런데 틱톡은 단순히 춤을 추라고 권하는 데 그치지 않았다. 틱톡의 첨단 알고리듬은 어떤 것에 대한 관심의 징후를 포착해 사용자에게 그와 관련된 콘텐츠를 더 보냈는데, 훨씬 극단적인 형태의 콘텐츠를 자주 보냈다. 정신 건강에 관심을 내비친 청소년에게는, 자신의 정신 질환을 노출해 사회적 지지를 받는 다른 십대의 영상이 밀려들어왔다.[60] 2023년 8월, #mentalhealth(정신 건강) 해시태그가 달린 영상들은 조회 수가 1000억 회 이상을 기록했다. 또 #trauma(트라우마) 해시태그가 달린 영상들은 조회 수가 250억 회 이상에 달했다.

키르슈텐 뮐러-팔Kirsten Müller-Vahl[61]이 이끄는 독일 정신과 의사들은 투레트 증후군Tourette's syndrome(눈을 심하게 깜빡이거나 머리와 목을 홱 돌리는 것처럼 두드러진 틱 증상과 함께 자기 의사와 상관없이 단어나 소리를 자주 내뱉는 운동 장애)에 걸렸다고 병원을 찾는 젊은이들이 갑자기 증가했다고 지적했다. 이 질환은 신체적 운동에 크게 관여하는 뇌 영역인 기저핵(바닥핵)에 생긴 이상과 관련이 있는 것으로 생각된다. 투레트 증후군은 대개 5~10세 때 발생하고, 전체 환자 중 약 80%가 남자아이이다.

하지만 독일 정신과 의사들은 병원을 찾아온 젊은이들 중 진짜 투레트 증후군 환자는 거의 없다는 걸 알아챘다. 그들이 보이는 틱은 달랐고, 그들이 어렸을 때 그 질환의 징후가 전혀 나타나지 않았으며,

무엇보다도 그들의 틱은 놀랍도록 서로 비슷했다. 사실, 이 환자들(이 첫 번째 물결 때에는 대부분 젊은 남성들)은 독일의 한 인플루언서를 흉내낸 것이었는데, 그는 실제로 투레트 증후군 환자였고 유튜브 영상을 통해 자신의 틱을 보여주면서 큰 인기를 끌었다. 그중에는 "날아다니는 상어들!"과 "하일 히틀러!"라고 외치는 영상도 있었다.[62]

독일 연구자들은 다음과 같이 썼다. "우리의 조사에 따르면, 새로운 종류의 대규모 사회 원인 질환의 첫 번째 발병은 이전에 보고된 모든 발병과 달리 오로지 소셜 미디어를 통해 퍼졌다. 따라서 우리는 더 구체적인 용어인 '대규모 소셜 미디어 유발 질환mass social media-induced illness'을 쓰자고 제안한다."

투레트 증후군은 주로 남성 질환이긴 하지만, 소셜 미디어에서 인기 있는 장애가 되자마자 여자아이들 사이에서 더 빠르게 확산되었다. 예를 들면, 영어권 나라들에서 일부 여자아이는 갑자기 머리를 흔드는 틱 장애가 생겼고, 'beans(콩)'라는 단어를 무작위로 내뱉는 공통적인 경향을 보였다. 이 행동은 영국의 인플루언서 에비Evie에게서 촉발되었는데, 그녀는 이런 행동의 원형을 보여주고 "Beans!"라고 외쳤다.[63] 의사들이 처방한 주요 치료법 중 하나는 소셜 미디어를 끊는 것이었다.

그 밖에도 여러 가지 장애가 사회적 원인으로, 특히 틱톡과 유튜브, 인스타그램처럼 영상 게시물을 주로 다루는 사이트를 통해 확산된다는 증거가 있다. 해리 정체성 장애DID, dissociative identity disorder는 한때 다중 인격 장애라고 부르던 질환이다. 이 장애는 1957년에 〈이브의 세 얼굴Three Faces of Eve〉이라는 영화를 통해 극화되었다. 이 장애가 있는 사람은 자기 속에 타아他我라고 부르는 여러 가지 정체성이 들어 있다고 보고하는데, 그것들은 개성과 도덕성, 성, 섹슈얼리티, 나이가 제각각 아주 다를 수 있다. 남이나 자기 자신에게 나쁜 짓을 하라고 부추기는 '나쁜' 타아도 있다.

해리 정체성 장애는 전에는 드물었지만[64] 틱톡이 등장하고 나서 증가하기 시작했는데, 주로 여자 청소년 사이에서 많이 발생했다.[65] 다중 인격을 드러낸 인플루언서들이 수백만 명의 팔로워를 끌어들이면서, 스스로 이 장애를 자신의 정체성으로 인정하는 추세에 기름을 끼얹었다. 자신을 29개 정체성 '시스템'의 하나라고 소개한 틱톡 인플루언서 애셔Asher는 110만 명 이상의 팔로워를 끌어모았다. 해리 정체성 장애에 대해 점점 커져가는 관심은 #did(28억 회), #dissociativeidentitydisorder(16억 회), #didsystem(11억) 같은 해시태그에 몰리는 수십억 회의 조회 수가 증언한다.[66] 정신 건강 연합Mental Health Coalition 의 연구 책임자 나오미 토레스-매키Naomi Torres-Mackie는 이 추세를 다음과 같이 요약했다. "갑자기 나의 모든 청소년 환자가 자신이 [DID] 환자라고 생각한다……. 하지만 그렇지 않다."[67]

최근에 성별 불쾌감gender dysphoria 진단이 증가하는 현상도 소셜 미디어의 추세에 일부 원인이 있을지 모른다. 성별 불쾌감은 자신의 성 정체감이 생물학적 성과 일치하지 않을 때 느끼는 심리적 고통을 말한다. 이러한 불일치를 겪는 사람은 오래전부터 세계 각지의 사회에 존재해왔다. 가장 최근의 정신의학 진단 매뉴얼에 따르면,[68] 미국 사회에서 성별 불쾌감 유병률 추정치는 1000명 중 1명 미만인데, 선천적 남성(태어날 때 생물학적으로 남성인 사람) 비율이 선천적 여성보다 몇 배나 높다. 하지만 이러한 추정치는 어른이 되고 나서 성전환 수술을 하려는 사람의 수를 바탕으로 한 것이므로, 전체 수를 크게 과소평가한 것이 분명하다. 지난 10년 사이에 성별 불쾌감 때문에 병원을 찾는 사람의 수가 빠르게 늘어났는데, Z 세대 선천적 여성 사이에서 특히 많이 증가했다.[69] 사실, Z 세대 십대 사이에서는 그 성비가 역전되어 지금은 선천적 여성이 선천적 남성보다 더 높은 비율을 보이고 있다.[70]

이 증가분 중 일부는 자신이 트랜스젠더이지만 그것을 알아채지 못했거나 성 정체성 표현에 따르는 사회적 낙인을 두려워했던 젊은 이들이 '커밍아웃coming-out'한 결과가 반영된 것이 분명하다. 성별 표현의 자유 증가와 인간의 변이에 대한 인식 향상은 모두 사회적 진전을 보여주는 징후이다. 하지만 성별 불쾌감이 이제 사회적 군집(가까운 친구들의 집단처럼) 단위로 자주 표출된다는 사실,[71] 이런 자녀를 둔 부모들과 자신의 선천적 성으로 되돌아가는 사람들이 소셜 미디어를 정보와 격려의 주요 원천으로 인정한다는 사실,[72] 그리고 어릴 때 그런 징후가 전혀 없었던 많은 청소년이 지금 와서 성별 불쾌감 진단을 받는다는 사실[73]은 모두 사회적 영향과 사회 원인 전파도 여기에 작용할 가능성을 시사한다.

이유 4. 여자아이는 약탈과 괴롭힘에 더 취약하다

게임 플랫폼에서 남자 청소년과 친해진 뒤, 성관계를 위한 만남의 전 단계로 돈을 보내면서 성기 사진을 보내달라고 요구하는 중년 여성에 관한 이야기를 들어본 적이 있는가? 나는 그런 이야기를 들어본

불안 세대

적이 없다. 여성의 섹슈얼리티는 많은 변형이 있지만, 그런 식으로 약탈적 형태를 띠는 경우가 드물다.

진화심리학자 데이비드 버스David Buss[74]에 따르면, 남성과 여성의 마음은 먼 옛날에 펼쳐진 짝짓기 게임에서 '승리'하는 데 도움을 주는 특정 감정적 반응과 지각적 감수성으로 무장돼 있다고 한다. 이두 가지 형태의 인지적 적응은 오늘날의 짝짓기와 교제에도 영향을 미치지만, 남성은 성관계를 쟁취하기 위해 강압과 속임수와 폭력을 쓰는 경향이 더 강하고 청소년을 표적으로 삼는 경우가 많다.[75]

가상 세계의 많은 지역에서 일부 남성은 십대와 십대 초반의 소녀를 먹잇감으로 찾는다. 나이가 더 많은 남성은 어린 소년도 먹잇감으로 삼는데, 게이와 양성애자 남성은 온라인 데이팅 앱을 사용해 소년을 찾는다.[76] 하지만 성적 약탈자와의 접촉은 남자아이보다 여자아이의 인터넷 생활에서 더 큰 부분을 차지하는데, 그 때문에 여자아이가 방어 모드에 훨씬 더 많이 의존하게 된다.[77]

저널리스트인 낸시 조 세일즈Nancy Jo Sales는 미국 교외 지역에서 고등학교를 다니던 많은 십대 소녀를 조사했다. 세일즈는 2016년에 낸책 『아메리칸 걸스American Girls』에서 이들이 온라인에서 성인 남성에게 관심을 자주 받는다고 지적했는데, 앱들이 성인과 미성년자 사이의 상호 작용을 제한하는 노력을 거의 또는 전혀 기울이지 않기 때문이라고 했다. 뉴욕주 가든시티의 고등학생이던 릴리는 이를 다음과같이 표현했다.

나이 든 포식자들이 온라인에서 여자아이를 찾기가 너무나도 쉬운

데 …… 여자아이들은 많은 친구를 원하고, 많은 팔로워와 '좋아요'를 원하기 때문이다. 그래서 누가 팔로잉을 하면, 상대방이 누구인지도 모른 채 즉각 자신도 그를 팔로잉한다. 그래서 설령 상대방이 연쇄 살인범이라 하더라도 이렇게 '맞팔'을 해주고, 심지어 대화를 나누기 시작할 수도 있다. 이것은 아주 섬뜩한 일이다. 특히 많은 여자아이는 브래지어 차림이나 수영복 차림의 사진을 올리기 때문에, 맞팔을 한 사람들은 이런 사진들을 볼 수 있다.[78]

릴리와 그 또래들은 낯선 성인 남성으로부터 이런 종류의 관심에 자주 노출된다. 하지만 약탈과 착취는 같은 반 친구인 남학생에게서도 당할 수 있다. 세일즈는 많은 중학교와 고등학교에서 어떻게 나체 사진이 일종의 통화 기능을 하는지 설명했다. 뉴저지주의 한 중학생은 세일즈에게 같은 학년 남학생이 여학생에게 나체 사진을 보내달라고 집요하게 요구한다고 털어놓았다. 그리고 나서 그 남학생은 그 사진들을 고등학교 남학생들에게 술을 받고 판다고 했다. 플로리다주에서 세일즈와 대화를 나눈 여고생들은 나체 사진을 요구하고 보내는 것은 일상적인 일이라고 말했다.

나체 사진을 주고받는 여학생의 비율이 얼마나 되는지 내가 물었다. 그들은 "20퍼센트 …… 30퍼센트는 되지 않을까요?"라고 추측했다. "그러니까 남자아이들과 주고받는 비율이 그렇단 거죠."라고 캐시가 말했다. "만약 나체 사진을 보내지 않으면, 그들은 나보고 내숭 떤다고 말해요." 옆에 있던 매기가 덧붙였다. "혹은 겁쟁이라고 해요."

남학생에게서 나체 사진을 보내달라는 요구를 받은 적이 있는지 내가 묻자, 그들은 "그럼요."라고 답했다. 캐시는 이렇게 말했다. "그들은 협박을 해요. '난 너의 창피스러운 사진들을 갖고 있어. 만약 나체 사진을 보내지 않으면, 그 사진들을 모두 소셜 미디어에 공개해버릴 거야.'라고 말이죠."[79]

여자아이의 나체 사진이 돌아다니면 그것은 파멸적 결과를 초래할 수 있고, 사이버 집단 괴롭힘이 본격적으로 시작되는 경우가 많다. 하지만 남자아이는 자신의 성기 사진이 공유되더라도 큰 타격을 받지 않는다. 사실, 남자아이는 여자아이에게 그런 사진을 종종 미끼로 보내고, 그에 상응해 나체 사진을 보내달라고 유혹한다. 니나라는 여고생은 세일즈에게 이렇게 말했다. "나체 사진을 보낸 여자아이는 행실이 나쁜 여자가 되어버려요. 하지만 남자아이는 그러더라도 모두가 그냥 웃고 말죠."[80]

인스타그램과 스냅챗 같은 소셜 미디어 플랫폼에서 여자아이들은 그들을 찾는 성인 남성의 직접적 메시지에 노출되며, 자신의 나체 사진이 남자아이들 사이에서 사회적 권위를 얻기 위한 통화로 통용되는 학교 문화에도 노출되는데, 이 통화에 대해 여자아이들은 수치심으로 대가를 치러야 한다. 성적 약탈과 만연한 성적 대상화 때문에 여자아이와 젊은 여성은 대다수 남자아이와 젊은 남성보다 온라인에서 훨씬 경계심을 높여야 한다. 그 때문에 이들은 가상 세계에서 방어 모드로 더 많은 시간을 보내지 않을 수 없는데, 2010년대 초반에 이들의 불안 수준이 급등한 이유 중 일부는 여기에 있는지도 모른다.

양이 질을 압도하다

오늘날 십대가 보편적으로 사용하는 소셜 미디어는 사회적 연결의 **양**을 증가시키고, 그럼으로써 그 질과 보호 성격을 감소시킨다. 교육에 관한 글을 쓰는 미국의 저자이자 블로거인 프레디 디보어Freddie deBoer는 그 이유를 다음과 같이 설명한다.

만약 우리가 과거에 비해 점점 더 많은 관계에 하루의 시간과 마음을 쪼개 쓴다면, 분명히 각각의 개별적 관계에는 더 적은 투자를 하게 될 것이다. 현실 세계의 사회적 관여를 디지털 세계가 대체하면, 사회적 활동을 하고 싶은 충동을 감소시키지만 감정적 필요를 만족시키지는 못한다……. 나는 이것이 진실로 강력한 덫을 만들었다고 생각한다. 이런 형태의 상호 작용은 남과 연결하고 싶은 충동을 피상적으로 만족시키지만, 그러한 연결은 얕고 실체가 없고 불만족스럽다. 다른 사람을 만나고 싶은 인간의 충동은 인간 사이의 실제 연결이 제공하는 활력이 없으면 무뎌지고 만다.[81]

2010년대 초반에 모든 것이 스마트폰으로 옮겨갔을 때, 여자아이와 남자아이는 모두 사회적 유대의 **수**와 그 유대를 유지하는 데(지인의 게시물을 읽고 댓글을 달거나 가까운 친구가 아닌 사람들과 수십 개의 스냅챗 '스트릭streak'을 유지하는 것처럼) 필요한 **시간**이 엄청나게 증가하는 것을 경험했다. 이 폭발적 증가는 그림 6.6에서 보듯이, 가까운 우정의 수와 깊이 감소를 수반하는 결과를 낳았다.

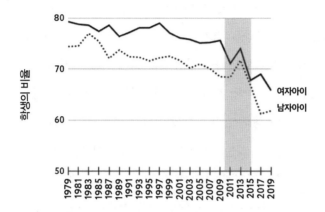

가까운 친구가 몇 명 있는 학생의 비율

그림 6.6 "나는 평소에 함께 어울릴 수 있는 친구가 몇 명 있다."라는 진술에 동의하거나 거의 동의한 미국 고등학교 졸업반 학생의 비율. 이 비율은 2012년 전에는 천천히 감소했지만, 그 이후에는 더 빠르게 감소했다. (출처: 모니터링 더 퓨처.)[82]

임상심리학자 리사 다무르Lisa Damour는 여자아이의 우정은 "양보다 질이 중요하다."라고 말한다. 가장 행복한 여자아이는 "친구가 많은 사람이 아니라, 단 한 명의 '절친'뿐이라 하더라도 늘 자신을 강하게 지지해주는 친구가 있는 사람이다."[83] (다무르는 이것은 남자아이들도 마찬가지라고 말한다.) 소셜 미디어 플랫폼으로 몰려가면서 한두 명의 특별한 친구와 긴 대화를 나누는 일이 줄어들자, 여자아이들은 일시적이고 믿을 수 없고 어려울 때 등을 돌리는 '친구'와 팔로워와 지인의 광대한 바다에서 자신이 허우적대고 있다는 사실을 발견했다.

그림 6.7에서 보듯이, 양이 질을 압도했고 외로움이 크게 증가했다. 그것은 남자아이도 마찬가지였지만, 앞에서 여러 차례 보았듯이 남자아이들 사이에서 외로움의 증가는 2012년 무렵에 그토록 심하

게 집중돼 나타나지 않았다.

이것은 소셜 미디어의 큰 아이러니이다. 거기에 더 많이 몰입할수록 외로움과 우울증을 겪기가 더 쉽다. 이것은 개인 차원과 집단 차원을 가리지 않고 나타나는 현상이다. 십대 청소년 전체가 현실 세계에서 어울리면서 함께 시간을 보내는 활동을 줄이자, 그들의 문화가 변했다. 그들의 융화성 욕구는 충족되지 못한 채 남았다(심지어 소셜 미디어에서 활동하지 않는 소수의 십대들까지 같은 영향을 받았다).

여자아이가 특별히 취약한 네 가지 이유를 고려하면, 왜 소셜 미디어가 남자아이보다 여자아이가 더 잘 걸려드는 덫인지 이해할 수 있다. 여자아이들은 친구들과 연결될 수 있다는 약속—융화성 욕구를

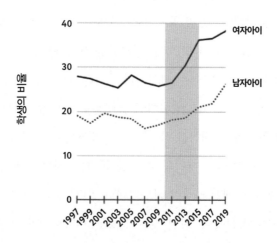

그림 6.7 "나는 외로움을 느낄 때가 많다."라는 진술에 동의하거나 거의 동의한 미국 학생(8학년, 10학년, 12학년)의 비율. (출처: 모니터링 더 퓨처.)

불안 세대

강하게 느끼는 여자아이들에게 매우 매력적인—에 강한 유혹을 느끼지만, 실제로는 이상한 새 세계로 떨어지는 상황에 처하게 되는데, 이곳에서는 현실 세계의 공동체에서 적응하며 오랫동안 진화해온 우리의 프로그래밍이 계속 헛도는 일이 일어난다. 가상 네트워크에서 여자아이들은 인류의 진화 역사 전체에 걸쳐 여자아이들이 경험한 것보다 수백 배나 많은 사회 비교를 하게 된다. 이들은 잔학 행위와 집단 괴롭힘에 더 많이 노출되는데, 소셜 미디어 플랫폼이 관계적 공격성을 자극하고 조장하기 때문이다. 다른 여자아이들과 기꺼이 감정을 나누려는 개방성과 자발성 때문에 이들은 우울증과 그 밖의 정신 장애에 시달리게 된다. 소셜 미디어의 왜곡된 인센티브 구조는 가장 극단적인 증상을 표출하는 사람에게 보상을 준다. 마지막으로, 사용자의 프라이버시와 안전보다 이익을 우선시하는 회사들이 성희롱과 착취를 조장하는 태도는 현실 세계에서 많은 사회가 성폭력과 성희롱을 줄이기 위해 노력하면서 이룬 진전을 무위로 돌리고 있다.

6장 요점 정리

- 소셜 미디어는 남자아이보다 여자아이에게 더 큰 해를 입힌다. 상관 연구들은 소셜 미디어를 과도하게 사용하는 사람이 적게 사용하거나 전혀 사용하지 않는 사람보다 우울증과 그 밖의 정신 장애 발생 비율이 더 높다는 것을 보여준다. 상관관계는 여자아이들에게서 더 크고 분명하게 나타난다. 과도한 사용자는 비사용자보다

우울증에 걸릴 확률이 세 배나 높다.

- 실험 연구는 소셜 미디어 사용이 단지 불안과 우울증과 상관관계만 있는 게 아니라, 그 **원인**임을 보여준다. 사람들을 3주 또는 그이상 소셜 미디어 사용을 줄이거나 아예 끊게 하는 집단에 배정하면, 대개 정신 건강이 개선된다. 여러 '준실험' 결과는 페이스북이 대학교에 도입되었을 때 혹은 고속 인터넷이 해당 지역에 도입되었을 때 사람들의 정신 건강이 나빠졌음을 보여주는데, 특히 여자아이와 젊은 여성이 큰 타격을 받았다.

- 여자아이는 남자아이보다 소셜 미디어를 훨씬 많이 사용하고 인스타그램과 틱톡 같은 시각 중심 플랫폼을 선호하는데, 이런 플랫폼은 레딧처럼 주로 텍스트를 기반으로 하는 플랫폼보다 사회 비교 측면에서 훨씬 나쁘다.

- 두 가지 주요 동기는 주체성(돋보이는 행동을 하면서 세상에 영향을 미치려는 욕구)과 융화성(남들과 연결하고 소속감을 발전시키려는 욕구)이다. 남자아이와 여자아이는 이 두 가지 동기를 다 원하지만, 이미 아이의 놀이에서부터 나타나는 성별 차이가 있다. 남자아이는 주체성 활동을 더 많이 원하고, 여자아이는 융화성 활동을 더 많이 원한다. 소셜 미디어는 융화성 욕구를 충족할 것처럼 보이지만, 오히려 그것을 좌절시키는 결과를 낳을 때가 많다.

- 소셜 미디어가 남자아이보다 여자아이에게 더 많은 해를 끼치는 이유가 최소한 네 가지 있다. 첫 번째는 여자아이는 시각적 비교에 더 민감하다는 점인데, 특히 다른 사람들이 어떤 사람의 얼굴과 몸매를 칭찬하거나 비판할 때 더욱 민감한 반응을 보인다. 자

불안 세대

신의 이미지에 초점을 맞추는 시각 중심 소셜 미디어 플랫폼은 여자아이의 '사회성 계량기'(타인에 대한 자신의 위치를 알려주는 내면의 계량기) 수치를 끌어내리는 데 아주 적합하다. 또한 여자아이는 '사회적으로 규정된 완벽주의'가 발달할 가능성이 더 높은데, 이 때문에 타인이나 사회가 가진 불가능할 정도로 높은 기준에 맞춰 살아가려고 노력한다.

- 두 번째 이유는 남자아이의 공격성은 신체적 방식으로 표출되는 경우가 많은 반면, 여자아이의 공격성은 다른 여자아이의 관계와 평판을 해치려는 시도로 표출되는 경우가 많다는 데 있다. 소셜 미디어는 여자아이에게 다른 여자아이의 관계와 평판을 손상시키는 방법을 무한히 제공했다.

- 세 번째 이유는 여자아이와 여성이 감정을 더 쉽게 나누는 데 있다. 모든 것이 온라인으로 옮겨가면서 여자아이들의 연결이 극대화되자, 불안이나 우울증을 앓는 여자아이들이 다른 여자아이들에게도 영향을 미쳐 불안과 우울증을 전염시켰다. 여자아이는 또한 생물학적 원인이 아니라 사회적 영향으로 발생하는 '사회 원인' 질환에도 더 취약하다.

- 네 번째 이유는 인터넷을 이용해 남성이 여자아이와 여성에게 접근하고 스토킹하는 것뿐만 아니라, 책임을 피하면서 나쁜 행동을 하기가 훨씬 쉬워진 데 있다. 십대 초반 여자아이가 소셜 미디어 계정을 만들면 나이 많은 남성이 팔로잉하면서 접촉을 시도하는 경우가 많으며, 또한 학교에서는 남학생들이 나체 사진을 보내라는 압력을 가한다.

- 소셜 미디어는 남자아이보다 여자아이가 더 많이 걸려드는 덫이다. 소셜 미디어는 연결과 융화성을 약속하면서 사람들을 유혹하지만, 관계의 수는 대폭 늘리는 반면에 그 질은 크게 떨어뜨린다. 그래서 현실 세계에서 몇몇 가까운 친구와 함께 시간을 보내기가 더 어려워진다. 2010년대 초반에 남자아이들 사이에서 외로움이 점진적으로 증가한 반면, 여자아이들 사이에서는 갑자기 크게 증가한 이유는 이 때문일지 모른다.

남자아이들에게
무슨 일이 일어나고 있는가

『도둑맞은 집중력Stolen Focus』이라는 중요한 책에서 저널리스트 요한 하리Johann Hari는 아홉 살 먹은 대자代子의 변화 과정을 기술한다. 이 사랑스러운 아이는 엘비스 프레슬리Elvis Presley에 푹 빠져 하리에게 언젠가 그레이스랜드에 있는 엘비스의 생가로 데려가달라고 부탁했다. 하리는 그러겠다고 했다. 하지만 6년 뒤에 다시 찾아간 하리는 그동안에 아이가 변했고 정신이 딴 데 팔려 있다는 사실을 발견했다.

그 아이는 문자 그대로 깨어 있는 시간 중 거의 전부를 집에서 멍하니 화면들 사이를 왔다 갔다 하며 보내고 있었다. 휴대폰으로는 왓츠앱과 페이스북 메시지를 끝없이 스크롤했고, 아이패드로는 유튜브와 포르노를 보았다. 아직도 이따금씩 그에게서 〈비바 라스베이거스Viva Las Vegas〉를 즐겁게 부르던 어린 꼬마의 흔적을 발견할 수 있었지만, 그랬던 아이가 지금은 서로 연결이 끊어진 작은 조각들로 산산이 부서진 것 같았다. 그는 한 주제로 몇 분 이상 대화에 몰두하기가 어려웠고, 시선을 화면으로 휙 돌리거나 난데없이 다른 주제로 옮겨가곤 했다. 정지하거나 진지한 것은 그 어떤 것도 그에게 다가갈 수 없는 곳에서 그는 스냅챗의 속도로 윙윙거리며 돌아가고 있는 것처럼 보였다.[1]

하리의 대자는 극단적인 사례이긴 하지만 유일한 사례는 아니다. 나는 부모들로부터 비슷한 디지털 구덩이에 빠진 남자아이 이야기를 많이 들었다. 이 책의 마무리 작업을 돕기 위해 내가 고용한 젊은 이인 크리스는 비디오게임과 포르노에 빠져 허우적댄 자신의 경험을 들려주었는데, 그것은 초등학교 시절부터 시작해 지금까지 지속되었다고 한다. 이 두 가지 활동의 조합은 깨어 있는 시간 중 거의 전부를 앗아갈 지경에 이르러, 자신의 삶에서 친구들과 함께 하는 놀이, 잠, 학교생활, 그리고 나중에는 연애까지도 밀어냈다고 말했다. 크리스는 대학교에 가서야 많은 노력과 친구와 가족의 도움으로 생활을 정상화하면서 게임과 포르노 시간을 줄이는 방법을 찾아냈다. 게임에 푹 빠져 살던 시절을 돌아보면서 그는 거기서 얼마나 큰 즐거움을 얻었는지 기억했고, 게임이 자기 삶의 일부였다는 사실을 여전히 좋게 평가한다. 하지만 그 대가로 자신이 감수한 희생도 잘 알고 있다.

나는 인생에서 많은 것을 잃었어요. 사회화 과정 중 많은 것을 잃었지요. 그 영향을 지금 절실히 느끼고 있어요. 새로운 사람들을 만나고 사람들과 이야기를 나눌 때 그걸 뼈저리게 느끼지요. 상호 작용이 내가 원하는 만큼 부드럽고 원만하게 일어나지 않는다는 걸 느껴요. 세상에 대한 지식(지리, 정치 등)도 부족해요. 나는 대화를 나누거나 스포츠에 대해 아는 데 별로 시간을 쓰지 않았어요. 나 자신이 공허한 운영 체제 같다는 생각이 자주 들어요.

아동기 대재편 시기에 평균적으로 남자아이는 여자아이와 다른 경로를 걸었다. 여자아이는 남자아이보다 오랫동안 내면화 장애 비율이 더 높았고, 1장에서 보았듯이 이 간극은 청소년의 삶이 스마트폰과 소셜 미디어로 옮겨가면서 더 커졌다. 우울증과 불안, 자해 그래프만 살펴본다면, 아동기 대재편이 남자아이보다 여자아이에게 더 큰 해를 입혔다고 결론 내릴 수 있다.

하지만 그래프의 많은 측면을 자세히 들여다보면, 남자아이도 큰 고통을 받았다는 증거가 차고 넘친다. 2010년대 초반 이후로, 비록 절대적 수치로는 여자아이보다 낮은 수준을 유지하긴 했지만, 많은 나라에서 남자 청소년의 우울증과 불안 비율이 증가했다. 미국과 영국, 오스트레일리아에서는 자살률도 양성 모두에서 증가했는데, 항상 남자아이의 비율이 훨씬 더 높았다.[2]

경고 징후는 또 있다. 남자아이는 2010년대에 정신 건강 악화가 나타나기 훨씬 전부터 현실 세계에 관여하는 활동에서 멀어지는 경향을 보였다. 남자아이들은 친구와 함께 보내는 시간이 2000년대 초반부터 감소하기 시작했고, 2010년 이후에는 그 경향이 더욱 가속되었다. 여자아이들은 2011년까지는 거의 같은 수준을 유지하다가 그 이후에 감소하기 시작했다. "나 같은 사람은 인생에서 성공할 확률이 높지 않다."라는 진술에 대한 반응도 살펴볼 필요가 있다. 1970년대에 미국 여자아이들 중에서 이 진술에 동의한 비율은 5%에 불과했고, 그림 7.1에서 보듯이 2010년대 초반까지는 사실상 큰 변화가 없었다. 하지만 남자아이들의 경우는 이야기가 다르다. 이 진술에 동의한 비율이 1970년대 후반부터 2000년대까지 서서히 증가하다가, 2010년대 초반에 더 가파르게 증가했다.

다시 말해서, 여자아이들의 이야기는 더 좁은 구간에서 더 가파르게 전개되었다. 여자아이들의 경우, 여러 나라에서 정신 건강 변화 중 대부분은 2010~2015년에 일어났고, 드러난 증거는 스마트폰과 소셜 미디어의 조합을 불안과 우울증 증가의 주요 원인으로 반복적으로

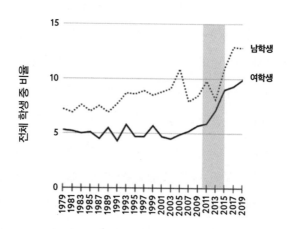

인생에서 성공할 확률이 높지 않다고 생각하는 비율

그림 7.1 미국 고등학교 졸업반 학생 중에서 "나 같은 사람은 인생에서 성공할 확률이 높지 않다."라는 진술에 동의하거나 거의 동의한 비율. (출처: 모니터링 더 퓨처.)[3]

불안 세대

지적한다. 반면에 남자아이들의 이야기는 좀 더 긴 시간에 걸쳐 분산돼 전개되었다. 현실 세계에 관여하는 활동의 감소는 더 일찍 시작되었고, 정신 건강 결과는 더 다양하게 나타났으며, 이들의 고통을 초래한 주요 원인으로 한 가지 특정 기술을 꼬집어 지적하기가 어렵다. 이 장에서 나는 현실 세계에서 점진적으로 이탈하면서 가상 세계에 점점 더 깊이 빠져든 현상에 대해 이야기하려고 하는데, 그 현상은 대다수 십대가 2010년대 초반에 스마트폰을 손에 쥐면서 언제 어디서나 인터넷에 접속하게 된 시점에 결정적 문턱에 도달했다.[4] 이 이야기는 앞 장의 여자아이들에 관한 이야기에 비해 추측에 의존하는 경향이 조금 더 높은데, 남자아이들에게 일어나고 있는 일에 대해 우리가 알고 있는 것이 상대적으로 적기 때문이다.

나는 '밀어내는 힘'과 '끌어당기는 힘'을 분석해 이 이야기를 하려고 한다. 먼저 1970년대 이후에 현실 세계가 어떻게 변했는지 보여줄 것이다. 현실 세계는 남자아이와 젊은 남성에게 덜 호의적인 방식으로 변했고, 그 때문에 많은 사람은 목적도 없고 쓸모도 없이 떠도는 듯한 느낌이 더 강해졌다. 그것은 현실 세계에서 그들을 밀어내는 힘이었다. 그리고 나서 디지털 세계가 남자아이에게 그들이 갈망하는 주체성 형성 활동 방법을 더 많이 제공하는 추세가 1970년대부터 시작해 2010년대를 거치며 어떻게 가속되었는지 보여줄 것이다. 그런 활동으로는 탐구와 경쟁, 전쟁놀이, 기술 습득, 점점 더 노골적인 포르노 시청 같은 것이 있는데, 이 모든 것을 화면을 통해(그리고 결국에는 주머니 속에 들어가는 화면을 통해) 할 수 있게 되었다. 이것이 바로 끌어당기는 힘이었다.

밀어내는 힘과 끌어당기는 힘이 합쳐진 순 영향은 남자아이들이 갈수록 현실 세계에서 벗어나 대신에 가상 세계에서 시간과 재능을 쓰는 결과로 나타났다. 일부 남자아이는 그곳에서 성공적인 경력을 쌓을 수 있을 텐데, 그 세계에서 능숙하게 살아가는 재주 덕분에 테크 산업에서 좋은 일자리를 얻거나 인플루언서로 살아갈 수 있기 때문이다. 하지만 많은 남자아이의 경우에는 그곳이 점점 비호의적으로 변해가는 세계로부터 도망치는 도피처가 될 수는 있어도, 가상 세계에서 자라다 보면 현실 세계에서 성공하는 데 필요한 사회성 기술과 능력을 갖춘 남성으로 발달하기 어려울 수 있다.

오랜 기간 계속된 남성의 쇠퇴

2023년, 리처드 리브스Richard Reeves는 경제적 불평등을 연구하는 정책 분석가로 일해온 브루킹스 연구소를 떠나 남자아이와 남성의 문제에 초점을 맞춘 새로운 조직을 만들었다.[5] 리브스는 2022년에 『소년과 남성에 관하여Of Boys and Men』라는 책을 출간하고 나서 이런 행동에 나섰는데, 이 책은 1970년대 이후 미국에서 남성의 재산과 성취와 안녕이 오랜 기간에 걸쳐 감소해왔다는 증거를 제시했다. 일부 원인은 신체적 힘의 가치를 떨어뜨린 구조적 변화와 경제적 변화에 있었다. 미국과 서양 국가들이 탈산업화하면서 공장 일을 개발도상국으로 이전하거나 로봇에게 맡기는 추세가 점점 강해졌다. 그 대신에 서비스 경제가 성장했는데, 서비스 직종에서는 평균적으로 여성이

불안 세대

남성보다 이점이 더 많다.[6]

『남자의 종말The End of Men』을 쓴 해나 로진Hanna Rosin은 이 변화를 아주 잘 설명한다. "이제 경제가 요구하는 것은 완전히 다른 종류의 기술들이다. 이제는 지능, 엉덩이를 붙이고 앉아 집중하는 능력, 공개적으로 의사소통하면서 다른 사람의 말에 귀를 기울이는 능력, 과거보다 훨씬 유동적인 일터에서 일하는 능력이 필요하다. 이런 능력은 여성이 남성보다 월등히 낫다."[7] 로진은 2009년에 "미국 역사상 처음으로 노동력의 균형추가 여성 쪽으로 기울어져, 여성이 계속해서 전체 일자리 중 약 절반을 차지하고 있다."라고 지적했다.[8]

리브스는 여성의 지위 상승을 바람직한 결과—교육과 고용의 기회에 드리워져 있던 제약이 제거되면서 자연스럽게 나타난 효과—로 환영한다. 예를 들면, 1972년에 학사 학위를 받은 사람들 중 여성의 비율은 42%에 불과했다. 1982년이 되자 대학교 졸업생 중에서 여성이 차지하는 비율은 남성과 비슷해졌다. 그런데 그다음 20년 동안 여성의 대학교 진학률은 빠르게 증가한 반면에 남성의 진학률은 그러지 않았고, 그래서 2019년에는 남녀 비율이 역전되었다. 학사 학위를 받은 사람들 중 여성의 비율은 59%에 이른 반면, 남성의 비율은 41%로 감소했다.[9]

이러한 추세는 대학교 졸업생 수에만 그치지 않는다. 리브스는 유치원에서부터 박사 학위에 이르기까지 모든 교육 수준에서 여성이 남성을 크게 앞지르고 있음을 보여준다. 남자아이는 여자아이보다 낮은 성적을 받고, ADHD 비율이 더 높으며, 글을 읽지 못할 확률과 고등학교를 졸업하지 못할 가능성이 더 높은데, 학교를 다니는 도중에 퇴학이나 정학을 당할 가능성이 세 배나 높다는 데 일부 이유가 있다.[10] 최상위층인 가장 부유한 계층에서는 남녀 격차가 미미한 편이지만, 사회경제적 사다리에서 아래로 내려갈수록 격차가 커진다.

이것은 여자아이와 여성의 승리를 의미할까? 인생을 남녀 사이의 제로섬zero-sum 전투로 볼 경우에만 그렇다. 리브스의 표현처럼 "남성의 삶이 힘든 세계가 여성이 번영을 구가하는 세계가 되긴 어렵다."[11] 그리고 데이터는 현재 우리는 젊은 남성이 허우적대는 세계에 살고 있음을 보여준다.[12]

리브스의 책은 남자아이의 성공을 더 어렵게 만든 구조적 요인들을 파악하는 데 도움을 준다. 리브스는 그 요인들로 신체적 힘에 더 이상 보상을 제공하지 않는 경제, 엉덩이를 붙이고 앉아 귀를 기울이는 능력을 높이 평가하는 교육 제도, 아버지를 포함한 긍정적인 남성 롤 모델의 가용성 감소 등을 꼽는다. 여러 가지 요인을 나열한 뒤에 리브스는 이렇게 덧붙인다. "남성의 쇠퇴는 대규모 심리적 붕괴의 결과가 아니라, 깊은 구조적 문제의 결과이다."[13]

나는 리브스가 구조적 요인에 초점을 맞춘 것은 옳다고 생각하지만, 그의 이야기에서 빠진 심리적 요인이 두 가지 있다고 생각한다. 첫째, 1980년대와 1990년대에 안전 지상주의가 부상한 것은 여자아이보다 남자아이에게 더 큰 타격을 주었는데, 남자아이는 더 거친 놀이와 더 위험한 놀이를 하면서 자라기 때문이다. 놀이 시간이 줄어들었을 때, 실내에 갇혀 과도한 감시를 받으면서 자라는 삶은 여자아이보다 남자아이에게 더 큰 해를 끼쳤다.

두 번째 심리적 요인은 남자아이들이 2000년대 후반에 온라인 멀

불안 세대

티플레이어 비디오게임을 시작하고, 2010년대 초반에 스마트폰을 사용하기 시작하면서 나타난 결과인데, 이 두 가지는 남자아이들을 대면 방식이나 몸과 몸이 맞부딪치는 상호 작용에서 멀어지게 하는 데 결정적 역할을 했다. 나는 그 시점에 '대규모 심리적 붕괴' 징후가 **나타났다고** 생각한다. 아니면, 적어도 대규모 심리적 **변화** 징후가 나타났을 것이다. 인터넷 연결 기기를 여러 가지 사용할 수 있게 되자, 많은 남자아이는 요한 하리의 대자가 그런 것처럼 그것을 통째로 꿀꺽 삼켰다. 그들은 사이버 공간에서 길을 잃었고, 그 때문에 지구에서 더 취약해지고 두려움이 커지고 위험을 회피하게 되었다. 2000년대 후반과 2010년대 초반에 미국 남자아이들의 우울증, 불안, 자해, 자살 비율이 증가하기 시작했다.[14] 서구 세계 전반에 걸쳐 남자아이들의 정신 건강이 우려스러울 정도로 나빠지기 시작했다.[15] 2015년에 이르자, 가까운 친구가 전혀 없고 외롭고 자신의 삶에 아무 의미도 방향도 없다고 말하는 남자아이들이 아주 많이 늘어났다.[16]

이륙에 실패하는 남자아이들

미국인은 제 궤도에서 벗어나거나, 일자리를 구하지 못하거나, 부모 집으로 돌아가 무기한 함께 사는 사람을 가리킬 때 '이륙 실패failure to launch'라는 용어를 오래전부터 사용해왔다. 이십대 후반의 젊은 남성이 부모와 함께 살 확률(2018년에는 27%)은 젊은 여성(17%)보다 높다.[17] 더 공식적인 용어는 영국 경제학자들이 16~24세의 젊은이를

가리키기 위해 만들어낸 니트족NEET인데, Not in Education, Employ-
ment, or Training(진학이나 취업을 하지 않고 직업 훈련도 받지 않는)의 준
말이다. 이러한 젊은이를 '비경제 활동' 상태에 있다고 한다. 영국[18]과
미국[19]의 니트족은 장애가 있는 사람과 자녀를 돌보는 부모를 제외하
면 대부분 남성이다.

미국의 부모들은 딸보다는 아들이 어른으로서 성공적인 삶을 살
아가지 못할 가능성을 더 염려한다.[20] 또한 다음 진술이 아들보다는
딸에게 더 어울린다고 동의할 가능성이 훨씬 높다. "실패를 하더라도
그 아이는 낙담하지 않는다. 그 아이는 쉽게 포기하지 않는다."

부모들의 염려는 충분히 이해할 만하다. 남자아이는 일본에서 일
어난 현상처럼 은둔형 외톨이가 되기 더 쉽다. 일본 사회에서는 오래
전부터 젊은 남성이 학교에서 성공하고, 좋은 일자리를 구하고, '샐
러리맨'에게 부과되는 사회적 기대에 순응해야 한다는 압력을 강하
게 받았다. 1990년대에 1980년대의 버블 경제가 붕괴하면서 성공을
위한 허들이 높아지자, 많은 젊은 남성은 어린 시절의 침실로 돌아가
방문을 닫았다. 경기 침체로 외부 세계에 생산적으로 관여하기가 더
어려워졌을 때, 새로운 인터넷은 역사상 처음으로 젊은 남성이 방에
틀어박힌 채 자신의 주체성과 융화성 욕구를 충족할 수 있게 해주었
다.

이 젊은이들을 일본어로 '히키코모리引き籠もり'라고 부르는데, 직역
하면 '틀어박힌 사람'이란 뜻이다.[21] 히키코모리는 은둔자처럼 살아
가는데, 동굴 밖으로 나서는 때는 가족을 포함해 누군가를 마주칠 가
능성이 아주 낮은 시간이다. 일부 가정에서는 부모가 방문 앞에 음식

을 놓아둔다. 그들은 방 안에 갇혀 지내면서 불안을 달래지만, 틀어박혀 지내는 시간이 길어질수록 바깥세상에서 잘 살아갈 능력이 떨어지고, 그래서 바깥세상에 대한 불안이 더욱 커진다. 이들은 덫에 빠진 신세가 되고 만다.

정신의학계는 오랫동안 히키코모리를 일본만의 특유한 현상으로 취급했다.[22] 하지만 최근에 미국과 다른 나라에서도 일부 젊은 남성이 히키코모리와 같은 행동을 보이고 있다. 심지어 그중 일부는 히키코모리와 'NEET'를 '부족 식별자'로 사용하고 있다.

레딧에서 r/NEET와 r/hikikomori 같은 서브레딧은 자기 방에 틀어박혀 살아가는 생활방식을 옹호하는 TV 프로그램에서부터 방 밖으로 나가는 것을 피하기 위해 동물용 변기에 소변을 보는 세부 내용에 이르기까지 모든 것에 대해 이야기한다.

잡지 《뉴욕New York》의 알리 콘티Allie Conti는 노스캐롤라이나주에 거주하는 그러한 레딧 사용자 루카와 대화를 나누었다. 루카는 중학생 때 불안증을 앓았다. 루카가 열두 살 때 어머니는 루카에게 학교를 그만두고 방 안에서 온라인으로 공부하게 해주었다. 과거 세대에 방 안에 틀어박혀 살아가는 남자아이들은 따분함과 상상하기 힘든 외로움에 맞닥뜨렸다. 그런 상태에서는 대부분의 청소년이 할 수 없이 생활방식을 바꾸거나 도움을 청했다. 하지만 루카에게는 온라인 세계가 충분히 생생한 경험을 제공하면서 마음이 황폐해지지 않게 해주었다. 10년이 지난 지금도 루카는 여전히 밤새 비디오게임을 하고 웹을 서핑한다. 낮 동안에는 내내 잠을 잔다.

루카는 자신의 생활방식을 부끄럽게 여기지 않는다고 설명한다.

사실, 루카는 그것을 자랑스럽게 여긴다고 말하며, 상사의 지시를 따르며 일하면서 살아가는 젊은 남성의 삶과 대비한다. 루카는 콘티에게 자신의 방은 "감옥의 정반대"라고 말한다. "이곳은 자유예요. 여기에는 나 말고는 아무도 없어요. 나는 언제든지 무엇이든 할 수 있어요. 밖으로 나가는 것은 감옥이에요. 하지만 이 방, 이 방은 명료성 그 자체예요."

루카의 세계관이 가능한 이유는 인터넷 연결을 통해 자신의 불안과 현실 세계의 불편한 불확실성과 대면할 필요 없이 현실 세계의 많은 즐거움—사회적 연결, 게임, 학습, 섹스—을 매우 그럴듯하게 시뮬레이션한 것에 접근할 수 있기 때문이다. 그의 세계관은 또한 남성 중심의 서브레딧과 '찬chan'(4chan과 8chan 같은), 온라인 커뮤니티(여성이 없는 MGTOW, 즉 Men Going Their Own Way 같은)에 팽배한 과시적이고 공격적인 정신을 대표한다.

현실 세계의 위험이 없는 남자아이의 아동기

모든 위험이 제거된 아동기를 상상해보라. 어른이 올라가지 말라고 한 나무를 오르면서 아드레날린이 분출되는 것을 느끼는 경험은 아무도 하지 못한다. 용기를 내 누구에게 데이트 신청을 하면서 속이 울렁거리는 경험도 하지 못한다. 친구들과 밤중에 밖에서 모험을 즐기는 것이 먼 과거의 이야기가 된 세상을 상상해보라. 이런 아동기는 상처가 생기거나 뼈가 부러지거나 실연의 아픔을 겪는 일이 적을 것

불안 세대

이다. 이것은 더 안전한 세계처럼 들리지만, 당신은 자녀가 이런 세상에서 살아가길 원하는가?

대다수 부모는 아니라고 대답할 것이다. 하지만 많은 Z 세대는 바로 이런 것과 비슷한 세계에서 자란다. 감시가 과도하게 넘치고 위험이 충분히 많지 않은 세계는 모든 아동에게 나쁘지만, 특히 남자아이에게 큰 해를 주는 것처럼 보인다.[23]

이 책을 쓰기 위해 남자아이들의 정신 건강 추세를 조사하기 시작했을 때, 나는 놀라운 사실을 발견했다. 사춘기에 도달할 때 남자아이와 여자아이는 정신 건강 문제에서 각자 독특한 패턴이 나타난다는 것이 그때까지의 일반 상식이었다. 여자아이는 대개 감정과 고통을 내면으로 집어삼키면서 우울증과 불안 같은 내면화 장애 비율이 높다. 반면에 남자아이는 감정을 외부로 분출하면서 음주 운전이나 폭력, 약물 남용처럼 위험이 높은 행동이나 남에게 해를 끼치는 반사회적 행동을 하는 외면화 장애 비율이 높다.

하지만 2010년 무렵에 유례없던 일이 일어나기 시작했다. 남녀 **모두** 전통적으로 여성과 관련이 있다고 여겨졌던 패턴을 향해 급속하게 이동하기 시작한 것이다. 남녀 모두 내면화 장애와 관련이 있는 항목("아무것도 제대로 할 수 없을 것 같은 기분이 든다."처럼)에 동의하는 비율이 뚜렷하게 증가했는데, 그림 7.2에서 보듯이 여자아이들에게서 더 급격하게 증가했다. 그와 동시에 외면화 장애와 관련이 있는 항목("학교 재산을 고의로 파손한 적이 얼마나 자주 있었는가?"와 같은)에 동의하는 비율은 남녀 모두 급감했는데, 남자아이들의 감소폭이 특히 컸다. 2017년에 남자아이들의 반응은 1990년대의 여자아이들 반응

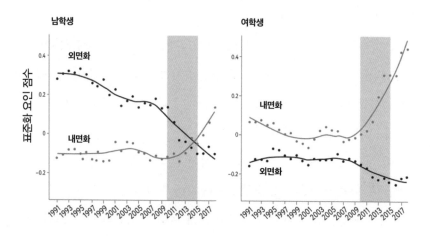

내면화와 외면화 증상(미국 십대)

남학생

여학생

표준화 요인 점수

외면화

내면화

내면화

외면화

그림 7.2 미국 고등학교 졸업반 학생들의 내면화와 외면화 증상. 2010년대에 양성 모두 외면화 점수가 하락한 반면, 내면화 점수는 상승했다. (출처: Askari et al., 2022, 모니터링 더 퓨처의 데이터를 기반으로 작성한 그래프.)[24]

처럼 보였다.

가장 많은 주목을 끈 Z 세대의 특성 중 하나는 그전의 십대들이 하던 것처럼 나쁜 행동을 많이 하지 않는다는 점이다. 이들은 술을 덜 마시고, 자동차 사고도 더 적게 내며, 속도위반 딱지도 덜 받는다. 신체적 싸움이나 계획되지 않은 임신도 훨씬 적다.[25] 이것들은 물론 좋은 추세이다(더 많은 자동차 사고를 원하는 사람은 아무도 없으니까). 하지만 **아주 많은 위험** 행동의 변화 속도가 너무나도 빠르기 때문에 나는 이 추세들을 우려스러운 눈으로 바라본다. 만약 이 변화들이 Z 세대가 현명해져서 나타난 것이 아니라, 그들이 물리적 세계에서 벗어나서 일어난 것이라면 어떻게 할 것인가? 만약 그들이 전반적으로 위험

불안 세대

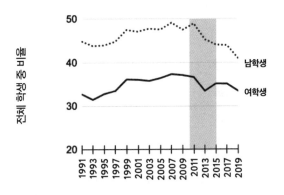

위험한 행동을 즐기는 비율

그림 7.3 "나는 가끔 자신을 시험하고 약간 위험한 행동을 하길 좋아한다."라는 진술에 동의한 미국 학생(8학년, 10학년, 12학년)의 비율. 2010년대에 여자아이들보다 남자아이들 사이에서 위험을 감수하는 행동을 즐기는 비율이 훨씬 빠르게 감소했다. (출처: 모니터링 더 퓨처.)[26]

부담이 덜한 행동(건전한 행동과 불건전한 행동 모두)에 몰입하고, 그럼으로써 현실 세계에서 위험을 관리하는 방법을 덜 배운다면 어떻게 할 것인가?

이것은 실제로 일어난 일처럼 보인다(적어도 부분적으로는). 그림 7.3은 "나는 가끔 자신을 시험하고 약간 위험한 행동을 하길 좋아한다."라는 진술에 동의한 미국 학생(8학년, 10학년, 12학년)의 비율을 보여준다.

그래프에서 보듯이, 남자아이는 이 진술에 동의할 확률이 더 높았고, 그래프에서 두 선은 2000년대에는 거의 같은 수준을 유지했다. 그러다가 갑자기 변화가 일어났다. 양성 모두 하강 곡선을 그렸지만, 남자아이들의 감소폭이 더 가팔랐다. 2019년에 이르자, 남자아이들

의 비율은 10년 전 여자아이들의 비율과 그리 큰 차이가 나지 않는 수준으로 떨어졌다.[27]

남자아이들은 위험에 대해 **말하거나 생각하는** 방식만 바뀐 게 아니었다. 실제로 위험한 행동이 줄어들었다. 그림 7.4는 비의도적 부상으로 입원하는 네 연령 집단의 비율을 그래프로 나타낸 것으로, 왼쪽이 남성, 오른쪽이 여성이다. 2010년 이전 시기만 본다면, 입원 비율이 모든 연령 집단에서 남녀 모두 10만 명당 1만 명 미만이라는 걸알 수 있다(단 젊은 남성 집단만 제외하고). 2010년 이전에는 10~19세 남성은 20대 남성과 함께 어느 집단보다도 입원 비율이 훨씬 높았는데, 더 위험한 활동을 하는 동시에 나쁜 결정을 내리는 것이 일부 이유였다.

비의도적 부상으로 입원한 사람의 비율

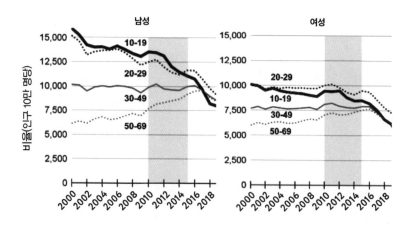

그림 7.4 왼쪽: 비의도적 부상으로 입원한 연령대별 미국 남성의 비율. 오른쪽: 동일한 이유로 입원한 미국 여성의 비율. 검은색 선은 과거에는 가장 높은 비율을 기록했지만, 지금은 가장 낮은 축에 속한 10~19세 연령 집단을 나타낸다. (출처: 미국질병예방통제센터.)[28]

불안 세대

21세기가 되자 상황이 변하기 시작했다. 2000년대에는 오직 젊은 남성 집단에서만 부상 비율이 천천히 감소했다. 그러다가 2012년 이후에 감소 추세가 가속되었다(그리고 젊은 여성에게서도 같은 일이 일어났다). 2019년에 이르자, 남자 청소년이 부상을 입는 비율은 2010년에 여자 청소년이 부상을 입은 비율보다 **낮아졌다**. 사실, 이제 남자 청소년이 부상을 입는 비율은 여자 청소년과 큰 차이가 없으며, 50대와 60대 남성과도 큰 차이가 없다.[29]

변화의 증거는 또 있다. 전국적 규모의 연구에서 2001년부터 2015년까지 추락과 관련된 골절(예컨대 손가락이나 손목 골절)이 남자아이들과 여자아이들 사이에서 서서히 꾸준하게 감소한 것으로 드러났는데, 유난히 눈길을 끄는 집단이 있었다. 10~14세 남자아이 집단은 2009년 후부터 추락과 관련된 골절이 급격히 감소했다. 이 결과는 자전거를 타고 점프대에서 점프를 하거나, 나무 위로 올라가는 것처럼 추락을 초래할 수 있는 행동이 급격히 줄어들었음을 시사한다.[30] 무엇이 남자아이들에게 이런 변화를 가져왔을까? 왜 그들은 현실 세계에서 위험을 피하게 되었을까? 그리고 이 추세는 왜 2010년 이후에 가속되었을까? 그림 7.2에서 그 단서를 찾을 수 있다. 남자아이들의 **외면화** 태도는 두 단계를 거치며 일어난 것처럼 보인다. 즉, 1990년대 후반부터 천천히 감소하기 시작하다가, 2010년 이후에 급격히 감소했다. 남자아이들이 부상으로 입원하는 비율이 감소한 그림 7.4의 추세에서도 동일한 패턴이 나타난다. 2000년대부터 서서히 감소하기 시작하다가, 2010년 이후에 급격히 감소했다. 여자아이들은 이 두 그림 모두에서 첫 번째 단계의 감소 추세가 나타나지 않는다. 한편 남자아이들의 **내면화** 태도의 증가는 2010년 이후 두 번째 단계에서만 일어났고, 여자아이들과 거의 같은 시기에 일어났다.

이제 이 두 단계가 특히 남자아이들에게 어떤 영향을 미쳤는지 살펴보기로 하자. 1980년대와 1990년대의 안전 지상주의(남성의 사회적 가치 하락과 함께)와 2000년대와 2010년대 초반의 스마트폰 사용으로 인한 온라인게임 세계로의 이동이, 어떻게 함께 손을 잡고 작용해 남자아이들을 현실 세계에서 가상 세계로 끌어당기고 그들의 정신 건강 위기에 기름을 끼얹었었을까?

남자아이들을 환영하는 가상 세계

남자아이들은 주체성을 행사하고, 위험한 놀이를 통해 우정을 발전시키고, 갈수록 과잉보호가 심해지는 현실 세계에서 감독받지 않는 모험을 추구할 기회가 점점 줄어들자, 대신에 가상 세계에서 주체성과 우정을 쌓아갈 기회를 점점 더 많이 찾게 되었다. 이 이야기는 1970년대에 퐁Pong(1972년 출시) 같은 초창기의 아케이드 비디오게임과 함께 시작하는데, 나중에는 집에서 텔레비전으로 이런 게임을 할 수 있게 되었다. 최초의 가정용 컴퓨터들은 1970년대와 1980년대에 나왔다. 이 시기와 1990년대의 컴퓨터와 비디오게임은 여자아이보다 남자아이에게 더 큰 관심을 끌었다.

실제적인 가상 세계는 1990년대에 모자이크Mosaic(1993년)와 알타비스타AltaVista(1995년) 같은 웹 브라우저를 통해 일반 대중에게 인터넷이 개방되고 완전한 3D 그래픽스가 발전하면서 활짝 열리기 시작했다. 둠Doom 같은 1인칭 슈팅 게임first-person shooter을 포함해 새로운 비디오게임 장르들이 개발되었는데, 나중에는 룬스케이프RuneScape와 월드 오브 워크래프트처럼 많은 사람이 참여하는 멀티플레이어 온라인 게임들이 나왔다.

2000년대에는 모든 것이 이전보다 더 빨라지고 밝아지고 나아지고 저렴해지고 개인적인 것으로 변해갔다. 와이파이 기술의 도입으로 랩톱 컴퓨터의 유용성과 인기가 크게 높아졌다. 광대역 고속 인터넷도 급속하게 확산되어 유튜브나 폰허브에서 영상을 보거나, 새로 출시된 Xbox 360(2005년)과 PS3(2006년)에서 몰입도가 매우 높은 온라인 멀티플레이어 비디오게임을 하기가 훨씬 쉬워졌다. 이러한 인터넷 연결 콘솔은 청소년이 방 안에 홀로 틀어박혀 전 세계 각지의 낯선 사람들과 조합을 바꿔가며 장시간 게임을 할 수 있게 해주었다. 그전에 남자아이가 멀티플레이어 비디오게임을 할 때에는 게임 상대가 친구나 형제였고, 바로 옆에 앉아 흥분과 농담과 음식을 함께 나누면서 게임을 했다.

남녀 청소년이 자기 소유의 랩톱과 휴대폰, 인터넷 연결 게임 콘솔을 갖게 되자, 자신만의 개인 공간으로 들어가 하고 싶은 것을 마음대로 하기가 점점 더 자유로워졌다. 남자아이들에게 이런 상황은 주체성과 함께 융화성 욕구를 충족할 새로운 방법을 많이 제공했다. 그 결과로 특히 남자아이는 자기 방에 홀로 틀어박혀 비디오게임을 하거나 포르노를 보는 데 훨씬 많은 시간을 쓰게 되었다. 이제 거실로 나와 가족의 데스크톱 컴퓨터나 게임 콘솔을 사용할 필요가 없어졌다. 하지만 이 새로운 생활방식—방 안에 홀로 틀어박혀 가상 세계에서 상호 작용하는 생활방식—은 정말로 그들의 주체성과 융화성 욕구를 충족시킬 수 있을까?

남자아이들을 집어삼키는 가상 세계

남자아이들이 이렇게 몰입형 게임에 점점 더 깊이 빠져드는 동안 정신 건강 악화 징후는 전혀 나타나지 않았다. 적어도 2000년대 후반과 2010년대 초반까지는 그랬다.[31] 하지만 그때부터 자살과 우울증, 불안 비율이 모두 증가하기 시작했다. 이 시점에 초점을 맞추면, 스마트폰이 남자아이들이 기술을 사용하고 전자 기기 너머 세계에 관여하는 방식을 어떻게 변화시켰는지 자세히 들여다볼 필요가 있다. 스마트폰이 플립폰을 대체하기 전에 테크 회사들은 아동이 컴퓨터 앞에 앉거나 게임 콘솔을 사용할 때에만 주의를 끌 수 있었다. 하지만 2010년대 초반에는 스마트폰을 가진 청소년은 깨어 있는 시간 내내 회사들의 먹잇감이 되었다.

이것은 미국 정부가 갑자기 알래스카주 전체를 석유 시추를 위해 전면 개방하자, 석유 회사들이 서로 최선의 장소를 선점하려고 격렬하게 경쟁하는 것과 비슷한 상황이다. 오늘날에는 "데이터가 새로운 석유"라고 흔히 이야기한다. 그런데 주의도 그렇다.

모두가 스마트폰을 소유하자, 회사들은 재빨리 모바일 앱 쪽으로 돌아서서 청소년에게 매우 자극적인 활동을 무한정 제공했다. 비디오게임 제작자, 포르노 공급자, 소셜 미디어 플랫폼은 광고를 기반으로 사용자에게 무료로 서비스를 제공하는 전략을 채택했다.[32] 게임들은 또한 유료 아이템 판매 방식—사용자의 지갑을 열게(또는 부모의 신용카드를 쓰게) 하는 사업상의 결정—을 제도화하면서 아이들을 낚았다.

여자 청소년 사이에서 나타난 추세와 흡사하게, 남자아이들의 지위 협상 장소는 사회생활과 엔터테인먼트 생활과 함께 점점 더 온라인으로 옮겨갔다. 남자아이들은 소셜 미디어와 온라인 커뮤니티, 스트리밍 플랫폼, 게임, 포르노를 포함한 다양한 앱의 시장에서 배회했고, 나이가 더 들면 도박과 데이트 앱 시장도 기웃거렸다. 2015년에 이르자 남자아이들은 불과 15년 전에는 상상할 수 없었던 수준의 자극과 주의 추출에 노출되었다.

디지털 시대가 시작된 이래 테크 산업은 남자아이들이 원하는 일을 하는 데 도움을 주기 위해 점점 더 강력한 방법들을 발견했는데, 심지어 이제 남자아이들은 한때 그런 욕구를 충족하기 위해 필요했던 사회적, 신체적 위험을 감수할 필요조차 없다. 전통적으로 '남자다운' 기술과 속성으로 간주되던 것들이 경제적으로나 문화적으로나 가치가 떨어지고 안전 지상주의 문화가 성장하면서 가상 세계가 그런 욕구들을 직접 충족시키려고 나섰지만, 성인기로의 전환에 필요한 기술들을 촉진하는 방식으로 그런 것은 아니었다. 나는 이런 일이 일어난 주요 부문 두 가지를 간략하게 다루려고 하는데, 그것은 포르노와 비디오게임이다.

포르노

온라인 하드코어 포르노는 회사들이 인간의 깊은 진화적 충동을 어떻게 이용하는지 보여주는 좋은 예이다. 진화는 어떤 행동을 하는 개체가 그런 욕구를 느끼지 못하거나 그런 행동을 하지 않는 개체에 비해 살아남는 자손을 더 많이 남길(수천 세대에 걸쳐) 경우에만, 그 행동을 매력적으로 보이게 하고 보상이 따르게(약간의 도파민 분출과 함께) 만든다. 성적 매력과 짝짓기는 진화가 우리의 삶에서 미끼와 강한 욕구를 남겨놓은 분야이다.

지난 수십 년 동안 이성애자 남자아이[33]가 나체 여성을 볼 수 있는 주요 방법은 현재의 관점에서는 매우 질이 낮은 포르노(미성년자에게는 판매할 수 없는 잡지)를 통해서였다. 사춘기가 진행되고 성 충동이 증가함에 따라, 남자아이는 여자아이에게 말을 걸려고 시도하거나 어른들이 조직한 행사에서 여자아이에게 춤을 추자고 요청하는 것처럼 두렵고 어색한 행동을 하고 싶은 충동을 느낀다.

반면에 인터넷은 포르노 이미지를 유통하기에 아주 이상적이다. 데이터 속도가 빨라지면서 하드코어 포르노 영상의 가용성도 증가했다. 1990년대 후반에 전체 인터넷 트래픽 중 약 40%는 포르노가 차지했다.[34] 2003년에 초연한 이래 장기간 공연을 이어간 브로드웨이 뮤지컬 〈애비뉴 QAvenue Q〉에는 심지어 형형색색의 인형들이 "인터넷은 포르노를 위한 것!"이라고 노래하는 장면이 나온다.

남자아이들의 손에 랩톱과 고속 인터넷이 들어가자, 그들은 상상 가능한 모든 행위와 신체 부위, 페티시fetish를 보여주는 양질의 영상을 무한 공급받게 되었고, 자기만의 공간에서 하루에 몇 번이고 포르노를 볼 수 있게 되었다. 스웨덴의 한 연구에 따르면, 2004년에 남자아이들 중 매일 포르노를 본 비율은 11%였는데, 2014년에는 24%로 증가했다.[35] 또 다른 연구에 따르면, 포르노를 보는 남자 청소년 중에서 59%는 포르노가 "항상 자극적"이라고 말했고, 22%는 '습관처럼' 포르노를 본다고 했으며, 10%는 포르노가 현실 세계의 잠재적 파트너에 대한 성적 관심을 감소시킨다고 말했고, 10%는 "일종의 중독"이라고 대답했다.[36] 물론 많은 십대 여자아이도 포르노를 보지만, 조사 결과에 따르면 이성애자이건 성 소수자이건 간에 그 비율은 남자아이가 월등히 높다.[37] 그림 7.5에서 보듯이 매일 포르노를 보거나 일상적인 기능을 방해할 정도로 포르노에 중독된 사람에 초점을 맞추면,

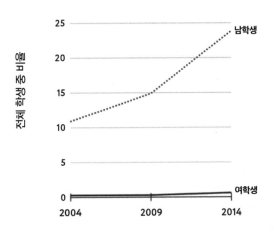

스웨덴 12학년 학생들 중 매일 포르노를 보는 비율

그림 7.5 스웨덴의 12학년 학생들 중 포르노를 "거의 매일" 보는 학생들의 비율. (출처: Donevan et al., 2022.)[38]

남녀 비율은 일반적으로 5대 1 혹은 10대 1 이상이다.

문제는 단지 현대의 포르노가 포르노 중독을 증폭하는 데에만 있는 게 아니다. 과도한 포르노 사용은 남자아이에게 불확실하고 위험한 현실 세계의 연애 게임을 시도하는 대신에 성적 만족을 위한 더 쉬운 선택에 안주하게 만들 수 있다. 게다가 과도한 포르노 사용이 남자아이와 젊은 남성의 연애 관계와 성적 관계를 방해한다는 증거도 있다. 예를 들면, 여러 연구 결과는 포르노를 보고 나면 이성애자 남성이 자신의 파트너를 포함해 실제 여성을 덜 매력적으로 느낀다고 시사한다.[39] 남성의 비율이 압도적으로 높은 강박적 포르노 사용자는 파트너와 성적 상호 작용을 피할 가능성이 더 높으며, 실제 관계에서 성적 만족을 덜 느끼는 경향이 있다.[40] 2017년에 10개국에서 5만 명 이상이 참여한 50건 이상의 연구를 메타 분석한 연구에서는 포르노 소비가 "횡단 조사 연구와 종단 조사 연구와 실험에서 낮은 대인관계 만족도와 관련이 있는" 것으로 드러났다. 여기서 그 관련성이 오직 남성들 사이에서만 유의미하게 나타났다는 점이 중요하다.[41]

포르노는 진화한 미끼(성적 즐거움)를 현실 세계의 보상(성적 관계)과 분리하는데, 그럼으로써 과도한 포르노 사용자 남자아이를 현실 세계에서 섹스와 사랑, 친밀감, 결혼을 추구하는 능력이 떨어지는 남성으로 변화시킬 수 있다.

이러한 추세는 메타버스와 공간 동영상, 생성형 AI의 등장으로 더 악화할 가능성이 있다. 메타와 애플이 사용자에게 다른 사람은 상상만 할 수 있는 어떤 종류의 세계라도 돌아다니게 해주는 헤드셋을 제공하기 때문에, 불가능한 몸매를 가진 '완벽한' 사람들이 등장하는

3차원 포르노는 훨씬 강력한 미끼가 될 것이 틀림없다. 생성형 AI는 이미 가상 여자친구와 남자친구를 만들어냈다. 예컨대 23세의 스냅챗 인플루언서를 AI가 복제해 만든 카린 AI는 이 인플루언서가 현실 세계에서 수천 시간에 이르는 자신의 유튜브 콘텐츠를 바탕으로 만든 섹스팅 챗봇이다.[42] 사람들은 이미 이러한 봇들과 함께 시시덕거리고 친밀한 비밀을 나누면서 미친 듯이 사랑에 빠지고 있다.[43]

생성형 AI의 개성이 발전하고, 그것이 점점 더 실물과 비슷한 섹스 인형과 섹스 로봇에 탑재되면,[44] 점점 더 많은 이성애자 남성이 데이트 앱에서 받는 수천 번의 왼쪽 스와이프(마음에 들지 않는다는 표시)보다 프로그래밍 가능한 기계적 여자친구와 함께 지내는 히키코모리식 생활방식을 선호하게 될지 모른다. 현실 세계에서 여성에게 다가가 데이트 신청을 하는 사회적 위험을 피하리라는 것은 말할 것도 없다. 이런 것들은 젊은 남성이 연애 전선에서 더 유능하고 성공적인 사람이 되려면 반드시 거쳐야 하는 건강한 종류의 위험인데도 불구하고 말이다.

모든 포르노가 해롭다고 주장하는 것은 아니다. 다만, 뇌의 성적 중추에 개편이 일어나는 민감한 시기에 남자아이가 무한히 많은 하드코어 포르노 영상에 빠져들면, 성적 발달과 연애 기술의 발달 또는 미래의 파트너를 위해 좋지 않다고 지적할 뿐이다.

비디오게임

하드코어 온라인 포르노를 둘러싼 이야기는 암울하지만, 비디오게임의 경우는 이야기가 훨씬 복잡하다. 이 책을 쓰기 시작했을 때, 나는 남자아이의 문제를 설명하는 데 비디오게임이 차지하는 역할이 여자아이의 문제를 설명하는 데 소셜 미디어가 차지하는 역할과 똑같지 않을까 하고 생각했다. 실제로 수십 건의 연구를 메타 분석한 결과는 전 세계에서 남성은 '인터넷 게임 장애' 비율이 훨씬 높은 반면, 여성은 '소셜 미디어 중독'이 훨씬 높다는 것을 보여준다.[45] 하지만 가장 크고 가장 논란이 많은 미디어 연구 분야를 검토한 결과, 나는 남자아이에게 비디오게임을 아예 못 하게 해야 한다는 경고를 뒷받침하는 명확한 증거를 발견하지 못했다.[46] 이것은 많은 연구에서 여자아이와 소셜 미디어, 불안, 우울증 사이의 연관성이 확인된 것과는 사뭇 다른 상황이다.[47]

온라인 포르노와 달리, 연구자들은 비디오게임을 하는 청소년이 많은 **이득**을 얻는다는 사실을 발견했다. 일부 연구는 비디오게임이 작업 기억 향상, 반응 억제, 심지어 학교 성적을 포함한 인지 기능과 지적 기능 향상과 연관이 있다는 것을 보여주었다.[48] 한 실험은 우울증 증상이 있는 실험군에게 일주일에 세 차례, 한 번에 30분씩 한 달 동안 비디오게임을 하게 했더니 증상이 상당히 감소하는 결과를 얻었다.[49] 다른 연구들에서는 서로 협력하는 게임을 하면 게임 밖에서도 협력이 잘 일어난다는 사실을 발견했다.[50]

그럼에도 불구하고, 비디오게임과 관련된 큰 해악이 적어도 두 가

불안 세대

지 있다. 첫째, 비디오게임은 앞에서 언급한 크리스처럼 과도한 사용자 중 상당수에게 심각한 문제를 초래할 수 있는데, 여기서 핵심 요인은 단지 게임을 하는 시간뿐만이 아니라 게임이 그들의 삶에서 차지하는 역할이다.[51] 예를 들면, 코로나19 팬데믹 기간에 실시된 연구들을 체계적으로 검토한 한 연구는 비디오게임이 때로는 단기적으로 고독감을 완화하지만 사용자를 악순환의 고리에 빠져들게 하는데, 이들이 고독감에서 벗어나기 위해 게임을 하는 것이 그 주요 이유임을 밝혀냈다. 시간이 지나자 이들은 장기적인 우정을 형성하는 대신에 게임에 대한 의존성이 커졌고, 이것은 장기적인 스트레스와 불안, 우울증 증상을 유발했다.[52] 물론 코로나19 팬데믹 기간에는 직접 대면 방식의 관계를 맺기가 어려웠지만, 이 발견은 코로나19 팬데믹 이전에 외로움과 문제 있는 비디오게임 사용 사이의 연관성을 발견한 연구 결과들과 일치한다.[53]

연구자들은 일곱 항목으로 된 청소년 게임 중독 척도를 사용해 게이머를 네 집단으로 나누었는데, 중독 게이머, 문제 있는 게이머, 적극적 게이머, 캐주얼 게이머casual gamer가 그것이다.[54] '중독 게이머'에는 설문 조사에서 중독 증상에 대해 묻는 네 가지 항목 모두에 그렇다고 답한 사람들이 포함되는데, 네 가지 항목은 재발, 금단, 갈등, 문제를 초래하는 게임 활동이다. 이 게이머들은 모든 중독과 마찬가지로 자신의 게임 습관에 대한 통제력을 잃는다. 이들은 "게임에 온 정신이 사로잡히고, 게임 사용에 대해 거짓말을 하고, 게임 외 다른 활동에 흥미를 잃고, 게임을 하기 위해 가족과 친구로부터 멀어지고, 게임을 심리적 도피 수단으로 사용한다."[55] 2023년에 캐나다의 한 판사는 일단의 부모가 포트나이트 게임이 아들들을 중독시키고 그들의 삶을 장악함으로써 장기간 식사와 샤워, 잠을 방해하는 결과를 초래한 방식을 문제 삼아 제작사 에픽게임스Epic Games를 상대로 소송을 제기할 수 있다는 결정을 내렸다.[56] (게임 중독이 독립적인 장애인지, 아니면 그 행동이 우울증이나 불안 같은 내재적인 장애를 시사하는지를 놓고 연구자들의 의견이 엇갈린다는 점을 언급할 필요가 있을 것 같다.[57])

네 집단 분류 틀을 사용했을 때, '문제 있는 게이머'는 자신이 네 가지 중독 기준 중 2개 또는 3개에 해당한다고 인정한다. 그들은 과도한 게임 사용에서 부정적 결과를 경험하지만, 중독자와 같은 수준으로 통제력을 잃지는 않는다. 반면에 '적극적 게이머'는 게임에 많은 시간을 쓰지만, 자신은 중독 기준 중 어느 것에도 해당하지 않는다고 대답한다. 유병률 평가는 다양하지만,[58] 2016년의 한 조사에 따르면, 성인 게이머 중 1~2%가 게임 중독에 빠졌고, 7%는 문제 있는 게이머, 4%는 적극적 게이머, 87%는 캐주얼 게이머였다.[59] 2018년에 다른 기준을 사용해 실시한 한 메타 분석[60]에서는 남자 청소년 중 7%를 '인터넷 게임 장애'가 있는 것으로 분류할 수 있었다. 이 진단을 내리려면 개인의 삶 중 여러 측면에서 '상당한 손상이나 고통'이 나타나야 한다.[61] (여자 청소년의 인터넷 게임 장애 비율은 1%를 조금 넘는 것으로 추정되었다.[62])

연구마다 나오는 수치는 제각각 다르지만, 7%는 과도한 비디오게임 사용으로 인해 현실 세계(학교, 일터, 관계)에서 상당한 해를 입는 남자 청소년의 비율로서 비교적 합리적인 중간 추정치로 보인다. 7%라면 13명 중 한 명꼴이다.[63]

비디오게임과 관련이 있는 두 번째 주요 해악은 엄청난 시간을 앗아가기 때문에 기회비용이 아주 크다는 것이다. 커먼센스 미디어는 2019년(코로나19 팬데믹 이전)에 남자 청소년 중 41%가 하루에 두 시간 이상 게임을 하며, 17%는 하루에 네 시간 이상 게임을 한다고 보고했다.[64] 소셜 미디어에 많은 시간을 쓰는 여자아이들과 마찬가지로 그 시간은 다른 곳에 써야 할 시간에서 가져와야 한다.[65] 과도한 게임 사용자는 잠과 운동, 그리고 친구와 가족과 직접 대면 방식의 사회적 상호 작용을 할 기회를 놓친다.[66] 내가 아는 젊은 남성은 "할아버지가 돌아가시기 전에 우리 집을 방문했을 때 내가 늘 비디오게임에 빠져 함께 시간을 보내지 못한 것이 정말로 후회됩니다."라고 말했다.

화면에 빠져 살면서
현실 세계의 놀이를 전혀 하지 않는다면

직접 대면 방식을 통한 사회적 상호 작용의 대폭적인 감소는 아동기 대재편이 남자아이들에게 어떤 영향을 미쳤는지 이해하는 데 특히 중요하다. 물론 남자아이는 대개 다른 남자아이와 게임을 하므로 비디오게임을 옹호하는 사람은, 여자아이가 소셜 미디어를 통해 사회적 상호 작용이 늘어난 것처럼 남자아이는 인터넷 게임 이전보다 사회적 상호 작용이 더 늘어났다고 주장할지 모른다. 하지만 온라인 게임이 친구들과 직접 어울려 노는 것만큼 사회성 발달에 좋을까? 아니면, 소셜 미디어와 비슷하게 질은 훨씬 떨어지지만 양은 훨씬 많은 상호 작용을 제공할까?

비디오게임은 (소셜 미디어와 마찬가지로) 플랫폼에 쓰는 시간을 최대화하도록 설계된 가상 세계 내에서 일어난다. 비디오게임은 소수의 지속적인 우정을 촉진하거나 플레이어의 사회성 기술을 발달시키도록 설계되지 않았다. 피터 그레이와 그 밖의 놀이 연구자들이 지적하듯이 자유 놀이의 가장 유익한 이점 중 하나는, 아이들이 스스로 입법자(함께 규칙을 정하는)와 재판관과 배심원(규칙을 위반한 것처럼 보일 때 함께 어떻게 해야 할지 결정하는)의 역할을 해야 한다는 데 있다. 대다수 비디오게임에서는 이 모든 것을 플랫폼이 담당한다. 현실 세계의 자유 놀이와 달리 대다수 비디오게임은 자치 기술을 연습할 기회를 제공하지 않는다.

비디오게임은 또한 위험한 놀이와는 대조적으로 공포증에 대항하는 효과가 훨씬 적다. 비디오게임은 비체화된 방식으로 일어난다. 비디오게임은 나름의 방식으로 스릴이 넘치지만, 롤러코스터를 타거나 농구를 하거나 어드벤처 놀이터에서 망치로 물건을 박살낼 때 느끼는 것과 같은 신체적 두려움과 스릴, 심장 박동을 느낄 수 없다. 비행기에서 뛰어내리고, 칼싸움을 하고, 잔인하게 살해당하는 것은 포트나이트나 콜 오브 듀티 같은 게임을 하는 남자아이들에게 하루에도 수십 번씩 일어나는 일이다. 하지만 이런 게임들은 남자아이들에게 현실 세계에서 스스로 위험을 판단하고 다루는 방법을 가르치지 않는다. 비디오게임이 현실 세계에서 친구와 함께 하는 탐구와 모험을 대체하면, 게임에 깊이 빠진 젊은이들은 이 장 서두에 나온 크리스가 그랬던 것처럼 뭔가를 잃었다는 느낌에 사로잡힐 때가 많다.

불안 세대

게다가 만약 비디오게임이 정말로 우정에 순이득을 가져다준다면, 오늘날 남자아이와 젊은 남성은 20년 전보다 더 많은 친구가 있고 덜 외로워야 할 것이다. 하지만 현실은 정반대로 나타나고 있다. 2000년에 12학년 남학생들 중 28%가 외로움을 자주 느낀다고 보고했는데, 2019년에는 그 비율이 35%로 증가했다. 이것은 미국 남성들 사이에서 더 광범위하게 나타나는 '우정 침체' 현상을 보여주는 징후이다. 1990년대에는 미국 남성들 중에서 가까운 친구가 한 명도 없다고 보고한 비율이 3%에 불과했다. 그런데 2021년에는 이 수치가 5배인 15%로 증가했다. 2021년에 한 조사는 미국인에게 "지난 6개월 사이에 중요한 개인적 문제로 대화를 나눈 사람"이 있느냐는 질문을 던졌다. 이 질문에 가장 부정적인 응답을 한 집단은 젊은 남성들이었는데, 28%가 없다고 답했다.[67] 물론 이 결과가 2000년대에 시작된 온라인 게임이 전국적으로 남성의 외로움을 증가시킨 **원인**임을 증명하는 것은 아니지만, 남자아이와 젊은 남성이 자신의 사회생활을 비디오게임 회사에 맡기면서 사회적 연결의 황금기가 시작되었다는 주장에 의문을 던진다.

여자아이들의 우정이 소셜 미디어 플랫폼으로 옮겨갔을 때와 마찬가지로 남자아이들도 양을 얻고 질을 잃었다. 남자아이는 신뢰할 수 있는 친구들로 이루어진 안정적 집단에 속해 있을 때 잘 성장하며, 같은 팀이나 안정적인 동아리를 이루어 위험이나 경쟁자 팀에 함께 맞서는 경험을 통해 가장 강하고 가장 지속적인 우정을 발전시킨다. 가상 세계의 동아리는 유대가 약하다. 그런데도 오늘날 점점 더 외로워지는 남자아이들이 가상 세계의 동아리에 매달리고 그것을 소중하게 여기는 이유는 그들이 동질감을 느끼는 동아리가 그것뿐이기 때문이다. 크리스가 내게 말했듯이, 그들에게 친구가 있는 곳은 그곳뿐이다.

기술과 자유와 무의미함

그렇다면 왜 2010년대에 남자아이들의 정신 건강이 나빠졌을까? 하필이면 언제 어디서나 모든 것에 공짜로 아무 제한 없이 접근할 수 있게 된 그 시기에 말이다. 어쩌면 언제 어디서나 모든 것에 공짜로 아무 제한 없이 접근하는 것은 **어느** 누구에게도 건강상 좋지 않기 때문인지 모른다.

1897년, 프랑스 사회학자 다비드-에밀 뒤르켐(아마도 사회의 본질에 관한 한 가장 심오한 사상가인)은 자살의 사회적 원인에 관한 책을 썼다. 그는 각국 정부가 통계 자료를 작성하기 시작하면서 사용 가능하게 된 데이터를 바탕으로, 유럽에서는 더 긴밀한 관계의 사람들로 이루어진 공동체일수록 도덕적 권위가 사람들의 욕구를 억제하는 기능이 강하고 자살 비율이 낮아지는 것이 일반적인 규칙이라고 지적했다.

뒤르켐의 사상에서 중심 개념은 **아노미**anomie인데, 이것은 널리 공유된 안정적인 규범과 규칙이 없는 무질서 상태를 가리킨다. 뒤르켐은 빠르고 혼란스러운 변화를 가져오면서 전통적인 종교의 지배력을 약화하는 현대성이 아노미를 조장하고, 따라서 자살도 조장한다고 우려했다. 그는 사람들은 사회 질서가 약화되거나 해체된다고 느낄 때 해방된다고 느끼지 않는다고 썼다. 반대로 길을 잃은 느낌이 들고 불안해진다.

> 만약 이것이〔모든 것을 유지하는 사회 질서가〕 해체된다면, 만약 우리가 그것이 존재하면서 작용하는 것을 더 이상 느끼지 못한다면, 우리 안에 있는 사회적인 것은 전부 다 객관적 기반을 몽땅 잃게 된다. 남는 것은 환상적인 이미지들의 인위적인 조합인데, 이것은 조금만 성찰해봐도 주마등처럼 스쳐 지나가면서 사라지는 환영에 불과하다. 다시 말해서, 우리 행동의 목적이 될 수 있는 것이라곤 아무것도 없다.[68]

바로 이런 일이 Z세대에게 일어났다고 나는 믿는다. 그들은 잘 아는 개인들이 살고 있고 1년 뒤에도 여전히 그곳에 있을 현실 세계 **공동체**에 뿌리를 내리는 능력이 역사상 그 어떤 세대보다도 약하다. 공동체는 사람과 사람의 아동기가 진화한 사회 환경이다. 아동기 대재편 이후에 자라난 아이들은 다양한 **네트워크**를 옮겨다니며 살아가는데, 이 네트워크들의 교점node에는 아는 사람과 모르는 사람이 섞여 있고, 일부 사람들은 가명과 아바타를 사용하며, 그중 상당수는 내년에는, 아니 어쩌면 내일이 되면 사라지고 말 것이다. 이런 네트워크에서의 삶은 끊임없이 바뀌는 수백만의 단역 배우가 등장하는 마이크로드라마, 밈meme, 일시적 유행이 매일 광풍처럼 휘몰아치며 펼쳐진다. 그들을 땅에 고정하고 영양분을 공급해줄 뿌리가 전혀 없다. 그들을 제약하고 성인기로 가는 길을 안내할 분명한 규범도 없다.

뒤르켐의 주장과 아노미 개념은 왜 2010년대 초반에 갑자기 여자아이들뿐만 아니라 남자아이들이 "인생은 아무 의미가 없는 것처럼 느껴질 때가 많다."라는 말에 더 열렬하게 동의하기 시작했는지 설명할 수 있다.

남자아이와 여자아이는 아동기 대재편 시기에 서로 다른 경로를 걸었지만 어떻게 하여 모두 동일한 구덩이에 이르렀고, 많은 청소년이 그곳에 빠져 아노미와 절망 속에서 허우적대고 있다. 비체화된 네트워크를 떠돌아다니면서 의미 있는 삶을 독자적으로 만들어가기는 매우 어렵다. 요한 하리의 대자처럼 이들의 의식은 "서로 연결이 끊어진 작은 조각들로 산산이 부서진" 상태가 되고 말았다. 어린이와 사람의 신체는 인간 공동체에 뿌리를 둘 필요가 있다. 어린이는 화성

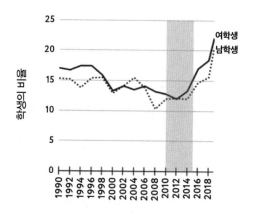

인생의 무의미함을 느끼는 학생들의 비율

그림 7.6 미국 고등학교 졸업반 학생 중 "인생이 아무 의미가 없는 것처럼 느껴질 때가 많다."라는 진술에 동의하거나 거의 동의한 학생의 비율. (출처: 모니터링 더 퓨처.)

불안 세대

에 보내기 전에 지구에서 자라야 한다.

7장 요점 정리

- 많은 나라에서 2010년대 초반에 여자아이와 마찬가지로 남자아이도 우울증과 불안 증세가 더 많이 나타났다. 여자아이와 달리, 남자아이는 1970년대 이후부터 학교와 일터와 가정생활에서 성취와 관여가 천천히 감소했다.
- 남자아이와 젊은 남성은 물리적 세계(감독받지 않는 놀이와 탐구와 위험 감수에 점점 더 반대가 커져간)로부터 많은 시간과 노력을 빼내 빠르게 팽창하는 가상 세계에 투자했다.
- 남자아이는 여자아이보다 '이륙 실패'를 겪을 위험이 크다. 남자아이는 니트족(진학이나 취직을 하지 않고 직업 훈련도 받지 않는 사람) 영어덜트가 될 가능성이 더 높다. 일부 일본 남성은 평생 동안 자기 방에 틀어박혀 지내는 극단적인 삶을 살아가는데, 이들을 히키코모리라고 부른다.
- 2010년대 초반에 미국 십대 남자아이들의 사고 패턴이 전통적인 것(내면화 인지와 행동보다 외면화 인지와 행동 비율이 더 높았던)으로부터 여자아이들에게서 흔히 볼 수 있는 패턴(내면화 비율이 더 높은)으로 변했다. 그와 동시에 남자아이들은 위험을 피하기 시작했다 (위험한 행동을 즐기는 비율에서 여자아이들보다 더 큰 감소폭을 보이며).
- 남자아이들이 실외나 집에서 멀리 떨어진 곳에서 위험한 활동을

덜 하고, 집에서 화면을 붙잡고 더 많은 시간을 보내기 시작했지만, 1990년대와 2000년대에는 이들의 정신 건강이 나빠지지 않았다. 하지만 2010년대 초반에 뭔가 변화가 일어났고, 이때부터 이들의 정신 건강이 나빠지기 시작했다.

- 남자아이들이 스마트폰을 손에 넣자 여자아이들처럼 사회생활 중 많은 부분을 온라인으로 옮겨갔고, 이들 역시 정신 건강이 나빠지기 시작했다.

- 스마트폰(그 효과를 증폭시키는 고속 인터넷과 함께)이 남자아이의 삶에 영향을 미치는 한 가지 방법은 언제 어디서건 볼 수 있는 하드코어 포르노를 공짜로 무제한 공급하는 것이다. 포르노는 테크 회사들이 어떤 방법으로 남자아이가 성인기로의 전환을 돕는 기술을 전혀 발전시키지 않고도 진화한 강한 욕구를 손쉽게 충족시키는지 보여주는 예이다.

- 비디오게임은 남자아이와 여자아이에게 이로운 점이 여러 가지 있지만 해로운 점도 있는데, 특히 문제 있는 게임 사용자나 중독 사용자가 되는 일부 남자아이(약 7%)에게 해롭다. 이들에게 비디오게임은 정신 건강과 신체적 건강 악화, 가족 간 갈등, 삶의 다른 분야에서 여러 가지 어려움을 야기하는 것으로 보인다.

- 소셜 미디어 활동을 하는 여자아이의 경우처럼, 온라인에서 다른 사람들과 '연결'해 많은 시간을 보내는 것은 사회적 상호 작용의 양을 증가시키는 반면에 사회적 관계의 질을 떨어뜨린다. 남자아이는 여자아이와 마찬가지로 아동기 대재편 시기에 더 외로워졌다. 일부 남자아이는 비디오게임을 현실 세계의 동아리를 강화하

는 데 사용하지만, 많은 남자아이는 현실 세계에서 어른으로 성숙해가는 힘든 과정을 거치는 대신에 비디오게임을 하느라 자기 방에서 틀어박혀 지내게 되었다.

- 아동기 대재편은 젊은이를 가족을 포함한 현실 세계 공동체에서 벗어나게 하고 새로운 아동기를 만들어냈는데, 이제 아동은 빠르게 변하는 다양한 네트워크에서 살아가게 되었다. 이것이 초래하는 필연적인 한 가지 결과는 아노미(무질서)인데, 네트워크의 구성원을 포함해 모든 것이 유동적인 환경에서는 안정적이고 행동을 구속하는 도덕이 형성될 수 없기 때문이다.

- 사회학자 다비드-에밀 뒤르켐이 보여주었듯이, 아노미는 절망과 자살을 부추긴다. 아동기 대재편 시기에 서로 다른 경로를 걸었던 남자아이들과 여자아이들이 결국은 같은 곳에 이른 이유는 이 때문일지 모르는데, 자신의 삶이 아무 의미가 없다는 느낌이 이들 사이에서 갑자기 크게 증가했다.

8장

영적 고양과 퇴화

앞의 세 장에서 스마트폰 기반 아동기가 아동과 청소년에게 미치는 해악에 관한 연구를 많이 소개했다. 하지만 이제부터는 사회과학자보다는, 2014년 무렵부터 개인적으로 직접 끊임없이 뭔가에 압도당하는 느낌을 받으며 살아온 한 동료 인간으로서 글을 써나가려고 한다. 2010년대에 아주 깊은 곳에서 뭔가가 변한 것처럼 느껴졌다. 대학교 캠퍼스에서는 발견 모드에서 방어 모드로 전환이 일어나는 것처럼 보였다. 미국 정치에서는 더욱 기이한 일이 벌어졌다. 나는 다음 질문들에 대한 답을 얻으려고 애썼다. 우리에게 도대체 무슨 일이 벌어지고 있는가? 기술은 우리를 어떻게 변화시키고 있는가? 그 이후로 내가 한 연구는 대부분 이 질문들에 대한 답을 얻기 위한 노력이었다. 그 과정에서 나는 다방면의 학문적 연구와 여러 고대 전통으로부터 영감과 통찰력을 얻었다. 우리에게 일어나고 있는 일을 잘 표현하려면 사회과학 분야에서는 거의 쓰지 않는 단어를 사용하는 게 좋다고 생각하는데, 그것은 바로 **영성**spirituality이다. 스마트폰 기반 생활은 단지 청소년뿐만 아니라 우리 모두에게 '영적 퇴화spiritual degradation'를 초래한다.

『행복 가설』에서 나는 '신이 있는 신성과 신이 없는 신성'이라는 제목의 장을 썼는데, 여기서 혐오감, 도덕적 고양, 경외감을 포함한 도덕적 감정에 관한 내 연구를 소개했다. 나는 사람들이 사회 공간의 세 차원을 지각한다는 것을 보여주었다. 모든 사회에서 사람들은 가깝다고 느끼는 사람과 멀다고 느끼는 사람을 구별한다. 그것은 그림 8.1에서 x축에 해당하는 수평 방향의 차원이다. 계급이나 사회적 지위가 높으면서 자신보다 계급이나 지위가 낮은 사람들로부터 존경을 받는 사람들이 있다. 이것은 위계를 나타내는 수직 방향의 차원으로 y축에 해당한다. 많은 언어는 사람들에게 말을 할 때 이 두 차원을 표현하도록 강요하는데, 예컨대 프랑스어에서는 상대방을 가리킬 때 'vous(당신)'라고 불러야 할지 'tu(너)'라고 불러야 할지 판단해야 한다.

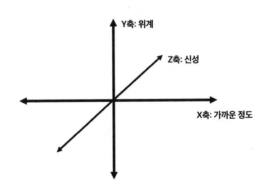

그림 8.1 사회 공간의 세 차원.

또 다른 수직 방향의 차원이 있는데, 페이지 밖으로 튀어나오는 방향인 z축이 그것이다. 나는 이것을 '신성 축'이라고 불렀다. 많은 문화에서 선한 행동은 사람을 신에게 가까워지는 방향인 위로 보내는 반면, 비도덕적이거나 이기적이거나 혐오스러운 행동은 사람을 신에게서 멀어지는 방향인 아래로, 때로는 악마 같은 반反신성을 향해 보낸다고 명시적인 기록을 남겼기 때문이다. 신이 존재하건 존재하지 않건, 사람들은 어떤 사람이나 장소, 행동, 물체를 신성하고 순수하고 숭고한 존재로 지각한다. 반면에 어떤 사람이나 장소, 행동, 물체는 혐오스럽고 불순하고 품위를 떨어뜨리는 것으로 지각한다.

토머스 제퍼슨Thomas Jefferson은 1771년에 z축을 세속적으로 묘사했다. 친척에게 서재를 채울 책으로 어떤 것들을 사야 할지 조언하는 편지에서 그는 소설과 희곡을 포함시키라고 권했다. 그리고 위대한 문학 작품에서 얻는 느낌을 돌아보면서 자신의 조언을 정당화했다.

예컨대 어떤 …… 자선 행동이나 감사 행동을 보거나 상상할 때, 우리는 그 아름다움에 깊은 감명을 받고 자신도 그런 행동을 하고 싶은 욕망을 강하게 느낀다. 반대로 잔학 행위를 보거나 읽으면, 그 추함에 혐오를 느끼고 악을 싫어하는 마음이 생긴다.

제퍼슨은 특히 도덕적 고양을 혐오의 반대 개념으로 묘사했다. 그러고 나서 당대의 프랑스 희곡을 예로 들면서, 그 주인공이 보여주는 충실함과 관대함의 미덕에 대해 이렇게 물었다.

불안 세대

실제 역사가 제공하는 비슷한 사건만큼 〔독자의〕 가슴을 부풀게 하고 감정을 고양시키지 않는가? 〔독자는〕 그것을 읽을 때 실제로 자신이 더 나은 사람인 듯한 느낌이 들고, 그 훌륭한 사례를 따라 하겠다고 개인적으로 약속하지 않는가?

제퍼슨이 사용한 '고양'이라는 단어는 어떤 식으로건 우리가 '위로' 들어올려지는 느낌을 잘 표현한다. 반대로 옹졸하고 못되게 행동하거나 물리적으로 역겨운 짓을 하는 사람을 보면 우리는 강한 혐오감을 느낀다. 우리는 어떤 식으로건 '아래로' 끌어내려지는 느낌을 받고, 눈길을 돌리고 돌아선다. 그런 행동은 우리의 고상한 본성과 양립할 수 없다. '영적spiritual'이라는 단어는 이런 맥락에서 쓴 것이다. 그것은 z축에서 0보다 훨씬 위쪽에서 살아가려고 노력하는 것을 의미한다. 기독교인은 "예수라면 어떻게 했을까?"라고 묻는다. 세속적인 사람들은 자기 나름의 도덕적 본보기를 생각할 수 있다.(나는 무신론자이지만, 인간으로서 인생의 경험을 이해하려면 가끔 종교적인 단어와 개념을 사용할 필요를 느낀다. 지금이 바로 그런 때이다.)

그래서 지금 나는 이렇게 묻고 싶다. 스마트폰 기반 생활은 일반적으로 이 수직 차원에서 우리를 위와 아래 중 어느 쪽으로 끌어당길까? 만약 아래쪽이라면, 불안이나 우울증을 겪지 않는 사람조차도 비용을 치러야 하는 셈이다. 만약 아래쪽이라면, 청소년뿐만 아니라 어른에게도 **영적** 해악을 끼치는 셈이고, 심지어 자신의 정신 건강이 좋다고 생각하는 사람도 여기서 예외가 될 수 없다. 만약 z축의 0 아래에서 더 많은 사람이 더 많은 시간을 쓴다면, 사회에도 해악이 돌아갈 것이다. 우리는 말로 표현하기 힘든 사회 전반 차원에서의 퇴화를 지각하게 될 것이다.

이 장의 나머지 부분에서는 고대의 전통과 현대 심리학의 지혜를 바탕으로 스마트폰 기반 생활이 어떻게 여섯 가지 영적 수행을 차단하거나 방해하면서 영적으로 영향을 미치는지 알아볼 것이다. 여섯 가지 영적 수행은 공유된 신성함, 체화, 고요함과 침묵과 집중, 자기 초월, 느린 분노와 빠른 용서, 자연에 대한 경외감이다.

영적 수행

사회심리학자 데이비드 데스테노David DeSteno는 2021년에 『신은 어떻게 작용하는가: 종교의 이점 뒤에 숨어 있는 과학How God Works: The Science Behind the Benefits of Religion』이란 도발적인 제목의 책을 냈다.[1] 이 책에서 데스테노는 명상과 기도, 고해, 속죄 의식 같은 영적 수행의 효력에 관한 심리학적 연구를 검토했다. 그 결과, 기도가 예컨대 암에 걸린 아이의 치료처럼 세상에서 일어나는 일의 결과를 바꾼다는 증거를 발견하진 못했지만, 데스테노는 특정 영적 수행을 계속 반복하면 안녕이 증진된다는 증거가 **많다는** 사실을 발견했다. 그 메커니즘은 자기중심주의와 이기심을 줄이는 과정을 포함할 때가 많은데, 그러면 자기 이외의 존재와 합쳐지거나 그것에 열린 태도를 갖게 된다. 공동체가 함께 이를 실천하면, 그리고 특히 동시에 함께 움직이면 응집력과 신뢰가 커지는데, 그럼으로써 아노미와 외로움도 감소할 수

있다.[2]

여섯 가지 영적 수행을 살펴보면 얼마나 많은 사람이 자신의 삶을 디지털 조수들과 더 철저하게 뒤엉키게 한 결과로 길을 잃었는지 파악하는 데 도움이 된다. 이 여섯 가지 영적 수행은 우리의 삶뿐만 아니라 아동과 청소년의 삶도 개선하는 방법을 알려준다. 이것들은 종교를 믿는 사람이건 믿지 않는 사람이건 모두가 할 수 있으며, 불안과 주의 분산의 시대에 잘 살아가고 잘 연결할 수 있게 해준다. 사실, 이것들은 종교를 믿지 **않아** 신앙 공동체 내에서 이런 수행에 접할 기회가 없는 사람들에게 더 중요할 수 있다.

1. 공유된 신성함

다비드-에밀 뒤르켐은 우리가 서로 아주 다른 두 차원에 존재하기 때문에, 호모 사피엔스는 호모 두플렉스*Homo duplex*(이중적 사람)라고 불러도 무방하다고 주장했다. 우리는 대부분의 삶을 자신의 이익을 추구하는 개인으로서 살아간다. 뒤르켐은 이것을 '세속적' 영역이라고 부르는데, 우리가 자신의 부와 건강, 평판에 큰 관심을 기울이며 살아가는 일상 세계를 가리킨다. 하지만 뒤르켐은 거의 모든 사회가 사람들을 일시적으로 '위로' 신성한 영역으로 끌어올리는 의식과 공동체적 수행을 만들어냈다는 것을 보여주었는데, 그곳에서는 자신의 이익을 뒤로 하고 공동체의 이익을 무엇보다 우선시한다. 일요일마다 교회에서 함께 찬송을 하는 기독교도를 생각해보라. 메카의 카바Kaaba 주위를 빙 둘러싼 이슬람교도를 생각해보라. 행진하면서 노래를 부르는 민권 운동 동참자들을 생각해보라. 이 두 차원이 모두에게 가능하다는 증거는 종교적 맥락 밖에서도 발견된다. 스포츠 팬들이 경기가 시작되기 전에 단합을 위해 사용하는 비슷한 방법에서 그것을 볼 수 있다. 이들은 사기 진작 대회와 응원가 부르기, 공유된 변성 의식 상태(대개 술을 통해)뿐만 아니라, 다양한 준종교적 의식과 미신과 보디 마킹body marking(페인팅이나 문신 같은)까지 사용한다.[3] 경기장에서 골이 터지거나 터치다운이 일어날 때마다 일제히 노래를 부르고 발을 구르는 수천 명의 팬 중 한 명이 되는 것은 아주 스릴 넘치는 경험이다. 뒤르켐은 이렇게 에너지가 넘치는 융화 상태를 '집단 열광'이라고 불렀다.

사회학의 기반을 이루는 통찰력 중 하나는, 강한 공동체는 그저 사람들이 모여서 의사소통을 나눌 때마다 마법처럼 나타나는 것이 아니라는 사실이다. 가장 강하고 만족스러운 공동체는 뭔가가 사람들을 낮은 차원에서 끌어올려 강렬한 집단 경험을 하게 만들 때 나타난다. 그들은 모두 동시에 신성한 영역으로 진입한다. 살아가는 데 꼭 필요한 것들을 처리하기 위해 대부분의 시간 동안 머물러야 하는 장소인 세속적 차원으로 도로 내려오면, 신성한 영역에서 함께 시간을 보낸 경험 때문에 서로에 대한 신뢰와 애정이 커진다. 이들은 또한 이전보다 더 행복해지고 자살률이 낮아진다. 반대로 비동기화된 방식으로 상호 작용하고 비체화된 사용자들로 이루어진 일시적인 네트워크는 먼 옛날부터 인간 공동체가 강한 응집력을 발휘해온 방식으로 응집하지 못한다. 공동체 대신에 네트워크에서만 살아가는 사람들은 잘 살아가지 못할 가능성이 높다.

추종자들이 집단 경험을 공유하도록 하기 위해 종교는 특정 **시간**

　　　　　　　　　　　　불안 세대

(안식일과 축일처럼)과 **장소**(성당, 교회, 사원)와 **물체**(십자가, 성경, 쿠란)를 신성한 것으로 규정한다. 이것들은 속세와 분리돼 있다. 독실한 신자는 이것들이 훼손되지 않도록 보호해야 한다. 신성함을 가리키는 히브리어 단어 קדוש(카도시)*는 문자 그대로 해석하면 '따로 떨어진' 또는 '분리된'이란 뜻이다.

그런데 사회생활이 가상 세계로 옮겨가고 모두가 화면을 통해 상호 작용하면, 어떤 일이 일어날까? 모든 것이 무너져 서로 구별되지 않는 흐릿한 것으로 변하고 만다. 거기에는 합의된 공간(적어도 행성 지구의 세 차원을 돌아다니도록 진화한 사람의 마음에 실재적인 것으로 느껴지는 종류의)이 존재하지 않는다. 가상 세계에는 사람들이 언제 무엇을 할 수 있고 할 수 없는지를 결정해서 알려주는 일 단위나 주 단위 또는 년 단위의 달력이 없다. 끝나는 것이 아무것도 없으므로 모두 각자 자신의 스케줄에 따라 행동한다.[4]

요컨대, 가상 세계에는 신성함을 프로그래밍하는 오래된 방식을 사용해 종교 공동체나 준종교 공동체를 만들어낼 시간이나 공간, 물체에 대해 합의된 구조가 존재하지 않는다. 모든 개인은 언제든지 거의 또는 아무런 노력을 기울이지 않고 무엇이건 할 수 있다. 안식일도 없고 축일도 없다. 모든 것이 세속적이다. 구조가 없는 아노미 상태의 세계에서 살아가는 청소년은 온라인에서 도덕적 투명성과 도덕적 공동체를 내세우면서 동조자를 모집하는 과격한 정치 운동에 더 취약할 수밖에 없고, 그 결과로 대면 방식의 공동체에서 더 멀어지게

---

* 일반적으로 영어로는 kadosh로 쓰며 우리말로는 '거룩함'으로 번역된다.

된다.

달력과 공동체의 리듬과 다시 연결하기만 한다면, 우리 자신과 아이들을 위해 더 건강한 환경을 만들 수 있다. 그러려면 정기적인 종교 행사에 참여하거나, 도덕적이거나 자선적이거나 영적 목적을 위해 조직된 집단에 참여하는 행동이 필요할 수도 있다. 일주일에 하루는 디지털 기술 사용을 줄이거나 아예 차단하고 대신에 함께 즐길 수 있는 대면 활동을 늘리는 방식으로 디지털 안식일을 지키거나, 가족이 함께 휴일을 일관되게 지키는 식으로(이상적으로는 다른 가족들도 동참하게 하여) 가족 의식을 만드는 노력이 필요할 수도 있다. 그렇게 하면 시간과 공간에 잃어버린 사회적 의미를 부여할 수 있다.

2. 체화

일단 신성함을 위해 시간과 공간이 구조화되면 의식을 진행할 수 있는데, 의식에는 몸의 움직임이 필요하다. 기도나 명상은 움직임 없이 조용히 진행할 수 있지만, 종교들은 대개 그 활동을 경건한 것으로 만들고 상징성을 높일 수 있는 종류의 움직임을 요구한다. 기독교도는 무릎을 꿇고, 이슬람교도는 메카를 향해 엎드리고, 수피파 데르비시dervish*는 빙빙 돌며 춤을 추고, 유대교도는 큰 소리로 기도를 하면서 특정 방식으로 몸을 움직이거나 흔드는 '다벤daven'을 한다. 예배를 위해 모인 신도들은 함께 노래를 부르고 춤을 추는데, 이를 통해

---

* 수피파는 신비주의적 경향을 띤 이슬람교의 한 종파이고, 데르비시는 넓게는 수피파 교도를, 좁게는 엄격한 금욕 생활을 하는 탁발승을 가리킨다.

불안 세대

서로에게, 그리고 신에게 자신의 마음을 연다.[5]

데스테노는 종교 의식에서 동기화된 움직임이 단지 매우 보편적인 것에 그치지 않는다고 지적한다. 동기화된 움직임은 융화와 유사성, 신뢰 느낌을 고양하는 방법으로 실험적으로 검증된 기술이기도 한데, 그 결과로 이질적인 개인들로 이루어진 집단이 하나로 합쳐진 듯한 느낌에 빠지게 된다.[6]

코로나19 팬데믹 기간에 줌으로 결혼식이나 장례식, 종교 행사에 참여해본 사람들은 의식을 가상 세계로 옮겼을 때 잃는 것이 얼마나 많은지 잘 안다. 사람은 함께 모이고 함께 움직임으로써 종교적이 되도록 진화했다. 아동기 대재편은 동기화된 신체적 움직임(사실상 모든 신체적 움직임)을 감소시켰고, 코로나19 팬데믹 기간의 봉쇄는 그것을 더욱 감소시켰다.

사람들을 함께 결합하는 체화된 활동 중에서 가장 중요한 것은 아마도 식사일 것이다. 대다수 주요 축일과 통과 의례는 잔치나 적어도 함께 하는 식사를 포함하는데, 그날이나 그 의식을 위해 특별히 준비한 음식이 나오는 경우가 많다. 자, 당신이 추수감사절을 맞은 미국인이라고 가정해보자. 가족 중 한 사람이 정식 식사가 시작되기 한 시간 전에 배가 너무 고파서 자기 몫의 칠면조와 그 속에 채운 소와 크랜베리 소스를 지금 당장 먹어야겠다고 말하고는, 그것을 다른 방으로 가져가서 혼자서 먹는다고 상상해보라. 그러고 나서 그가 다시 돌아와 식사를 하고 있는 가족 사이에 앉는다면 어떤 기분이 들겠는가? 그 행동을 용납할 수 있겠는가? 함께 모인 가족과 친구들은 음식을 함께 나누어 먹어야 하며, 이것은 가장 광범위하게 퍼진 인류의 관습

중 하나이다. 함께 '빵을 쪼갠' 사람들은 유대가 형성된다.[7] 함께 식사를 하는 단순한 행동, 특히 같은 쟁반이나 서빙용 접시의 음식을 함께 먹는 행동은 그 유대를 더 강화하고 갈등이 발생할 가능성을 줄여준다. 이것은 가상 현실이 아무리 훌륭하게 발전하더라도, 가상 세계가 결코 극복할 수 없는 한 가지 결점이다.

많은 영적 수행은 움직이는 신체와 가까이 있는 신체를 통해 증폭된다. 모든 것을 화면을 통해 하고, 게다가 자기 방에 혼자 틀어박혀 한다면, 영적 수행과 함께 진화한 신경 회로를 활성화할 수 없고,[8] 따라서 뒤르켐이 말한 신성함의 영역에 들어가기가 훨씬 어렵다. 살아가기에 더 건강한 방법은 대면 방식 공동 행사에 더 많이 참여하도록 노력하는 것인데, 특히 고양된 목적이나 도덕적 목적이 있는 것처럼 느껴지고 동기화된 움직임을 약간 포함하는 공동 행사가 좋다. 종교 행사나 열렬한 추종자를 거느린 음악가의 라이브 콘서트가 그런 예이다. 특히 코로나19 팬데믹 후에는 많은 사람이 팬데믹 기간에 채택한 습관을 바꿈으로써, 그리고 늘 손쉬운 원격 옵션만 선택하지 않으려고 노력함으로써 이득을 얻을 수 있을 것이다.

스포츠는 정확하게 영적인 활동은 아니지만 사람들을 결합하는 영성의 일부 핵심 요소에 의존하는데, 잘 협응된 공동의 신체적 움직임과 집단적인 축하가 그런 요소에 속한다. 연구 결과들은 팀 스포츠를 하는 십대가 하지 않는 십대보다 더 행복하다는 것을 일관되게 보여준다.[9] 사람은 체화돼 있는 반면, 스마트폰 기반 생활은 그렇지 않다. 화면은 신체적 움직임이 중요하다는 사실을 잊도록 유도한다.

불안 세대

3. 고요함, 침묵, 집중

영적 수행 중에 항상 신체가 움직이는 것은 아니다. 일부 수행은 고요함을 바탕으로 하는데, 사실은 고요함조차도 신체적으로 격렬한 활동이다. 전통적인 명상은 제대로 앉는 방법과 호흡하는 방법, 신체를 시각화하는 방법을 규정하고 있다. 붓다는 깨달음에 이르는 팔정도八正道*를 따랐다. 여덟 번째 길을 통해 나머지 모든 것과 상호 작용하는 경지에 이르는 것을 '사마디samadhi,' 즉 삼매三昧** 또는 삼매경이라 한다. 훈련을 하지 않으면 마음은 뛰어다니는 원숭이처럼 이리저리 마구 돌아다니게 된다. 요한 하리의 대자처럼 멀티스크린에 빠져 멀티태스킹을 하며 살아가는 우리의 삶에서는 원숭이가 더욱 미친 듯이 날뛴다. 붓다의 기본적인 가르침 중 하나는 우리가 자신의 마음을 훈련시킬 수 있다는 것이다.

명상은 원숭이의 마음을 진정시키는 데 도움을 준다. 시간이 지나면서 의식적 경험의 성격도 변하는데, 명상을 하지 않을 때도 마찬가지이다. 불교 승려들을 연구한 결과에 따르면, 강렬한 명상 수련은 뇌를 영속적인 방식으로 변화시키며 두려움과 부정적 감정과 관련된 뇌 영역의 활성화를 감소시키는 것으로 드러났다. 이것은 이들이 방어 모드의 조심스러운 상태 대신에 발견 모드의 마음이 열린 상태로 살아간다는 징후이다.[10]

---

* 깨달음과 열반으로 이끄는 여덟 가지 올바른 길. 정견正見, 정사유正思惟, 정어正語, 정업正業, 정명正命, 정정진正精進, 정념正念, 정정正定이 그것이다.
** 잡념을 떠나 오직 하나의 대상에만 정신을 집중하는 경지. 이 경지에서 바른 지혜를 얻고 대상을 올바르게 파악하게 된다.

많은 종교에 수도원과 수도사(수도승)가 있는 이유는 이 때문이다. 영적 성장을 추구하는 사람에게는 끝없는 말과 세속적 관심사를 수반한 인간 상호 작용의 잡음과 복잡성에서 자신을 분리하는 것이 큰 도움이 된다. 똑같이 조용한 동료들과 함께 침묵 속에서 수행을 하면 고요한 성찰과 내면의 작용을 촉진해 정신 건강에 득이 된다. 주의를 집중하면서 명상을 하면 우울증과 불안이 줄어드는 것으로 드러났다.[11] 꼭 수도사가 되거나 수도원에 들어갈 필요까지는 없다. 평범한 사람도 다른 사람들과 함께 명상 수행 장소에서 하루나 일주일 혹은 더 긴 시간 동안 묵언 수행을 함으로써 이득을 얻을 수 있다. 심지어 짧은 시간 동안(매일 10분씩) 마음 챙김 명상을 해도 외부의 압력으로 인한 과민성과 부정적 감정, 스트레스가 줄어드는 것으로 나타났다.[12] 사실, 영적 영역에서 유래한 마음 챙김 명상은 그 효과를 뒷받침하는 경험적 증거가 쌓임에 따라 지금은 정신의학과 의학 분야에서도 자주 사용되고 있다.[13]

붓다는 사마디를 '정신적 통일' 상태로 묘사했다. 그는 "사마디 경지에 이르면, 제방을 지킴으로써 홍수로부터 자신을 보호하는 사람들처럼 마음이 흩어지지 않는다."라고 말했다.[14] 스마트폰과 소셜 미디어는 제방을 허물어 의식에 경보와 잡다한 문제로 범람을 일으키고, 귀를 온갖 소리로 가득 채우고, 주의를 분산시키고 의식을 분열시킨다.[15] 스마트폰 기반 생활은 사람들이 남들과 자리를 함께할 때 그들과 온전히 함께 있거나, 혼자 있을 때 조용히 앉아 있기 어렵게 만든다. 만약 고요함과 침묵을 경험하고 싶다면, 그리고 집중력과 통합된 의식 감각을 발전시키고 싶다면, 눈과 귀로 들어오는 자극의 흐름을 줄여야 한다. 그것이 명상이건,[16] 혹은 자연 속에서 더 많은 시간을 보내는 것이건, 혹은 그저 차창 밖을 내다보면서 긴 드라이브에 대해 생각하는 것이건, 항상 뭔가에 귀를 기울이거나 (뒷좌석에 앉은 어린이의 경우에는) 내내 영상을 보는 대신에 침묵 속에서 조용히 앉아 있을 기회를 많이 찾아야 한다.

4. 자기 초월

자연에 경외감을 느낀 순간이나, 아름다운 도덕적 행동을 보고서 도덕의식이 고양된 느낌이 든 순간이나, 영감이 떠오른 순간 등 마지막으로 한 영적 경험을 생각해보라. 그 순간에 당신은 자의식이 더 강해졌는가, 아니면 약해졌는가?

자기 초월은 영적 경험의 중심적 특징 중 하나인데, 이렇게 자신에게서 해탈하는 순간은 신경에 흔적을 남긴다는 사실이 드러났다. 우리가 자기중심적 관점에서 어떤 일을 처리할 때마다(즉, **내가** 원하는 것이나 다음에 **내가** 해야 할 일, 다른 사람들이 **나를** 어떻게 생각하는지를 생각할 때마다) 뇌에서는 서로 연결된 일련의 구조가 더 활성화된다. 이러한 뇌 구조는 서로 함께 활성화되는 경우가 아주 많아 모두 뭉뚱그려 '디폴트 모드 네트워크default mode network'라 부르는데, 이것은 뇌가 특별한 활동을 하는 순간이 아니라 평소에 늘 하던 일을 하는 상태를 가리킨다.[17]

이것은 '세속적 모드 네트워크'라 불러도 괜찮을 것 같다. 명상과 기도, 실로시빈psilocybin(전 세계의 토착 종교들이 가장 많이 사용하는 종류의 약물) 같은 환각성 약물 사용(수행에 도움을 주기 위한 용도로)을 포함해 다양한 영적 수행 활동을 할 때 디폴트 모드 네트워크가 덜 활성화된다는 사실이 연구를 통해 밝혀졌다.[18] 사회심리학자 다커 켈트너Dacher Keltner는 2023년에 출간된 책 『경외감Awe』에서 이렇게 썼다.

다른 연구들은, '디폴트 자기'가 사라지면서 경외감이 우리를 경쟁적인 이전투구의 사고방식에서 자신이 더 상호 의존적이고 협력적인 개인들의 네트워크 중 일부임을 지각하는 상태로 옮겨가게 한다는 것을 보여주었다. 우리는 자신이 가족과 공동체, 문화의 역사에서 한 장의 일부임을 알아챈다. 그것은 하나의 생태계이다.[19]

디폴트 모드 네트워크가 더 조용할 때, 우리는 자신을 초월한 어떤 것에 더 깊이 연결하기가 쉬워진다. 소셜 미디어는 디폴트 모드 네트워크에 어떤 영향을 미칠까? 소셜 미디어 '플랫폼'은 정의상 모든 관심이 오로지 자신에게만 쏠리는 장소이다. 우리는 그런 플랫폼에 남들이 우리를 지각하는 방식에 영향을 줄 콘텐츠를 올린다. 그런 플랫폼은 디폴트 모드 네트워크를 최대한으로 끌어올려 그곳에 고정할 목적으로 설계돼 있으며, 거의 완벽하게 그 목적을 달성한다. 이것은 어떤 사람의 건강에도 좋지 않은데, 청소년에게는 더욱 그렇다.[20]

불교와 도교 전통에서는 깨달음에 이르는 길에서 자아가 극복해야 할 장애물에 대해 많은 글을 남겼다. 우리의 의식은 속세의 관심사 때문에 번민한다. 기원전 4세기에 쓰인 도교 경전인 『도덕경道德經』에는 다음과 같은 구절이 나온다.*

마음을 어지럽히는 생각은 자신과 타인에 대한 생각, 영광과 불명예에 대한 생각, 이득과 손해에 대한 생각, 옳음과 그름에 대한 생각, 이익과 명예에 대한 생각, 남들 위에 서려는 생각이다. 이것들은 영혼의 대좌에 붙어 있는 티끌에 불과하며 자유를 방해한다.

소셜 미디어는 심란함을 초래하는 원천이다. 소셜 미디어는 사람들을 세상의 지혜로운 전통과 정반대되는 방식으로 생각하도록 훈련시킨다. **무엇보다 자기 자신을 우선적으로 생각하라, 물질적이고 비판적인 태도를 견지하고, 뽐내고, 옹졸하게 행동하라, '좋아요'와 팔로워로 계량화되는 영광을 추구하라.** 많은 사용자는 인스타그램 같은 플랫폼에 암암리에 내재돼 있는 당근과 채찍이 자신에게 영향을 미치지 않는다고 믿을지 모르지만, 무의식적으로 영향을 받지 않을 수 없다. 불행하게도 대다수 젊은이는 대략 9~15세의 문화 학습을 위한 민감한 시기에 과도한 소셜 미디어 사용자가 되고 만다.[21]

더 많은 자기 초월을 경험하려면, 소셜 미디어에 쓰는 시간처럼 우리 삶에서 세속적 모드 네트워크를 활성화하고 우리를 자신의 자아에 강하게 얽매이게 하는 것들을 거부할 필요가 있다. 그리고 정반대 효과를 발휘하는 조건과 활동을 추구할 필요가 있는데, 기도와 명상, 마음 챙김을 포함한 대다수 영적 수행이 이에 해당한다. 일부 사람에게 불안과 우울증 치료에 갈수록 그 효과가 점점 더 입증되고 있는

---

* 『도덕경』 원본에는 정확하게 이에 해당하는 구절이 나오지 않는다. 저자가 『도덕경』과 도교를 영어로 번역해 소개한 글 중 이 부분을 『도덕경』 원문으로 오해한 것으로 보인다.

환각성 약물도 도움이 된다.[22]

5. 느린 분노와 빠른 용서

『도덕경』은 '선악 개념'을 마음을 어지럽히는 생각으로 규정한다. 지난 35년 동안 도덕심리학을 공부하면서 내가 인류의 가장 큰 문제 중 하나로 간주하게 된 것이 있는데, 그것은 우리가 너무 빨리 분노하고 너무 느리게 용서한다는 것이다. 우리는 또한 위선자인데, 남의 행동은 매우 가혹하게 비판하는 반면, 자신의 나쁜 행동은 자동적으로 정당화한다. 예수는 산상수훈에서 이렇게 말했다.

> 남을 심판하지 마라. 그래야 너희도 심판받지 않는다. 너희가 심판
> 하는 그대로 너희도 심판받고, 너희가 되질하는 바로 그 되로 너희
> 도 받을 것이다.[23]

예수가 우리에게 남을 심판하는 행동을 완전히 그만두라고 말한 것은 아니다. 다만, 신중하게 하라고 경고하며, 남에게 자신에게 적용하는 것과 다른 기준을 적용하지 않도록 조심하라고 말했다. 그다음 구절에서 예수는 "너는 어찌하여 형제의 눈 속에 있는 티는 보면서, 네 눈 속에 있는 들보는 깨닫지 못하느냐?"[24]라고 말한다. 남을 비판하기 전에 자신부터 냉철하게 돌아보고 반성하라고 촉구한 것이다.

소셜 미디어는 이와 정반대로 행동하라고 우리를 훈련시킨다. 소셜 미디어는 우리가 비판하려는 사람들의 인간성에는 조금의 관심도 보이지 말고, 그들이 행동한 맥락도 알려고 하지 말고, 우리가 공개적

으로 비판하는 바로 그 행동을 우리 자신도 자주 했다는 사실조차 인식할 필요 없이 신속하게 공개 심판을 하라고 장려한다.

불교와 힌두교 전통은 기독교보다 한발 더 나아가 심판 자체를 완전히 포기하라고 말한다. 도덕심리학의 가장 깊은 통찰력 중 하나는 6세기에 살았던 중국 선종禪宗의 3대 조사 승찬僧璨이 남긴 선시禪詩인 〈신심명信心銘〉에 나오는 다음 구절에서 볼 수 있다.

지극한 도는 까다롭게 선택하려는 사람에게만 어려울 뿐이니,
좋아하지도 말고 싫어하지도 마라. 그러면 모든 것이 명백해지리라.
至道無難 唯嫌揀擇
但莫憎愛 洞然明白

털끝만 한 차이라도 하늘과 땅만큼의 차이가 될 수 있으니,
지극한 도가 앞에 나타나길 바란다면, 순응하려고도 거역하려고도 하지 마라.
豪釐有差 天地懸隔
欲得現前 莫存順逆

거역과 순응이 서로 다투면 마음의 큰 병이 되는 것이니,
현묘한 뜻을 알지 못하면, 수행이 헛수고가 되느니라.
違順相爭 是為心病
不識玄旨 徒勞念靜[25]

우리는 승찬의 충고를 문자 그대로 따를 수가 없다. 도덕적 구별과 판단을 완전히 포기할 수 없기 때문이다.(사실, 유일신을 믿는 종교는 도덕적 구별과 판단이 매우 많다.) 하지만 말하고자 한 요지는 알 수 있는데, 그것은 마음을 가만히 내버려두면 마음이 모든 것을 즉각 평가하여 그다음에 우리가 생각하는 것을 만들어내며, 그럼으로써 우리가 진리를 찾는 길을 더 어렵게 만든다는 것이다. 이 통찰은 내가 『바른 마음』에서 소개한 도덕심리학의 첫 번째 원리의 기반을 이룬다. 그 원리는 직관이 먼저 떠오르고 나서 그다음에 전략적 추론이 뒤따른다는 것이다. 다시 말해서, 우리는 어떤 사건에 대해 즉각 어떤 직감이 떠오르는데, 그러고 나서 급히 내린 판단을 정당화하기 위해 그 사실에 부합하는 이야기를 지어낸다(대개 자신에게 유리하게).

세상의 주요 종교들은 우리에게 판단주의를 버리고 용서를 하라고 충고한다. 토라에서 하느님은 이스라엘 민족에게 "너희는 동포에게 앙갚음하거나 앙심을 품어서는 안 된다. 네 이웃을 너 자신처럼 사랑해야 한다."라고 말한다.[26] 수천 년 뒤에 마틴 루터 킹 주니어 Martin Luther King Jr.는 유대-기독교 전통에서 발달한 용서의 힘을 사용해, 민권 운동 참여자들에게 사람들의 마음을 사로잡을 수 있게 고상한 방식으로 행동하도록 영감을 주었다.

우리는 용서하는 능력을 발전시키고 유지해야 합니다. 용서하는 힘이 없는 사람은 사랑하는 힘도 없습니다. 가장 나쁜 사람에게도 좋은 면이 있고, 가장 좋은 사람에게도 나쁜 면이 있습니다. 이 사실을 발견할 때, 우리는 적을 덜 미워하게 될 것입니다.[27]

물론 종교는 가끔 사람들을 잔인한 행동과 인종 차별과 집단 학살을 하게끔 자극했다. 종교인도 나머지 모든 사람과 마찬가지로 위선자가 될 때가 많다. 그럼에도 불구하고, 판단과 심판을 늦추고 빨리 용서하라는 종교의 명령은 관계를 유지하고 정신 건강을 개선하는 데 좋다. 소셜 미디어는 사람들을 정반대로 행동하도록 훈련시킨다. '그것이 누구이건, 모두가 지금 비판하고 있는 그 사람을 심판하지 않았다가 오히려 네가 심판당하지 않도록 빨리 그리고 공개적으로 심판하라. 용서하지 마라. 용서했다간 같은 팀의 사람들이 너를 배신자로 공격할 것이다.'

영적인 관점에서 보면, 소셜 미디어는 마음의 병이다. 그리고 용서와 자비와 사랑 같은 영적 수행과 미덕은 치유책이다. 붓다는 이를 다음과 같이 표현했다.

증오심은 증오심으로 없앨 수 없다.
오직 사랑만이 증오심을 없앨 수 있다.
이것이 영원한 진리이다.
너희 역시 사라질 것이다.
이것을 안다면, 어떻게 다툴 수 있겠는가?[28]

6. 자연에 대한 경외감

자연의 위대함이 인간의 영성에서 차지하는 역할은 아무리 강조해도 지나치지 않다. 『시편』 19편에서는 "하늘은 하느님의 영광을 이야기하고 창공은 그분 손의 솜씨를 알리네."라고 노래한다. 랠프 왈도

에머슨Ralph Waldo Emerson은 1836년에 숲을 걸을 때 느끼는 그 솜씨의 효과를 다음과 같이 묘사했다.

숲에서 …… 이 신의 농장에서는 예의와 신성이 지배한다……. 맨 땅 위에 서서 머리를 상쾌한 공기로 적시면서 무한한 공간으로 치켜 들면, 모든 비천한 이기심이 사라진다. 나는 투명한 안구가 된다. 나는 무無이다. 나는 모든 것을 본다. 그러면 보편적 존재의 흐름이 내 몸을 관통하면서 순환한다. 나는 신의 중요한 일부이다.[29]

2003년에 다커 켈트너와 나는 경외감에 관한 리뷰 논문을 발표했는데, 거기서 우리는 경외감은 동시적인 두 가지 지각을 통해 촉발된다고 주장했다. 첫 번째는 바라보는 것이 어떤 면에서 광대한 것이어야 하고, 두 번째는 그것이 자신의 기존 정신 구조에 들어맞지 않는 것이어야 한다.[30] 이 조합은 사람들에게 매우 즐거운(때로는 두렵기도 한) 방식으로 아주 작은 존재가 된 듯한 느낌을 촉발하는 것으로 보인다. 경외감은 믿음과 충성과 행동 변화를 촉발하는 길을 열어준다.

다커는 경외감 연구에서 탁월한 과학자가 되었다. 그는 제자들과 함께 전 세계 각지의 사람들로부터 경외감 경험 사례 수천 건을 수집해 가장 보편적인 여덟 가지 범주로 분류하면서, 그것을 "인생의 여덟 가지 경이"라 불렀다. 그것들은 도덕적 아름다움, 집단 열광, 자연, 음악, 시각 디자인, 영적 및 종교적 경외감, 삶과 죽음, 현현顯現(새롭고 거대한 깨달음이 닥치는 순간)이다.

경외감이 촉발되는 방법은 많지만, 가장 신뢰할 수 있고 쉽게 다가갈 수 있는 방법 중 하나는 자연의 아름다움을 느끼는 것이다. 다커가 팟캐스트 대화[31]에서 암으로 죽은 동생을 애도하면서 '경외감에 사로잡힌 산책awe walk'을 한 경험을 이야기하는 걸 듣고 나서, 나는 뉴욕대학교에서 대학생을 대상으로 하던 '행복' 강의에 경외감과 아름다움을 다루는 시간을 추가하기로 결정했다. 나는 학생들에게 그 팟캐스트를 듣고 어디든 좋으니 밖으로 나가 천천히 산책을 해보라고 말했다. 단, 절대로 휴대폰을 갖고 가지 말라고 했다. 그 주의 과제로 학생들이 제출한 리포트에 적힌 성찰들은 내가 30년 동안 교수로 재직하면서 본 것 중 가장 아름다운 것에 속한다. 어떤 학생들은 그저 뉴욕대학교 부근의 그리니치빌리지 거리를 천천히 걸으면서 그동안 숱하게 그냥 지나쳤던 19세기 건물들의 건축미를 처음으로 보았다. 하지만 가장 인상적인 리포트는 공원을 거닌 학생들에게서 나왔다. 이메이라는 학생은 뉴욕대학교 캠퍼스의 푸른 심장인 워싱턴스퀘어파크에서 경외감에 사로잡힌 산책을 시작했다. 이메이는 벚나무들이 만개한 4월의 완벽한 날에 산책을 했다.

나는 그 봄날 공원의 아름다움에 압도된 나머지 벤치에 잠깐 앉아 그 아름다움을 음미했고, 지나가는 사람들에게 도덕적 기쁨과 애정을 느끼면서 그들이 나를 바라볼 때마다 미소를 보냈다.

익숙한 공원에서 겪은 이 새로운 경험에 너무나도 큰 감동을 받은 이메이는 그다음에는 뉴욕의 센트럴파크로 갔는데, 과제 수행을 위해서는 굳이 갈 필요가 없는 장소였다. 그곳에서 작은 호수에 비쳐 반사되는 햇빛에 눈이 부시는 경험을 했다. "마치 호수와 나무들 위에 광채가 장식처럼 뿌려진 것 같았다. 모든 것이 생명을 얻어 살아난 것처럼 보였다." 여러 학생은 경외감에 사로잡힌 산책을 하기 전에는 주변 세상의 아름다움을 음미할 시간이 거의 없었다고 썼다. 워싱턴스퀘어파크는 미국에서 가장 아름다운 도시 공원 중 하나이고 뉴욕대학교 학생들은 그곳을 자주 지나다니지만, 그 아름다움을 제대로 본 사람은 많지 않았다.

많은 학생은 불안 증세가 있었는데, 그중 몇몇은 자연의 아름다움이 효과적인 치료법이라는 사실을 발견했다. 이메이의 글을 다시 인용해보자.

아름다움과 경외감을 느낀 경험을 통해 나는 더 관대해지고 현재에 더 집중하는 느낌이 들었다. 지금 내가 느끼는 안정감과 차분함 때문에 과거의 사소한 근심들이 갑자기 별것 아닌 것처럼 느껴졌고, 미래에 대한 걱정도 불필요하게 느껴졌다. 마치 긴 시간을 경험하면서 나 자신과 내 불안에게 "모든 게 좋아질 거야."라고 말하는 듯한 기분이 들었다. 또한 행복의 느낌과 그저 사람들과 연결하면서 대화를 나누고 싶은 느낌에 휩싸였다.

다커는 한 동료와 함께 2023년에 발표한 리뷰 논문에서 경외감이 안녕을 증진하는 다섯 가지 방법을 기술했다. 경외감은 "신경생리학을 변화시키고, 자신에 대한 관심을 감소시키고, 친사회적 관계성을 증대시키고, 사회적 통합을 높이고, 의미의 감각을 높인다."[32] 이메이는 두 공원을 조용히 걷는 동안 이 모든 것을 경험했다.

사람은 자연에서 진화했다. 우리의 미美 감각은 나무와 물이 있어 초식 동물이 많은 초원이나 해양 자원이 풍부한 해양 가장자리처럼 우리 조상이 번성한 환경으로 우리를 끌어당기도록 진화했다. 위대한 진화생물학자 E. O. 윌슨E. O. Wilson은 사람은 '생명을 사랑하는bio-philic' 존재라고 말했는데, "다른 생명 형태들과 함께 어울려 살아가려는 욕구"가 있다는 뜻에서 그렇게 말했다.[33] 사람들이 자연의 경이로운 목적지로 여행하는 이유는 바로 이 때문이다. 위대한 조경 설계자 프레더릭 로 옴스테드Frederick Law Olmsted가, 내 아이들이 양과 염소에게 먹이를 주면서 즐거워하는 장소인 센트럴파크를 들과 숲과 호수, 소형 동물원이 갖춰진 그런 모습으로 설계한 이유도 이 때문이다. 아이들이 숲을 탐구하고 돌을 뒤집어보고 그 밑에서 꼬물꼬물 기어다니는 생명체를 보길 좋아하는 이유도 이 때문이다. 아름다운 자연 환경에서 시간을 보내면 불안 장애를 앓던 사람들의 불안이 감소하는 이유도 이 때문이다.[34] 그것은 마치 고향으로 돌아온 것과 같다.

하지만 아동기 대재편의 주요 특징 중 하나는 아동과 청소년이 밖에서 보내는 시간이 훨씬 줄어들었고, 밖으로 나갔을 때에도 휴대폰을 들여다보거나 휴대폰에 대해 생각하는 시간이 많다는 점이다. 혹시라도 수면에 반사된 햇빛이나 살랑거리는 봄바람에 실려오는 벚꽃처럼 뭔가 아름다운 것을 접하면, 이들이 즉각 보이는 반응은 어딘가에 올리기 위해 사진이나 영상을 찍는 것이다. 이메이가 그런 것처럼 그 순간에 취해 자신을 잊어버리고 자연과 하나가 되려는 사람은 드물다.

스마트폰을 사용하더라도 어느 정도의 경외감을 느낄 수는 있다. 실제로 영웅적 행동(도덕적 아름다움)을 보인 사람에 관한 유튜브 영상을 얼마든지 볼 수 있다. 세상의 가장 아름다운 장소들에서 찍은 특별한 사진과 영상도 찾아볼 수 있다. 이런 경험들은 분명히 소중하다. 하지만 앞에서 보았듯이, 휴대폰은 질을 떨어뜨리면서 양으로 우리를 압도한다. 우리는 도덕의식을 고양하는 짧은 영상을 보고 감동을 받고 나서는, 곧바로 누가 뭔가에 대해 분노하는 다음번의 짧은 영상으로 옮겨간다. 우리는 직접 가서 찍는 것보다 훨씬 좋은 각도에서 풍경을 잡을 수 있는 드론이 촬영한 빅토리아폭포 사진을 볼 수 있지만, 전체 이미지를 손바닥만 한 크기의 화면으로 보기 때문에, 그리고 폭포에 가기 위해 아무 노력도 기울이지 않았기 때문에, 화면의 풍경을 보고서 느끼는 경외감은 훨씬 작은 폭포로 직접 가서 경험하는 경외감에 비할 바가 못 된다.

만약 우리의 삶에서 경외감이 훨씬 크고 이로운 역할을 하길 바란다면, 경외감이 들어설 공간을 마련할 필요가 있다. 내 학생들이 산책을 한 것과 같은 주에 나도 경외감에 사로잡힌 산책을 한 결과로, 이제 나는 공원이나 자연 풍경을 거닐 때면 귀에서 에어팟을 뺀다. 이제 나는 더 이상 내 뇌가 수용할 수 있는 것보다 많은 오디오북과 팟캐스트를 정상 속도보다 1.5배 빠른 속도로 욱여넣으려고 하지 않는다. 만약 경외감과 자연의 아름다움이 우리 아이들의 삶에서 더 큰 역할을 하길 원한다면, 아름다운 자연 장소들로 아이들을 데려가도록 의도적인 노력을 기울일 필요가 있다. 휴대폰 없이 말이다.

신의 형상을 한 구멍

프랑스 철학자 블레즈 파스칼Blaise Pascal은 죽기 직전인 1662년에 흔히 "모든 사람의 마음에는 신의 형상을 한 구멍이 있다."라고 널리 회자된 글을 썼다.[35] 나는 그의 주장이 옳다고 생각한다. 나는 『바른 마음』에서 찰스 다윈Charles Darwin과 생물학자 데이비드 슬론 윌슨David Sloan Wilson의 글[36]을 바탕으로 자연 선택이 그 구멍을 어떻게 만들었을지 설명했다. 인류는 집단과 집단이 서로 경쟁하는 동시에, 각 집단 내에서 개인과 개인이 서로 경쟁하는 **다수준 선택**multilevel selection이라는 긴 시기를 거쳤다. 가장 응집력이 높은 집단이 승리를 거두었고, 인류는 집단의 응집력을 더 증대시키는 적응이 진화했는데(생물학적 진화와 문화적 진화 모두를 통해), 그것은 바로 종교성(신에 대한 두려움과 사랑을 모두 포함하는)이다.

종교를 믿는 내 친구들 중 다수는 신의 형상을 한 구멍의 기원에 대해 달리 생각한다. 그들은 그 구멍이 그곳에 있는 것은 우리가 신의 피조물이고 우리가 창조주를 갈망하기 때문이라고 믿는다. 하지만 비록 기원에 대한 생각은 엇갈리더라도 그 함의에 대한 생각은 동일하다. 즉, 우리 모두에게는 텅 빈 구멍이 있으며, 우리는 그것을 채우려고 애쓴다. 만약 고상하고 숭고한 무엇으로 채워지지 않는다면, 현대 사회는 금방 거기에 쓰레기를 펌프질해 가득 채워넣을 것이다. 이것은 대중 매체 시대가 시작된 이래 계속 사실로 드러났지만, 2010년대에는 쓰레기 펌프의 성능이 100배나 더 강력해졌다.

우리를 무엇에 노출시키는가가 중요하다. 이 점에 관해 옛날 사람들의 견해는 보편적으로 일치한다. 붓다는 "생각 자체가 바로 우리 자신이다. 우리를 이루는 모든 것은 생각에서 생긴다."[37]라고 말했다.* 그리고 마르쿠스 아우렐리우스는 "내가 생각하는 것들이 내 마음의 질을 결정한다. 내 영혼은 내 생각의 색을 띤다."라고 말했다.[38]

스마트폰 기반 생활에 의존해 살아가는 우리는 엄청나게 많은 양의 콘텐츠에 노출되는데, 그중 대부분은 알고리듬을 통해 선택되어 우리가 하는 일을 방해하는 알림을 통해 우리 삶 속으로 밀고 들어온다. 그것은 압도적으로 많은 양이며, 그중 상당수는 우리를 신성 차원에서 아래로 끌어내린다. 만약 그 차원에서 0 이상의 수준으로 대부분의 삶을 보내길 원한다면, 우리에게 입력되는 정보에 대한 통제력을 되찾을 필요가 있다. 우리는 자신의 삶에 대한 통제력을 되찾아야 한다.

8장 요점 정리

- 도덕적으로 아름다운 행동을 보면 우리는 자신이 고양된 듯한(신성이라고 부를 수 있는 수직 방향의 차원으로 올라가는 듯한) 느낌이 든다. 반면에 도덕적으로 역겨운 행동을 보면 아래로 끌어내려지는 듯한 느낌, 즉 타락하는 듯한 느낌이 든다.

* 실제로 붓다가 정확하게 이런 표현을 쓴 것은 아니다. 영어권에서 널리 알려진 이 구절은 토머스 바이럼Thomas Byrom이 영어로 번역한 『법구경法句經』에서 유래했다. 바이럼은 시적인 표현을 잘 사용했지만, 팔리어를 제대로 알지 못해 원문과 아주 다르게 번역한 것이 많다.

- 스마트폰 기반 생활은 일반적으로 우리를 아래로 끌어내린다. 그 것은 우리가 생각하고 느끼고 판단하고 관계를 맺는 방식을 변화시킨다. 그것은 종교적 공동체와 영적 공동체가 실천하는 많은 행동과 양립할 수 없는데, 데이비드 데스테노 같은 연구자들에 따르면 그런 행동 중 일부는 행복과 안녕, 신뢰, 집단의 응집력을 증진하는 것으로 드러났다. 이 장에서는 그런 영적 수행 여섯 가지를 소개했다.

- 첫째, 공유된 신성함. 뒤르켐은 인간이 세속적 차원과 신성한 차원의 두 차원 사이에서 올라갔다 내려갔다 하면서 살아간다는 것을 보여주었다. 세속적 차원은 우리가 일상적으로 영위하는 자기중심적 의식 상태를 말한다. 신성한 차원은 집단의 영역이다. 개인들의 집단은 함께 신성한 영역으로 들어갔다 나왔다 하게 해주는 의식에 동참할 때 응집력 있는 공동체가 된다. 반대로 가상 세계는 시간과 공간에 아무런 구조도 부여하지 않으며 완전히 세속적이다. 이것은 가상 세계 공동체가 대개 현실 세계 공동체만큼 만족스럽지 못하고 의미를 부여하지 못하는 한 가지 이유이다.

- 둘째, 체화. 종교 의식은 항상 상징적 의미가 있는 신체적 움직임을 수반하는데, 이런 움직임은 다른 사람들과 동기화된 방식으로 일어날 때가 많다. 음식을 함께 먹는 것은 유대를 강화하는 특별한 힘이 있다. 가상 세계는 정의상 비체화된 방식으로 흘러가고, 대부분의 활동이 비동기화된 방식으로 일어난다.

- 셋째, 많은 종교와 영적 수행은 고요함과 침묵, 명상을 사용해 평상시 의식의 '뛰어다니는 원숭이'를 진정시키고, 다른 사람이나 신

또는 깨달음에 마음을 열게 한다. 명상은 안녕을 증진하는 효과가 있는 것으로 드러났는데, 완전히 세속적인 환경에서 짧은 시간 동안 규칙적으로 하더라도 효과가 있다. 반대로 스마트폰 기반 생활은 알림과 경보와 주의 분산에 끝없이 시달리면서 의식을 분열시키고, 깨어 있는 모든 순간을 스마트폰에서 나오는 것으로 가득 채운다.

- 넷째, 영성을 정의하는 한 가지 특징은 자기 초월이다. 뇌에는 마치 그것이 세속적 의식의 신경학적 기반인 것처럼 자기 초월 순간에 활동이 줄어드는 구조들의 네트워크(디폴트 모드 네트워크)가 있다. 소셜 미디어는 자신과 자기표현, 브랜드 부여, 사회적 지위에 끊임없이 집중하게 만든다. 소셜 미디어는 자기 초월을 거의 완벽하게 방해하도록 설계돼 있다.

- 다섯째, 느린 분노와 빠른 용서. 대다수 종교는 우리에게 주관적 판단으로 함부로 남을 심판하지 말라고 촉구하지만, 소셜 미디어는 인류의 역사에서 전에는 불가능했던 속도로 남을 평가하고 심판하라고 조장한다. 종교는 느리게 분노하고 빨리 용서하라고 충고하지만, 소셜 미디어는 정반대로 행동하라고 권한다.

- 여섯째, 자연의 웅장함을 느끼는 것은 영적 수행, 발전과 긴밀한 연관이 있는 감정인 경외감의 경험에 가장 보편적으로 쉽게 다가갈 수 있는 길이다. 자연 환경에서 산책만 해도 자기 초월을 경험할 수 있으며, 특히 휴대폰에 신경을 *끄고* 주의를 기울이면 경험하기가 더 쉽다. 자연에 대한 경외감은 Z 세대에게 특별히 중요한데, 스마트폰 기반 아동기가 초래한 불안과 자의식의 악영향을 중

불안 세대

화할 수 있기 때문이다.

- 모든 인간의 마음에는 '신의 모양을 한 구멍'이 있다. 혹은 적어도 많은 사람은 의미와 연결, 영적 고양을 갈망한다. 하지만 휴대폰 기반 생활은 그 구멍을 하찮고 저열한 콘텐츠로 채울 때가 많다. 옛사람들은 자신을 무엇에 노출시킬지 고를 때 더 신중하게 생각하라고 충고했다.

이것으로 스마트폰 기반 아동기(그리고 스마트폰 기반 성인기)의 해악을 설명한 3부가 끝났다. 이제 4부에서는 이런 상황에 대해 우리가 무엇을 할 수 있는지를 논의할 것이다. 그리고 만약 함께 행동하기만 한다면, 이런 상황을 변화시킬 수 있다는 것을 보여줄 것이다.

4부

더 건강한 아동기를 위한 집단행동

9장

집단행동을 위한 준비

내가 어린이가 스마트폰과 소셜 미디어 계정을 갖는 시기를 늦추어야 한다고 말할 때, 가장 흔한 반응은 "나도 동의합니다. 하지만 이미 너무 늦었어요."라는 대답이다. 열한 살짜리 아동이 휴대폰을 들여다보면서 돌아다니는 것이 너무나도 일상적인 일로 자리잡아, 많은 사람은 우리가 아무리 원하더라도 이 상황을 변화시킬 수는 없다고 생각한다. 그들은 "배는 이미 떠났어요." 또는 "열차는 이미 역을 떠났어요."라고 말한다. 하지만 교통수단에 빗댄 이 비유는 오히려 우리가 지금 당장 행동해야 할 필요를 시사한다고 생각한다. 나는 탑승한 비행기가 안전 문제가 발견되는 바람에 다시 게이트로 돌아간 경험을 한 적이 있다. 1912년에 타이태닉호가 침몰한 뒤에는 자매선 두 척을 운항 중단하고 개조 작업을 통해 더 안전하게 만들었다. 새로운 소비 제품이 특히 어린이에게 위험하다는 사실이 발견되면, 우리는 제조업체가 설계를 적절히 수정할 때까지 제품을 리콜하고 시장에서 그 제품이 유통되지 않게 한다.

2010년에 십대와 부모, 학교, 그리고 심지어 테크 회사도 스마트폰과 소셜 미디어가 그토록 많은 해를 초래할 줄 몰랐다. 하지만 지금은 모두가 안다. 2010년에는 정신 건강 위기의 징후를 전혀 느낄 수 없었다. 하지만 지금은 그 징후가 우리 주변 곳곳에서 발견된다.

우리는 아무것도 할 수 없는 것이 아닌데도 자꾸 그렇게 느끼는데, 스마트폰과 소셜 미디어, 시장의 힘, 사회적 영향이 결합해 우리를 덫으로 끌어들이기 때문이다. 우리 각자는 홀로 행동하면서 올바른 일을 하기가 너무 어렵거나 비용이 너무 많이 든다고 생각한다. 하지만 함께 행동한다면 비용을 대폭 낮출 수 있다.

이 짧은 장에서 나는 집단행동 문제들이 무엇인지 설명하고, 그것을 해결하는 데 쓰이는 몇 가지 공통 메커니즘을 소개할 것이다. 그러고 나서 4부의 나머지 장들에서는 놀이 기반 아동기에서 스마트폰 기반 아동기로 파멸적 전환이 일어난 상황을 되돌리기 위해 정부와 테크 회사, 학교, 부모가 각자 할 수 있는 일들을 소개할 것이다.

집단행동 문제

사회과학자들은 오래전부터 모든 사람이 동일한 선택을 하면 모두에게 나쁜 결과(예컨대 연못에서 물고기 씨가 마르는 결과)가 돌아가는데도 불구하고, 각 개인이 자신에게 가장 좋다고 생각하는 행동(예컨대 연못에서 물고기를 남획하는 것)을 하는 '덫'을 연구해왔다. 만약 집단이 협응(각자가 잡을 수 있는 물고기의 양을 제약하는 것처럼)을 할 수 있다면, 장기적으로 모두에게 더 많은 물고기가 돌아가는 결과를 얻을 것이다. 이러한 덫을 **집단행동 문제**collective action problem(혹은 때로는 **사회적 딜레마**social dilemmas)라고 부른다. 십대 초반 아동은 6학년이 되어 처음 등교한 날에 일부 급우가 스마트폰을 소유하고 인스타그램과 스냅챗으로 서로 연결하는(심지어 수업 시간에도) 것을 볼 때 집단행동 문제의 덫에 빠진다. 아무도 그것을 사용하지 않으면 모든 학생이 훨씬 더 행복해질 수 있는데도 불구하고, 이런 상황에서 이들은 자기도 스마트폰과 소셜 미디어를 사용해야 한다는 압력을 받는다.

6장에서 나왔던 알렉시스 스펜스는 6학년 때 부모의 금지에도 불구하고 왜 자신이 인스타그램 계정을 가지려고 그토록 애를 썼는지 다음과 같이 설명했다.

그것이 그토록 중독성이 강했던 이유는 그저 또래 친구들과 어울리고 싶은 욕구 때문이었어요. 나는 무엇 하나라도 놓치고 싶지 않았는데, 만약 뭔가 놓치는 게 있으면 나 혼자만 소외되기 때문이었지요. 그러면 무슨 일이 일어나는지 제대로 알지도 못한다고 아이들이 나를 비웃거나 놀릴 게 뻔한데, 나는 왕따가 되고 싶지 않았어요.

일단 몇몇 학생이 스마트폰과 소셜 미디어 계정을 갖게 되면, 다른 학생들은 부모에게 압력을 가해 부모까지 덫에 빠지게 한다. 자녀로부터 "**다른 애들은 모두** 스마트폰이 있어요. 만약 스마트폰을 사주지 않으면, 나는 **모든 것**에서 배제될 거예요."라는 말을 듣는 것은 부모에게 매우 고통스럽다.(물론 여기서 '다른 애들 모두'는 '일부 아이들'을 뜻한다.) 십대 초반의 자녀가 휴대폰 속으로 사라지는 걸 원하는 부모는 거의 없지만, 자녀가 학교에서 왕따가 될지도 모른다는 상상은 훨씬 견디기 힘들다. 그래서 많은 부모는 그만 그 압력에 굴복해 11세 혹은 그 미만의 자녀에게 스마트폰을 사준다. 굴복하는 부모가 늘어나면서 나머지 아이들과 부모들에게 가해지는 압력이 더 커지며, 결국 공동체는 안정적이지만 불행한 평형에 도달하게 된다. 즉, 모두가 스마트폰을 **소유하고**, 모두가 스마트폰 속으로 사라지고, 놀이 기반 아동기는 끝나고 만다.

디지털 세계에서는 기술 채택이 너무나도 빨리 일어나기 때문에, 일부 테크 회사 역시 집단행동 문제에 휘말리게 된다. 이들은 빨리 행동에 나서 아동과 십대를 최대한 끌어들이려고 노력해야 한다. 회사 정책과 미국 법에 따르면 사용자가 13세 이상이어야 하지만, 이들은 그런 것에는 신경 쓰지 않는다. 새로운 사용자의 나이를 제대로 검증하는 회사는 십대 초반 아동 고객을 경쟁자에게 빼앗기고 말 텐데, 경쟁자들은 미성년 사용자를 불법적으로 모집하는 것에 아무런 양심의 가책도 느끼지 않는다.

부모들은 아이의 독립성에서도 집단행동 문제에 맞닥뜨린다. 모두가 그렇게 행동할 때에는 아이들을 밖으로 내보내 자기들끼리 놀라고 하기가 아주 쉬웠다. 하지만 주변에 그렇게 하는 사람이 아무도 없는 상황에서는 먼저 나서서 그런 행동을 하기가 어렵다. 공공장소에서 보호자 없이 아이를 돌아다니게 하거나 놀게 하면 오해한 이웃이 경찰에 신고할 수 있고, 경찰은 이 사건을 아동보호국으로 넘길 수 있으며, 그러면 아동보호국은 '아동방임' 혐의로 부모를 조사할지 모른다. 각 부모는 다른 부모들이 하는 대로 따라 하는 것이 최선이라고 생각하게 된다. 그래서 설령 그것이 모든 아동의 발달을 해친다 하더라도, 아이들을 항상 부모의 보호와 감독하에 두려고 한다.

어떻게 하면 이 덫에서 벗어날 수 있을까? 집단행동 문제에는 집단 반응이 필요하다. 주요 집단 반응의 종류는 네 가지가 있는데, 각각은 우리를 도와 큰 변화를 가져올 수 있다.

1. **자발적 협응**. 열한 살 자녀에게 스마트폰을 사주는 부모가 사주기를 거부하는 부모에게 추가 압력을 가하는 것처럼, 부모들이 함께 뭉치면 서로에게 힘을 줄 수 있다. '8학년까지 기다리자 Wait Until 8th'는 그러한 협응을 보여주는 훌륭한 예이다. 이 단체에 가입한 부모들은 초등학교를 다니는 자녀가 8학년이 될 때까지 스마트폰을 주지 않겠다는 서약서에 서명을 한다. 이 서약은 학교와 학년이 같은 아이를 둔 가정 10가구가 서명을 할 때에만 구속력이 있는데, 그러면 그 아이들이 다른 아이들과 함께 놀면서도 자신이 '유일하게' 배제되었다는 느낌을 받지 않을 수 있다. 이제 덫이 풀렸고 이 10가구는 함께 탈출할 수 있다.(다만, 이것은 8학년까지만 유효한데, 8학년은 아이가 아직 중학교를 다닐 때이기 때문에 너무 이르다고 생각한다. 나는 단체 이름을 '9학년까지 기다리자 Wait Until 9th'로 바꾸길 희망한다.)

2. **사회 규범과 교화**. 공동체가 개인적 결정을 도덕적 측면에서 바

라보면서 혐오감과 비난을 표현할 수 있다. 예컨대, 음주 운전을 한 사람들(다행히도)이나 아홉 살 된 아들에게 혼자 지하철을 타게 한 어머니(불행히도)에게 이런 일이 일어났다.[1] 아동의 자율성을 부정적으로 교화하는 관행을 뒤집어 9세 아이가 보호자 없이 돌아다니는 것을 지극히 정상적인 일로 바라볼 수 있다. 사실, 이것은 얼마 전까지만 해도 당연하게 여겼던 일이다.

3. **기술적 해결책**. 새 제품이나 발명은 동시에 공동체 내 모든 사람의 선택지와 인센티브를 변화시킬 수 있다. 예컨대, 잠글 수 있는 휴대폰 주머니 도입이나 빠르고 쉬운 연령 확인 방법 개발, 더 좋은 기본 휴대폰 도입은 고등학교에 들어가기 전에 자녀에게 스마트폰과 소셜 미디어를 허용하는 문제에서 부모가 받는 압력을 줄일 수 있다.

4. **법과 규칙**. 정부는 법을 만들 수 있다. 예컨대, **모든** 소셜 미디어 회사에 새로운 사용자의 나이 확인을 의무화하는 법률을 만들거나, 아이에게 독립성을 주는 것이 방임의 증거가 아니라는 점을 명확히 하는 쪽으로 방임에 관한 법률을 고칠 수 있다. 학교를 비롯해 기관들은 정책을 정할 수 있다. 예컨대, **모든** 학생에게 학교에 있는 동안은 휴대폰을 로커에 넣어 보관하게 할 수 있다.

이어지는 세 장에서는 정부와 테크 회사, 학교, 부모, 젊은이가 함

불안 세대

께 행동함으로써 여러 가지 집단행동 문제를 해결할 수 있는 계획을 소개할 것이다. 이 세 장을 쓰는 과정에서 나는 친구이자 협력자인 리노어 스커네이지Lenore Skenazy에게 집필과 관련해 도움을 요청했다. 리노어는 2009년에『자유 방목 아이들Free-Range Kids』[2]이라는 책을 출간했는데, 나는 2012년에 아내와 함께 그 책을 읽었다. 그 책을 읽고 나서 우리는 자녀를 키우는 방식을 바꾸었다. 우리는 아이들에게 더 일찍 독립성을 주었고, 그러자 아이들은 자신에 대한 자신감이 커졌으며 우리는 아이들에 대한 신뢰가 더 커졌다. 나중에 나는 리노어와 피터 그레이, 대니얼 셔크먼Daniel Shuchman과 함께 렛그로Let Grow라는 단체를 만들었는데, 이 단체의 목적은 "아이에게 유능하고 자신감이 넘치고 행복한 어른으로 성장하는 데 필요한 독립성을 주는 것이 쉽고 정상적이고 합법적이" 되도록 만드는 것이다. 과잉보호를 되돌리고 놀이를 늘려야 한다고 주장하는 일부 절에서는 나의 지론과 다른 목소리도 나올 것이다. 리노어는 자유 방목 아동기 운동에서 훌륭한 지도력을 보여주었고 또 이어지는 장들에서 지혜를 나누어주었는데, 이 모든 것에 대해 감사드린다. 리노어와 나는 렛그로에서 개발한 몇몇 프로그램을 강조하지만, 그 밖에도 우리의 목적을 공유하는 단체가 많이 있다.[3]

몇 가지 주의 사항

나의 제안을 소개하기 전에 여기서 몇 가지 주석과 인정의 말을 덧붙여야겠다.

첫째, 이어지는 장들에서 나는 대다수 가정과 학교에 도움이 되리라고 믿는 생각들을 제안할 테지만, 모든 아이와 가정과 학교는 제각각 독특하다. 내 제안의 바탕을 이루는 심리학적 원리는 대부분 보편적으로 적용되지만, 그 실행 방법에 관한 내 제안은 당사자에게 맞지 않을 수도 있다. 언제나 혁신을 시도하고, 임기응변을 발휘하고, 결과를 측정하려고 노력하라.

둘째, 내 제안들 중에는 분명히 틀린 것도 일부 있을 것이다. 나는 앞의 여덟 장에서 쓴 내용을 바탕으로 조언을 제시하는데, 그 내용은 많은 연구 결과에 토대를 둔 것이다. 하지만 연구는 가끔 재현에 실패하는 경우가 있고, 사회과학자들은 연구 결과의 의미를 해석하는 데 이견을 보이기도 하며, 새로운 연구 결과가 이전과 다른 방향을 가리키기도 한다. 그러니 AnxiousGeneration.com의 온라인 부록을 참고하기 바란다. 여기서 나는 혹시라도 저질렀을지 모를 오류를 바로잡으려고 최선을 다할 것이며, 추가적인 제안을 수록할 것이다. 또한 나의 서브스택인 애프터 바벨⁴에 계속 글을 올리면서 이 책과 관련된 새 연구나 개념을 소개할 것이다.

마지막으로, 오늘날 부모나 교사, 학교 행정가, 감독, 혹은 아동과 청소년을 상대하는 사람이면 누구라도 그 역할을 수행하기가 얼마나 어려운지 인정하고 싶다. 청소년으로 살아가기는 더욱 어렵다. 우리 모두는 주의를 분열시키고 관계를 변화시키는 기술 세계에 대한 불완전한 지식을 가지고 나름대로 최선을 다하려고 노력하고 있다. 현재 일어나고 있는 일을 이해하거나 이 상황에 대해 어떻게 해야 할지 알기는 힘들다. 하지만 뭔가 하지 않으면 안 된다. 새로운 정책을 시도하고 그 결과를 측정해야 한다.

내 제안들 중 일부는 법률 개정이 필요하기 때문에 더 도전적인데, 미국에서는 정치적 양극화 때문에 어떤 일을 과감하게 추진하기가 어렵다. 하지만 미국 의회에서조차 온라인의 해악으로부터 아동을 보호하려는 노력은 양당의 합의가 일어날 가능성이 높은 극소수 분야 중 하나이다. 만약 우리가 집단행동 문제의 본질을 이해한다면, 덫을 없애고 인센티브를 변화시키는 것을 목적으로 한 입법을 추진할 수 있다. 만약 함께 행동한다면, 우리는 스마트폰 기반 아동기를 되돌리고 더 건강한 놀이 기반 아동기를 어느 정도 회복할 수 있다.

10장

정부와 테크 회사가
지금 할 수 있는 일

"우리는 어떻게 당신의 시간과 의식적 주의를 최대한 빼앗을까요?"

이것은 페이스북의 초대 사장인 숀 파커가 2017년에 인터뷰를 할 때 한 말이다.[1] 그는 2000년대에 페이스북과 또 다른 주요 소셜 미디어 플랫폼을 만든 사람들의 사고 과정을 설명하고 있었다. 2장에서는 이 인터뷰에서 나온 또 다른 말이 인용되었는데, 거기서 파커는 이 회사들이 '인간 심리학의 취약성'을 이용하는 '사회적 타당화 피드백 고리'를 설명했다. 앱은 "누가 사진이나 게시물 혹은 그 밖의 것에 '좋아요'를 누르거나 댓글을 달면 가끔씩 약간의 도파민 히트를 제공할 필요가 있습니다. 그것은 당신에게 더 많은 콘텐츠를 올리게 만들고, 그러면 …… 더 많은 '좋아요'와 댓글이 달립니다." 파커는 자신과 마크 저커버그Mark Zuckerberg와 케빈 시스트롬Kevin Systrom(인스타그램의 공동 창업자)을 비롯해 그 밖의 사람들이 "이 점을 의식적으로 이해했습니다. 그리고 어쨌든 우리는 그렇게 했습니다."라고 말했다. 또한 이렇게도 말했다. "그것이 우리 아이들의 뇌에 무슨 영향을 미칠지는 아무도 모릅니다."

왜 자신의 고객을 그런 식으로 다루려고 할까? 그것은 대다수 소셜 미디어 회사의 입장에서는 사용자가 진짜 고객이 아니기 때문이다. 플랫폼들이 정보나 서비스에 공짜 접근을 제공하는 이유는 대개 사용자가 상품이기 때문이다. 사용자의 주의는 회사가 추출해서 기꺼이 비용을 지불하려는 고객(광고주)에게 팔 수 있는 소중한 재료이다. 회사들은 사용자의 주의를 놓고 서로 치열한 경쟁을 벌이는데, 마치 카지노처럼 설령 그 과정에서 사용자에게 해를 끼친다 하더라도 사용자를 붙들어두기 위해 무슨 짓이든 하려고 한다. 회사들의 행동을 바꾸려면, 많은 산업에서 그랬던 것처럼 거기에 작용하는 인센티브를 바꿀 필요가 있다. 진보 시대에 일어난 식품 안전 규정이나 1960년대의 자동차 안전 규정을 생각해보라. 이 두 가지는 장기적으로 아동 사망률 감소에 크게 기여했다.[2]

이 장 첫 부분에서는, 손 파커가 던진 문제('사람들의 주의를 더 많이 빼앗고 현실 세계에서 필요한 시간을 쓰지 못하게 하려면 어떻게 해야 할까?')를 해결하기 위해 많은 테크 회사, 특히 소셜 미디어 회사들이 사용하는 설계의 특징을 설명할 것이다. 그러고 나서 다른 행동과 설계 선택을 장려하기 위해 정부가 법을 어떻게 바꾸어야 하는지 제안할 것이다. 그러면 소셜 미디어를 덜 해로운 것으로 만들 수 있고, 부모들은 언제 그리고 어떻게 자녀를 가상 세계에 들어가게 해야 할지 선택하기가 한결 쉬워질 것이다. 이 장의 두 번째 부분에서는 부모와 학교가 현실 세계에서 과잉보호를 하도록 만드는 법과 정책을 정부가 어떻게 바꾸어야 하는지 이야기할 것이다. 또한 어떻게 하면 정부가 어린이에게 필요한 놀이와 자율성과 책임을 더 지지하면서, 현실 세계를 어린이에게 더 매력적인 곳으로 만들 수 있는지 보여줄 것이다.

곧 보게 되겠지만, 정부의 정책들은 놀이 기반 아동기의 퇴조(특히 각 주에서 아동방임에 관한 법을 지나치게 열성적으로 집행함으로써)와 스마트폰 기반 아동기의 부상(특히 인터넷 성인기 연령을 너무 낮게 잡고 그마저도 강력하게 집행하지 않음으로써)을 부추겼다. 새로운 입법과 새로운 집행 정책은 자녀를 더 건강한 방식으로 키우려고 애쓰는 부모들에게 아주 큰 도움이 될 것이다.[*]

뇌줄기 바닥을 향한 경주

테크 회사들을 추동하는 인센티브를 가장 예리하게 분석한 사람 중 한 명은 전에 구글에서 윤리학자로 일한 트리스탄 해리스Tristan Harris 인데, 그는 2013년에 구글의 동료 직원들을 위해 "주의 분산을 최소화하고 사용자의 주의를 존중하자"라는 제목으로 파워포인트 프레젠

---

[*] 나는 이 장에서 기술에 관한 내용을 다룰 때 친구이자 오랜 연구 협력자인 라비 아이어Ravi Iyer의 도움을 받았다. 아이어는 페이스북(지금의 메타)에서 제품 관리자, 데이터 과학자, 연구 관리자로 4년간 일한 뒤에 서던캘리포니아대학교 마셜대학원의 '윤리적 리더십과 의사결정을 위한 닐리 센터Neely Center for Ethical Leadership and Decision Making'에서 기술 혁신을 담당했다. 또 내가 참여한 비영리 테크 개혁 단체인 '프로젝트 리버티Project Liberty'와 '책임 있는 소셜 미디어 위원회Council for Responsible Social Media' 회원들의 조언도 참고했다. 이 장의 '현실 세계' 부분은 리노어 스커네이지의 도움을 받았다. —원주

테이션을 했다.[3] 해리스는 단 세 회사—구글, 애플, 페이스북—가 만드는 제품들이 대다수 인류가 제한된 주의를 사용하는 방식을 좌지우지하고 있으며, 무심코 또는 의도적으로 사람들의 주의를 소모하고 있다고 지적했다. 또한 테크 회사들이 선택한 설계는 전 세계에서 화면 밖의 다른 것에 사용하는 주의의 양을 붕괴시켰다고 해리스는 주장했다.

해리스는 2015년에 구글을 떠나 나중에 '인도적 기술 센터Center for Humane Technology'를 설립했는데, 이 중요한 단체는 설립된 이후 경보를 울리는 동시에 해결책을 제시하고 있다. 2020년, 해리스는 소비자 보호 문제에 관한 미국상원위원회 청문회에 전문가 자격으로 출석해 증언을 했다. 이 증언에서 해리스는 회사들이 주의를 추출하기 위한 치열한 경쟁에서 직면하는 인센티브들을 열거했다. 주의를 붙들기 위해 남용할 수 있는 심리적 취약성은 여러 가지가 있는데, 그중 일부는 우리의 가장 기본적인 욕구에 기반을 두고 있다. 해리스는 이 회사들은 '바닥을 향한 경주race to the bottom'라는 집단행동 문제에 휘말릴 수밖에 없는데, 심리적 약점을 활용하는 데 실패하는 회사는 거리낌없이 행동하는 경쟁자에 비해 불리한 위치에 놓이기 때문이라고 설명했다.[4]

주의 경제에서 주의의 양은 제한돼 있는데, 광고계의 비즈니스 모델은 항상 더 많은 주의를 원합니다. 따라서 이 경쟁은 뇌줄기(뇌간) 바닥을 향한 경주가 되고 맙니다……. 처음에는 작은 규모로 시작합니다. 우선 당신의 주의를 끌기 위해 슬롯머신의 '당겨서 새로 고치기$_{pull\ to\ refresh}$ 보상을 추가하는데, 그럼으로써 작은 중독을 일으키지요. 그리고 '무한 스크롤'의 멈춤 신호를 제거해 당신의 마음이 다른 것을 해야 할 때를 망각하게 만들어요. 하지만 이것만으로는 충분치 않습니다. 주의에 대한 경쟁이 더 심해지면서 우리는 당신의 정체성이 자리잡고 있는 뇌줄기로 깊숙이 기어들어가 당신이 다른 사람들로부터 받는 관심에 중독되게 하지요. 팔로워와 '좋아요' 수를 추가함으로써 기술은 우리의 사회적 타당화를 해킹하고, 이제 사람들은 다른 사람들로부터 끊임없이 받는 피드백에 집착하게 됩니다. 이것은 십대의 정신 건강 위기에 기름을 끼얹는 데 일조했습니다.[5]

광고를 기반으로 한 비즈니스 모델은 사용자를 낚시로 낚아 끌어당길 수 있는 제품으로 만든다. 개인화 덕분에 소셜 미디어 회사들은 디지털 시대 이전의 광고 기반 산업 회사들(신문사와 TV 방송국 같은)보다 훨씬 강력한 영향력을 갖게 되었다. 이 사실에 초점을 맞춘다면, 단지 소셜 미디어뿐만 아니라 미성년자를 대상으로 주의 탈취와 데이터 추출 기술을 많이 사용하는 비디오게임과 포르노 사이트를 겨냥해 입법이 유익한 역할을 할 수 있는 부분이 보이기 시작한다.

사용자 생성 콘텐츠에 광고를 붙임으로써 수익을 올리는 비즈니스는 반드시 실행해야 할 기본 원칙이 세 가지 있다. ① 사용자 수를 늘리고, ② 사용자에게 해당 앱 사용에 더 많은 시간을 쓰게 하고, ③ 사용자에게 더 많은 콘텐츠를 올리고 관여하게 함으로써 다른 사용자들을 그 플랫폼에 끌어들여야 한다.

회사들이 사용자 수를 늘리는 한 가지 방법은 13세 미만 사용자의 입장을 금지하는 자체 규정을 지키지 않는 것이다. 2019년 8월에 나는 마크 저커버그와 영상 통화를 했는데, 저커버그는 비평가를 포함해 광범위한 사람과 접촉을 시도하고 있었다. 나는 그에게 내 아이들이 중학교에 들어갔을 때, 둘 다 대다수 급우(6학년이 시작될 때 10세 또는 11세였던)가 인스타그램 계정을 갖고 있다고 말했다는 사실을 알려주었다. 나는 저커버그에게 이 문제에 대해 어떤 계획을 갖고 있느냐고 물었다. 그는 "하지만 우리는 13세 미만인 사람은 계정을 개설하지 못하게 하고 있습니다."라고 대답했다. 나는 그 통화를 하기 전에 가상의 13세 여자아이를 위한 가짜 계정을 만들었는데, 내가 주장한 나이를 검증하기 위한 시도가 전혀 없었다고 알려주었다. 그러자 저커버그는 "우리는 그 문제를 해결하기 위해 노력하고 있습니다."라고 대답했다.

이 장을 쓰고 있을 때(2023년 8월에), 나는 또 다른 가짜 계정을 손쉽게 만들었다. 지난 4년 동안 나이 검증 기술이 크게 발전했는데도 나이를 검증하려는 시도는 여전히 없고,[6] 나이를 속이는 십대 초반 아동에게 불이익을 주는 장치도 없다.

만약 인스타그램이 연령 미달 사용자를 차단하거나 추방하려는 노력을 실제로 기울인다면, 그 사용자들을 틱톡이나 다른 플랫폼에 빼앗기고 말 것이다. 더 어린 사용자는 특히 취약한데, 어릴 때 생긴 버릇은 평생 가는 경우가 많기 때문이다. 회사들은 장래에도 자신의 제품을 사용해줄 충성도 높은 고객을 확보하기 위해 어린 사용자들이 필요하다. 그래서 이 회사들은 젊은 사용자들 사이에서 시장 점유율이 떨어지는 것을 존재론적 위협으로 느낀다.[7] 그 결과, 청소년이 사용하는 제품을 만드는 회사들은 또 다른 바닥을 향한 경주에 휘말리게 되는데, 그것은 점점 더 어린 사용자를 확보하려는 경쟁이다. 내부 고발자 프랜시스 하우건이 폭로한 문서들은 메타가 오래전부터 십대 초반 아동을 연구하고 유혹하려고 시도했으며, 심지어 4세 아동에게까지 마수를 뻗치는 방안을 고려했다는 것을 보여준다.[8] (바닥을 향한 경주는 담배 회사들 사이에서도 일어났는데, 그들은 청소년을 표적으로 삼은 광고를 내보내면서도 그 사실을 부인했다.)

두 번째 원칙을 실행하기 위해, 즉 사용자에게 앱에 더 많은 시간을 쓰게 하기 위해 회사들이 사용하는 한 가지 방법은 AI를 사용해 사용자의 피드에 무엇을 집어넣을지 선택하는 것이다. 사용자가 다양한 종류의 콘텐츠에 쓴 시간을 바탕으로 AI는 그러한 콘텐츠를 더 많이 제공한다.[9] 틱톡과 인스타그램 릴스Reels 같은 짧은 형식의 영상 플랫폼이 중독성이 강한 이유는 여기에 있다. 이들의 알고리듬은 사용자가 스크롤을 하다가 멈추는 곳이 어디인지 금방 파악할 수 있는데, 그럼으로써 심지어 사용자 자신도 알아채지 못하는 무의식적 바람과 관심을 알아낼 수 있고, 그 결과로 예컨대 미성년자에게 부적절한 성적 콘텐츠를 제공할 수 있다.[10]

기술 부문 설계자들은 마찰이나 노력이 줄어들면 사용 시간이 늘어난다는 사실을 오래전부터 알아챘고, 그래서 자동 재생이나 무한 스크롤 같은 특징은 자동적이고 좀비 같은 방식으로 콘텐츠 소비 증가를 조장한다. 사람들에게 원하는 것보다 더 많은 시간을 쓰는 플랫폼이 무엇이냐고 물었을 때, '승자'는 이런 특징을 지닌 소셜 미디어 플랫폼들이었다.[11] 오늘날의 비디오게임은 사용자를 계속 붙잡아두기 위해 교묘한 방법을 여러 가지 사용하는데, 예컨대 무료 게임 비즈니스 모델, 타당화 피드백 고리, 사실상 도박과 다름없는 '루트 박스loot box,'* 끝날 줄 모르는 멀티플레이어 게임 등이 그것이다.

세 번째 원칙(사용자에게 더 많은 콘텐츠를 올리게 하기)을 실행하기 위해, 플랫폼들은 청소년이 사회적 지위와 사회적 보상에 극히 민감하다는 사실을 이용한다. 스냅챗 '스트릭' 같은 특징은 공개적으로 볼 수 있는 스트릭이 끊어지지 않도록 사용자에게 매일 친구들에게 사진을 보내도록 장려함으로써 사회적 상호 작용을 게임화한다. 스냅챗 스트릭은 아이들에게 네트워크 연결을 유지하기 위해 쓰길 원하는 것보다 더 많은 시간을 쓰도록 압박해 아이들이 현실 세계의 상호 작용에 쓸 시간을 앗아간다. 또 다른 예는 사람들의 프라이버시 설정 기본값을 전체 공개로 정해놓는 것이다. 그러면 그들이 게시하는 것은 모두 그것에 접근 가능한 최대한의 사용자가 이용할 수 있는 콘텐츠가 된다.

미성년자는 그들을 중독시키도록 설계된 제품으로부터 보호받아야 한다. 나는 회사들이 스스로 아동과 청소년을 더 배려하길 바라지만, 시장의 인센티브와 비즈니스 규범을 감안하면 입법을 통해 그렇게 하도록 강제해야 할 것으로 보인다.

---

* 다양한 아이템을 무작위로 받을 수 있는 가상의 소모성 아이템.

뇌줄기 바닥을 향한 경주를 끝내기 위해
정부와 테크 회사가 할 수 있는 일

정부와 테크 회사가 청소년을 위해 가상 세계를 개선할 수 있는 주요 방법이 세 가지 있다.

1. 보호 의무를 준수하게 한다

2013년, 영국 영화 제작자 비번 키드론Beeban Kidron은 〈인리얼라이프InRealLife〉라는 다큐멘터리를 제작했는데, 온라인 세계에서 살아가는 십대의 삶을 다룬 내용이었다. 테크 회사들이 청소년을 부당하게 이용하는 방식을 안 키드론은 경악했다. 이 영화 제작에 몰두하고 있을 때, 키드론은 영국 상원에서 일대귀족一代貴族으로 임명되면서 상원 의원이 되어 자신의 관심사를 추구할 새로운 방법을 얻게 되었다. 키드론은 온라인 아동 안전을 최우선 과제로 삼았다. 그리고 많은 상의 끝에 온라인에서 보내는 시간을 아동과 청소년에게 덜 해롭게 만들 수 있도록 테크 회사들이 채택할 수 있는 설계 기준 목록을 만들었다. 이 목록은 '연령 적합 설계 규약AADC, Age Appropriate Design Code'이라 불리게 되었고, 2020년 6월에 영국에서 법으로 제정되었다.

이 규약은 미성년자를 다루는 방식에 대해 회사들이 도덕적, 법적 책임을 져야 한다고 주장했다는 점에서 혁명적이다. 회사들은 아동의 '최대 이익'을 위해 서비스를 설계해야 할 의무가 있다. 또 이 규약은 아동을 18세 미만인 사람으로 정의하고 있다. 예를 들면, 일반적으로 프라이버시에 관한 모든 디폴트(기본값)를 최고 기준으로 설정하는 것이 아동의 최대 이익에 도움이 되는 반면, 아동의 게시물을 최대한 많은 사람이 보아야 회사에 최대 이익이 돌아간다. 그래서 이 법은 미성년자의 디폴트 설정을 비공개로 할 것을 요구한다. 아동은 자신의 게시물을 낯선 사람이 보아도 괜찮다고 생각할 때에만 설정을 바꾸는 적극적인 선택권을 행사할 수 있다. 위치 정보 데이터도 마찬가지다. 당사자가 그런 데이터를 공개하려고 선택하지 않는 한, 게시물이나 앱 사용을 통해 아동의 위치를 알 수 없도록 하는 것이 디폴트가 되어야 한다. 한 가지 조건이 더 있다. 플랫폼은 프라이버시 정책과 자녀 보호 기능의 특성을 아동이 쉽게 이해할 수 있는 언어로 (혹은 영상으로) 설명하면서 그들이 하는 일을 투명하고 명확하게 밝혀야 한다.

이 규약은 영국에서 제공하는 서비스에만 적용되지만, 이 법으로 인해 이미 두 가지 효과가 광범위하게 나타나고 있다. 첫째, 많은 테크 회사가 나라마다 서로 다른 제품을 제공하는 어려움을 굳이 감수할 필요가 없다고 판단하여 전 세계적으로 몇 가지 변경을 하기로 결정했다. 둘째, 캘리포니아주는 나름의 연령 적합 설계 규약을 채택하여 2022년에 그 법안을 통과시켰고, 다른 주들도 각자 나름의 규약을 통과시켰다.[12] 물론 미국의 각 주가 인터넷처럼 사방으로 뻗어나가고 장소도 없는 것을 규제하려는 법을 제각각 제정하는 것은 실효성이 없어 보인다. 미국 의회가 행동에 나서는 것이 훨씬 나아 보이는데, 연령 적합 설계 규약의 많은 개념을 포함한 '아동 온라인 안전법 Kids Online Safety Act'을 비롯해 여러 가지 중요한 법안을 양당이 모두 강하게 지지하는 흐름이 지금 나타나고 있다.[13] 하지만 오랫동안 지속된 미국 의회의 마비 상태를 감안할 때, 자신의 주에서라도 약탈적인 온라인 관행으로부터 아동을 보호하려면 각 주와 주지사가 개별적으로 행동에 나서는 수밖에 없다.

일부 비판자는 만약 정부의 규제가 생긴다면, 사람들에게 인터넷에서 어떤 말은 해도 되고 어떤 말은 하면 안 된다고 정부가 강요하는 셈이 되며, 정부가 정치적 스펙트럼 중 어느 한쪽을 부당하게 검열할 수도 있을 것이라고 우려한다. 이러한 주장은 터무니없는 우려가 아니다.[14] 하지만 플랫폼에 책임이 있는 해악 중 대부분은 **다른 사용자의 게시물**(플랫폼이 감시하고 제어하기가 힘든[15])에 관한 것이 아니라, 해로운 경험을 장려하거나 증폭하는 **설계 결정**에 관한 것으로, 이에 대한 통제력은 플랫폼이 100% 쥐고 있다.[16] 아동 온라인 안전법 같은 최근의 법안들은 콘텐츠가 아니라 설계에 초점을 맞추고 있다.

설계 변경—프라이버시 보호의 기본값을 최대한으로 설정하는 것처럼—은 정치적 스펙트럼의 어느 쪽에도 이득을 제공하지 않는다. 틱톡이 영국의 규약에 대응해 십대가 DMdirect message(개인 메시지)을 통해 낯선 사람에게 노출되는 기능을 제한했을 때나[17] 페이스북이 개인 맞춤 광고를 통해 연령 미달 사용자를 표적으로 삼지 못하게 제약했을 때,[18] 이러한 변경은 '관점 중립적' 조치였다.[19]

2. 인터넷 성인의 나이를 16세로 상향한다

인터넷이 삶의 일부로 자리잡아 가던 1990년대 후반에는 온라인에서 아동을 보호하려는 특별한 조치가 없었다. 회사들은 부모의 인지나 동의 없이 아동의 데이터를 마구잡이로 수집해 팔 수 있었다.

불안 세대

이에 대해 미국연방거래위원회Federal Trade Commission는 의회에 웹사이트가 아동의 개인 정보를 수집하기 전에 부모의 동의를 얻게 하는 법을 제정하라고 권고했다. 매사추세츠주 하원 의원이던 에드 마키 Ed Markey(지금은 상원 의원)는 그러한 법안을 마련하면서 데이터 수집 목적의 대상이 되는 아동을 16세 미만으로 정의했다. 그 시대의 전자 상거래 회사들은 이에 반대했고, 새 법안이 피임이나 낙태를 비롯해 그 밖의 민감한 주제의 정보에 십대의 접근을 어렵게 만들 것이라고 우려한 시민 자유 단체들과 연대했다.[20]

그 법안을 둘러싼 협상에서 아동의 연령을 13세로 낮추는 타협안이 도출되었다. 그 결정 과정에서 청소년의 뇌 발달이나 성숙에 대한 고려는 전혀 없었다. 그것은 오로지 정치적 타협에 불과했다. 그럼에도 불구하고, 13세는 미국에서 사실상 '인터넷 성인' 나이가 되었고, 그럼으로써 전 세계에서도 인터넷 성인 나이가 되었다. 13세 이상이거나 적어도 자신이 13세 이상이라고 주장하는 사람은 누구건 데이터 수집 목적을 위한 성인으로 간주되었다. 훗날 마키 상원 의원은 "그것은 너무 어린 나이였고, 그 당시에도 나는 그것이 너무 어린 나이라는 걸 알고 있었다. 하지만 그것이 내가 할 수 있는 최선이었다." 라고 말했다.[21]

'아동 온라인 프라이버시 보호법'으로 알려진 이 법안은 인터넷 성인 나이를 너무 낮게 잡았을 뿐만 아니라, 회사들에 연령 확인 의무를 부과하는 데에도 실패했다. 13세 미만이라는 직접적 증거가 있을 때에만 사용자의 데이터를 수집할 수 없을 뿐이었다. 이 법안은 인터넷이 오늘날과는 아주 다른 장소이던 1998년에 제정되었고, 그 이후로 의회는 추가 행동을 전혀 취하지 않았다.(다만, 2023년 현재 연령을 16세로 높이는 쪽으로 아동 온라인 프라이버시 보호법을 개정하는 것을 포함해 여러 법안이 검토되고 있다.)

인터넷 성인 나이를 13세로 명시함으로써 아동 온라인 프라이버시 보호법은 정부가 13세를 아동이 계정을 개설하고 해당 서비스를 사용하기에 적절한 나이로 생각한다는 신호를 부모에게 보냈다. 마치 미국영화협회Motion Picture Association가 부모에게 어떤 영화가 부모 동반 없이 13세 미만 어린이가 보기에 적절한지 아닌지 알려주는 'PG-13' 등급처럼 말이다. 하지만 강력한 회사들의 중독성 높은 주의 추출 기술에 노출된 상황에서 자기 통제력을 발휘해 현명한 선택을 할 수 있는 준비성은 어떤 영화를 볼 수 있는 준비성과는 아주 다르다.

적절한 인터넷 성인 나이는 몇 살일까? 이것은 어린이가 웹을 돌아다니거나 유튜브나 틱톡에서 영상을 시청할 수 있는 나이를 이야기하는 것이 **아니다**. 미성년자가 어떤 회사와 그 회사의 제품을 사용하기로 계약을 체결할 수 있는 나이를 말하는 것이다. 즉, 유튜브나 틱톡에서 **계정을 개설하고** 자신의 영상을 업로드하고 고객 맞춤형 피드를 받으면서, 이용 약관에 명시돼 있듯이 자신의 데이터를 마음대로 사용하고 팔 수 있도록 회사 측에 제공할 수 있는 나이를 말한다.

1장에서 내가 인용한 보스턴의 어머니나 6장에 나왔던 알렉시스 스펜스의 부모처럼 자녀의 인스타그램 사용을 막으려고 갖은 애를 쓰는 부모조차도 실패할 때가 많다. 스펜스 부부와 대화를 나누었을 때, 알렉시스의 어머니는 자신의 도전을 다음과 같이 묘사했다. "나는 AI와 싸우고 있었고 이길 수가 없었어요. 나보다 똑똑하면서 알렉시스에게 감시를 피할 방법을 알려주는 컴퓨터를 이길 재간이 없었습니다." 십대가 술을 사려고 시도할 때와 마찬가지로 최소한의 나이를 감시하는 부담을 전부 다 부모에게 지울 수는 없다. 우리는 술을 파는 가게들이 나이 제한을 엄격하게 지키길 기대한다. 테크 회사들에도 동일한 기대를 해야 한다.

나는 인터넷 성인 나이를 곧장 18세로 올려야 한다고 생각하진 않는다. 미성년자가 서비스의 이용 약관을 받아들이고 자신의 데이터를 넘겨줄 수 있는 최소 나이는 마키 의원이 처음 제안한 16세가 적절하다고 생각한다. 16세 청소년은 성인은 아니지만, 13세보다는 훨씬 성숙하고 유능하다. 16세는 소셜 미디어의 해악에 가장 민감한 시기(여자아이는 11~13세, 남자아이는 14~15세[22])를 막 지난 나이이기도 하다.

하지만 16세 청소년도 전두 피질이 아직 발달하는 중이어서 여전히 취약하다. 소셜 미디어와 비디오게임, 포르노, 그 밖의 중독성 활동은 여전히 다양한 방식으로 많은 청소년에게 해를 끼칠 수 있다. 따라서 내 주장의 요점은, 아무런 가드레일도 없는 현재 형태의 가상 세계가 16세 청소년에게 **안전하다**는 것이 아니다. 다만, 최소 나이를 법으로 정해 집행 가능한 전국적 기준으로 삼으려고 한다면, 13세는 너무 낮으니 좀 더 합리적이고 현실적인 타협안으로 16세를 밀자고 하는 것이다. 18세로 곧장 올리는 것보다는 그편이 정치적, 사회적 지지를 이끌어내기가 훨씬 용이할 것이다. 16세와 17세도 여전히 미성년자이므로, 어떤 버전의 연령 적합 설계 규약이 채택되더라도 이 규약에 포함된 보호 규정은 이들에게도 적용되어야 한다. 그래서 나는 미국 의회가 1998년에 저지른 실수를 바로잡고 인터넷 성인 나이를 13세에서 원안이 제시한 16세로 되돌려야 하며, 회사들도 그 기준을 채택해 집행해야 한다고 생각한다.

그런데 어떻게 하면 회사들이 그렇게 할 수 있을까?

3. 나이 확인 과정을 쉽게 만든다

'나이 확인'이라는 말을 들으면, 사람들은 일반적으로 운전 면허증이나 주민 등록증 같은 신분증을 보여주어야 어떤 웹사이트의 계정을 개설하거나 거기에 접속할 수 있는 것으로 생각한다. 그것도 한 가지 방법이며, 루이지애나주는 실제로 2023년에 법으로 그렇게 정했다. 이 법은 콘텐츠 중 포르노물이 3분의 1 이상인 사이트는, 디지털 지갑 앱을 사용해 루이지애나주의 운전 면허증을 제시하도록 함으로써 방문자가 18세 이상임을 확인해야 한다고 규정하고 있다. 물론 포르노 사이트 방문자는 그 사이트에 운전 면허증 이미지는 물론이고 자신의 실명조차 보여주길 꺼린다. 그러자 폰허브는 루이지애나주에 거주하는 것처럼 보이는 사람에게는 자사 사이트의 접속을 차단하는 방식으로 대응했다.

소셜 미디어 플랫폼이 계정을 개설할 만큼 나이를 충분히 먹었다는 사실을 입증하도록 모든 사용자에게 신분증을 요구할 수 있을까? 이론적으로는 가능하다. 운전 면허증을 아직 발급받지 못한 젊은이에게는 주 정부가 따로 신분증을 발급할 수 있다. 하지만 현실에서는 플랫폼들이 자주 해킹을 당하여 그들의 데이터베이스가 다른 곳으로 팔려나가거나 웹에 게시되기 때문에, 프라이버시가 침해당할 위험이 상

불안 세대

당히 크다. 이 때문에 많은 사람이 유용한 서비스 이용을 삼갈 수 있다. 나는 정부 기관이 아닌 곳이 운영하는 인터넷 서비스에 접속하려고 할 때 정부 발행 신분증 제출을 법적으로 강제하는 것에 반대한다.

사람들이 사이트를 여전히 익명으로 사용할 수 있게 해주는 나이 확인 방법은 없을까? 있다. 두 번째 나이 확인 방법은 플랫폼 사이트가 그 일을 다른 회사에 외주를 맡기고, 그 회사는 플랫폼 회사에 단순히 '예/아니요' 방식으로 보고하는 것이다. 즉, 그 사이트에 접속할 만큼 나이가 충분한지 아닌지만 통보하는 것이다.[23] 만약 나이 확인 회사가 해킹을 당한다 하더라도 그 데이터베이스에 있는 사람들의 나이가 한때 확인되었다는 사실만 유출될 뿐, 그들이 폰허브나 그 밖의 다른 사이트를 사용했는지 여부는 알 수가 없을 것이다.

나이 확인과 관련해 회사들은 다음과 같은 방법들을 개발했다.

- 서로를 보증하는 사람들의 네트워크(거짓말을 하는 사람은 보증을 하는 특권을 상실하는 것과 같은)를 이용한다.
- 일단 확인된 사람에게는 신뢰할 수 있는 방법을 통해 블록체인 토큰을 발행한다. 그 토큰은 운전 면허증 같은 역할을 해 그 소지자가 특정 연령 이상임을 입증할 수 있지만, 그 사람에 대한 개인 정보는 전혀 담겨 있지 않아 데이터가 해킹당하더라도 별다른 정보가 유출되지 않는다.
- 생체 인식 기술을 사용해 신원을 확인한다. 클리어Clear라는 회사는 공항에서 신원을 신속하게 확인하는 방법을 개발했는데, 이제 그 고객들(한번 나이가 확인된)이 자신이 스포츠 경기장에서 술을

살 수 있을 만큼 나이를 충분히 먹었다는 사실을 빠르게 입증하는 데 같은 방법이 쓰이고 있다.

이제는 다양한 나이 확인 방법을 제공하는 회사들이 많이 나오면서 자기들끼리 동종 산업 협회까지 만들었다.[24] 이 방법들의 질과 신뢰성, 보안성은 시간이 지나면서 분명히 점점 더 개선될 것이다. 나는 최소 나이 제한을 적용하길 원하는 회사들이 사용자가 고를 수 있는 **선택지**를 제공하길 희망한다.[25] 어떤 방법은 불과 몇 초밖에 걸리지 않는다. 루이지애나주에서 제정한 것과 같은 법이, 만약 정부 발행 신분증 사용을 강요하는 대신에 회사 측이 신뢰할 만한 선택지를 제공하도록 허용한다면, 프라이버시에 대한 우려가 훨씬 줄어들 것이다.

현재로서는 보편적인 나이 확인을 실행할 수 있는 완벽한 방법이 없다. 완전히 신뢰할 수 있으면서 프라이버시나 시민 자유 침해 문제가 전혀 없이 사이트를 방문하는 모든 사람에게 적용할 수 있는 방법이 없다.[26] 하지만 **보편적** 해결책을 포기하고, **자신들의 자녀**에게 적용되는 인터넷 나이 장벽을 원하는 부모를 돕는 데 초점을 맞춘다면, 세 번째 방법이 있다. 그것은 바로 부모에게 자녀의 휴대폰과 태블릿, 랩톱에 미성년자 소유물이라고 표시하는 방법을 제공하는 것이다. 하드웨어나 소프트웨어에 집어넣을 수 있는 이 표시는 나이 확인이 필요한 회사들에게 "이 사람은 연령 미달이니 부모의 동의 없이는 받아들이지 마시오."라고 알려주는 표지판 역할을 할 것이다.

이것을 간단하게 실행에 옮기는 한 가지 방법은 애플과 구글, 마이크로소프트(우리가 사용하는 거의 모든 기기의 운영 체제를 만드는 회사들)

가 기존의 자녀 보호 기능에 한 가지 특징을 추가하기만 하면 된다. 예를 들면, 애플의 iOS에서는 부모가 가족 계정을 설정하는데, 자녀에게 첫 번째 아이폰을 줄 때 자녀의 정확한 생일을 입력한다. 부모는 자녀가 애플 **자체** 서비스로부터 그 나이에 적절한 앱과 영화, 책만 다운로드받게 할지 말지 이미 선택하고 있다. 나이 제한을 시행하는 것이 적절한 **모든** 플랫폼이 부모의 선택을 존중하도록 이 기능을 확대하거나 법으로 강제하는 편이 좋지 않겠는가?(부모들은 이미 특정 웹사이트 접근을 봉쇄하는 능력을 갖고 있지만, 실제로 봉쇄를 하려면 어떤 사이트와 어떤 범주의 사이트를 차단해야 하는지 알아야 하는 부담이 있다. 하지만 이런 것은 자녀의 온라인 활동을 면밀히 감시하고 온라인 사이트들과 추세를 감시하지 않는 한 제대로 알기가 어렵다.[27])

애플과 구글, 마이크로소프트는 부모가 18세 미만 자녀를 위해 계정을 개설할 때마다 디폴트로 '작동'되는 기능(그것을 '**나이 확인**age check'이라 부르기로 하자)을 만들 수 있을 것이다. 부모는 나이 확인 기능을 *끄*는 쪽을 선택할 수 있지만, 만약 그 기능의 작동이 디폴트로 설정돼 있다면 그것은 매우 광범위하게 사용될 것이다(많은 부모가 그것을 작동시키는 방법을 모르는 현재의 많은 자녀 보호 기능과 달리). 만약 나이 확인 기능을 작동 상태로 내버려둔다면, 누가 계정을 개설하기 위해 혹은 계정에 접속하기 위해 그 휴대폰이나 컴퓨터를 사용할 때, 해당 사이트는 그 기기에 다음의 두 가지 질문을 던짐으로써 간단히 사용자의 나이를 확인할 수 있다. ① 나이 확인 기능이 작동 중인가? 만약 그렇다면 ② 당신은 최소 나이 기준(예컨대 소셜 미디어 계정을 개설하거나 계정에 접속하려면 16세 이상, 포르노에 접근하려면 18세 이상)을 충족하는가?

이런 종류의 기기 기반 확인 절차는 부모와 테크 회사와 플랫폼이 나이 확인 책임을 공유할 수 있는 방법을 제공한다. 이러한 시스템이 있었더라면, 알렉시스 스펜스의 부모가 열한 살 딸을 그녀의 삶을 앗아간 소셜 미디어 플랫폼으로부터 차단하는 데 도움이 되었을 것이다. 그것은 또한 알렉시스가 받은 또래 압력을 줄여주었을 텐데, 인스타그램을 사용하는 급우가 별로 없었을 것이기 때문이다. 또한 사이트들이 영상을 업로드하거나 낯선 사람과 접촉하는 것 같은 특정 기능에 나이 제한을 실행할 수 있게 해주었을 것이다. 기기 기반 나이 확인 방법을 사용하면, **그 밖의 어떤 사람도 불편을 겪지 않는다**는 사실에 주목하라. 나이 확인 기능을 사용하는 사이트를 방문하는 어른들은 어떤 행동을 하거나 무엇을 보여줄 필요가 없으므로, 그들에게는 인터넷이 달라질 것이 아무것도 없고 프라이버시 위험도 전혀 없다. 자녀가 소셜 미디어 계정을 개설하거나 포르노 웹사이트를 방문해도 괜찮다고 생각하는 부모는 단순히 나이 확인 기능을 끄면 된다.

4. 학교에서 휴대폰 사용 금지를 장려한다

학교가 할 수 있는 일에 관해 이야기하는 다음 장에서 나는 초등학교부터 고등학교까지 모든 학교에서 정신 건강뿐만 아니라 학업 성적 증진을 위해 휴대폰을 금지해야 한다고 주장할 것이다. 지방 정부에서 연방 정부까지 모든 수준의 정부는, 학생들이 일과 시간 동안 휴대폰을 사용하지 않길 원하는 모든 학교에 휴대폰 로커나 잠글 수 있는 휴대폰 가방 비용을 지급함으로써 이러한 전환을 지원할 수 있다. 주와 연방의 교육부는 학교에서 휴대폰을 금지하는 것이 학생의 정신 건강과 학업 성적에 도움이 되는지 입증하기 위해 그 효과에 대한 연구를 지원할 수 있다.

더 많은 그리고 더 나은 현실 세계의 경험을 장려하기 위해 정부가 할 수 있는 일

2014년 여름에 사우스캐롤라이나주의 싱글맘 데브라 하렐Debra Harrell은 맥도날드에서 일하면서 방학을 맞이한 딸을 그곳으로 데려왔다. 아홉 살이던 리지나Regina는 랩톱을 가지고 놀면서 시간을 보냈다. 하지만 집에서 랩톱을 도둑맞자, 리지나는 엄마에게 대신에 근처의 인기 있는 스프링클러 공원에서 놀게 해달라고 간청했다. 친구들과 그들의 부모도 많이 있으니 안전할 것처럼 보였다. 날씨도 무척 더웠다. 데브라는 그러라고 했다.

리지나가 햇볕 아래에서 즐겁게 놀던 세 번째 날, 공원에 있던 한 여성이 리지나에게 엄마는 어디 있느냐고 물었다. 아이가 "일하러 갔어요."라고 대답하자, 여성은 911에 전화를 했다. 경찰은 데브라를 아동방임(최대 10년형을 받을 수 있는) 혐의로 기소하면서 감옥에 집어넣었다. 리지나는 17일 동안 엄마와 떨어져 지내야 했다.[28]

이 사례와 그 밖의 많은 사례는 부모들에게 겁을 주어 자녀를 과잉감시하게 만든다. 정부는 1990년대 이전에는 표준적인 관행이었던 놀이 기반 아동기를 사실상 범죄시하고 있다.

1. 자녀에게 현실 세계의 자유를 누리게 했다는 이유로 부모를 처벌하는 행위를 중단한다

데브라가 겪은 일과 자녀를 밖에 나가 놀게 하거나[29] 공원에서 혼자 집으로 오게 한[30] 것과 같은 일로 조사를 받은 부모들의 이야기에 자극을 받아 렛그로는 '합리적인 아동기 독립' 입법 운동을 시작했다. 현재 대다수 주에서 시행되는 방임에 관한 법은 "부모는 적절한 감독을 제공해야 한다."라는 식으로 모호하게 표현돼 있다. 물론 부모는 당연히 그래야 하지만, 이것이 정확하게 무엇을 의미하는지에 대해서는 사람마다 제각각 생각이 다르다. 지나가던 사람이 **자신이** 아홉 살 자녀를 밖에서 놀게 하지 않는다는 이유로, 아홉 살 아이를 밖에서 놀게 한 부모를 신고했다고 해서 경찰이 반드시 수사해야 하는 것은 아니다.

《사회 정책 보고서Social Policy Report》에 실린 한 연구는 현재의 미국 법들이 제정되고 해석되는 방식은 아동의 능력이 발달하는 나이와 아무 관계가 없다는 사실을 발견했다.[31] 전 세계 각지의 사회에서는 전통적으로 아동은 6세나 7세 무렵이면 여러 가지 능력이 충분히 발달해 많은 일에 책임을 질 수 있다고 생각했고, 더 어린 아이와 동물을 돌보는 것과 같은 일을 맡겼다. 하지만 코네티컷주처럼 미국의 일부 주에서는 12세 미만 아동은 절대로 공공장소에 혼자 내버려두어서는 안 된다고 법으로 정해져 있는데, 이것은 11세 아이에게도 베이비시터가 필요하다는 뜻이 된다. 실제로 코네티컷주의 한 어머니는 11세 아이를 차에 놔두고 가게에 들어갔다는 이유로 체포되었다.[32] 적십자가 베이비시터 교육을 11세(내 누이들과 내가 이웃의 아기를 돌보기 시작한 나이인) 때부터 시작한다는 사실에도 불구하고, 미국에서는 이런 일이 일어난다. 렛그로는 코네티컷주에서 성공적인 로비를 펼쳐 2023년에 범죄 위험법을 개정하게 했다. 하지만 다른 주들의 방임에 관한 법은 여전히 모호한 상태로 남아 있어 당국이 개입할 수 있는 재량권을 광범위하게 허용하고 있다.

《사회 정책 보고서》에 실린 글은 "자녀에게 독립적 활동을 통해 신체적, 인지적 자극을 받을 기회를 제공하는 데 실패한 부모는 이런 측면들에서 자녀를 잠재적으로 '방임'하고 있다."라고 지적했다. 따라서 어른의 감독 결여가 방임을 판정하는 시금석이 되어서는 안 된다. 사실, 과잉보호를 강제하는 주 당국이 방임을 저지르고 있는지도 모른다.

합리적인 아동기 독립법Reasonable Childhood Independence law은 방임의 의미를 명확하게 적시한다. 방임은 합리적인 사람이라면 아동에게 그런 활동을 허용하지 않을 만큼 아동에게 가해지는 위험이 너무나 명백한데도 부모가 노골적이거나 의도적으로 또는 무분별하게 그 위험을 무시하는 경우를 말한다. 다시 말해서, 단순히 자녀에게서 눈을 떼는 것은 방임이 아니다. 이 정의는 데브라 하렐처럼 경제적 필요 때문에 어쩔 수 없이 그러는 사람뿐만 아니라 아이에게 독립성을 더 부여하려는 부모를 보호해준다.

2018년, 유타주는 미국에서 최초로 이런 법을 통과시킨 주가 되었다. 그 후 텍사스주, 오클라호마주, 콜로라도주, 일리노이주, 버지니아주, 코네티컷주, 몬태나주도 그 뒤를 따랐다. 이 법안은 대개 양당의 지지를 얻었고, 만장일치로 통과된 경우도 많았다. 이 법안은 정치적 스펙트럼 전반에 걸쳐 지지를 받았는데, 정말로 충분한 이유가 없는 한 정부가 가정생활에 간섭하는 것은 아무도 원치 않기 때문이다.

정부가 해야 할 일은 아동을 아동기의 일상 활동이 아니라 실제 학대 행위로부터 보호하는 것이다. 주들은 자녀 감독 방임에 관한 법을 개정해야 한다. 자녀에게 나이에 적절한 독립성을 제공하는 쪽을 선택했다는 이유로 부모를 기소하는 공권력 행사를 멈추고 손을 떼야 한다. 당신이 사는 주 의회 의원들(혹은 다른 나라들에서는 국회 의원들)에게 합리적인 아동기 독립법을 제정하라고 요구하라.[33]

2. 학교에서 더 많은 놀이를 장려한다

다음 장에서 나는 미국 학교들이 수업과 시험 준비에 더 많은 시간을 쓰기 위해 아이들의 노는 시간을 줄이고 있는데, 그런 일은 역효과를 초래한다는 것을 보여줄 것이다. 놀이를 박탈당한 어린이는 불안이 커지고 집중력이 떨어지기 때문에 결국 덜 배우게 된다. 주지사와 주 교육부는 일반적인 자유 놀이, 그리고 특히 쉬는 시간에 하는 자유 놀이의 이득에 관한 연구를 진지하게 검토해야 한다.[34] 또한 등교 전과 방과 후의 놀이 기회를 포함해 자유 놀이를 더 많이 제공하도록 지시해야 하는데, 초등학교와 중학교에서는 특히 더욱 그렇게 해야 한다.[35]

3. 공공장소를 설계하고 구획할 때 어린이를 고려한다

어린이가 서로 직접 만나고 현실 세계와 상호 작용하길(화면을 통해서만 그러는 게 아니라) 원한다면, 세계와 그 주민이 어린이가 쉽게 다가갈 수 있는 대상이 되어야 한다. 자동차를 위해 설계된 세계는 어린이가 쉽게 다가갈 수 있는 세계가 아니다. 도시와 읍은 보도와 횡단보도, 신호등이 잘 갖춰지도록 더 노력할 필요가 있다. 교통량을 줄이는 조치도 취할 수 있고, 복합 개발을 촉진하도록 구역을 변경할 수도 있다. 상업 구역과 레크리에이션 구역, 거주 구역이 서로 잘 혼합돼 있으면 거리의 활동이 더 늘어나고, 어린이가 도보나 자전거로 접근할 수 있는 장소도 많아진다. 하지만 어린이가 상점이나 공원, 친구 집에 갈 수 있는 방법이 '부모 택시'밖에 없다면, 집에서 화면 앞에 머무는 아이들이 더 많아질 것이다. 한 연구에서는, 자전거나 도보로 놀이터에 갈 수 있는 아이들은 누가 차로 데려다주어야 하는 아이들보다 그런 장소를 방문할 가능성이 6배나 높다는 결과가 나왔다.[36] 따라서 놀이터를 인근에 분산 배치하고, 일부는 어드벤처 놀이공원으로 만드는 방안을 고려할 필요가 있다(다음 장 참고).

유럽 도시들이 아동(그리고 부모)의 사회성을 높이기 위해 도입한 혁신적이고 저렴한 한 가지 방법은 학교 앞 거리의 차량 통행을 등교 전과 방과 후 한 시간 동안 차단하는 것이다.[37] 이렇게 한시적으로 차량이 다니지 않는 학교 거리에서는 부모와 아이가 서로 섞여 함께 노는데, 심지어 교통 혼잡과 오염과 교통사고 위험도 감소한다. 도시들이 거리 폐쇄 허가 과정을 용이하게 하면 이런 일이 쉽게 일어날 수 있다. 공동체 쇠퇴와 외로움 증가 시대를 맞이해 도시와 읍은 현지 주민이 놀이 거리Play Street(옛날처럼 아이들이 서로 함께 놀 수 있도록 일시적으로 차량 통행을 금지한 거리)를 포함해 주민 파티와 그 밖의 사회적 목적으로 거리를 폐쇄하는 과정을 쉽게 만들어야 한다.[38]

대중교통과 도시 계획 관련 법, 허가, 새로운 건축을 고려할 때, 아동이 사람이라는 사실을 기억해야 한다. 그들은 활동이 활발하게 일어나는 곳에 있길 원한다. 남녀노소를 불문하고 모든 사람이 쉽게 접근해 시간을 보내면서 보고, 보여주고, 놀이와 쇼핑과 식사와 시시덕거리는 장난을 하고, 피로하면 벤치에 앉아 쉴 수 있는 다목적 용도 공간이 있으면, 모두가 화면 밖 세계에 더 많이 관여하게 될 것이다.

4. 직업 교육과 수습 과정, 청소년 개발 프로그램을 늘린다

미국의 교육 제도는 대학 교육으로 이어지는 학업 교육에 더 치중하는 쪽으로 변해왔다. 직업 교육과 기술 교육에 해당하는 과목과 참여 활동은 그만큼 줄어들었다. 이것들은 공방, 자동차 정비, 농업, 비즈니스 같은 분야의 실무 경험을 많이 제공하는 과목들이다. 리처드 리브스는 해당 분야의 연구 결과들은, 직업 교육과 기술 교육에 특화된 전문 고등학교에 진학한 남자아이들의 이점을 강조한다고 말한다. 그런 학교를 다니는 남자아이들은 전통적인 고등학교를 다니는 남자아이들에 비해 졸업률과 향후의 소득이 훨씬 높은 반면, 여자아이들 사이에서는 이러한 이점이 특별히 부각되지 않았다.[39] 이 발견은 많은 남자아이에게 표준적인 학교는 관여를 이끌어내는 데 실패하고 있으며, 그 결과로 막대한 잠재력을 낭비하고 있다는 것을 뒷받침하는 추가 증거이다.

수습 제도도 청소년이 고등학교에서 유급 고용으로 전환하는 과정을 돕는 데 효과가 있는 것으로 드러났다. 사람들이 자주 직장을 옮겨다니는 노동 시장에서 회사들은 훈련받지 않은 젊은이를 고용하

불안 세대

고 투자했다가 다른 회사로 떠나보낼 동기를 크게 느끼지 않는다. 일정 기간 임금 일부를 보조하는 정부 지원 프로그램은 회사가 젊은이를 훈련하는 비용을 절감하며, 그 결과로 회사나 미래의 고용주를 위해 젊은이의 가치를 높일 수 있다.[40]

정부는 갭이어gap year*와 봉사 활동 프로그램을 지원할 수 있는데, 이것들은 특히 대학교 진학 계획이 불투명한 젊은이들에게 도움이 될 수 있다. 아메리코AmeriCorps 같은 프로그램은 젊은이가 현지 공동체에서 봉사 활동을 하면서 새로운 기술을 배우도록 도울 수 있다. 야생 체험 프로그램도 청소년에게 도움이 되는 것으로 드러났다.[41] 이런 프로그램은 청소년에게 자연의 아름다움에 몰입하면서 안티프래질리티를 직접 단련하는 경험을 제공한다. 이런 프로그램은 대개 비영리 단체나 영리 목적 회사가 운영하지만, 코네티컷주는 1974년부터 주에 거주하는 청소년을 위해 무료로 프로그램을 운영하고 있다.[42]

정부는 집단행동 문제를 해결할 힘이 있고, 또 책임이 있는 경우가 많다. 잘못 만들어지고 변칙적으로 시행된 법들은 이런 문제를 악화시켰다. 정부는 표준을 정함으로써 회사들의 행동을 변화시킬 수 있다. 나이 제한을 엄격하게 시행함으로써 연령 미달 사용자를 서로 끌어가려는 경쟁을 막을 수 있다. 또 다음 두 장에서 다루겠지만, 부모

---

* 고교 졸업 후 대학교에 바로 진학하지 않고 1년 동안 다양한 활동을 하면서 향후 자신이 나아갈 방향을 설정하는 시간.

와 학교가 아동과 청소년에게 더 많은 자유를 더 손쉽게 부여하도록
만들 수 있다. 정부와 테크 회사, 학교, 부모가 보완적 방식으로 함께
협력한다면, 청소년의 정신 건강 개선을 포함해 어려운 문제들을 해
결할 수 있을 것이다.

10장 요점 정리

- 모든 수준의 정부는 청소년의 정신 건강을 해치는 정책을 바꾸고,
  정신 건강을 개선하는 정책을 지원할 필요가 있다. 미국에서 주
  정부와 지방 자치 단체 정부는 현실 세계에서 나타나는 아동 과잉
  보호 현상에 일부 책임이 있고(모호한 방임죄를 과도하게 그리고 광범
  위하게 적용함으로써), 연방 정부는 가상 세계에서 벌어지는 아동의
  과소보호에 일부 책임이 있다(1998년에 실효성이 없는 법을 통과시키
  고, 온라인 생활의 위험이 더 분명해졌을 때 그것을 개정하는 데 실패함으
  로써).
- 온라인에서의 과소 보호를 바로잡기 위해 주 정부들과 연방 정부
  는 영국에서 처음 통과된 것과 같은 종류의 법을 제정해야 한다.
  이 법은 회사들이 특별한 보호 의무를 지고 미성년자를 어른과 다
  르게 다루도록 요구한다. 또한 주 정부들은 인터넷 성인 나이를
  16세로 올려야 한다.
- 테크 회사들은 더 개선된 나이 확인 방법을 개발하고, 부모가 자
  녀의 휴대폰과 컴퓨터를 최소 나이 이상만 입장이 가능한 사이트

의 서비스를 받을 수 없는 기기로 등록하는 기능을 추가함으로써 문제 해결에 중요한 역할을 할 수 있다. 이런 기능은 부모와 어린이, 플랫폼의 여러 집단행동 문제를 해결하는 데 도움이 될 것이다.

- 현실 세계의 과잉보호 문제를 해결하기 위해 주 정부와 지방 정부는 방임죄의 적용 범위를 좁히고, 체포를 당하거나 정부의 가정생활 개입을 초래할 위험 없이 자녀를 일정 시간 감독하지 않고 내버려두어도 괜찮다는 확신을 부모에게 심어주어야 한다.

- 주 정부와 지방 정부는 학교에서 자유 시간과 쉬는 시간을 더 많이 주도록 장려해야 한다. 정부는 공공장소의 구획과 허가 과정에서 아동의 필요를 고려해야 하고, 청소년, 그중에서도 특히 남자 청소년이 성인으로 전환하는 과정을 돕는 데 효과가 있는 것으로 입증된 직업 교육과 그 밖의 프로그램에 더 많은 투자를 해야 한다.

11장

학교가 지금 할 수 있는 일

2023년 4월, 《워싱턴 포스트The Washington Post》는 「정신 건강 위기에 한 학교가 내놓은 해결책: 모든 것을 시도하라One School's Solution to the Mental Health Crisis: Try Everything」라는 제목의 기사를 실었다.[1] 오하이오주 시골 지역에 있는 K-12(유치원생부터 고3까지 다니는) 학교에 관한 이야기였는데, 이곳 지도자들은 치료사를 더 많이 고용하고, "공감과 신뢰 같은 속성, 그리고 관계 형성과 의사 결정 같은 기술"을 다루는 새로운 사회 정서 학습 교과 과정을 채택했다. 학교 측은 유치원생처럼 어린 학생들에게 음악 시간에 자신의 감정에 관한 노래를 부르도록 권장했다. 방과 후에는 트라우마 치유 체험 학습을 장려하는 단체의 도움으로 말을 데려와 아이들이 만지고 쓰다듬을 수 있게 했다.

"고래 등 위에 서서 피라미 낚시를 한다."라는 폴리네시아 속담이 있다. 때로는 작은 일을 여러 가지 하는 것보다 큰일을 한 가지 하는 게 나을 수 있고, 때로는 큰일이 겉으로 드러나지 않지만 바로 우리

발밑에 있을 수도 있다. 이 세대에 만연한 불안을 해결하려면, 우리가 마주해야 할 두 마리 고래(학교가 이미 가진 자산을 주로 사용해 할 수 있는 큰일 두 가지)가 있다. 그것은 학교에서 휴대폰 사용을 금지하는 것과 더 많은 자유 놀이를 장려하는 것이다. 이 두 가지를 함께 실행한다면, 학교가 지금 취하고 있는 그 밖의 모든 조치를 합친 것보다 학생들의 정신 건강 개선에 훨씬 효과적이라고 믿는다.

휴대폰 없는 학교

콜로라도주 더랭고에 있는 마운틴중학교는 정신 건강 위기가 시작되던 2012년에 휴대폰 없는 학교 정책을 시행했다. 셰인 보스Shane Voss가 교장으로 부임할 무렵에 학교 주변의 카운티는 콜로라도주에서 십대 자살률이 가장 높은 곳 중 하나였다. 학생들은 만연한 사이버 집단 괴롭힘과 수면 박탈, 일상화된 사회 비교에 시달리고 있었다.[2]

보스는 휴대폰 금지 정책을 시행했다. 학교에 있는 동안은 내내 휴대폰을 호주머니나 손이 아니라 가방 속에 넣어두어야 했다. 일과 시간 동안 가방 밖에서 휴대폰이 발견되면 어떤 조치가 있는지 분명한 규칙이 있었고, 실제로 그대로 실행되었다.[3] 그 효과는 상전벽해 같은 변화를 가져왔다. 학생들은 이제 홈룸homeroom 시간이나 수업이 시작되길 기다리는 동안 휴대폰을 만지작거리며 자리에 가만히 앉아 있지 않았다. 서로 또는 선생님과 대화를 나누었다. 보스는 휴대폰 금지 정책 이전의 학교 모습에 대해 다음과 같이 이야기한다. "그것은 마치 좀비들이 사는 종말의 세계 같았어요. 복도에 있는 모든 아이가 서로 일체 대화를 나누지 않았지요. 그것은 아주 다른 분위기였어요."

학생들의 학업 성적도 개선되었고, 몇 년 뒤에는 콜로라도주 학업 성취도 평가에서 최고 점수를 얻었다. 8학년생인 헨리는 휴대폰 금지 효과를 다음과 같이 설명했다. 등교한 후 처음 30분 동안은 여전히 머릿속에 휴대폰이 어른거렸다고 한다. "하지만 일단 수업이 시작되자 휴대폰은 머릿속에서 사라졌고, 전혀 생각이 나지 않았어요. 그래서 학교에 있는 동안은 휴대폰에 크게 마음이 쓰이지 않았지요." 다시 말해서, 휴대폰 금지는 스마트폰 기반 아동기의 네 가지 기본적인 해악 중 세 가지인 주의 분산, 사회적 박탈, 중독을 개선하는 효과를 낳는다. 그것은 사회 비교와 가상 세계로 끌어당기는 힘을 줄인다. 또한 융화성과 공동체를 만들어낸다.

이것은 당연한 일이다. 스마트폰과 그 앱들은 주의를 끌어당기는 아주 강력한 자석이어서, 모든 십대 중 절반은 자신이 "거의 항상" 온라인에 있다고 말한다. 거의 항상 휴대폰을 사용하거나 휴대폰 생각을 하는(수업 시간과 점심시간에 서로에게 문자를 보내고, 소셜 미디어를 살피고, 모바일 게임을 하면서) 학생들로 가득 찬 학교는 학습이 덜 일어나는 대신에 극적인 사건이 많이 일어나고 공동체 연대감과 소속감이 더 약해진 곳이 되리란 것을 의심하는 사람이 있을까?

미국의 대다수 공립학교는 휴대폰을 금지한다고 **이야기하는데**, 2020년 설문 조사 때 77%의 공립학교가 그렇게 대답했다.[4] 하지만 이것은 대개 단지 **수업 시간 동안** 휴대폰 사용을 금지한다는 뜻이기 때문에, 학생들은 무릎 위나 책 뒤에 휴대폰을 숨겨 사용할 수 있다.

설령 예리한 눈을 가진 교사가 교실에서 책상 사이를 돌아다니면서 그러한 금지 지시를 완벽하게 실행하려고 노력한다 하더라도, 수업이 끝나면 학생들은 휴대폰을 꺼내 문자와 피드를 확인하면서 옆에 있는 친구들에게는 아무 신경도 쓰지 않을 것이다. 학생들에게 휴대폰을 호주머니에 넣는 걸 허락하면 휴대폰 감시는 하루 종일 신경을 써야 하는 활동이 되는데, 그것은 교사들이 가장 하고 싶지 않은 일 중 하나이다. 많은 교사는 결국 감시를 포기하고 공개적으로 사용하는 행동을 용인하게 된다.[5] 한 중학교 교사는 내게 보낸 글에서 "교사들에게 기회를 주세요. 스마트폰을 금지해야 합니다."라고 주장했다.

수업 시간에 한정된 휴대폰 '금지'는 거의 효과가 없는 것과 마찬가지다. **학교에 있는 시간 내내 휴대폰을 금지해야** 하는 이유는 이 때문이다. 학생들은 학교에 도착하면 지정된 휴대폰 로커나 잠금 장치가 있는 휴대폰 보관 가방에 휴대폰을 집어넣어야 한다. 그리고 일과가 끝난 뒤에 로커에서 휴대폰을 꺼내거나 휴대폰 보관 가방을 열 수 있다. (일부 부모는 학교 총기 난사 사건처럼 긴급 상황이 발생했을 때 자녀에게 즉시 연락할 수 있어야 한다는 이유로 이런 조치에 반대할 수 있다. 부모로서 나도 이러한 바람을 잘 이해한다. 하지만 긴급 상황 때 대다수 학생이 부모에게 전화를 하거나 문자를 보내는 학교는, 어른들만이 휴대폰을 가지고 있고 학생들은 어른들의 말에 귀를 기울이면서 주변 상황에 주의를 집중하는 학교보다 덜 안전할 가능성이 높다.[6])

호주머니에 든 휴대폰이 학습을 방해한다는 증거는 이제 너무나도 명백하여, 2023년 8월에 유엔교육과학문화기구UNESCO(유네스코)는 디지털 기술, 그중에서도 특히 휴대폰이 전 세계 각지의 교육에 미치는 역효과를 다룬 보고서를 내놓았다.[7] 이 보고서는 온라인 교육과 접근이 어려운 인구 집단의 교육에 인터넷이 지닌 이점을 인정했지만, 전형적인 교실에서 디지털 기술이 학습을 증진시킨다는 증거는 놀랍도록 적다고 지적했다. 또 이동 전화 사용이 교육 성과 감소와 교실의 수업 지장 증가와 관련이 있다고 지적했다.[8] 따라서 휴대폰 사용 금지는 중요한 첫걸음이다. 그러고 나서도 각 학교는 학생들이 서로에게 문자를 보내고 인터넷에 접속하고 디지털 오락에 빠질 수 있는 랩톱과 크롬북, 태블릿, 기타 기기의 효과를 고려할 필요가 있다. 휴대폰을 배제한 교육, 심지어 화면을 배제한 교육의 가치는 많은 **테크 회사 중역**이 자녀를 보내는 학교에서 볼 수 있다. 예컨대 캘리포니아주의 월도프스쿨이 그런 곳인데, 여기서는 모든 디지털 기기(휴대폰, 랩톱, 태블릿)의 사용을 금지한다. 이것은 많은 공립학교가 모든 학생에게 개인 기기를 제공하는 일대일 기술 프로그램을 진행하고 있는 것과는 매우 대조적이다.[9] 아마도 월도프스쿨이 올바른 길을 가고 있을 것이다.

휴대폰이 미국에서 교육을 방해한다는 추가 증거는 2023년 전국교육성취도평가National Assessment of Educational Progress('국가 학업 성적표'라고도 부르는)에서 발견되는데, 코로나19 팬데믹 시기에 시험 점수가 크게 떨어져 다년간의 성과를 무위로 돌린 것으로 나타났다. 하지만 데이터를 더 자세히 들여다보면, 시험 점수 하락은 그보다 더 일찍부터 시작되었음이 분명하게 드러난다.[10] 점수는 1970년대부터 2012년까지 꾸준히 상승하다가 그 후부터 추세가 역전되었다. 코로나19로 인한 여러 가지 제약과 원격 수업이 점수 하락(특히 수학 과목에서)을

불안 세대

부추기는 추가 요인이 되었지만, 2012년부터 코로나19가 시작되기 전까지도 하락 폭이 상당히 컸다. 추세 역전은 십대들 사이에서 기본 휴대폰이 스마트폰으로 바뀌고, 학교에서 지내는 동안 주의 분산이 크게 증가한 시기와 일치한다. 하지만 그것은 성적이 뛰어난 학생들이 정상적인 사고를 방해하는 이어폰을 착용해야 하는 커트 보니것의 초평등 사회 디스토피아가 아니었다. 대신에 2012~2020년에 성적이 가장 많이 하락한 층은 **하위 25%**의 학생들이었다. 이 학생들은 저소득 가구 출신이 많았고, 흑인과 라틴계 비율이 평균 이상으로 높았다.

여러 연구에서 저소득 가정 아동, 흑인과 라틴계 아동이 부유한 가정과 백인 가정 출신의 아동보다 평균적으로 화면 시간이 훨씬 많고 전자 기기 사용에 감독을 덜 받는 것으로 드러났다(전반적으로 한 부모 가정에서 자라는 아동은 감독받지 않는 화면 시간이 더 많다.[11]) 이것은 스마트폰이 사회 계층과 인종 간의 **교육 불평등을 심화**시킨다는 것을 시사한다. '디지털 격차'는 더 이상 2000년대 초반에 우려한 것처럼 가난한 아이와 소수 인종의 인터넷 접근 기회 부족 문제가 아니다. 지금은 이들이 인터넷 사용에서 **보호**를 덜 받는다는 사실이 문제가 되고 있다.

스마트폰은 단지 학습에 지장을 초래하는 데 그치지 않는다. 사회관계에도 해를 입힌다. 1장에서 나는 전 세계 각지에서 학생들이 2012년 이후에 "나는 학교에서 소속감을 느낀다."와 같은 진술에 동의하지 않는 비율이 갑자기 급증하기 시작했다는 것을 보여주었다. 오늘날 청소년은 공동체와 융화성을 몹시 갈망하기 때문에, 휴대폰

금지 학교가 학교에서의 사회화와 정신 건강에 개선을 가져올 가능성이 높다.[12]

물론 인터넷 자체는 교육에 큰 도움이 된다. 칸 아카데미Khan Academy*같은 플랫폼이 전 세계적으로 얼마나 큰 혜택을 주었는지 생각해보라. 칸 아카데미가 지금 AI를 사용해 모든 학생에게 개인 지도 교사를, 모든 교사에게 든든한 조수를 제공하고 있는 상황도 생각해보라.[13] 게다가 학생은 조사를 하기 위해, 그리고 교사는 혁신적인 수업과 시범과 영상을 제공하기 위해 인터넷이 필요하다. 학교는 학생이 역량을 확대할 수 있도록 코딩을 배우고, 통계 소프트웨어에서부터 그래픽 디자인, 심지어 챗GPT에 이르기까지 필요한 기술을 사용할 수 있도록 도와야 한다.

그래서 나는 절대로 학교나 학생이 인터넷을 사용하지 않아야 한다고는 주장하지 않는다. 최악의 비용-편익 비율을 가진 것은 학생들이 학교생활 내내 갖고 다니는 개인 기기이다. 휴대폰은 학생의 주의를 사로잡도록 설계된 앱들이 잔뜩 깔려 있고, 수업에서 눈길을 돌려 가상 세계로 들어오라고 유혹하는 알림 신호를 시시때때로 울린다. 학습과 관계에 가장 큰 지장을 초래하는 것은 바로 이것이다. 소속감이나 공동체, 정신 건강 증진에 신경을 쓴다고 말하면서 휴대폰 사용을 금지하지 않는 학교는 고래 등 위에 서서 피라미를 낚고 있는 것과 같다.

---

* 무료로 온라인 교육을 제공하는 비영리 교육 기관. 전 학문 분야에 걸쳐 초중고 수준의 다양한 무료 강의 영상 1만여 개를 제공한다.

놀이가 많은 학교

사우스캐롤라이나주 시골 지역에 있는 초등학교인 센트럴아카데미
오브더아츠에서 4학년 담임교사로 일하는 케빈 스타인하트Kevin Stine-
hart는 교사들과 부모들이 모두 같은 대화를 계속 반복하고 있다는 사
실을 알아챘다. 학생들은 학교생활에 애를 먹고 있었는데, 많은 학
생이 회복력이나 인내심, 남들과 함께 협력하는 능력이 부족한 것처
럼 보였다. 어른들은 모두 학생의 취약성에 대해 이야기했지만, 거기
에 대처할 방법이 아무에게도 떠오르지 않았다. 케빈도 뾰족한 방법
이 없었는데, 근처의 클렘슨대학교에서 열린 회의에 참석했다가 그
방법을 찾았다. 회의에서 다룬 주제는 아주 기본적인 것의 이점이었
는데, 그 기본적인 것은 바로 자유 놀이였다. 학교 측의 허락과 렛그
로의 도움을 받아 케빈은 다음 세 가지 변화를 통해 학생들의 생활에
자유 놀이를 더 많이 포함시켰다.

1. 어른의 간섭이 거의 없는 쉬는 시간을 늘린다.
2. 일과가 시작되기 30분 전에 학교 운동장을 개방해 수업을 하기
   전에 학생들에게 놀 시간을 준다.
3. '플레이 클럽Play Club'을 제공한다. 일주일에 1~5일 동안 다양한
   연령의 아이들이 '잡다한 물건loose parts'을 활용한 자유 놀이(공
   이나 분필, 줄넘기 줄 같은 것들을 사용해 창의력을 발휘하며 노는 놀이)
   를 즐길 수 있도록 학교를 개방한다. 주로 운동장을 개방하지만,
   날씨가 나쁠 때에는 실내 체육관을 개방할 수 있다. 미술실처럼

다른 공간도 개방할 수 있다면 더욱 좋다! 오후 2시 30분부터 4시 30분까지는(시간은 달라도 상관없다) 아이들이 집으로(대개 전자 기기로 달려가거나 어른이 이끄는 활동을 하러) 가는 대신에 함께 놀면서 시간을 보내게 한다. 이 동안에는 휴대폰을 사용하지 않게 한다! 아이들에게 거의 완전한 자율성을 준다. 규칙은 단 두 가지뿐이다. 고의로 남을 다치게 해서는 안 되고, 책임자에게 알리지 않고 학교를 떠나서는 안 된다. 어른 책임자는 어떤 게임을 조직하거나 아이들 간의 말다툼에 끼어들어서는 안 된다. 인명 구조원처럼 오로지 긴급 상황이 발생했을 때에만 개입한다.(렛 그로는 웹사이트에서 플레이 클럽 운영 안내서를 무료로 제공한다.)

이 세 가지 변화를 도입한 첫 학기에 케빈은 학생들 사이에서 변화를 감지하기 시작했다.

우리 학생들은 이전보다 더 행복해지고 친절해졌으며, 행동 문제가 줄어들었고, 더 많은 친구를 사귀면서 자신이 하루와 인생 전반을 잘 통제한다고 느끼고 있다. 일부 학생은 전에는 괴롭힘 행동과 교무실 호출이 잦았지만, 이제 그런 문제들이 싹 사라지는 변화가 일어났다.[14]

다음 학기에 케빈은 플레이 클럽을 일주일에 두 번씩 제공했는데, "목격하는 이득이 무시할 수 없을 만큼 컸기" 때문이다. 얼마나 컸냐고? 전해와 비교하면, 무단결석은 54건에서 30건으로 줄어들었고, 스

불안 세대

쿨버스 폭력 사건은 85건에서 31건으로 줄어들었다. "이전에는 한 학년도당 교무실 호출이 약 225건이었다. 하지만 놀이를 많이 도입한 지금은 약 45건에 불과하다."라고 케빈은 보고했다. 케빈은 플레이 클럽이 이런 변화를 가져온 이유를 다음과 같이 설명한다.

> 조직화되지 않은 자유 놀이는 친구를 사귀고, 공감을 배우고, 감정 조절을 배우고, 대인관계 기술을 배우는 과제를 해결하고(정면으로 맞닥뜨리면서), 학교 공동체에서 건강한 장소를 찾도록 도움으로써 학생들의 권한을 높여준다. 그와 동시에 학생들에게 창의성과 혁신, 비판적 사고, 협력, 의사소통, 자기 주도성, 인내심, 사회성 기술처럼 인생에서 가장 중요한 기술들을 가르쳐준다.

교사들도 그처럼 큰 변화를 직접 목격하고서 결국 13명이 플레이 클럽을 감독하는 일을 자원하고 나섰다. 교장과 교감 역시 마찬가지였다.

우리는 여기서 "모든 방법을 시도한" 오하이오주의 학교가 추구한 사회 정서적 학습 목표 중 상당수를 자유 놀이를 통해 달성할 수 있다는 사실을 주목할 필요가 있다. 오하이오주의 그 학교에서는 사회 정서적 학습을 어른들이 조직화된 교육 과정을 통해 가르친다. 반면에 센트럴아카데미오브더아츠에서는 자유 놀이가 빠른 학습 성과를 낳았는데, 아이들이 가장 하고 싶어 하는 일을 하면서 그 부수 효과로 동일한 기술들을 습득하는 자연의 방법을 사용했기 때문이다. 자연의 방법이란, 바로 서로 함께 노는 것이다.

이것들이 두 마리 고래이다. 즉, 휴대폰을 사용하지 못하게 하고, 조직화되지 않은 자유 놀이를 많이 누리게 하는 것이다. 휴대폰을 금지하고 놀이가 넘쳐나는 학교는 예방에 투자를 하는 셈이다. 그 결과로 현실 세계에서의 과잉보호를 줄일 수 있는데, 이것은 아이들이 안티프래질리티를 개발하는 데 도움이 된다. 그와 동시에 가상 세계의 지배력을 느슨하게 함으로써 현실 세계에서 더 나은 학습과 관계를 촉진한다. 이 두 가지 중 어느 것도 하지 않는 학교는 높은 수준의 학생 불안과 씨름해야 할 가능성이 높으며, 점점 증가하는 학생의 고통에 대처하기 위해 막대한 돈을 써야 할 것이다.

이제 휴대폰을 금지하고 놀이가 넘쳐나는 학교생활을 위해 학교 측이 추가할 수 있는 행동을 몇 가지 더 제안하려고 한다.[15]

렛그로 프로젝트

미국의 많은 어린이는, 심지어 중학생조차, 자신이 사는 블록(구역)을 벗어나 돌아다니거나 부모와 함께 대형 마트를 갔을 때 부모에게서 멀찌감치 떨어지는 것이 허용되지 않는다. 리노어는 날카로운 나이프가 위험하다는 이유로 고기를 혼자서 잘라도 된다는 허락을 받은 적이 전혀 없는 7학년 아이들(12세와 13세)을 만났다.

리노어와 내가 플레이 클럽과 쉬는 시간 연장, 일과 시작 전 운동장 개방과 함께 렛그로 프로젝트를 권하는 이유는 이 때문이다.[16] 이 프로젝트는 유치원생부터 중학생까지 모든 학생에게 "집으로 가서

불안 세대

이전에 혼자서 해본 적이 없는 일을 해보세요. 개를 산책시키고, 음식을 만들어보고, 심부름을 다녀오세요."라고 하면서 과제를 내준다. 학생은 부모와 상의하면서 이 프로젝트를 어떻게 진행할지 합의할 수 있다.

아이가 과제 수행에 성공하면(결국은 거의 항상 성공한다), 관계와 정체성이 변하기 시작한다. 부모는 아이가 생각보다 유능하다는 사실을 보게 되며, 그것은 아이 자신도 마찬가지다. 아이에게 독립성(그와 함께 책임도)을 조금 더 부여하도록 부모를 살짝 부추김으로써 이 프로젝트는 한 가지 특별한 문제를 해결한다. 많은 부모는 언제부터 아이에게 스스로 일을 처리하게 해야 할지 잘 몰라 일을 맡기지 않는다. 옛날에는 다섯 살 아이도 혼자서 학교를 등하교했다. 횡단보도에서 주황색 띠를 두르고 교통을 통제하는 역할도 열 살 아이가 담당했다. 하지만 그러한 독립성은 언론이 조장한 두려움의 산 앞에서 점차 사라져갔다.

'헬리콥터' 역할을 하는 부모를 탓할 수는 없다. 부모에게 헬리콥터 역할을 **해야** 한다고 말하는 문화를 탓해야(그리고 변화시켜야) 한다. 일부 학교는 집까지 데려다줄 어른이 기다리고 있지 않으면 아이들을 스쿨버스에서 내리지 못하게 한다.[17] 일부 도서관은 10세 미만 아동에게는 부모의 시야에서 벗어난 곳을 돌아다니지 못하게 한다.[18] 일부 부모는 아이를 밖에서 혼자 놀게 하거나 상점에 갔다 오게 했다는 이유로 체포되기까지 했다. 부모가 아이에게서 눈을 뗄 수 없고 아이는 혼자서 어떤 일도 할 수 없으면, 그 결과는 불안과 의심의 이중 나선이 되고 만다. 아이는 새로운 것을 시도하길 두려워하고 부모는 아이가 새로운 것을 할 수 있을지 확신할 수 없게 되는데, 이것은 더 많은 과잉보호를 낳고, 이것은 다시 더 많은 불안을 초래한다.

리노어가 뉴욕주 서퍽 카운티에서 7학년 보건 수업을 방문했을 때 바로 이런 말을 들었다. 경력이 많은 교사인 조디 모리치Jodi Maurici는 "부모들이 아이들을 모든 것을 몹시 두려워하게 만들어놓았어요."라고 말했다. 수업에 참가한 학생들은 상냥하고 개방적이었으나, 뭐든지 혼자서 했다간 사고가 날까 봐 염려했다. 많은 아이는 전에는 음식(혹은 집)을 태울까 봐 요리를 하는 것이 두려웠다고 말했다. 몇몇 아이는 '일을 망칠까 봐mess up'(그들은 이 표현을 반복적으로 사용했다) 종업원에게 말을 거는 것도 두려워했다고 한다. 일상생활은 잠재적 실패와 창피가 널려 있는 지뢰밭이나 다름없었다(소셜 미디어와 좀 비슷하게). 조디가 렛그로 프로젝트를 시작한 것은 이 때문이었다.

사실, 조디는 학생들의 불안 수준이 너무 염려되어 그해 일 년 동안 각각의 학생에게 렛그로 프로젝트 20개를 실행하게 했다. 선택해야 할 항목들이 적힌 긴 목록을 학생들에게 주었다. 목록에는 시내까지 걸어가기, 빨래하기, 버스 타기 등이 포함돼 있었고, 스스로 자신이 생각한 항목도 추가할 수 있었다. 그해가 끝나갈 무렵, 조디는 학생들의 불안 수준이 크게 떨어진 것을 보고서, 리노어를 초대해 학생들과 함께 그 프로젝트에 관한 대화를 나누게 했다.

한 여자아이는 태어나서 처음으로 부모 동행 없이 친구들과 함께 공원에 갔다고 말했다. "그것은 **너무나도 재미있었어요!**" 파이 굽기를 포함해 4코스 디너 요리를 준비한 남자아이는 비할 데 없는 성취감을 느꼈다. 이전에 어떤 스포츠도 해본 적이 없는 여자아이는 수

영 팀에 지원해 뽑히는 데 성공했다. 아이들은 피자를 사러 외출하고, 자전거를 타고 상점을 가고, 아기를 돌보는 등의 활동을 하면서 완전히 새로운 느낌을 경험했다. 그것은 단순히 새로운 자신감에 불과한 것이 아니었다. 그것은 자신이 어떤 사람인지 새롭게 알게 되는 느낌이었는데, 한 여자아이는 정작 자신은 그 점을 제대로 깨닫지 못하고 다음과 같이 설명했다.

7학년인 그 여자아이가 그해에 도전한 20개의 프로젝트 중에서 가장 좋아한 것은, 어느 날 오전에 부모 없이 집에 머물면서 다섯 살 여동생의 등원 준비를 돕는 것이었다. 그 여자아이는 어린 여동생을 옷을 입히고 버스에 태우고 나자 "이제 어른이 되었다는 느낌이 들었어요!"라고 말했다. 그것뿐만이 아니었다. "그것은 작은 일처럼 보이지요. 하지만 여동생이 버스에 오르고 버스가 떠나는 걸 보는 순간, 나는 내가 동생에게 정말로 중요한 사람이라는 느낌, 내가 누군가에게 중요한 사람이라는 느낌이 확 들었어요." 그것은 너무나도 새로운 경험이었다. 마침내 남의 도움이 필요한 사람 대신에 남에게 필요한 사람이 된 것이다.

우리가 아이를 신뢰하면, 아이는 하늘로 날아오른다. 세상을 향해 모험을 떠나는 아이를 신뢰하는 것은 어른이 할 수 있는 일 중에서 가장 큰 변화를 가져올 수 있는 행동이다. 하지만 대다수 부모는 자신만의 힘만으로는 이렇게 하기가 어렵다. 만약 딸이 공원에 갔는데 그곳에 다른 아이가 아무도 없다면, 딸은 곧장 집으로 올 것이다. 여덟 살 아들이 보호자 없이 돌아다니는 모습을 누가 보기라도 한다면 경찰에 신고할지도 모른다.

아동의 독립성을 재정상화하려면 집단행동이 필요하며, 집단행동을 가장 쉽게 촉진하는 방법은 현지 학교가 주도하는 것이다. 전체 학급이나 학교 또는 학구學區가 부모들에게 자녀를 옥죈 고삐를 늦추라고 장려하면, 그 고장의 문화가 변할 수 있다. 그러면 부모는 자녀를 자유롭게 풀어주는 것에 죄책감을 느끼거나 이상한 생각이 들지 않을 것이다. 그것은 해야 할 숙제이고, 나머지 모든 부모도 똑같이 같은 행동을 하고 있으므로. 얼마 지나지 않아 아이들은 예전처럼 다시 핼러윈에 집집마다 돌아다니며 "과자를 주지 않으면 장난칠 거예요!"라고 외치고, 혼자서 상점을 가고, 학교에도 혼자 등교하게 될 것이다.

아이들은 우리가 하라고 하는 것보다 훨씬 많은 일을 할 수 있다. 두려움 문화는 우리에게 이 진실에 눈을 감게 했다. 지금 아이들은 마구간에 묶여 있는 경주마와 같다. 이제 이들을 풀어줄 때가 되었다.

더 나은 쉬는 시간과 운동장

쉬는 시간을 크게 개선할 수 있는 방법이 세 가지 있다. 쉬는 시간을 더 많이 주고, 더 나은 운동장을 제공하고, 규칙을 줄이는 것이다.

평균적인 미국 초등학생이 학교에서 쉬는 시간이 하루에 겨우 27분이라는 이야기를 들으면 누구나 깜짝 놀랄 것이다.[19] 보안 수준이 최고 등급인 미국 연방 교도소에서도 재소자에게 매일 두 시간씩 실외 활동을 보장한다. 한 영화 제작자가 일부 재소자에게 실외 활동을 한 시간으로 줄이면 기분이 어떻겠냐고 묻자, 그들은 매우 부정적으로 대답했다. 한 사람은 "분노가 더 많이 쌓일 것 같아요."라고 대답했고, 또 다른 사람은 "그것은 고문이나 다름없어요."라고 말했다. 전 세계의 대다수 어린이는 실외에서 노는 시간이 하루에 한 시간도 채 안 된다고 알려주자, 그들은 충격을 받은 표정을 지었다.[20]

미국에서 쉬는 시간—그리고 아동이 학교 밖에서 보내는 조직화되지 않은 시간—은 1983년에 「위기에 처한 국가A Nation at Risk」라는 획기적인 보고서가 나온 이래 계속 감소해왔다. 이 보고서는 미국 아동이 시험 점수와 학업 숙달도 면에서 다른 나라 아동보다 뒤처지고 있다고 경고했다.[21] 이 보고서는 교과목 수업에 더 많은 시간을 쓰고 학년도의 수업 일수를 크게 늘림으로써 교육을 더 강화하라고 권고했다. 학교들은 이에 충실하게 반응했다. 수학과 과학, 영어 수업을 강화하기 위해 쉬는 시간과 체육, 미술, 음악 시간을 모두 줄였다.

「위기에 처한 국가」는 오로지 시험 점수에만 초점을 맞추라고 요구하지 **않았지만**, 교육 현장에서는 바로 그런 일이 일어났다. 시험 점수를 바탕으로 학교들이 불이익이나 보상을 받음에 따라 시험 점수를 올리는 것이 금방 국가적인 집착이 되었다. 2001년에 연방 차원에서 아동 낙오 방지법No Child Left Behind Act이 통과되고, 더 최근에는 공통 핵심 학력 기준Common Core State Standards이 시행되면서 학교들이 받는 압력이 또다시 커졌다.[22] (그 압력이 얼마나 컸던지 일부 학구는 단순히 학생들의 시험 점수를 조작함으로써 기준에 맞추었다.[23]) 더 많은 공부와 시험 준비에 시간을 투입하기 위해 가장 손쉽게 희생시킬 수 있는 시간은 아동의 놀이 활동이었다. 학년도의 수업 일수가 늘어났고(여름 방학을 줄임으로써), 숙제가 증가했으며(저학년까지 그 부담이 커지면서), 쉬는 시간은 짧아지거나 아예 없어졌다.

교수로서 나는 학업 성적을 높이기 위한 개혁을 적극 찬성한다. 하지만 시험 점수에만 너무 집착하다 보니 교육 제도가 아동 발달에 대해 알려진 지식과 자유 놀이의 이점, 실외 활동의 가치를 도외시하는 결과를 낳았다. 미국소아과학회American Academy of Pediatrics는 2013년에 「학교에서 쉬는 시간의 중요한 역할The Crucial Role of Recess in School」이라는 제목의 보고서를 내놓았다. 이 보고서는 자유 놀이가 사회성 발달과 인지 발달에서 차지하는 여러 가지 이점을 나열한 뒤에 "아이러니하게도 쉬는 시간을 최소화하거나 줄이는 것은 학업 성취에 역효과를 낳을 수 있는데, 점점 쌓이는 증거들은 쉬는 시간이 단지 신체적 건강과 사회성 발달을 촉진할 뿐만 아니라 인지 능력도 촉진한다고 시사하기 때문이다."라고 지적했다.[24] 이러한 이점들은 특히 남자아이에게 더 크게 작용할 수 있는데,[25] 1970년대 이후에 남자아이들이 학교에 대한 흥미가 점점 떨어진 한 가지 이유는 이 때문일지 모른다.

쉬는 시간을 개선하기 위해 학교가 맨 먼저 할 수 있는 일은 학생들에게 쉬는 시간을 더 많이 주는 것이다. 관대한 쉬는 시간은 중학교까지 확대되어야 하고, 심지어 고등학교에서도 쉬는 시간을 일부 늘려야 한다(미국질병통제예방센터에 따르면[26]). 미국 소아과학회는 또한 학교에서 나쁜 행동에 대한 처벌로 쉬는 시간을 철회하는 방법을 사용해서는 **안 된다고** 권고하는데, 한 가지 이유는 행동 문제가 있는 아동에게 가장 필요한 것이 바로 휴식이기 때문이다. 그 보고서는 또한 흔히 그러듯이 점심시간과 쉬는 시간을 합치는 대신에 점심시간 **전에** 쉬는 시간을 주라고 권하는데, 짧은 점심시간에 학생들은 소중한 자유 놀이 시간을 최대한 늘리기 위해 허겁지겁 식사를 하기 때문이다.

쉬는 시간을 개선하는 두 번째 방법은 운동장을 개선하는 것이다. 미국의 전형적인 운동장은, 특히 도시에서는, 아스팔트 위에 내구성과 안전성에 중점을 두고 설계한 금속제나 플라스틱제 놀이 기구가 설치돼 있다. 운동을 할 수 있도록 풀이 깔린 장소도 있는 경우가 많다. 하지만 유럽인은 상상력이 넘치는 놀이를 위해 설계된 **어드벤처 놀이터**adventure playground로 세계를 선도했다. 그중에서 '정크 놀이터 junk playground'라 부르는 것은 온갖 물체들이(자석처럼 아이들을 끌어당기는 건축 재료, 밧줄, 그 밖의 '잡다한 물건'이 흔히 여러 가지 연장과 함께) 널려 있다.

뉴욕시에는 운 좋게도 거버너스아일랜드에 그러한 놀이터가 있는데, 그곳은 내 아이들이 경험한 곳 중 최고의 놀이터였다.[27] 그 놀이터를 빙 둘러싼 표지판은 부모에게 간섭을 삼가라고 충고한다(그림 11.1 참고). 부모인 나는 그러기가 쉽지 않다는 걸 안다. 아이가 힘들게 애쓰는 모습을 보면 부모는 달려가 도와주려고 하게 마련이다. 그것은 정상적인 반응이다. 함께 있으면서 아이가 좌절을 겪거나 작은 위험을 감수하거나 잘못 행동하는 걸 볼 때 나오는 자연적 결과이다. 아이가 부모나 교사, 코치와 함께 있지 **않는** 시간을 할애하는 것이 중요한 이유는 이 때문이다. 그것은 혼자서 뭔가를 해내려고 노력하고, 자신의 능력이 얼마나 대단한지 깨달을 수 있는 유일한 시간이다.

어드벤처 놀이터에서 아이들은 탑과 요새를 함께 지으면서 공동 활동에 깊이 몰입한다. 그곳에 갔을 때 한 남자아이가 망치로 못을 박다가 엄지손가락을 내리치는 걸 보았는데, 그 아이는 그러고서도 어른에게 달려가지 않았다. 그저 손을 몇 초 동안 흔들더니 다시 망치질을 시작했다.(현장에는 심각한 안전 문제가 발생하지 않는지 감시하는 어른들이 있었다.)

학교들이 운동장을 굳이 정크 놀이터로 바꿀 필요는 없지만, 운동장에 잡다한 물건을 추가할 수 있다. 또한 망치나 톱을 꼭 비치할 필요는 없지만, 타이어와 물통, 너덜너덜한 판자 같은 것을 갖다놓을

그림 11.1 뉴욕시 거버너스아일랜드에 있는 정크 놀이터. 플레이:그라운드NYC play:groundNYC가 설계하고 운영한다.[28] 표지판에 적힌 글귀는 다음과 같다. "충고나 제안 없이도 아이들은 잘 지낼 수 있습니다."

불안 세대

수 있을 것이다. 『위험한 놀이의 모험Adventures in Risky Play』을 쓴 러스티 킬러Rusty Keeler는 건초 더미와 모래주머니 같은 물건을 추천한다. 킬러는 이것들은 아주 크고 무거워서 끌고 당기다 보면 "저도 모르게 상체의 힘이 길러지는" 효과가 있다고 말한다.[29] 그리고 한 아이의 힘만으로는 건초 더미를 움직일 수 없기 때문에 결국 여러 아이가 힘을 합쳐야 하는데, 이를 통해 쉬는 시간에 사회성 발달과 협력이 저절로 촉진된다. '잡다한 물건이 널린' 놀이터를 이해하는 데 꼭 알아야 할 핵심은 아이들이 자신의 환경을 통제한다는 사실이다. 즉, 아이들이 주체성을 발휘한다. 고정된 구조물이 갖춰진 놀이터는 아이의 주의를 사로잡는 시간이 한정적이다. 하지만 잡다한 물건들은 아이의 주의를 몇 시간이고 사로잡을 수 있으며, 아이들이 단지 요새와 성을 만드는 데 그치지 않고 집중력과 타협, 팀워크, 창조성을 기르는 데에도 큰 도움이 된다.

두 번째 범주의 어드벤처 놀이터는 그림 11.2에서 보는 것과 같은 자연 놀이터이다. 이것은 자연 재료, 그중에서도 특히 나무와 돌, 물 같은 재료를 사용해, 8장에서 소개한 '생명 사랑biophilia' 반응을 활성화하는 환경을 만든다.

사람의 아동기는 개울과 호수가 있는 사바나와 숲에서 진화했다. 아이들을 자연 환경에 집어넣으면, 그들은 본능적으로 탐구하고 자발적으로 게임을 발명한다. 많은 연구를 통해 자연 환경에서 보내는 시간은 아동의 사회성과 인지, 정서 발달에 이득이 된다는 사실이 밝혀졌는데,[30] 젊은이들이 점점 더 가상 세계에 깊이 빠지고 불안 수준이 증가하는 상황에서 이러한 이득은 더욱 중요하다. 자연 놀이터의

그림 11.2 일리노이주 노멀의 콜렌후스초등학교가 만든 개장 직전 상태의 최첨단 자연 놀이터 (2023년).[31]

효과에 관한 연구들을 검토한 한 연구는 다음과 같은 결론을 내렸다.

> 젊은이에게 자연과 연결할 수 있는 기회를 제공하면, 특히 교육 환경에서 인지 기능 향상에 도움을 줄 수 있다. 학교는 인지 과부하와 스트레스 완화에 도움을 주고 안녕과 학습을 최적화하는 데 절실히 필요한 '녹색' 교육 환경과 경험을 제공하기에 적합한 위치에 있다.[32]

쉬는 시간 개선을 통해 정신 건강을 개선하는 세 번째 방법은 규칙을 줄이고 신뢰를 늘리는 것이다. 학교들은 3장에서 소개한 캘리포니아주 버클리의 초등학교에서 하는 것과 정반대 행동을 취해야 한

불안 세대

다. 이 학교는 술래잡기, 포 스퀘어four square,* 터치풋볼 놀이를 정확하게 어떻게 해야 하는지 엄격한 규칙을 정해 그대로 하게 했다. 심지어 어른 심판이 없으면, 학생들이 터치풋볼 놀이를 해서는 안 된다는 규칙까지 있었다.

이와 정반대되는 학교의 모습이 어떤 것인지 감을 잡고 싶다면, 뉴질랜드 스완슨초등학교의 '무규칙 쉬는 시간'을 보면 된다.[33] '무규칙 쉬는 시간'이 시행되기 전에 이 학교에서는 나무를 오르거나 자전거를 타거나 위험을 수반하는 그 밖의 모든 활동을 금지했다. 그러다가 8개 학교는 규칙을 줄이고 쉬는 시간에 '위험과 도전'의 기회를 늘리게 한 반면, 또 다른 8개 학교는 쉬는 시간 정책에 아무 변화도 주지 않도록 하는 연구에 이 학교도 참여했다. 스완슨초등학교는 자유를 늘린 집단에 속했고, 브루스 매클라클런Bruce McLachlan 교장은 대대적인 혁신 조치를 단행하기로 결정했다. 그리고 **모든** 규칙을 없애고 아이들에게 스스로 알아서 결정하게 했다.

결과는 어땠을까? 운동장에는 혼돈과 활동과 떠밀고 밀어젖히는 몸싸움이 더 많이 일어났다. 그런데 행복과 신체적 안전도도 더 증가했다. 부상과 기물 파손, 집단 괴롭힘 비율은 모두 감소했다.[34] 마리아나 브루소니와 그 밖의 놀이 연구자들이 줄곧 이야기해온 것과 같은 일이 일어났다.[35] 아이들은 **실제로 자신의 안전에 대한 책임이 주어졌을** 때, 주변에 서성거리는 어른 보호자에게 의존하는 대신에 스스로 그 책임을 지려고 한다.[36]

---

* 네 어린이가 4개의 사각형 안에 각각 들어가 공을 주고받는 게임.

미국의 초등학교들이 스완슨초등학교의 사례를 따를 수 있을까? 지금 당장은 그럴 수 있는 학교가 거의 없다. 많은 학교에서 소송 위협과 부모 항의를 초래할 위험이 매우 크다. 이런 조치가 시험 준비를 방해할 것이라는 두려움이 너무 크다. 이것이 집단행동 문제인 이유는 이 때문이다. 만약 학교들이 고삐를 늦추고 아이들을 더 자연스러운 방법으로 놀게 한다면, 부상과 불안 발생 비율은 낮은 상태로 유지되면서 학생들이 전반적으로 더 건강하고 행복하고 똑똑해질 것이다. 하지만 학교와 부모와 정부가 함께 행동할 수 있는 방법을 찾지 못한다면, 우리는 그곳에 도달할 수 없다.

남자아이들을 현실 세계로 돌아오게 하라

일부 기준에 따르면, 1970년대 이래 남자아이와 젊은 남성의 성공률이 하락해왔다. 7장에서 이러한 하락 원인이 남자아이들이 점점 현실 세계에서 이탈하는(다양한 구조적 힘 때문에) 동시에, 그들의 욕구에 영합하면서 점점 발전하는 기술들의 유혹에 이끌려 가상 세계로 깊이 빠져드는 데 있다고 지적했다. 리처드 리브스가 보여주었듯이, 남자아이는 학업 성적과 졸업률, 대학 학위, 그리고 거의 모든 교육 결과에서 뒤처지고 있다. 점점 더 많은 남자아이에게 학교 시스템이 제대로 작동하지 못하고 있다.

리브스는 남자아이에게 나타나는 추세를 뒤집는 데 도움을 줄 수 있는 정책 개혁을 제안하는데, 그중에는 앞 장에서 다룬 직업 교육과

불안 세대

기술 교육 확대도 포함돼 있다. 리브스는 거기다가 학교들이 남자 교사를 더 많이 고용해야 한다고 권고한다. 미국에서 K-12 교사 중 남성의 비율은 24%에 불과한데, 1980년대 초반의 33%에서 더 하락한 것이다. 초등학교에서는 남자 교사의 비율이 11%에 불과하다. 리브스는 이런 상황이 남자아이의 현실 세계 이탈을 부추기는 방식은 두 가지가 있다고 지적한다. 첫째, 남자 교사가 가르칠 때 남자아이의 학업 성적이 올라간다는 확실한 증거가 있는데, 특히 영어 과목에서 그렇다.[37] 이것은 롤 모델 효과에 기인했을 수 있는데, 남자아이는 학교에서 남성 롤 모델을 찾기 힘든 경우가 많기 때문이다. 한 진보적인 교육 분석가는 이렇게 썼다. "남자 교사와 여자 교사가 모두 있는 편이 학생들에게 유리할 가능성이 높은데, 교사들이 인종적으로나 민족적으로 다양할 때 학생들에게 더 큰 이득이 돌아가는 것과 동일한 여러 가지 이유에서이다."[38] 자신의 삶에서 긍정적인 남성 롤 모델이 없으면 많은 남자아이는 온라인에서 그런 롤 모델을 찾는데, 그곳에서 헤매다가 과격한 사고방식을 부추기는 온라인 커뮤니티로 인도하는 토끼 굴에 빠지기 쉽다.

교육 부문의 성비 불균형이 남자아이에게 해를 끼치는 두 번째 방식은 남자아이에게 교육과 보살핌 부문에 종사하는 사람은 여성이라고 생각하게 만드는 것이다(초등학교에서 가장 강력하게). 그러면 남자아이는 이런 직업에 관심을 덜 가질 가능성이 높다. 하지만 리브스가 지적하듯이, 수십 년 동안 일자리가 계속 강하게 성장해왔고 앞으로도 계속 성장할 부문은 바로 이런 직업들인 반면, 강한 신체적 힘이 필요해 남성을 선호하는 직업들은 그 수가 계속 줄어들 것이다. 리브스는 학교가 남자아이를 'HEAL' 부문 직업으로 안내할 수 있고 그래야 한다고 생각한다. 여기서 HEAL은 건강Health, 교육Education, 행정 Administration, 문해력Literacy 부문을 가리킨다.³⁹ 하지만 교사나 학교 행정직으로 일하는 남성을 거의 보지 못한다면, 남자아이는 그런 직업에 관심을 덜 가질 가능성이 높다.

우리에게 가장 필요한 교육 실험

2019년 5월, 나는 뉴욕시 교외에 위치한 모교 고등학교에서 강연을 해달라는 초청을 받았다. 강연을 하기 전에 교장과 행정 책임자들을 만났다. 그 자리에서 그 학교가 미국의 대다수 고등학교처럼 근래에 들어 학생들의 정신 질환이 크게 증가하는 문제로 고민하고 있다는 이야기를 들었다. 주요 정신 질환은 우울증과 불안 장애였고 자해 건수도 늘어나고 있었는데, 여자아이들이 특히 더 취약했다. 정신 건강 문제는 학생들이 9학년에 올라올 때부터 이미 시작되었다고 한다. 중학교를 졸업할 때 많은 학생은 이미 불안 장애와 우울증을 앓았다. 많은 학생은 휴대폰에도 중독돼 있었다.

열 달 뒤에 나는 모교 중학교에서도 강연을 해달라는 초청을 받았다. 그곳에서도 교장과 행정 책임자들을 만났고, 역시 똑같은 이야기를 들었다. 정신 건강 문제는 근래에 들어 훨씬 악화되었다. 심지어 초등학교를 졸업하고 6학년에 올라오는 학생들 중 상당수가 이미 불안 장애와 우울증을 앓고 있었다. 여기서도 일부 학생이 휴대폰에도

불안 세대

중독돼 있었다.[40]

예방은 아이들이 시들기 시작하기 **전에** 일찍, 그러니까 초등학교와 중학교에서부터 시작해야 한다. 이 학년들에서 휴대폰을 금지하고 놀이가 넘쳐나는 학교로 환경을 바꾸는 것은 실행에 옮기기가 쉬우며 비용도 거의 들지 않는데, 더 많은 치료사를 고용하고 새로운 교육 과정을 도입하는 표준적인 접근법과 비교하면 특히 그렇다.[41]

이 접근법들이 제대로 효과를 발휘하는지, 그리고 어떤 접근법이 가장 효과적인지 알아보기 위해 두 마리 '고래'를 시험해보자. 그리고 이러한 개입의 결과로 학교 문화에 일어난 변화를 검토하기 위해, 한 학교의 개개 아동이나 개개 학급을 대상으로 하는 대신에 여러 학교 전체를 대상으로 해보자.[42]

그 실행 방법은 다음과 같다. 한 학구의 교육감이나 주 교육 위원장 또는 주지사(적어도 수십 개 초등학교와 중학교에 영향력을 행사할 수 있는 사람이면 누구건)가 관심을 보이는 학교들을 모집한다. 이 학교들을 무작위로 다음의 네 실험 집단으로 배정한다.[43] ① 휴대폰 금지 학교, ② 놀이가 넘쳐나는 학교(즉, 플레이 클럽과 여분의 쉬는 시간 도입 학교), ③ 휴대폰 금지와 함께 놀이가 넘쳐나는 학교, ④ 이전과 똑같이 행동하되, 휴대폰과 쉬는 시간에 관한 방침을 바꾸지 말도록 한 대조군.[44] 이러한 개입이 효과가 있는지, 그중 하나가 다른 것보다 더 효과적인지, 이 접근법들을 합치면 추가적인 이득이 있는지 여부가 불과 2년 만에 드러날 것이다.

이 기본적인 실험은 조건을 추가하거나 빼거나 혹은 정책을 다른 방식으로 실행하는 여러 가지 변형이 존재할 수 있다.[45] 놀이가 넘쳐

나는 학교 조건의 일부로 렛그로 프로젝트를 포함시킬 수 있는데, 이 프로젝트는 자유 놀이가 촉진하는 자율성과 위험 감수, 독립성을 이용하고 증폭하기 때문이다. 혹은 연구에서 단순히 렛그로 프로젝트를 실행하는 학교와 그러지 않는 학교를 비교할 수도 있다.

2010년대 초반 이후로 불안 장애와 우울증을 앓는 학생들이 중학교에서 고등학교로 계속 흘러왔고, 고등학교들은(대학교들도) 이에 대응하느라 애를 먹고 있다. 하지만 우리는 그 흐름을 막을 수 있다. 초등학교와 중학교에서 스마트폰을 완전히 추방하는 동시에 자유 놀이와 자율성이 꽃필 공간을 많이 제공할 수만 있다면, 몇 년 안에 고등학교에 올라가는 학생들은 더 건강하고 행복해질 것이다. 만약 학교들이 이러한 조치를 취한다면, 그리고 가정에서 이와 상응하는 조치를 취하는 부모와 이런 노력을 뒷받침하기 위해 법을 정비하는 정부와 힘을 합친다면, 2010년대 초반부터 청소년에게 몰아닥친 고통의 물결을 되돌릴 수 있다고 나는 믿는다.

11장 요점 정리

- 2010년대 초반부터 미국 중학교와 고등학교 학생들 사이에 정신 질환과 심리적 문제가 크게 증가했다. 많은 학교는 이에 대응해 다양한 정책을 실행하고 있다.
- "고래 등 위에 서서 피라미 낚시를 한다."라는 폴리네시아 속담이 있다. 때로는 우리가 찾는 것이 바로 발밑에 있으며, 그것이 먼 데

서 찾을 수 있는 것보다 더 나은 경우가 있다. 나는 추가 예산을 거의 또는 전혀 투입하지 않고도 학교가 당장 실행할 수 있는 두 마리 고래를 제안했는데, 휴대폰 사용을 금지하고 더 많은 놀이를 제공하는 것이다.

- 첫 번째 고래는 휴대폰 사용을 금지하는 것이다. 대다수 학교는 휴대폰을 금지한다고 말하지만, 대부분은 수업 시간에만 휴대폰 사용을 금지하는 데 그친다. 이것은 효과적이지 못한 정책인데, 학생들이 수업 시간에 휴대폰을 숨겨서 사용하거나 수업이 끝난 뒤에 휴대폰을 더 많이 사용하기 때문이다. 그 결과로 주변의 친구들과 우정을 쌓기가 더 어려워진다.

- 더 나은 정책은 학교에 있는 동안 내내 휴대폰 사용을 금지하는 것이다. 학생들이 등교할 때 정해진 휴대폰 로커나 잠금 장치가 있는 상자에 휴대폰을 보관하게 한다.

- 두 번째 고래는 놀이가 넘쳐나는 학교를 만드는 것이다. 단순히 렛그로 플레이 클럽(K-8 학교에서 방과 후에 잡다한 물건이 널린 운동장에서 학생들이 휴대폰 없이 노는 프로그램)을 추가하는 것만으로, 어떤 교육 프로그램을 실행할 때보다 사회성 기술 발전과 불안 감소 효과가 크게 나타나는데, 자유 놀이는 이러한 목적을 달성하는 자연의 방법이기 때문이다.

- 학교가 쉬는 시간을 개선해 놀이가 넘치는 장소가 될 수 있는 방법이 세 가지 있다. 쉬는 시간을 더 많이 주고, 더 나은 놀이터(잡다한 물건과 '정크[잡동사니],' 그리고/또는 더 자연적인 요소를 포함한)를 제공하고 규칙을 줄이는 것이다.

- 렛그로 프로젝트는 불안을 줄일 수 있는 또 한 가지 활동이다. 이 것은 집에서 부모와 무엇을 할지 합의한 뒤에 "이전에 한 번도 한 적이 없는 일을 **혼자서**" 하는 과제를 실행하는 것이다. 이 프로젝 트를 하다 보면 아이는 자신이 유능하다는 것을 깨닫게 되고, 부 모는 아이를 신뢰하게 되면서 더 많은 자율성을 주려고 한다.
- 같은 고장과 인근 지역의 모든 가정이 자녀에게 자유 놀이와 독립 성을 더 많이 부여하면 집단행동 문제를 해결할 수 있다. 이제 부 모들은 자녀에게 무감독 상태의 자유 놀이와 독립성을 허용하는 것을 더 이상 두려워하지 않게 되는데, 자유 놀이와 독립성은 아 이들이 아동기의 정상적인 불안을 극복하고 건강한 영 어덜트로 발달하는 데 꼭 필요하다.
- 학교는 남자아이들의 이탈과 여자아이들에 비해 떨어지는 학업 성적을 역전시키기 위해 더 많은 일을 할 수 있다. 실습과 직업 교 육과 기술 교육을 더 많이 제공하고 남자 교사를 더 많이 고용하 면 남자아이들을 되돌아오게 하는 데 도움이 된다(더 어린 학년에게 는 더 나은 쉬는 시간을 제공하는 것도 큰 도움이 된다).
- 예방에 조금만 신경 쓰면 치료에 드는 많은 비용을 절약할 수 있 다. 만약 K-8 학교들이 휴대폰을 금지하고 놀이가 넘쳐나게 하고, 거기다가 렛그로 프로젝트까지 추가한다면, 예방에 아주 많은 노 력을 기울이는 셈이다. 이 노력은 우울증과 불안 장애에 시달리면 서 고등학교에 진학하는 학생들의 수를 크게 줄이는 결과를 낳을 것이다.

불안 세대

부모가 지금 할 수 있는 일

발달심리학자 앨리슨 고프닉Alison Gopnik은 『정원사 부모와 목수 부모The Gardener and the Carpenter』라는 책에서 'parenting'*이라는 단어는 1950년대 이전에는 전혀 쓰이지 않다가 1970년대에 널리 쓰이기 시작했다고 지적한다. 인류의 거의 모든 역사를 통해 우리는 많은 사람이 많은 아이를 돌보는 환경에서 자랐다. 주변에는 사람들의 지혜가 풍부하게 널려 있어 딱히 양육 전문가가 필요하지 않았다.

그런데 1970년대에 들어 가족생활이 변했다. 가족은 크기는 줄어들고 이동성은 커졌다. 사람들은 일을 하고 학교를 다니는 데 더 많은 시간을 썼다. 부모가 되는 나이는 늦춰졌는데, 삼십대로 넘어가는 경우가 많았다. 새 부모들은 주변 사람들의 지혜에 접근하기가 어려워졌고, 전문가에게 점점 더 많이 의존하기 시작했다. 그러면서 자신

---

* 일반적으로 '양육'이란 뜻으로 쓰이지만, 부모가 자기 자식을 키운다는 의미가 강하다.

들을 학교와 일터에서 성공으로 이끈 사고방식을 적용하면 부모 역할을 하기가 쉽다는 것을 발견했다. 그것은 만약 적절한 훈련을 찾아서 받기만 한다면 주어진 일을 잘할 수 있고, 우수한 제품을 만들 수 있다는 사고방식이었다.

고프닉은 부모들이 자기가 이루고자 하는 일이 무엇인지에 대해 분명한 개념을 갖고 있는 목수처럼 생각하기 시작했다고 말한다. 목수는 작업을 할 재료를 신중하게 찾고 그 재료들을 조립해 최종 제품으로 만드는데, 그러면 나머지 사람들은 "직각은 완벽한가?", "문은 제대로 작동하는가?"처럼 분명한 기준을 바탕으로 그 품질을 판단한다. 고프닉은 "무질서와 가변성은 목수의 적이고, 정확성과 제어는 목수의 동맹이다. 두 번 재고, 한 번에 자르라."라고 말한다.[1]

고프닉은 자녀 양육에 더 적절한 비유는 정원사라고 말한다. 부모의 일은 "식물이 번성할 수 있도록 잘 보호받고 잘 자랄 수 있는 공간을 만드는" 것이다. 약간의 노력이 필요하긴 하지만 완벽주의자가 될 필요까진 없다. 잡초를 뽑고 물을 주고 나서 뒤로 물러나 지켜보면 식물이 예측할 수 없게, 그리고 종종 기쁨을 주는 놀라운 방식으로 알아서 잘 자란다. 고프닉은 자녀 양육의 무질서와 예측 불가능성을 받아들이라고 촉구한다.

부모로서 우리가 해야 할 일은 특정 종류의 아이를 만드는 것이 아니다. 대신에 우리가 해야 할 일은 그 속에서 예측 불가능한 많은 종류의 아이가 번성할 수 있도록 사랑과 안전, 안정성의 보장과 함께 보호받는 공간을 제공하는 것이다. 우리가 해야 할 일은 아이의 마

불안 세대

음을 빚어내는 것이 아니라, 그 마음이 세상이 허용하는 모든 가능성을 탐구하도록 하는 것이다. 우리가 해야 할 일은 아이에게 어떻게 놀아야 하는지 말하는 것이 아니라, 그저 아이에게 장난감을 주는 것이다……. 우리는 아이에게 무엇을 배우도록 할 수는 없지만, 스스로 배우도록 환경을 조성할 수는 있다.

이 책에서 나는 우리가 현실 세계에서 아이들을 불필요하게 너무 심할 정도로 과잉보호했다고 주장했다. 고프닉의 표현을 빌리면, 많은 사람은 지나치게 통제하려고 하는 목수의 사고방식을 채택했는데, 이것은 오히려 아이가 잘 자라는 것을 방해한다. 그와 동시에 우리는 전자 기기를 아이 혼자서 갖고 놀도록 방치하고, 잡초 뽑는 일을 소홀히 하면서 가상 세계에서 아이들을 과소 보호했다. 우리는 인터넷과 소셜 미디어가 정원을 장악하도록 방치했다. 우리는 젊은이들이 뿌리를 내릴 수 있는 공동체 대신에 디지털 소셜 네트워크에서 자라도록 방치했다. 그리고 나서는 아이들이 외로움을 느끼며 실제적인 인간관계의 연결에 굶주린다는 사실에 놀란다.

우리는 두 영역 모두에서 사려 깊은 정원사가 될 필요가 있다. 리노어와 나는 이어지는 페이지들에서 어떻게 하면 그렇게 할 수 있는지, 아이의 나이에 따라 조직된(일부 제안은 여러 연령대에 적용되긴 하지만) 방법을 구체적으로 제안할 것이다.[2]

0~5세의 어린 자녀를 둔 부모를 위한 제안

태어난 후 처음 몇 년 동안 아이들은 기본적인 지각 체계와 인지 체계(시각, 청각, 언어 처리 같은)가 발달하고 기본적인 기술(걷기, 말하기, 미세 운동 기술, 오르기와 달리기 같은 민첩성 기술 같은)을 익힌다. 이 초년기에는 좋은 영양과 사랑을 베푸는 어른, 놀 수 있는 시간이 갖춰진 '충분히 좋은' 환경에서 자라는 한, 정상보다 더 나은 결과를 낳기 위해 부모가 할 수 있는 일에는 한계가 있다.[3] 어린아이에게 필요한 것은 부모와 그 밖의 어른들, 아이들, 현실 세계와 상호 작용을 하기 위한 많은 시간이다. 특히 이 기간에는, 그리고 특히 미국에서는, 아이 양육은 거대하고 골치 아픈 퍼즐이다. 하지만 꼭 명심해야 할 목표들이 있다.

현실 세계에서 더 많은(그리고 더 나은) 경험을 쌓게 한다

3장에서 이야기했듯이, 애착 이론은 아이에게 안전한 기반—믿을 수 있고 사랑을 베풀면서 필요할 때 항상 곁에 있는 어른—이 필요하다고 말한다. 하지만 이 기반의 기능은 가장 소중한 학습이 일어나는 곳으로 모험을 떠나는 출발 지점이 되는 것이다. 최고의 모험 중 많은 부분은 다른 아이들과 함께 하는 자유 놀이에서 일어난다. 그 놀이에 다른 연령대의 아이들이 포함되면 학습이 더 심화되는데, 자신의 현재 능력보다 조금 더 위에 있는 것(즉, 나이가 조금 더 많은 아이가 하는 일)을 시도할 때 최선의 학습이 일어나기 때문이다. 나이가 더 많은 아이도 자신보다 어린 아이와의 상호 작용을 통해 선생이나 나이 많은 형제 역할을 하면서 이득을 얻을 수 있다. 따라서 어린 자녀를 위해 부모가 할 수 있는 최선의 일은 아이에게 다양한 나이의 친구들과 함께 노는 시간을 충분히 주고, 아이가 놀기 위해 출발하는 사랑의 안전 기지가 되는 것이다.

부모와 아이의 상호 작용은 '최적화된' 상태가 아니어도 괜찮다. 모든 순간을 특별하거나 교육적인 것으로 만들 필요는 없다. 중요한 것은 수업이 아니라 관계이다. 하지만 당신의 **행동**이 **말**보다 훨씬 중요할 때가 많으니, 자신의 휴대폰 사용 습관을 면밀히 살피도록 하라. 끊임없이 휴대폰과 아이 양쪽에 주의를 분산하지 않는 좋은 롤 모델이 되도록 노력하라.

또한 도움을 주고 싶어 하는 어린아이의 깊은 욕구를 신뢰하라. 심지어 두 살이나 세 살짜리 아이도 포크를 식탁 위에 놓거나 세탁기 작동을 도울 수 있다. 집 안에서 아이에게 책임질 일을 주면 아이는 가족에게 꼭 필요한 일부가 된 듯한 느낌을 받으며, 나이가 들수록 더 많은 책임을 맡기면 훗날 쓸모없는 존재라는 느낌이 들지 않도록 예방하는 데 어느 정도 도움을 줄 수 있다. 사실, "내 인생은 그다지 유용하지 않다."라는 진술에 동의하는 청소년이 오늘날 점점 늘어나고 있다.[4]

더 적은(하지만 더 나은) 화면 경험을 하게 한다

스마트폰과 태블릿, 컴퓨터, 텔레비전은 아주 어린 아이에게 적합하지 않다. 다른 물체와 장난감과 비교할 때 이 기기들은 강렬하고 확 끌어당기는 감각 자극을 전달한다. 그와 동시에 이것들은 더 수동적인 행동과 정보 소비를 조장하여 학습을 지연시킬 수 있다. 대다수 권위자들이 생후 2년 동안은 아이에게서 화면이 일상생활의 일부로 자리잡는 것에 반대하고, 6세 무렵까지 간간이 사용하게 하라고 권하는 이유는 이 때문이다.[5] 아이의 뇌는 사람들과 물체들이 널려 있고 오감으로 경험하는 3차원 세계에서 회로가 연결되길 '기대하고' 있다.

하지만 한 종류의 화면 시간은 적당한 수준에서는 유용할 수 있는데, 페이스타임이나 줌, 그 밖의 영상 플랫폼을 통해 가족이나 친구와 함께 상호 작용할 때 그런 일이 일어난다. 화면과 어린 아이에 관한 연구에서 얻은 중요한 통찰에 따르면, 다른 사람과 함께 나누는 **능동적**이고 동기화된 가상 상호 작용—대다수 사람이 영상 통화라고 부르는—은 언어 학습과 유대를 촉진하는 반면, 미리 녹화된 영상을 **수동적**이고 비동기화된 방식으로 시청하는 것은 기껏해야 최소한의 이득만 낳을 뿐이다. 어떤 경우에는 심지어 역효과를 내면서 언어 학습을 망칠 수 있는데, 2세 미만 아이의 경우에는 특히 그렇다.[6]

화면에 관한 전문가의 조언은 명확하며, 서구 세계 전체에서 그 견해가 어느 정도 일치한다.[7] 내가 보기에 아주 합리적으로 보이는 대표적인 조언은 미국소아청소년정신의학회American Academy of Child & Adolescent Psychiatry에서 나온 것이다.[8]

- 생후 18개월까지는 화면 사용을 어른(예컨대 다른 지역에 있는 부모)과의 영상 통화로 제한한다.
- 생후 18~24개월에는 화면 시간을 보호자와 함께 보는 교육 프

로그램 시청으로 제한해야 한다.

- 2~5세 아동은 교육 목적이 아닌 화면 시간을 주중에는 하루 약 1시간, 주말에는 약 3시간으로 제한한다.
- 6세 이상 아동에게는 건강한 습관을 장려하고, 화면을 포함하는 활동을 제한한다.
- 가족끼리 함께 하는 식사나 외출 동안에는 모든 화면을 끈다.[9]
- 자녀 보호 기능에 관해 제대로 알아보고 그것을 사용한다.
- 아이를 달래거나 돌보거나 짜증을 멈추게 할 목적으로 화면을 사용하는 것을 지양한다.
- 잠자기 30~60분 전에는 화면을 끄고 기기를 침실에서 치운다.

식사를 준비하거나 업무 전화를 받거나 혹은 단순히 휴식을 취하고 싶을 때, 아이의 정신을 빼앗아 조용히 있게 해주는 화면의 도움 없이 어린아이를 키운다는 것이 얼마나 힘든지 이해한다. 아내와 나는 우리 아이들이 유아기에서 걸음마를 배우던 시절까지 텔레비전 프로그램 〈꼬꼬마 텔레토비〉로 관심을 끌면서 그들을 진정시켰다. 하지만 만약 똑같은 상황이 다시 닥친다면, 우리는 텔레비전을 덜 보여줄 것이다.

6~13세의 초등학생과 중학생 자녀를 둔 부모를 위한 제안

아동기 초반에 기본적인 기술을 숙달한 어린이는 밖으로 나가 사회적 도전을 포함해 더 높은 수준의 도전에 맞설 필요가 있다. 이제 아이는 사회 규범에 대해, 그리고 또래 아이들이 자신을 어떻게 보는가에 대해 더 많은 관심을 갖기 시작한다. 취학 전 시기에 비해 부끄러움과 창피를 훨씬 자주 경험하고 더 고통스럽게 느낀다.[10] 이 연령대의 아동과 청소년은 문화 학습과 위험 평가에 매우 민감한 시기를 지나고 있다. 아이에게 2장에서 설명한 학습 메커니즘이 완전히 작동하기 시작하는 것은 초등학교 시절이다. 그 메커니즘은 바로 동조 편향(다른 사람들이 하는 행동 따라 하기)과 권위 편향(모두가 우러러보는 사람 모방하기)이다. 사회 학습에 대한 아동의 갈망이 매우 크다는 것을 감안하면, 부모가 누구를 건강한 학습 모델로 삼아야 할지, 그리고 그런 모델을 어떻게 아이의 삶에 집어넣을지 신중하게 생각하는 것이 중요하다.

현실 세계에서 더 많은(그리고 더 나은) 경험을 쌓게 한다

이 사회 학습 시기를 잘 보내려면, 아동과 청소년이 혼자 앉아서 영상을 보거나 모바일 게임을 하거나 온라인에서 다른 사람의 게시물을 읽거나 하는 것보다는, 어떤 행동을 함께 하거나(놀이에서 그러는 것처럼) 현실 세계 공동체에서 어른들과 함께 지내면서 많은 경험을 쌓는 것이 가장 좋다.

현실 세계에서 과잉보호를 줄이고 집 밖의 생산적인 모험을 장려하려면, 리노어가 제시한 다음 일곱 가지 제안을 고려해보라.

1. 아이가 당신에게 연락할 방법이 없는 상태로 아이를 시야에서 벗어나

게 하는 연습을 하라. 당신의 친구들을 위한 식사를 준비할 때, 아이에게 또래 친구들과 함께 가게로 가 마늘(설령 마늘이 필요하지 않더라도)을 사오라고 심부름을 시켜보라. 아이를 아무 구속 없이 시야에서 벗어나도록 해봐야만 이것이 충분히 할 만한 일이며, 부모와 아이 모두에게 아주 좋은 일이라는 걸 알 수 있다.(아마 당신도 여덟 살 무렵에 그렇게 했을 것이다.) 이런 종류의 연습은 부모가 아이에게 더 많은 독립성을 부여하는 **동시에** 휴대폰을 주는 시기를 연기하는 데 도움이 되는데, 휴대폰 없이도 아이가 얼마든지 잘 살아갈 수 있다는 것을 두 눈으로 직접 목격하기 때문이다. 아이에게 혼자서 나다녀도 괜찮다는 부모의 허락을 받았음을 다른 어른에게 보여주는 쪽지를 건네주라. 렛그로의 웹사이트 LetGrow.org에서 그런 카드를 출력할 수 있다. 거기에는 "나는 길을 잃지도 않았고, 부모가 방임한 것도 아니에요!"라고 적혀 있고, 부모의 전화번호 기재란도 포함돼 있다.[11]

2. 아이들이 함께 모여 밤을 새우며 노는 걸 장려하고, 소소한 것까지 챙겨주려고 애쓰지 마라. 다만, 만약 친구가 휴대폰을 가져왔거든, 친구가 떠날 때까지 휴대폰을 건네받아 따로 보관하라. 그러지 않으면 아이들은 휴대폰을 만지작거리며 밤을 보낼 것이다.

3. 친구들과 함께 학교까지 걸어가도록 장려하라. 만약 걸어가기가 쉽고 책임을 질 만큼 나이 많은 아이가 동행한다면, 1학년 때부터 시작해도 된다. '안전한 등하교길Safe Routes to School'[12]은 아이들이

학교를 무사히 등하교할 수 있도록 일시 정지 표지, 자전거 도로, 건널목 안전 요원이 어디 있는지 파악하는 데 도움을 주는 단체이다. 만약 학교가 걷거나 자전거를 타고 가기에 너무 멀다면, '5분 거리까지 차량 이용drive to five' 방안을 생각해보라. 즉, 아이를 다른 아이들과 함께 차에 태우고 가다가 학교까지 도보로 5분이 걸리는 지점에서 내려주는 것이다. 그 마지막 구간은 아이들끼리 걸어가게 하라.(학교도 이런 모임을 조직하는 데 도움을 줄 수 있다. 이 방법은 학교 부근의 교통 혼잡을 줄이는 데에도 도움이 된다.)

4. **방과 후 자유 놀이를 즐기게 하라.** 대부분의 오후를 어른이 감독하는 '심화' 활동으로 채우지 않도록 하라. 플레이 클럽(11장 참고)에 가입하거나 방과 후에 서로의 집을 방문하는 것처럼, 다른 아이들과 함께 시간을 보낼 수 있는 방법을 찾는 것이 좋다. 금요일은 특히 자유 놀이를 하기에 좋은 날인데, 주말 동안에 만나서 함께 시간을 보낼 계획을 짤 수 있기 때문이다. 금요일을 '자유 놀이의 날'이라고 생각하라.

5. **캠핑을 가라.** 야영지에서 아이들은 대개 집에서보다 훨씬 자유롭게 돌아다니는데, 그 이유는 여러 가지가 있다. 첫째, 계획에 따라 돌아가는 일상에서 벗어나기 때문이다. 둘째, 평소에 부모와 함께 좁은 공간에서 살아가는데, 야영지에서는 야외의 자연이 손짓을 하며 부르기 때문이다! 셋째, 야영지에서는 다른 아이들

과 함께 돌아다니는 일이 **기대되기** 때문이다. 만약 캠핑을 좋아하지 않는다면, 아이들이 함께 어울려 놀 수 있도록 독립성에 관한 생각을 공유하는 다른 가족과 함께 여행을 떠나는 것을 고려해보라.

6. **아무 기기도 없고 안전 지상주의도 없는 캠프를 찾아보라.** 많은 여름 캠프는 아동과 청소년에게 한두 달 동안 편리한 기기도 인터넷도 없이 자연 속에서 살아갈 기회를 제공한다. 이런 조건에서 젊은이는 서로를 돌보면서 우정을 쌓고, 약간 위험하고 흥미진진한 야외 활동을 함께 하면서 유대가 깊어진다. 공부를 강조하고 인터넷 접속도 가능해 사실상 여름학교나 다름없는 캠프나, 아이들에게 공동 책임을 전혀 지우지 않는 캠프는 피하라. 독립성과 책임의 가치를 중시하는 캠프를 찾도록 노력하라.[13] 가능하면 3~4학년 때부터 8~9학년 때까지(혹은 아이가 캠프 참가자에서 카운슬러로 전환하길 원한다면 고등학교를 마칠 때까지 쭉) 매해 여름마다 아이를 캠프에 보내는 것이 좋다.[14] 자체 웹사이트에 매일 사진을 올리지 않는다고 약속하는 캠프에는 보너스 점수를 주라. 여름 캠프는 부모와 아이에게 일상적인 접촉 습관에서 벗어나기에 아주 좋은 기회를 제공하며, 특히 부모에게는 아이가 무사한지 늘 확인하려는 습관에서 벗어날 기회를 제공한다.

7. **아동 친화적 동네와 동네 놀이 공간을 조성하라.** 설령 지금은 인근 지역이 텅 빈 것처럼 느껴지더라도, 반드시 계속 그 상태로 지

속되어야 할 이유가 없다. 만약 함께 참여할 이웃 가족을 하나만 찾을 수 있다면, 이웃들 사이의 공통 욕구를 활성화하는 단순한 단계들을 통해 한 블록이나 동네를 다시 활력이 넘치는 곳으로 만들 수 있다. 아이들을 위한 활동을 통해 동네 파티를 조직하라. 그리고 주변 지역을 '동네 놀이 공간playborhood'[15]으로 만들라. 'playborhood'는 'play(놀이)'와 'neighborhood(이웃)'를 합친 합성어로, 아이들이 자유롭게 놀 수 있는 환경이 갖춰진 장소를 말하는데, 실리콘밸리에서 자신의 뜰을 동네 아이들의 모임 장소로 만든 마이크 랜자Mike Lanza가 만든 용어이다. 만약 당신도 그렇게 하길 원한다면, 랜자는 몇몇 이웃을 야외 식사 자리에 초대하고, 아이들이 가지고 놀 수 있는 물건(커다란 마분지 상자, 훌라후프 등)을 몇 개 늘어놓으라고 조언한다. 그러면 아이들은 즉시 그것을 가지고 즐겁게 놀 것이다. 아이들에게, 매주 금요일 오후혹은 당신에게 편리한 다른 특정 시간에 그곳에 와서 놀면 당신도 기뻐할 것이라고 발표하라. 여기서 중요한 것은 규칙성이다. 아이들은 다른 아이들이 그곳에 오리란 걸 알면 기꺼이 오려고할 것이다.[16] **또 다른 방법**은, 부모들에게 일주일에 한 번씩 번갈아가며 밖에 나가 앉아 아이들을 지켜보게 하는 것이다. 긴급 상황에 대비해 그곳에 어른이 있다는 사실을 알면, 이웃들이 안심하고 아이들을 보낼 것이다.

『자유 방목 아이들』을 처음 읽었을 때, 심리학자인 나는 리노어의 조언이 건전하다는 것을 알았다. 하지만 그다음 몇 년 동안 아내 제인과 내가 리노어의 조언을 실천하려고 할 때마다 우리는 숨길 수 없는 불안을 극복하지 않으면 안 되었다. 아들 맥스를 4학년 때 처음으로 혼자 학교로 보냈을 때(며칠 동안 20m쯤 뒤에서 '미행'한 뒤에), 맥스의 '작은 푸른 점'이 번잡한 7번가에서 잠깐 멈췄다가 그곳을 건너가는 것을 숨을 죽이고 바라보았다.(우리는 맥스가 혼자서 학교를 가기 시작했을 때 아이폰을 주었다. 지금이라면 폰워치나 기본 휴대폰을 주었을 것이다.) 내 딸이 여섯 살에 처음으로 내 사무실로 도시락을 가져왔을 때 거리 하나를 건너와야 했는데, 그것은 내게는 몹시 섬뜩한 순간이었지만 딸에게는 짜릿한 전율을 느끼는 경험이었다. 딸은 양방향을 다섯 번씩 쳐다보고 나서(나는 내 사무실 건물 모퉁이에서 지켜보고 있었다) 흥분에 겨워 펄쩍펄쩍 뛰면서 로비로 뛰어 들어왔는데, 그 바람에 내 도시락이 가방에서 튀어나올 뻔했다.

이러한 부모의 불안을 치료하는 방법은 노출이다. 최악의 두려움이 실제로 일어나지 않았다는 사실에 의식적으로 주목하면서 불안을 몇 차례 경험해보면, 아이가 생각했던 것보다 훨씬 유능하다는 사실을 알게 된다. 그런 경험을 할 때마다 불안은 점점 약해진다. 아들이 혼자 학교를 가기 시작한 지 5일 뒤에 우리는 아들의 '푸른 점'을 지켜보는 것을 그만두었다. 도시를 돌아다니고 얼마 후에는 지하철 시스템을 이용하는 아들의 능력에 우리는 더 편안함을 느끼게 되었다. 사실, 지난 몇 년 동안 리노어의 조언을 따르지 않았더라면, 맥스의 발달 과정에서 중요한 한 순간은 결코 일어나지 않았을 것이다. 열두 살 때 맥스는 테니스에 큰 흥미를 느꼈고, 나는 맥스를 데리고 U.S. 오픈이 열리는 퀸스로 갔다. 그곳은 우리 집에서 지하철로 40분 거리에 있었고, 도중에 한 번 환승을 해야 했다. 열세 살이 된 다음 해에 맥스는 야간 경기를 혼자서 보러 가길 원했다. 제인과 나는 망설였지만, 맥스는 충분히 할 수 있다고 우리를 안심시켰는데, 실제로 맥스는 지하철 시스템을 우리보다 더 잘 알았다. 그래서 우리는 리노어의 이미지를 마음속에 떠올리면서 그러라고 했다.

맥스는 오후 11시를 넘어서까지 계속된 그 경기를 보면서 환상적인 시간을 보냈다. 거기까지는 아무 문제가 없었다. 경기가 끝난 후에는 떠들썩한 군중과 함께 경기장을 빠져나와 근처의 지하철역으로 갔다. 문제는 환승역에서 일어났다. 맥스가 집에 오기 위해 타야 할 열차가 그날 밤에는 운행을 하지 않았던 것이다. 맥스는 덜컥 겁이 났지만, 임기응변을 발휘했다. 지하철역에서 위로 걸어올라와 택시를 잡고는(그 방법은 내가 가르쳐주었지만, 맥스 혼자서 직접 해본 적은 한 번도 없었다) 오전 1시 정각에 집에 무사히 도착했다. 그날부터 맥스는 자신감이 넘치면서 완전히 딴사람이 되었다. 그리고 그날부터 우리는 맥스를 달리 대하면서 더 많은 독립성을 주었다. 몇 년 전에 혼자서 학교로 걸어가게 하지 않았더라면, 제인과 나는 맥스의 요청을 허락하지 않았을 것이고, 매 순간 그 푸른 점을 추적하지 않을 만큼 맥스를 충분히 신뢰하게 되지 않았을 것이다.

더 적은(하지만 더 나은) 화면 경험을 하게 한다

초등학교와 중학교에서 아이들은 많은 것을 배우는데, 화면 기반 활동이 중요한 역할을 할 수 있다. 하지만 많은 아이의 경우 화면에 쓰는 시간은 쓸 수 있는 모든 순간을 가득 채우는 기체처럼 팽창하

불안 세대

며, 그 기체의 내용물은 교육적인 것이 아니라 거의 다 오락적인 것이다. 따라서 그저 고등학교에 진학할 때까지 최초의 스마트폰을 미루는 것만으로는 충분하지 않다. 화면 기반 활동이 초래하는 높은 기회비용과 그것이 만들어내는 습관 때문에, 부모는 자녀의 화면 기반 활동 총량을 제한할 필요가 있다. 부모는 또한 자녀가 모방하는 행동에 신경 쓸 필요가 있다.[17]

보통 8~12세 아이들은 여러 화면을 통해 레크리에이션 성격의 화면 활동에 평균적으로 하루에 4~6시간을 쓴다.[18] 대다수 의학 전문가와 보건 기구가 이 연령대의 아동에게 레크리에이션 성격의 화면 시간 총량에 한도를 정하라고 권고하는 이유는 이 때문이다. 퀘벡주 정

"지난 6년 동안 너와 상호 작용한 것은 참 좋았어. 자, 여기 첫 번째 기기가 있어."

그림 12.1 H. 린H. Lin, 《뉴요커》.[19]

부는 대표적인 안내를 적절한 수준의 유연성과 함께 간결한 형태로 제시하는데, 그 내용은 다음과 같다.

6~12세 아동은 일반적으로 화면 기반 레크리에이션 활동은 하루에 두 시간을 넘지 않도록 한다. 하지만 이것은 콘텐츠(소셜 미디어, 비디오게임, 채팅, TV 등)와 맥락(하루 중 시간, 멀티태스킹 등)과 아이의 개인적 특성(나이, 신체적 건강과 정신 건강, 분석 기술, 비판적 사고 등)에 따라 달라질 수 있다. 따라서 부모의 감독은 이들 기준을 바탕으로 이루어져야 한다. 특히 더 어린 아이의 경우에는 콘텐츠가 교육적이어야 하고, 기기는 아이의 침실 대신에 어른이 콘텐츠를 통제할 수 있는 공용 공간에서 사용해야 한다.

나는 다양한 추천 목록과 이 책 앞부분에서 소개한 연구를 바탕으로, 추가로 다음 제안들을 제시한다.

1. **집에 있는 모든 디지털 기기의 자녀 보호 기능과 콘텐츠 필터를 사용하는 법을 배운다.** 자녀가 18세가 되면 자녀 보호 기능을 작동시키거나 감시할 필요 없이 스스로를 돌보고 자기 통제 능력이 있길 바라겠지만, 그렇다고 해서 전두 피질이 필요한 과제를 제대로 처리하기 전에 즉각 온라인 세계에서 완전한 독립성을 주어야 한다는 뜻은 아니다. 테크 회사들은 여전히 아이들을 사로잡는 도구를 사용하므로, 그들에게 반격하기 위해 이 연령대의 자녀에게는 자녀 보호 기능을 사용하는 게 좋다. 그리고 만약 가족이

타당하다고 생각한다면, 레크리에이션용 화면 사용 시간 총량에 제한을 두도록 하라. 제한 시간은 정하기가 복잡할 수 있고, 너무 높게 잡으면 역효과를 낼 수 있다(그러면 아이는 사용 가능한 시간을 모두 다 '써버리려고' 할 것이다[20]). 하지만 만약 시간 총량을 제한하지 않는다면, 플랫폼들은 수면 시간을 포함해 점점 더 많은 시간을 빼앗아갈 것이다. 어떤 부모는 자녀의 문자 메시지와 그 밖의 통신 내용을 읽으려고 모니터링 프로그램을 사용한다. 이런 조치가 필요한 경우도 있겠지만, 일반적으로 개인적 대화 감시는 피하는 것이 좋으며, 대신에 그 나이에 어울리지 않는 사이트와 앱에 접근하는 방법을 차단하고 기기를 사용할 수 있는 시간과 없는 시간을 정하는 데 초점을 맞추어야 한다고 생각한다. 가상 세계에서도 과잉보호가 가능한데, 특히 때로는 아이가 모르게 보호가 감시 단계로 넘어갈 때 그렇다. CommonSenseMedia.com을 방문하면, 자녀 보호 기능을 어떻게 사용하는지 안내를 받을 수 있다.[21]

2. **전체 화면 시간에 초점을 맞추기보다는 대면 활동과 잠을 최대화하는 데 더 집중한다.** 대다수 화면 활동이 초래하는 주요 해악은 기회비용으로, 이것은 5장에서 설명한 네 가지 기본적인 해악 중 두 가지인 사회적 박탈과 수면 박탈을 직접적으로 초래한다. 만약 자녀가 스포츠 팀에 들어가거나 조직화되지 않은 놀이나 모임 등에서 친구들과 직접 얼굴을 맞대며 많은 시간을 보낸다면, 그리고 잠을 충분히 잔다면, 또 어떤 기기에 중독되거나 문제 있

는 방식으로 사용하는 징후가 전혀 없다면, 화면 시간 제한을 약간 풀어줄 수 있다. 마찬가지로 친구와 직접 만나 함께 비디오게임을 적당한 시간 동안 하는 것은 자기 방에 혼자 틀어박혀 게임을 하는 것보다 낫다. 『표류하는 남자아이들Boys Adrift』의 저자 레너드 색스Leonard Sax[*]는 주중에는 하룻밤에 40분 미만, 주말에는 하루에 한 시간 미만을 추천한다.[22] 화면 시간 제한은 소셜 미디어의 경우와 마찬가지로 당신 가족만 유일하게 실행한다면 효과를 발휘하기 어려우므로, 자녀 친구들의 부모와 협력을 시도하는 게 좋다. 많은 가족이 비슷한 제한을 실행하면, 집단행동의 덫에서 빠져나올 수 있고 모두가 행복해질 수 있다.

3. **하루와 일주일의 시간에 명확한 구조를 부여한다.** 8장에서 본 것처럼 시간과 공간을 구조화하는 것은 공동체(단 두 사람만으로 이루어진 가족처럼 작은 것이라도)의 소속감을 강화하는 의식과 그 밖의 공동 활동에 전제 조건이 된다. 음식을 함께 먹을 때에는 가족 구성원들이 서로에게 주의를 기울일 수 있도록 휴대폰을 사용하지 말아야 한다. 정기적으로 가족끼리 밤에 영화를 함께 보는 것도 좋다. 어린 자녀에게는 침실에서 기기 사용을 허락하는 데 주의해야 하지만, 만약 허락한다면 정해진 시간에 모든 기기를 침실에서 치우게 해야 하며, 그 일은 적어도 잠자리에 들기

---

[*] 『Boys Adrift』는 국내에서 '알파걸들에게 주눅 든 내 아들을 지켜라'(2008년)라는 제목으로 출간되었고, 저자 이름도 '레너드 삭스'로 잘못 표기되었으므로, 모두 원어에 가까운 뜻과 표현으로 번역했다.

30분 전에 일어나야 한다.[23] 매주 '디지털 안식일'을 정해 지키는 방안도 고려해보라. 그날은 하루 종일 일체의 화면 기기 사용을 금지한다. 매년 화면 금지 주일을 정하는 것도 바람직한데, 예컨 대 아름다운 자연 환경에서 휴가를 보낼 때 그렇게 하면 좋다.

4. **중독이나 문제 있는 사용의 징후가 없는지 살핀다.** 화면 기반 활동 은 재미있고, 특히 비디오게임은 이 연령대의 거의 모든 아이가 많이 즐긴다. 7장에서 보여주었듯이, 적당한 시간 동안 비디오 게임을 하는 것은 대다수 아이에게 해롭지 않지만, 정말로 중독 되거나 문제 있는 사용(그 활동이 다른 기능들을 방해한다는 의미에 서) 징후를 보이는 아동과 청소년이 상당수(약 7%) 있다. 포르노 와 소셜 미디어, 비디오게임은 청소년 사이에서 문제 있는 사용 을 초래할 가능성이 높은 세 가지 활동 범주인데, 문제 있는 사 용이 몇 년 동안 계속되면, 7장에서 크리스가 "공허한 운영 체 제"가 된 것 같은 느낌이 든다고 말한 것처럼 영속적인 변화가 생길 수 있다. 미국심리학회American Psychological Association는 "문제 있는 소셜 미디어 사용"을 파악하기 위해 다음과 같은 지침을 제시하는데, 이것은 그 밖의 어떤 화면 기반 활동에도 비교적 잘 적용된다.

만약 자녀의 소셜 미디어 사용이 다음 결과를 가져온다면, 문 제를 초래할 가능성이 있다.

- 학교와 일, 우정, 과외 활동 같은 일상적인 일과와 해야 할 일을 방해한다.
- 소셜 미디어를 확인하고 싶은 갈망을 강하게 느낀다.
- 온라인에서 시간을 보내기 위해 거짓말 또는 기만행위를 한다.
- 사람들을 직접 만나서 나누는 사회적 상호 작용보다 소셜 미디어를 더 자주 선호한다.
- 매일 밤 적어도 8시간 동안 양질의 수면을 취하는 것을 방해한다.
- 규칙적인 신체 활동을 방해한다.
- 멈추고 싶다는 바람을 표현하면서도 소셜 미디어를 계속 사용한다.

만약 자녀가 이 중 하나 이상의 징후를 보인다면, 자녀와 대화를 해야 한다. 만약 자녀가 즉각 스스로 행동을 고치지 못하거나 여러 가지 징후를 보인다면, 디지털 해독과 도파민 리셋을 위해 일정 기간 소셜 미디어 접근을 금지하는 조치를 취해야 한다. 비디오게임과 소셜 미디어 중독에 대한 조언을 전문적으로 제공하는 사이트를 참고하라.[24]

5. **16세가 될 때까지 소셜 미디어 계정 개설을 늦춘다.** 자녀가 틱톡이나 인스타그램처럼 강력한 소셜 미디어 플랫폼에 접속하는 것을 허용하기 전에 가장 취약한 시절을 무사히 지나 사춘기에 잘 진

입하게 하는 것이 좋다. 그렇다고 해서 자녀가 이들 사이트에서 어떤 콘텐츠도 절대로 보지 못하게 해야 한다는 것은 아니다. 웹 브라우저를 사용할 수 있는 한, 자녀는 이들 플랫폼에 접속할 것이다. 하지만 브라우저에서 틱톡 영상을 **보는** 것과 틱톡에 **계정을 개설하는** 것 사이에는 큰 차이가 있는데, 계정을 개설하면 스마트폰을 통해 언제든지 앱에 접근할 수 있기 때문이다. 계정을 개설하는 것은 청소년이 개인 데이터를 플랫폼에 제공하고, 관여를 최대화하기 위해 알고리듬이 선택한 개인 맞춤형 콘텐츠의 홍수에 노출되고, 또 직접 자신이 콘텐츠를 게시하기 시작하는 주요 단계이다. 이 운명적인 단계를 고등학교에 진학할 때까지 늦추도록 하라.

6. **십대 초반의 자녀와 위험에 대해 대화를 나누고, 자녀의 생각에 귀를 기울인다.** 소셜 미디어 계정이 없더라도, 모든 아이는 온라인에서 그 나이에 부적절한 콘텐츠에 접할 것이다. 포르노에 노출되는 것은 거의 기정사실이다. 온라인에 공개 콘텐츠를 게시하거나 개인 정보를 공유하는 행동에 내재하는 위험(섹스팅과 사이버 집단 괴롭힘을 포함해)에 대해 십대 초반의 자녀와 대화를 나누도록 노력하라. 또래의 온라인 습관에서 목격하는 문제가 무엇인지, 그리고 그런 문제를 피하려면 어떻게 하는 것이 좋다고 생각하는지 물어보라.[25]

이렇게 하더라도 결국은 온라인 접속을 완전히 허용할 수밖에 없다. 하지만 이 긴 아동기와 초기 청소년기(6~13세) 동안 온라인 사용의 양을 줄이고 질을 높일 수 있다면, 현실 세계에 관여할 여지를 더 늘릴 수 있고, 자녀의 뇌가 자기 통제 능력이 더 뛰어나고 주의 분산이 덜한 상태로 발달할 시간을 벌 수 있다.

13~18세의 중고등학생 자녀를 둔 부모를 위한 제안

성인기로 나아가는 경로라는 개념에서 바라볼 때, 고등학생으로 전환하는 단계는 현실 세계와 가상 세계에서 청소년의 자유와 책임이 증가하는 주요 이정표가 되어야 한다.

현실 세계에서 더 많은(그리고 더 나은) 경험을 쌓게 한다

고등학교에 들어갈 무렵이면 거의 모든 청소년은 사춘기가 시작되는데, 이것은 우울증과 불안 비율이 급증하는 시기이기도 하다. 앞 장들에서 나는 청소년에게 자신이 쓸모가 있고 현실 세계 공동체와 연결돼 있다는 느낌을 갖도록 돕는 것이 사회성과 정서 발달에 아주 중요하다고 주장했다. 따라서 청소년이 어른 수준의 도전과 책임을 일부 감당하는 것이 중요하다. 이 시기에는 부모 이외의 롤 모델을 발견하는 것도 이전보다 훨씬 가치 있는 일이 된다.

1. 자녀의 이동성을 증가시킨다. 십대 자녀가 자전거, 버스, 지하철, 열차 등 자신의 거주 지역에 적합한 이동 수단에 숙달하게 한다.

아이가 자람에 따라 세계의 경계도 확장되어야 한다. 자격이 되면 운전 면허증을 되도록 빨리 따라고 장려하고, 운전 연수를 시킨 뒤에 집에 자동차가 있으면 몰아보라고 권하라. 친구들과 함께 가정의 기반에서 벗어나는 여행을 더 많이 하라고 장려하라. 십대 자녀에게 어른의 감시를 벗어나 친구들과 함께 지낼 수 있는 장소, 예컨대 YMCA나 YWCA, 쇼핑몰, 공원, 피자 가게 같은 '제3의 장소'(집이나 학교가 아닌)에서 시간을 보내도록 권장하라. 그렇게 하지 않으면 그들이 자유롭게 사람들과 어울릴 수 있는 장소는 온라인밖에 없다.

2. **집에서 십대 자녀에게 의존하는 일을 늘린다.** 십대는 요리와 청소뿐만 아니라, 자전거나 대중교통으로 심부름을 할 수 있으며, 16세부터는 자동차를 몰고 심부름을 다녀올 수도 있다. 십대 자녀에게 의존하는 것은 단순히 노동 윤리를 주입하는 수단에 불과한 것이 아니다. 그것은 Z 세대 십대 사이에 자신의 삶이 쓸모없다는 느낌이 점점 커져가는 것을 떨쳐낼 수 있는 방법이기도 하다. 한 13세 여자아이는 리노어에게 말하길, 어머니를 위해 약국에 가거나 차로 데려다주지 않아도 스스로 필요한 장소에 가는 등 혼자서 더 많은 일을 하기 시작하자, 어머니가 카풀을 하거나 추운 날씨에 축구 경기 내내 떨면서 앉아 기다리는 것처럼 따분하고 아무도 고마움을 표시하지 않는 일을 하느라 얼마나 많은 시간을 쓰는지 깨닫게 되었다고 한다. 어머니와 공감하기(그리고 더 많은 도움을 주기) 시작하자, 둘 사이의 다툼이 크게 줄어들었

는데, 어떤 면에서 두 사람은 이제 같은 팀이 되었기 때문이다.

3. **십대 자녀에게 파트타임 일을 권장하라.** 부모가 아닌 윗사람 밑에서 일하는 것은 설령 즐거운 경험이 아니더라도 아주 좋은 경험이다. 심지어 단 한 차례만 하고 그만두는 단순 노동도 좋다. 이웃의 진입로에 쌓인 눈을 치우려면 어른과 대화를 나누고, 급여를 협상하고, 일을 제대로 마무리하는 것이 필요하다. 스스로 돈을 버는 것(그리고 그 돈을 쓰는 방법을 통제하는 것)은 젊은이에게 큰 자신감을 심어주는 경험이다.

4. **십대 자녀가 더 어린 아이를 양육하고 이끌 수 있는 방법을 찾는다.** 베이비시터나 캠프 카운슬러, 감독을 보조하는 코치처럼 더 어린 아이를 안내하거나 돌보는 일이 필요한 일자리가 이상적이다. 십대는 자신도 멘토가 필요하지만, 더 어린 아이들에게 멘토가 될 수 있다. 더 어린 아이를 돕는 일은 공감 스위치와 리더십 유전자를 작동시키는 것처럼 보인다. 리노어는 열한 살이던 둘째 아들이 보이스카우트 야간 캠핑 여행에 처음 갔을 때 실제로 이런 일이 일어나는 것을 목격했다. 아들은 지나치게 흥분했고 지나치게 준비성이 없기도 했다. 그래서 슬리핑백을 가져가는 걸 깜빡했다. 나중에 그 사실을 안 아들은 울었다. 틀림없이 집으로 돌려보낼 것이라고 생각했다. 그때 나이가 더 많은 보이스카우트(고등학생)가 "걱정하지 마! 나는 이런 상황에 대비해 항상 여분의 슬리핑백을 가져오거든!"이라고 말했다. 리노어의 아들은

불안 세대

큰 고마움을 느꼈고, 리노어 역시 그 이야기를 들었을 때 고마움을 느꼈다. 몇 년 뒤에 리노어는 그 고등학생이 실제로는 여분의 슬리핑백을 가져오지 **않았다**는 사실을 알고는 더욱 큰 고마움을 느꼈다. 그 학생은 딱딱한 땅바닥 위에서 추위를 견디며 잠을 잤다. 사람은 이런 과정을 거치면서 지도자로 성장한다.

5. **고등학교 교환 학생 프로그램 참여를 고려한다.** 이 프로그램은 역사가 오래되었다. 1500년에 영국을 방문한 사람이 이런 글을 남겼다. "아무리 부자라 하더라도 모든 사람이 자녀를 다른 사람의 집으로 보내고, 대신에 낯선 사람의 자녀를 자기 집에 받아들인다."[26] 그렇다. 중세 영국에서조차 사람들은 이 경험이 아이의 세계를 넓히는 데 도움이 된다는 사실을 알았다. 아이에게는 어머니나 아버지가 아닌 다른 사람의 말을 듣는 것이 더 쉬울 수도 있다. 고려할 만한 현대의 프로그램 중 하나는 미국 교환 학생 프로젝트American Exchange Project[27]이다. 이것은 미국 전역의 고등학교 졸업반 학생들을 다른 주에 있는 가정으로 보내 일주일 동안 지내게 하는 프로젝트로, 양극화된 나라를 다시 하나로 뭉치는 데 도움이 되리라는 기대에서 진행되었다. 그리고 이것은 공짜다! 한편, 아메리칸 필드 서비스American Field Service는 수십 년 동안 미국 고등학생들을 전 세계 각지로 보냈다.[28] 십대 청소년은 한 가정에서 기거하면서 현지 학교를 다닌다. 반대로 해외의 학생을 받아들여 자신의 집에서 머물게 할 수도 있다.[29] 아동심리학자 도리스 앨런Doris Allen이 선도한 CISV 인터내셔널

CISV International은 11세부터 시작하는 교환 학생 프로그램과 그 밖의 청소년 프로그램을 통해 문화 간 우정을 장려한다. 전 세계 60개국 이상에 CISV 인터내셔널 지부가 있다.[30]

6. **자연에서 더 큰 스릴을 경험하게 한다.** 십대 자녀를 친구들과 함께 또는 단체와 함께 더 크고 더 긴 모험에 나서게 한다. 배낭여행이나 암벽 등반, 카누 여행, 하이킹, 수영처럼 자연과 현실 세계의 스릴과 경이로움, 역량을 체험할 수 있는 여행에 나서게 하라. 아웃워드 바운드Outward Bound나 내셔널 아웃도어 리더십 스쿨National Outdoor Leadership School 같은 단체가 운영하는 한 달짜리 또는 그보다 더 긴 프로그램을 검토해보라. 이 프로그램들은 자립과 사회적 책임, 자신감, 동료애를 촉진하도록 설계되었다. 그 밖에도 10장에서 언급했듯이, 무료로 운영되거나 보조금이 지급되는 프로그램[31]이 많이 있다.[32] 아웃워드 바운드의 설립자 커트 한Kurt Hahn은 다음과 같이 설명한다.

우리에게는 우리가 아는 것보다 더 많은 것이 있다. 만약 그것을 볼 수만 있다면, 우리는 나머지 생애 동안 그것보다 더 적은 것에 만족하려 하지 않을 것이다. 모든 사람에게는 거대한 열정과 모험을 향한 기이한 갈증, 인생의 여정 내내 과감하고 강렬하게 살고 싶은 욕구가 있다.

7. **고등학교를 졸업한 후 갭이어 시기를 보낸다.** 많은 젊은이는 저 밖

의 세계에 무엇이 있는지 아무런 감도 없이 곧장 대학교로 진학한다. 그러면 자신이 인생에서 무엇을 하길 원하는지 혹은 심지어 대학교가 최선의 선택인지 어떻게 알 수 있겠는가? 영 어덜트에게 자신의 관심사와 세상에 대해 더 많은 것을 발견하도록 기회를 주는 것이 좋다. 일자리를 구해 돈을 모을 수도 있다. 여행도 좋고 자원 봉사도 좋다. 그런다고 해서 대학교에서 성공할 가능성이 훼손되는 것도 아니다. 이러한 활동은 오히려 추구하고 싶은 길을 찾는 기회를 높이며, 어떤 길을 걸어갈 수 있는 역량을 키운다. 갭이어는 젊은이의 성인기 전환 과정을 지연하는 게 아니라 오히려 가속하는 것을 목적으로 한다. 갭이어는 기술과 책임, 독립성을 쌓는 1년이다. 십대 자녀가 갭이어를 어떻게 보낼지 계획을 세우는 데 도움을 줄 수 있는 단체 목록은 갭이어 협회 웹사이트 gapyearassociation.org에서 찾아볼 수 있다. 장학금과 보조금 지원을 받을 수 있는 경우도 많다.[33]

이 모든 제안의 기반을 이루는 개념은, 현실 세계에 관여하게 함으로써 십대 청소년을 자신감이 넘치고 뛰어난 역량을 갖춘 사람으로 자라게 하는 것이다. 십대에게 안전지대를 넘어서서 널리 뻗어갈 수 있는 활동을 장려하라. 당신의 자녀에게도! 특별한 이유 없이 심각한 부상을 당할 위험을 무릅쓰는 것은 바보 같은 짓이다. 하지만 **약간의** 위험은 모든 영웅이 걸어가는 여행의 일부이며, 그 여행을 떠나지 않는 길에도 많은 위험이 존재한다.

더 적은(하지만 더 나은) 화면 경험을 하게 한다

아이가 성숙하면서 충동을 억제하고 자기 통제를 실현할 능력이 더 커짐에 따라 십대 시절은 제약을 완화하는 시기가 되어야 한다. 전두 피질은 이십대 중반까지 완전히 발달하지 않지만, 16세 청소년에게는 12세 아이보다 더 많은 자율성과 자기 결정권을 주어야 한다.

십대 자녀를 기본 휴대폰에서 스마트폰으로 전환시킬 때에는 그 전환이 어떻게 일어나는지 자녀에게 이야기하고 그것을 감독하라. 당신은 계속해서 필요한 매개변수들을 설정해야 하고, 자녀는 그 범위 내에서 자율성을 누릴 수 있다. 예컨대 휴대폰과 기타 기기를 언제 사용할 수 있고 언제 사용할 수 없는지에 관해 가족의 규칙을 계속 유지해야 한다. 고등학생은 중학생보다 수면을 박탈당할 가능성이 훨씬 높으므로, 저녁 시간에 좋은 생활 습관을 가지도록 도울 필요가 있다. 이를테면, 매일 밤 정해진 시간에 침실에서 휴대폰을 추방하는 것도 그런 습관 중 하나이다. 내 학생들 중 대다수는 밤에 잠들기 전에 맨 마지막으로 하는 일이 문자 메시지와 소셜 미디어 계정을 확인하는 것이라고 말한다. 아침에 침대에서 일어나기 전에 맨 먼저 하는 일도 그것이다. 자녀에게 이러한 버릇이 생기지 않게 하라.

자녀에게 소셜 미디어 계정 개설을 허락할 때마다 문제가 있는 사용이나 중독의 징후가 없는지 유심히 관찰하라. 온라인 생활이 자신의 목표를 달성하는 데 도움이 되는지 혹은 방해가 되는지 물어보라. 인도적 기술 센터에서 '유스 툴키트Youth Toolkit'와 그 밖의 자료를 통해 소셜 미디어가 어떻게 작용하고, 그것이 많은 사용자의 마음을 어떻게 사로잡고 해를 끼치는지 교육하도록 하라.[34]

불안 세대

마지막으로 스마트폰이 부모와 아이 사이의 관계를 어떻게 변화시켰는지에 대해 이야기하려고 한다. 청소년이 스마트폰을 소유하기 시작한(그리고 불안 그래프가 급상승한) 2012년 무렵에 일어난 일이 또 한 가지 있는데, 그것은 바로 부모도 스마트폰을 소유한 것이다. 스마트폰은 부모에게 플립폰 시절에 갖지 못했던 새로운 슈퍼파워를 주었다. 이제 부모는 자녀의 움직임을 매 순간 추적할 능력을 손에 넣게 되었다. 리노어는 내게 이것이 불안 증가와 자신감 감소의 한 가지 원인일 수 있다고 지적했다. 등굣길이나 방과 후 친구들과 함께 놀 때를 포함해 모든 곳에서 부모가 자녀를 감시하기 시작했다. 뭔가 이상한 것을 감지하면 즉각 전화를 걸거나, 문자 메시지를 보내거나, 자녀가 돌아왔을 때 무엇을 했는지 말하라고 닦달할 수 있다. 휴대폰을 "세상에서 가장 긴 탯줄"이나 "보이지 않는 울타리"로 생각하건 생각하지 않건 간에, 아이들이 휴대폰을 소유하기 시작하면서부터 아동의 자율성이 곤두박질쳤다. 설령 부모가 추적자처럼 보이지 않고, 아이가 자전거 체인이 고장났다는 이유로 엄마를 부르는 일이 절대로 없다 하더라도, 이런 일이 언제나 가능하다는 사실 때문에 아동과 청소년은 자신이 독립적이고 신뢰를 받고 유능하다는 느낌을 갖기가 더 어렵다. 부모는 또한 모든 일을 혼자서 하도록 아이를 놓아주기가 훨씬 어렵다.

리노어와 나는 몇 년 동안 자녀 추적의 이점을 놓고 논쟁을 벌였다. 제인과 나는 아이들에게 휴대폰을 주는 순간부터 그들을 추적하기 시작했고, 그 덕분에 뉴욕시에서 아이들이 자유 방목 아동기를 시작하도록 더 일찍 세상으로 내보낼 수 있었다고 생각한다. 하지만 아동의 감시가 증가하고 컴퓨터의 도움으로 학업 성취도를 모니터링하는 상황(때로는 성적을 즉각 통보하고, 교실에서의 행동도 매일 알려주는)에 대한 설명을 리노어에게서 들으면서 나는 섬뜩한 느낌이 들기 시작했다. 추적 덕분에 제인과 나는 아이들이 어린 시절에 그들에 대한 자신감을 얻을 수 있었고, 지금도 예컨대 모두가 저녁 식사 시간에 도착해야 할 시간을 조율하는 것처럼 가족의 일정 관리를 하는 데 도움을 받고 있지만, 우리는 과연 그 기능을 끌 수 있을까? 그리고 꼭 그래야 할까? 나는 그 답을 모르겠다.

12장 요점 정리

- 부모 노릇은 늘 쉽지 않은 도전 과제인데, 사회적 변화와 기술적 변화가 빠르게 일어나는 이 시대에는 더욱 힘들다. 하지만 자녀를 직접 깎고 다듬으려고 노력하는 '목수'와 달리 더 나은 '정원사'(자녀가 배우고 자랄 공간을 만들어주는 사람)가 되기 위해 부모가 할 수 있는 일이 많이 있다.

- 현실 세계에서 더 나은 정원사가 되기 위해 꼭 해야 할 일 한 가지를 꼽는다면, 그것은 자녀에게 부모의 감시 없이 그 나이에 즐길 수 있는 종류의 자유 놀이를 더 많이 누리게 하는 것이다. 이것은 독립성과 책임을 점점 늘리면서 더 길고 더 나은 놀이 기반 아동기를 제공해야 한다는 뜻이다.

- 가상 세계에서 더 나은 정원사가 되기 위해 꼭 해야 할 일 한 가지

를 꼽는다면, 그것은 최초의 스마트폰을(혹은 그 밖의 어떤 '스마트' 기기라도) 손에 쥐여주는 시기를 늦춤으로써 자녀가 스마트폰 기반 아동기로 완전히 진입하는 시기를 늦추는 것이다. 고등학교에 들어가기 전에는 기본 휴대폰만 사용하게 하고, 다른 부모들과 협력함으로써 중학교에서 당신의 자녀만 휴대폰이 없다는 느낌을 받지 않도록 한다.

- 자녀의 현실 세계 관여와 공동체 소속감을 높이는 방법이 그 밖에도 많이 있다. 예컨대, 첨단 기술에 접근할 수 없는 캠프에 보내거나 함께 캠핑을 갈 수도 있고, 스마트폰을 가져오지 않은 아이들과 함께 지낼 수 있는 그 밖의 환경을 찾도록 도울 수도 있다.

- 자녀가 나이를 먹음에 따라 자녀의 이동성을 높이고, 파트타임 일자리와 다른 어른에게서 배울 수 있는 방법을 찾도록 장려하라. 교환 학생 프로그램과 여름 야생 체험 프로그램, 갭이어도 생각해 보라.

- 자유 방목 아동기는 안전 지상주의와 두려움, 늘 어른의 감독이 지배하는 아동기보다 자신감이 넘치고 유능한 영 어덜트를 낳을 가능성이 더 높다. 가장 큰 장애물은 어른의 보호 없이 자녀가 시아에서 벗어날 때 부모 자신이 느끼는 불안이다. 이를 극복하려면 연습이 필요하지만, 자녀를 신뢰하는 데에서 얻는 궁극적인 즐거움은 자녀를 풀어주는 데에서 느끼는 일시적인 불안보다 훨씬 크다.

- 대다수 전문가는 생후 18~24개월까지는 (가족과 영상 통화를 하는 것 말고는) 화면 시간을 거의 또는 전혀 허용하지 말고, 5~6세까지

는 화면 시간을 제한하라고 권고한다.

- 초등학생과 중학생에게는 자녀 보호 기능을 사용하고, 분명한 제한 시간을 정하고, 특정 시간과 장소를 기기를 전혀 사용하지 않는 구간으로 설정한다. 그리고 문제가 있는 사용이나 중독의 징후가 없는지 유심히 살펴야 한다.

- 부모로서 당신이 하는 행동은 집단행동 문제를 해결하는 데 도움을 줄 수 있다. 만약 당신이 자녀에게 스마트폰을 주는 시기를 늦추면, 다른 부모들도 같은 행동을 하기가 쉬워진다. 만약 당신이 자녀에게 더 많은 독립성을 주면, 다른 부모들도 그렇게 하기가 쉬워진다. 만약 다른 가족들과 함께 같은 행동을 하면, 서로가 그렇게 하기가 한결 쉬워지고 더 즐거워질 것이다.

불안 세대

맺음말

아이들을 지구로 돌려보내자

내가 처음부터 이 책을 쓰려고 생각한 것은 아니었다. 2021년 후반에 나는 소셜 미디어가 어떻게 미국의 민주주의에 손상을 입히는가를 다룬 책을 쓰기 시작했다. 원래 계획은 첫 장에서 소셜 미디어가 어떻게 사회생활을 망치고 정신 질환 발생률을 높이는지 보여주면서, Z세대에게 미치는 영향에 대해 이야기하며 시작하는 것이었다. 나머지 부분에서는 소셜 미디어가 어떻게 더 광범위하게 사회를 망치는지 분석하려고 했다. 나는 소셜 미디어가 공공 담론과 의회, 언론, 대학교, 그 밖의 근본적인 민주 제도를 어떻게 분열시키는지 보여줄 생각이었다.

그런데 첫 장(이 책의 1장이 된)을 마쳤을 때, 청소년의 정신 건강 이야기가 생각했던 것보다 너무나도 크다는 사실을 깨달았다. 그것은 단지 미국만의 이야기가 아니었다. 많은 서구 국가에서 전반적으로 펼쳐지는 이야기였다. 그것은 단지 여자아이들에 관한 이야기가 아니었다. 남자아이들에 관한 이야기이기도 했다. 그것은 단지 소셜 미디어에 관한 이야기가 아니었다. 그것은 아동기가 비인간적인 것, 즉 휴대폰에 기반한 존재로 급진적으로 전환하는 것에 관한 이야기이기도 했다.

나는 잭과 함께 연구들을 수집해 12편의 리뷰 문서로 정리했는데, 그중에는 정신 건강 위기의 원인에 관한 **다른** 모든 이론을 뒷받침하는 증거를 수집한 것도 포함돼 있었다.[1] 그러면서 우리는 핵심 원인이 2010~2015년에 일어난 아동기의 급속한 변화에 있다고 점점 더 확신하게 되었다. 미국에서 Z 세대에게 닥친 정신 건강 위기는 그 밖에도 여러 가지 요인이 작용했지만, 다른 이론들은 왜 비슷한 문제가 거의 동시에 그토록 많은 나라에서 일어났는지 제대로 설명할 수 없었다. 2010년대 초반에 북아메리카와 유럽, 오스트레일리아, 뉴질랜드에 공급된 식수와 식품에 어떤 화학 물질이 흘러들어가, 여자 청소년에게 가장 큰 영향을 미치고 30세가 넘은 사람에게는 거의 아무 영향도 미치지 못했다는 사실을 누가 입증한다면 모를까, 그 전까지는 아동기 대재편이 가장 유력한 이론일 수밖에 없다.

나는 쓰고 있던 책을 두 권으로 나누기로 결정하고 이 책을 먼저 쓰기로 했는데, 청소년의 정신 건강 위기가 너무나도 긴급하고, 그 추세를 되돌리기 위해 지금 할 수 있는 일이 아주 많기 때문이다. 사회과학자이자 교육자, 두 십대 아이의 아버지로서 나는 미적거리고 있을 수가 없다. 우리는 당장 행동에 나서야 한다. 만약 스마트폰 기반 아동기가 국제적 정신 건강 유행병의 주요 원인이라면, 그것을 변화시키기 위해 부모와 교사와 Z 세대가 취할 수 있는 분명하고도 강력한 행동 방법이 있다.

4부에서 나는 수십 가지 제안을 했지만, 네 가지 기본적인 개혁 방안은 다음과 같다.

1. 고등학교에 진학하기 전까지는 스마트폰을 금지한다.
2. 16세가 되기 전에는 소셜 미디어를 사용하지 않는다.
3. 학교에서 휴대폰을 금지한다.
4. 감시를 받지 않는 놀이와 아동의 독립성을 더 확대한다.

이러한 개혁은 기본적인 것인데, 여러 가지 집단행동 문제를 해결할 수 있기 때문이다. 행동을 취하는 부모가 한 명 더 나설 때마다 공동체의 다른 부모들도 똑같은 행동에 나서기가 더 쉬워진다. 휴대폰 금지 정책을 취하는 학교는 그들의 모든 학생을 가상 세계에서 해방해 서로 간의 접촉과 소통을 강화할 것이다. 네 가지 개혁 방안을 모두 실천하는 공동체는 2년 안에 아동과 청소년의 정신 건강에 실질적인 개선이 일어날 가능성이 높다.[2]

이 개혁을 성공시키는 방법으로 나는 두 가지를 제안하면서 이 책을 마무리하려고 한다. 소리 높여 **크게 말하고**, 서로 **연결하라**.

크게 말하라

1968년의 유명한 사회심리학 실험에서, 빕 러테인Bibb Latane과 존 달리John Darley는 컬럼비아대학교 학생들을 실험실로 불러 도시생활 문제를 주제로 토론을 하게 했다.[3] 진짜 실험은 학생들이 예비 조사를 위한 설문 조사지를 작성하고 있던 대기실에서 일어났다. 몇 분이 지나자 환기구를 통해 이상한 연기가 들어오기 시작했다. 학생들은 일어나서 그 일을 누군가에게 알리려고 했을까, 아니면 그냥 그곳에 수동적으로 앉아 설문 조사지를 계속 작성했을까?

대조군 조건에서는 한 학생이 대기실에서 혼자 앉아 있었다. 이 조건에서는 75%가 행동을 취했는데, 피험자 중 절반은 연기를 알아챈 지 2분 이내에 방을 나가 실험자를 찾았다.(실험자들은 단방향 거울을 통해 모든 상황을 지켜보며 촬영했다.)

또 다른 조건에서는 세 학생을 한 번에 한 명씩 대기실로 들어가게 하고, 각각 별도의 책상 앞에 앉게 했다. 실험자들이 알고자 했던 것은 이것이다. 여러 사람이 함께 연기를 목격하면, 누군가 행동을 취할 가능성이 높아질까 낮아질까? 그 답은 낮아진다는 것이었다. 이 조건에 처한 학생 24명 중 단 세 명만이 일어서서 연기가 난다고 보고했고, 처음 4분 이내에 보고한 학생은 단 한 명뿐이었다. 그 무렵에는 이미 연기 때문에 모두의 시야가 침침해졌는데도 말이다.

물론 그 연기는 화재로 인해 발생한 것이 아니었다. 그 연기는 연막을 만드는 데 쓰이는 이산화타이타늄이었다.[4] 여기서 중요한 점은 방 안에 있던 사람들 중 어느 누구도 무슨 일이 일어나는지 몰랐다는 사실이다. 이렇게 모호한 상황에서 사람들은 다른 사람은 어떻게 하는지 살펴보았다. 그 단서는 상황을 정의하는 데 도움을 준다. 이것은 비상 상황일까? 만약 나머지 사람들이 모두 별일 아니라는 듯이 가만

불안 세대

히 앉아 있으면, 피험자는 '그래, 이건 비상 상황이 아니야.'라는 결론을 내린다.

디지털 기술이 아동의 삶으로 확산되는 현상은 우리 집에 연기가 쏟아져 들어오는 것과 같다. 모든 사람은 뭔가 이상한 일이 일어나고 있다는 것을 알아채지만, 그것이 무엇인지 제대로 이해하지 못한다. 우리는 그 연기가 우리 아이들에게 나쁜 영향을 미치지 않을까 두려워하지만, 주위를 돌아보면 아무도 그것에 대해 별다른 행동을 하지 않고 있다.

여기서 가장 중요한 교훈은 일어나서 크게 말하는 것이다. 만약 스마트폰 기반 아동기가 아동에게 나쁘다고 생각하고, 놀이 기반 아동기로 돌아가는 것을 보길 바란다면, 그렇다고 말하라. 대다수 사람도 당신과 같은 의심을 하지만, 어떻게 해야 할지 확신하지 못하고 있다. 친구와 이웃, 직장 동료, 소셜 미디어 팔로워, 정치적 대표에게 그렇게 이야기하라.

당신이 일어서서 크게 말하고 네 가지 기본적인 개혁에 지지를 표한다면, 많은 사람이 영감을 받아 함께하려고 나설 것이다. 만약 당신이 Z 세대라면, 사회는 당신의 목소리가 절실히 필요하다. 당신의 말이 무엇보다도 가장 강한 호소력을 지닐 것이다.

연결하라

만약 당신이 부모라면, 놀이 기반 아동기와 아동의 독립성 증대를 중요하게 생각하는 부모들과 연결하라. 이 대의를 중심으로 부모들을 뭉치게 한 훌륭한 조직이 많이 있는데, 예컨대 렛그로, 아웃사이드플레이Outsideplay, 페어플레이Fairplay 등이 있다.[5] 부모들을 함께 모으고 스마트폰 기반 아동기를 늦추거나 덜 해로운 것으로 만들 수 있는 아이디어와 자원을 제공하는 조직도 많이 있다. 페어플레이, 인도적 기술 센터, 커먼센스 미디어, 스크린 스트롱Screen Strong을 비롯해 온라인 부록에 실린 그 밖의 조직을 살펴보라.[6] 자녀 친구의 부모들과 대화를 나누라. 필시 그들도 당신과 같은 염려를 하고 있을 테고, 스마트폰과 소셜 미디어를 늦추기 위해 행동을 함께한다면, 당신과 자녀가 스마트폰 기반 아동기를 거부하고 대신에 현실 세계 공동체를 선택하기가 한결 쉬울 것이다.

만약 자녀가 학교를 다닌다면, 다른 학부모들과 연대해 직접 교장이나 학교 책임자에게 이야기하라. 학교에서 휴대폰을 금지하고, 더 많은 독립성과 책임을 장려하고, 자유 놀이를 더 많이 허용하는 것을 포함해 11장에서 소개한 방법들을 실행에 옮기라고 촉구하라. 단언컨대 대다수 교장과 행정가, 교사는 휴대폰을 싫어하지만, 부모들로부터 많은 지지를 받아야만 그런 변화에 착수할 수 있다.

만약 당신이 교사인데 스마트폰과 소셜 미디어가 초래한 학교의 혼돈과 학습 지장에 진저리가 난다면, 서로 연결하려고 노력하라. 동료 교사들과 이야기를 나누고, 학교 책임자에게 휴대폰에 관한 정책뿐만 아니라 수업 시간에 서로 문자를 보내거나 소셜 미디어를 확인하게 만드는 모든 기기에 관한 정책을 재고하라고 촉구하라. 학생의 주의를 끌려고 인터넷과 경쟁할 필요가 없다. 전체 교사의 의견을 모

불안 세대

아 학부모에게 변화를 지지해달라고 요청하는 메시지를 보낼 수 있는지 알아보라. 만약 교사들이 통일된 목소리를 내면서 학부모에게 아이들의 교육을 위한 도움을 요청한다면 성공할 확률이 아주 높다.

만약 당신이 Z 세대라면, 같은 세대 구성원들이 변화를 일으키기 위해 만든 조직에 가입하는 것을 고려해보라. 예컨대, 디자인 잇 포 어스Design It For Us에 가입해 협력할 수 있다.[7] 젊은이가 주도하는 이 조직은 온라인에서 아동과 십대, 영 어덜트를 보호하기 위한 정책 개혁을 옹호하는 연합체이다. 공동 의장인 에마 렘키Emma Lembke는 미국상원위원회에서 이렇게 증언했다. "우리의 이야기는 제각각 다를지 몰라도, 우리는 빅 테크의 수동적 희생자로 간주되는 좌절을 공유합니다. 우리는 변화의 능동적 주체자가 되어 다음 세대를 위해 새롭고 더 안전한 온라인 공간을 만들어나갈 준비가 돼 있습니다."[8]

나는 부모의 동의 없이 아이들을 지구에서 화성으로 보내 자라게 하려는 원대한 꿈을 가진 사업가 이야기로 이 책을 시작했다. 우리가 과연 그런 일이 일어나도록 허용할지 여부는 결코 알 수 없다. 하지만 어떤 면에서 보면 우리는 이미 그런 일이 일어나도록 허용했다. 우리 아이들은 화성으로 가진 않았지만, 여기에 우리와 완전히 함께 있는 것도 아니다.

인류는 지구에서 진화했다. 아동기는 신체적 놀이와 탐구를 추구하도록 진화했다. 아이는 비체화된 가상 네트워크가 아니라 현실 세계 공동체에 뿌리를 둘 때 잘 자랄 수 있다. 가상 세계에서 성장하는 삶은 불안과 아노미, 외로움을 촉진한다. 놀이 기반 아동기를 스마트폰 기반 아동기로 바꾼 아동기 대재편은 대참사에 가까운 실패였다.

이제 실험을 끝낼 때가 되었다. 이제 아이들을 집으로 데려오자.

더 많은 것을 알고 싶으면

이 책에서 다룬 주제들에 대해 더 많은 것을 알고 싶은 독자를 위해 세 가지 주요 자료원을 소개한다.

1. AnxiousGeneration.com(불안 세대 웹사이트)

이것은 『불안 세대』와 관련된 자료들이 모여 있는 핵심 자료원이다. 여기에는 부모와 학교, Z 세대, 그리고 8장에서 소개한 영적 수행에 관심이 있는 독자를 위해 수집한 연구와 조언이 각각 따로 정리돼 있다. 다음의 두 가지 자료에 접근할 수 있는 링크들도 포함돼 있다.

2. The Online Supplement(온라인 부록)

잭 라우시와 나는 이 책의 각 장에 해당하는 별도의 구글 온라인 문서를 운영하고 있다. 여기서는 이 책에 집어넣을 수 없었던 추가 그래프를 많이 제공한다. 이 페이지들은 새로운 연구 결과가 나오는 대로 계속 수정되고 있으며, 혹시라도 내가 실수를 저지른 곳이나 내 생각이 바뀐 곳이 있으면 즉각 그것을 반영해 보고한다. 잭은 이 책에 사용된 대다수 그래프를 만드는 데 사용한 데이터 세트로 연결되는 링크도 포함시켰다. 이 모든 온라인 부록 파일은 anxiousgeneration.

com/supplement에서 볼 수 있다.

3. After Babel Substack(애프터 바벨 서브스택)

이 책에서 말하고 싶은 것은 훨씬 많았다. 쓰려고 했던 장도 이보다 훨씬 많았다. 그런 장들의 짧은 버전을 나의 서브스택인 애프터 바벨에 쓸 것이다. www.afterbabel.com에 가입해보라. 무료로 사용할 수 있다. 나는 다음 주제들과 그 밖의 많은 주제에 관한 글을 올릴 것이다.

Z 세대가 Z 세대에게 주는 조언

끊임없이 감시를 받으면서 성장하는 삶

대학교가 지금 할 수 있는 일

고용주가 지금 할 수 있는 일

소셜 미디어는 남자아이에게 어떤 영향을 미치는가

포르노는 여자아이에게 어떤 영향을 미치는가

아동기 대재편은 연애 생활에 어떤 변화를 가져왔는가

종교적 보수주의자는 왜 아동기 대재편에 영향을 덜 받았는가

변연계 자본주의: 수백 년 동안 시장의 힘이 중독을 촉진해온 방법

새로운 기술들은 매년 더 빠른 속도로 우리의 삶을 망가뜨리고 있다. 애프터 바벨에서 나와 함께 현재 어떤 일이 일어나고 있고, 그것이 우리에게 어떤 영향을 미치며, 그러한 혼란 속에서 자녀를 잘 키우려면 어떻게 해야 하는지 연구해보자.

감사의 말

이 책은 공동의 노력으로 탄생한 결실이므로, 먼저 세 팀원에게 특별상을 주는 것으로 감사의 말을 시작하기로 하자.

첫 번째 수상자는 2020년에 연구 보조원으로 채용한 젊은이인 잭라우시이다. 잭은 사회심리학을 복잡한 사회 문제에 적용하려는 나의 열정을 공유했다. 내가 답을 알길 원했던 두 가지 질문을 앞장서서 탐구했다. 그 두 가지 질문은 "국제적으로 어떤 일이 일어나고 있는가?"와 "남자아이에게 무슨 일이 일어나고 있는가?"였다. 2022년 가을에 이 책을 쓰기 시작했을 때, 잭은 나의 사색 파트너 겸 편집자가 되었다. 14개월 동안 우리는 함께 매우 치열하게 일했다. 잭은 처음에 우리가 짧은 책이 되리라고 생각한 것을 쓰느라 많은 밤과 주말까지 바쳤다. 그동안에 잭은 심리학과 대학원생 2학년에서 일류 연구자이자 지식인으로 성장했다. 잭이 없었더라면 이 책을 쓸 수 없었을 것이다.

두 번째 수상자는 리노어 스커네이지이다. 내가 『자유 방목 아이들』을 읽은 이후로 리노어는 나를 키워준 뮤즈였고, 또한 가까운 친구까지 되어주었다. 나는 리노어에게 연락해 이 책에서 부모들에게 뭐라고 이야기해야 하는지 조언을 구했다. 리노어가 너무나도 좋은 아이디어들로 구글 온라인 문서를 가득 채워, 나는 아예 이 책의 12장을 써달라고 요청했다. 그리고 나서 11장에서 학교에 관한 부분도 부탁을 드렸고, 10장에서 정부가 할 수 있는 일에 관한 부분도 써달라고 부탁했다. 만약 이 책이 아이들에게 더 많은 독립성을 주도록 부모와 학교와 입법자를 설득하는 데 성공한다면, 렛그로 회장으로서 이 문제를 다년간 연구하고 이 책의 4부를 쓰는 데 막대한 기여를 한 리노어의 공이 매우 클 것이다.

세 번째 수상자는 펭귄출판사의 담당 편집자 버지니아 스미스Virginia Smith이다. 버지니아는 내가 그레그 루키아노프와 『나쁜 교육』을 저술하면서 함께 일하기 시작한 2016년부터 나의 글쓰기를 이끌어주고 개선시켰다. 버지니아는 『불안 세대』의 모든 장을 심도 높게 편집했으며, 내가 마감을 잘 지키지 않는 어려움에도 불구하고 동료 편집자 캐롤라인 시드니Caroline Sydney와 함께 이 책을 완성했다.

이 책을 탄생시키는 데 중요한 역할을 한 그 밖의 많은 팀원에게도 감사드린다. 엘리 조지Eli George는 Z 세대 작가이자 지식인으로, 전체 프로젝트를 진행하는 동안 나와 긴밀히 협력하면서 질적 연구와 창조적 아이디어, 뛰어난 편집으로 크게 기여했다. 내 친구이자 도덕성 평가 사이트 YourMorals.org의 오랜 협력자인 라비 아이어는 조언과 함께 10장에서 테크 회사와 정부가 할 수 있는 일에 관해 중요한 단락을 여럿 제공했다. 크리스 사이타Chris Saitta는 모든 주석을 처리했고, 남자아이가 겪는 어려움을 우리가 이해하는 데 도움을 주었다. 세드릭 워니Cedric Warny는 잭이 이 책에 필요한 데이터베이스를 개발하는 일을 지원했다. 『올 마이너스 원All Minus One』의 일러스트레이션 작업을 한 나의 멋진 미술가 친구 데이브 시시렐리Dave Cicirelli는 이 책의 표지를 만드는 데 또다시 자신의 마법을 보여주었다.

나는 2023년 여름에 이 책의 원고를 수십 명의 친구와 동료에게 보내 오류와 어색한 부분을 지적해달라고 부탁했다. 많은 사람이 원고를 잃고 수많은 방법으로 이 책을 개선했다. 다음 사람들에게 고마움을 표시하고 싶다.

트레버 아가츠마Trevor Agatsuma, 래리 암젤Larry Amsel, 메리 아빌레스Mary Aviles, 존 오스틴John Austin, 마이클 베일리Michael Bailey, 바버라 베커Barbara Becker, 아터로 베자Arturo Bejar, 우리 빔스Uri Bilmes, 서맨서 보드먼Samantha Boardman, 데이브 볼로츠키Dave Bolotsky, 드루 볼로츠키Drew Bolotsky, 마리아 브리지Maria Bridge, 테드 브러그먼Ted Brugman, 마리아나 브루소니, 말리니 벙엄Maline Bungum, 로언 번Rowan Byrne, 카밀 칼턴Camille Carlton, 헤일리 켈레메도스Haley Chelemedos, 카리사 첸Carissa Chen, 짐 코언Jim Coan, 그레이스 콜Grace Coll, 잭슨 데이븐포트Jackson Davenport, 서맨서 데이븐포트Samantha Davenport, 마이클 딘스모어Michael Dinsmore, 애슐리 다이크먼Ashlee Dykeman, 루시 파레이Lucy Farey, 아리엘라 펠드먼Ariella Feldman, 크리스 퍼거슨Chris Ferguson, 브라이언 갤러거Brian Gallagher, 피터 그레이, 벤 하이트Ben Haidt, 프란체스카 하이트Francesca Haidt, 맥스 하이트Max Haidt, 제니퍼 해밀턴Jennifer Hamilton, 멜

라니 헴프Melanie Hempe, 알렉산드라 허드슨Alexandra Hudson, 프레야 인디아, 안드레아 키스Andrea Keith, 니콜 키튼Nicole Kitten, 세나 콜레바Sena Koleva, 빌 쿤Bill Kuhn, 엘 로브Elle Laub, 존 리John Lee, 애나 렘키, 마이케 레너드Meike Leonard, 리사 리트먼Lisa Littman, 줄리아 롬바드Julia Lombard, 매켄지 러브Mckenzie Love, 세르조 A. 로페스Sergio A. Lopez, 그레그 루키아노프, 조이 맥그래스Joy McGrath, 캐롤라인 멜Caroline Mehl, 캐리 멘도자Carrie Mendoza, 제이미 네이크리Jamie Neikrie, 에번 오펜하이머Evan Oppenheimer, 파멜라 파레스키Pamela Paresky, 예진 파크Yejin Park, 로비 페노이어Robbie Pennoyer, 마리아 페트로바Maria Petrova, 카일 포웰Kyle Powell, 맷 펄퍼드Matt Pulford, 페르난도 라우시Fernando Rausch, 리처드 리브스, 제인 류Jayne Riew, 제프 로빈슨Jeff Robinson, 토비어스 로즈-스톡웰, 아서 로젠Arthur Rosen, 니마 루해니퍄드Nima Rouhanifard, 샐리 사텔Sally Satel, 레너드 색스, 리키 슐롯Rikki Schlott, 데이비드 셰린David Sherrin, 이베트 신Yvette Shin, 대니얼 셔크먼, 마크 셜먼Mark Shulman, 베넷 시펠Bennett Sippell, 벤 스팔로스Ben Spaloss, 데이비드 스타인David Stein, 맥스 스토셀Max Stossel, 조너선 스트레이Jonathan Stray, 앨리슨 테일러Alison Taylor, 줄스 터팍Jules Terpak, 진 트웽이, 세드릭 워니, 키스 윈스턴Keith Winsten.

이 긴 명단에서 몇 사람은 매 페이지에 자세한 평을 달아 슈퍼편집자 수준의 도움을 주었다. 그 사람들은 다음과 같다. 래리 암젤, 그레이스 콜, 마이클 딘스모어, 브라이언 갤러거, 니콜 키튼, 매켄지 러브, 마리아 페트로바, 제인 류, 마크 셜먼, 벤 스팔로스.

내가 뉴욕대학교의 스턴경영대학원에서 교수로 일하는 것도 큰 행운이었다. 학장인 라구 순다람Raghu Sundaram과 학과장인 바티아 와

이젠펠드Batia Wiesenfeld는 어려운 시기에 흔들림 없는 지원을 제공했다. 스턴경영대학원의 비즈니스와 사회 프로그램은 비즈니스가 사회에 영향을 미치고 때로는 사회를 뒤집는 방식을 연구하기에 아주 흥미진진한 곳이다.

가장 큰 감사는 아내 제인 류에게 돌려야 할 것 같다. 제인과 함께 나는 처음으로 아이들을 꿈꾸었고, 지금은 두 아이가 기반을 벗어나 더 야심적인 여행을 떠나는 모습을 지켜보는 즐거움을 함께 나누고 있다.

머리말: "아이들을 화성에 보내겠습니까?"

1. Hamm et al.(1998); Milder et al.(2017).
2. Grigoriev & Egorov(1992); Strauss, M.(2016, November 30). We may finally know why astronauts get deformed eyeballs. *National Geographic*. www.national-geographic.com/science/article/nasa-astronauts-eyeballs-flattened-blurry-vision-space-science.
3. 예컨대 프랜시스 하우건이 페이스북 파일에서 폭로한 내용에 대한 메타의 다음 반응을 보라. Zuckerberg, M.(2021, October 5). Facebook.www.facebook.com/zuck/posts/10113961365418581. 또한 인스타그램 사용이 "일반적으로 사용자의 정신 건강에 긍정적"이라는 마크 저커버그의 주장에 대한 나의 반박도 참고하라. Fridman, L.(2022, June 4). Jonathan Haidt: The case against social media. *Lex Fridman Podcast* #291(video). YouTube. www.youtube.com/watch?v=f0un-11L8Zw&ab_channel=LexFridman.
4. 남자아이가 충분히 자라면, 스포츠 도박 플랫폼과 데이트 앱을 포함해 다른 회사들이 그들을 먹잇감으로 노리기 시작한다.
5. 아동 온라인 프라이버시 보호법에 대해 더 자세한 내용을 알고 싶으면 다음을 참고하라. Jargon, J.(2019, June 18). How 13 became the internet's age of adulthood. *Wall Street Journal*. www.wsj.com/articles/how-13-became-the-internets-age-of-adulthood-11560850201. 2023년에 갑자기 양당 모두 소셜 미디어로부터 아동을 보호하는 데 큰 관심을 보이기 시작했는데, 특히 캘리포니아주와 유타주가 주목할 만한 노력을 기울였으며, 미국 의회에서 여러 가지 법안이 통과되었다. 자세한 내용은 10장에서 다룬다.
6. Thorn & Benenson Strategy Group(2021); Canales(2021, May 13). 한 보고서에 따르면, 13세 미만 미국인 아동 중 40%가 이미 인스타그램을 사용하고 있으며, 일부 아동은 학대와 성적 유혹을 경험하고 있는 가운데 그 거대 테크 회사는 아동용 인스타그램 앱을 만드는 방안을 고려하고 있다. *Business Insider*. www.businessinsider.com/kids-under-13-use-facebook-instagram-2021-5.
7. 10장에서 영국의 연령 적합 설계 규약에 대해 다룰 것이다. 캘리포니아주에서도 이와 비슷한 법이 제정되었다. 2023년에 미국의 일부 주는 또한 나이 검증 의무와 그 밖의 규정을 도입했다.
8. Drum, K.(2016). Lead: America's real criminal element. *Mother Jones*. www.motherjones.com/environment/2016/02/lead-exposure-gasoline-crime-increase-chil-

dren-health/; Kovarik, B.(2021, December 8). A century of tragedy: How the car and gas industry knew about the health risks of leaded fuel but sold it for 100 years any way. *Conversation*. theconversation.com/a-century-of-tragedy-how-the-car-and-gas-industry-knew-about-the-health-risks-of-leaded-fuel-but-sold-it-for-100-years-anyway-173395. 유연 가솔린의 역사와 그것이 뇌 발달과 훗날의 범죄 발생률에 미친 영향의 역사를 다룬 글들도 참고하라. 페인트와 수도관도 납 중독을 악화시킨 주범이었다.

9. 퓨 연구 센터는 1997년을 Z 세대가 태어난 첫해로 꼽지만, 나는 1997년은 조금 늦다고 생각한다. 2014년에 캠퍼스에 들어온 대학생들 사이에서 이미 새로운 행동들이 분명히 나타났다. Parker & Igielnik(2020)를 참고하라. 진 트웽이는 1995년을 'i 세대'가 시작된 첫해로 꼽았다. 나는 절충안을 취해 1996년을 Z 세대의 첫해로 선택했다. 물론 각각의 세대를 구분하는 명확한 경계선이 있는 것은 아니다. 그럼에도 불구하고, 트웽이가 2003년에 출판한 책 『제너레이션: 세대란 무엇인가?Generations』에서 보여주었듯이 각각의 세대는 분명한 차이가 있다.

10. 물론 앞으로 AI가 **모든** 것을 변화시킬 것처럼 보이기 때문에, 2020년대에 새로운 세대가 시작될 가능성이 높다. 하지만 AI는 아동을 현실 세계에서 더 멀어지게 할 가능성이 높기 때문에, 나는 아동기 대재편을 되돌리기 위해 지금 행동하지 않으면 불안 수준이 훨씬 높아질 것이라고 예측한다.

11. 트웽이는 『제너레이션: 세대란 무엇인가?』(Twenge, 2023a)에서 이것을 잘 설명했다. 전작인 『#i세대』(Twenge, 2017)도 참고하라.

12. 이 이야기와 관련해 자세한 내용은 다음을 참고하라. Haidt, J., & Rose-Stockwell, T.(2019). The dark psychology of social networks. *Atlantic*. www.theatlantic.com/magazine/archive/2019/12/social-media-democracy/600763/. 나는 2007년에 텀블러가 '리블로그reblog' 기능을 도입했다는 사실을 지적했지만, 그 영향은 2009년에 도입된 트위터의 '리트윗' 기능에 비하면 미미한 편이었다.

13. Steinberg(2023, Introduction).

14. 그 예로는 트리거 경고trigger warning(어떤 소재나 주제에 대해 심리적 외상을 갖고 있는 사람을 배려해 미리 경고하는 것), 안전한 공간, 혐오 범죄 대응팀의 증가를 들 수 있는데, 이것들은 모두 《애틀랜틱》에 발표한 논문에서 다루었다.

15. Twenge, Martin, & Campbell(2018).

16. 그 연구를 요약 정리한 나의 글을 참고하라. Haidt(2023, February 22).

17. Durocher, A.(2021, September 2). The general history of car seats: Then and now. *Safe Ride 4 Kids*. saferide4kids.com/blog/the-general-history-of-car-seats/.

18. Food and Drug Administration(2010).

19. Epictetus(1st-2nd century/1890, chapter 33). 『엥케이리디온The Enchiridion』.

20. Marcus Aurelius(161-180 CE/2002, book 3, chapter 4).

21. 미국과 캐나다, 영국, 오스트레일리아에서는 2010년 이후에 어른(50세 이상)의 자살 비율이 전반적으로 증가했지만, 이 변화는 젊은(상대적으로) 인구 집단에 일어난 변화에 비하면 작은 편이다. 그리고 2010년대의 증가는 1980년대와 1990년대에 수십 년 동안 이어진 감소 추세를 감안해 바라볼 필요가 있다. Rausch & Haidt(2023, October) 참고.

22. AI가 소셜 미디어와 관련된 기존의 네 가지 문제를 어떻게 증폭시키는지에 대해 내가 에릭 슈미트Eric Schmidt와 함께 쓴 다음 글을 참고하라. Haidt, J., & Schmidt, E.(2023, May 5). AI is about to make social media(much) more toxic. *Atlantic*. www.theatlantic.com/technology/archive/2023/05/generative-ai-social-media-integration-dangers-disinformation-addiction/673940/.

1장 고통의 급증

1. 사생활 보호를 위해 이름과 사소한 세부 사실은 변경했다.

2. 이 진술에서 벗어나는 예외는 미국 십대 청소년의 자살률이다. 자살률은 2000년대 초반에 전반적으로 감소하다가 2007년에 최저점을 찍었다. 2008년부터 전반적으로 증가하기 시작했지만, 2010년이 지나가기까지는 2000년대 초반 수준을 넘어서진 않았다. 자살률에 관해서는 나중에 다시 이야기할 것이다. 시간을 거슬러 더 먼 과거를 살펴보면, 1950년대 이후부터, 시기에 따라 기복은 있었지만 미국 청소년 사이에서 우울증과 불안을 비롯해 그 밖의 정신 질환 발생 비율이 증가했다는 것을 알 수 있다. 하지만 2010년대 초반의 '하키 스틱' 커브와 같은 추세는 나타난 적이 없었는데, 그러한 증가 추세는 이 장과 이 책 전체에서 보게 될 것이다. Twenge et al.(2010) 참고.

3. 2021년까지의 데이터 출처는 Substance Abuse and Mental Health Services Administration(2023)이다.

4. 인구학적 변화에 관한 주석: 2010년 이후에 성별이나 성적 지향성, 사회 계층에 상관없이 미국의 모든 집단에서 청소년 정신 질환이 증가하는 추세가 뚜렷하게 나타났다. 전반적으로 오랫동안 흑인 십대는 백인 십대보다 불안, 우울증, 자해, 자살 비율이 낮았지만, 양 집단 모두 2010년 이후에 그 비율이 크게 증가했다. 절대적인 증가는 백인 십대에서 더 크게 나타난 반면, 상대적 증가(비율)는 흑인 십대에서 더 크게 나타났다(더 낮은 기준선에서 출발했기 때문에). 사회 계층에 초점을 맞춘 데이터는 드물지만, 우울증 발생은 모든 계층에서 비슷한 추세가 나타났는데, 2010년부터 급격하게 증가하기 시작했다. LGBTQ 십대는 이성애자 십대에 비해 앞의 모든 사례에서 상당히 더 높은 비율을 보고한다. 하지만 2010년 이후에 LGBTQ 십대의 자해와 자살 비율이 증가했다는 결정적 증거는 없다. 이 통계 수치와 추가 내용에 관한 출처는 온라인 부록 내용, 특히 Adolescent Mood Disorders Since 2010: A Collaborative Review 링크를

참고하라.

5. 이 과정의 일환으로 나는 2019년에 진 트웽이와 함께 '공동 리뷰 문서collaborative review document'를 만들었다. 이것은 공개적으로 볼 수 있는 구글 문서 도구로, 우리는 이것을 사용해 2000년대 초반부터 현재까지 미국과 영국에서 십대의 정신 건강이 어떻게 변해왔는지 단서를 제공하는 연구와 조사와 데이터 세트를 모두 모았다. 우리는 다른 연구자들에게 이 문서에 자료를 추가하거나 비평을 해달라고 요청했다.(여러분도 www.anxiousgeneration.com/reviews에서 이 협업 리뷰 문서와 이 책에서 언급된 그 밖의 문서를 볼 수 있다.)

6. Zahn-Waxler et al.(2008).

7. Askari et al.(2021).

8. 미국대학건강협회가 설계한 표준화 조사를 사용해 대표적 표본을 얻은 대학들의 데이터만 사용했다. 이 조사에서 학생에게 던진 질문은 "당신은 지난 12개월 동안 전문가로부터 다음 중 어느 한 가지라도 진단받거나 치료를 받은 적이 있습니까?"였다.

9. 그림 1.2에 나타낸 각 정신 질환의 진단 비율은 증가하고 있지만, 100% 이상 증가한 것은 내면화 장애 세 가지뿐이다.(섭식 장애인 신경성 식욕 부진은 불안과 관련이 있어 내면화 장애로 분류된다.)

10. American College Health Association.(n.d.). 온라인 부록에서는 남학생과 여학생의 데이터를 따로 분리해 나타냈다. 패턴은 동일하지만, 불안과 우울증은 여학생의 발생 비율과 증가 비율이 훨씬 더 높다.

11. 이 조사에서 응답자에게 던진 질문은 "지난 30일 동안 불안을 얼마나 자주 느꼈습니까?"였다. 그래프에 표시된 수치는 다섯 가지 선택지 중 가장 빈도가 높은 두 가지인 "항상"과 "대부분의 시간 동안"을 선택한 사람들의 비율이다. 이 질문은 성인과 18세 이상인 고등학교 졸업반 학생들에게만 물었다. U.S. National Surrey on Drug Use and Health, re-graphed from Goodwin et al.,(2020).

12. American Psychiatric Association(2022, p. 215).

13. Parodi et al.(2022). 미국 전국약물사용건강조사에서도 비슷한 결과가 나왔는데, 18~25세 여성은 2010년의 26.13%에서 2021년에 40.03%로 증가한 반면, 남성은 17.35%에서 20.26%로 증가했다.

14. 우울증의 경우, "항상" 또는 '대부분의 시간 동안" 우울함을 느낀다고 응답한 비율은 16%, "약 절반의 시간 동안" 느낀다고 응답한 비율은 24%, "절반 미만"으로 느끼거나 "전혀" 느끼지 않는다고 응답한 비율은 60%였다.

15. LeDoux(1996)는 시각 정보가 두 가지 경로로 뇌로 전달된다는 것을 보여주었다. 하나는 신경 신호를 거의 즉각적으로 편도체와 시상하부로 보내고, 다른 하나는 정보를 후두 피질(뒤통수 겉질)의 시각 처리 영역으로 보낸다.

16. 불안과 불안 장애에 관해 자세한 내용은 Wiedemann(2015) and Szuhany & Simon(2022)을 참고하라.

17. 우울증에 대한 설명은 주로 『정신의학 진단 편람』(American Psychiatric Association, 2022)의 우울 장애를 다룬 장에서 인용했다.

18. Shakespeare, 『*Hamlet*』, 1.2.133 – 134.

19. Friedman, R.(2018, September 7). The big myth about teenage anxiety. *New York Times*. www.nytimes.com/2018/09/07/opinion/sunday/teenager-anxiety-phones-social-media.html.

20. 이 모든 추세를 보여주는 그래프는 온라인 부록에서 볼 수 있다. 24세 이상인 모든 여성의 자해 비율은 이 기간에 25% **감소**했다.

21. National Center for Injury Prevention and Control. 나는 이 그래프의 변형 버전을 Mercado et al.(2017)에서 처음 보았다. 그 후에 원본을 찾아 최근의 데이터를 추가했다.

22. 십대 후반 청소년의 그래프도 매우 비슷하며, 온라인 부록에서 다른 그래프들과 함께 볼 수 있다.

23. 여자아이는 우울증을 더 많이 겪고 자살 시도도 더 많이 하지만, 손목을 긋거나 수면제 과다 복용처럼 되돌릴 수 있는 방법을 사용하는 경향이 있다. 남자아이는 자살 시도는 적지만, 총을 사용하거나 높은 건물에서 뛰어내리는 것처럼 되돌릴 수 없는 방법을 사용하는 경향이 있다.

24. Centers for Disease Control and Prevention.(n.d.).

25. 이 시기에 전 세계에서 자유 민주주의 체제의 수가 정점에 이르렀다는 사실을 지적하고 싶다. 이것은 다음번 책인 『바벨탑 이후의 삶Life After Babel』에서 자세히 다룰 것이다.

26. Ortiz-Ospina, E.(2019, September 18). The rise of social media. Our World in Data. ourworldindata.org/rise-of-social-media.

27. 소셜 미디어가 정신 건강을 해치는 여러 가지 메커니즘은 2장과 5장, 6장에서 설명할 것이다.

28. Lenhart(2012).

29. Lauricella et al.(2016).

30. Rideout(2021).

31. 그 보고서는 "이러한 접속 광풍 중 상당 부분을 모바일 기기가 촉진했다."라고 지적했다.(Lenhart, 2015).

32. 십대의 주의를 가장 많이 빼앗는 플랫폼은 유튜브, 틱톡, 인스타그램, 스냅챗, 페이스북이다. 사실, 미국 십대 중 35%는 "거의 항상" 이들 플랫폼 중 적어도 한 곳에는 있다고 대답했다.(Vogels et al., 2022).

33. Turkle(2015, p. 3).

34. 삼성은 2009년에 안드로이드 운영 체제를 갖춘 스마트폰을 출시했다.

35. Systrom, K.(2013, February 5). Introducing your Instagram feed on desktop.

Instagram. about.instagram.com/blog/announcements/introducing-your-insta-gram-feed-on-desktop.

36. Protalinski, E.(2012, May 1). Instagram passes 50 million users. *ZDNET*. www.zdnet.com/article/instagram-passes-50-million-users/.

37. Iqbal, M.(2023, May 2). Instagram revenue and usage statistics(2023). *Business of Apps*. www.businessofapps.com/data/instagram-statistics/.

38. 샌디훅초등학교 총기 난사 사건은 미국 학교에서 일어난 많은 총기 난사 사건 중에서도 아주 참혹한 사건이다. 정신 질환을 앓던 젊은 남성이 코네티컷주 뉴타운의 한 초등학교에 난입해 총을 무차별 난사한 끝에 어린이 20명(모두 6세 또는 7세)과 어른 6명이 사망했다.

39. Vermeulen(2021). Twenge(2023, October 24)도 참고하라. 이 책에서 트웽이는 젊은 이의 정신 건강 위기를 설명하기 위해 제안된 대안 이론 열세 가지를 소개하면서, 그 중 열두 가지는 면밀한 검토를 거치면 살아남을 수 없다는 것을 보여준다. 트웽이와 내가 그중에서 한 대안 이론을 옳을 뿐만 아니라 중요하다고 여긴다는 데 주목할 필요가 있다. 그 이론은 "어린이와 십대의 독립성이 낮아진 것에 그 원인이 있다."라고 주장한다.

40. U.S. Bureau of Labor Statistics.(n.d.). 우울증 데이터의 출처는 Substance Abuse and Mental Health Services Administration.(2023), *National Survey on Drug Use and Health*이다.

41. 이것은 다비드-에밀 뒤르켐이 자신의 대작 『자살론Le Suicide: Étude de sociologie』에서 발견한 사실이다. 이것은 후속 연구에서도 확인되었는데, 예컨대 Rojcewicz(1971)와 Lester(1993)의 연구가 있다.

42. Bauer et al.(2016).

43. Klar & Kasser(2009). 인용한 구절의 출처는 다음과 같다. Petré, R.(2010, May 12). Smile, you're an activist! *In These Times*. inthesetimes.com/article/smile-youre-an-activist.

44. Conner, Crawford & Galiotor(2023); Latkin et al.(2022).

45. Belsie, L.(2011). Why Canada didn't have a banking crisis in 2008. National Bureau of Economic Research. www.nber.org/digest/dec11/why-canada-did-nt-have-banking-crisis-2008.

46. 내가 작성한 리뷰 문서 The Coddling of the Canadian Mind? A Collaborative Review 를 보라. www.anxiousgeneration.com/reviews. 특히 Garriguet(2021, p. 9, chart 6)을 참고하라.

47. Garriguet(2021). Portrait of youth in Canada: Data report.

48. 온라인 부록을 참고하라. 2010년 이후 캐나다 여자 청소년의 자살률은 계속 증가했지만, 남자 청소년의 자살률은 증가하지 않았다. 이것은 많은 나라에서 동일하게 나

타나는 패턴인데, 남자아이들의 경우 우울증과 불안 비율은 함께 손을 잡고 나아가는 경향이 있는 반면에 자살률은 다소 가변적이다. 여자아이의 경우 불안과 우울증, 자해, 자살 비율은 모두 함께 손을 잡고 나아가는 경향이 있다. 여자아이들 사이에서 자살률은 영어권 국가인 다섯 나라에서 계속 증가해왔다. 자살이 복잡하고 드물게 일어난다는 사실에 주목할 필요가 있다. 자살에 영향을 미치는 요인은 총기 보급률, 정신 응급 치료 접근성, 사회적 통합 수준을 포함해 아주 많다(에밀 뒤르켐이 보여주었듯이). 자살은 지금으로서는 정신 건강 문제에서 비롯된 가장 심각한 결과이지만, 인구 집단의 전반적인 정신 건강 상태를 가장 신뢰할 수 있게 보여주는 지표는 아니다. Rausch & Haidt(2023, October 30)를 참고하라.

49. 남자아이와 여자아이의 데이터를 같은 그래프에 나타내기 위해 이 데이터를 그래프로 다시 작성했다. 다른 연령 집단의 그래프는 온라인 부록에서 볼 수 있다. Cybulski et al.(2021). 요약 정리한 데이터를 내게 보내준 우카시 치불스키Łukasz Cybulski에게 감사드린다.

50. 내가 작성한 리뷰 문서 Adolescent Mood Disorders Since 2010: A Collaborative Review를 참고하라. 이 문서는 온라인 부록에 실린 링크를 따라가면 볼 수 있다. 여기에는 영국과 미국의 추세들을 검토한 수십 건의 연구가 포함돼 있다. 특히 Cybulski et al.(2021)을 보라.

51. 영국에서는 미국과 달리 남자아이의 자해 비율은 상대적으로 여자아이보다 더 많이 증가했지만, 절대적인 수치는 훨씬 낮았다. 잉글랜드와 웨일스의 자살률은 1980년대 이후에 전반적으로 감소했고, 2000년대 초에는 비교적 정체 상태에 머물러 있었다는 사실도 지적할 필요가 있다. 이러한 감소 추세가 이어져오긴 했지만 2010년대부터 전체적인 자살률이 느리게 증가했는데, 특히 십대 남녀 청소년(그와 함께 오십대와 육십대 남성도)의 자살률이 빠르게 증가했다. 잉글랜드와 웨일스 청소년의 자살 기저율이 미국 청소년보다 훨씬 낮다는 사실에 주목할 필요가 있다. 여기서도 십대(15~19세) 여자 청소년의 상대적 증가 비율이 어떤 집단보다도 높다. Rausch & Haidt(2023, October 30) 참고.

52. Rausch & Haidt(2023, March 29). 잭 라우시와 내가 많은 나라에 대해 작성한 국제 리뷰 문서도 참고하라. www.anxiousgeneration.com/reviews.

53. Australian Institute of Health and Welfare(2022). 비록 이 데이터 세트는 2007년에 시작하지만, 정신 건강 결과의 다른 척도들(예컨대 자기 보고한 심리적 고통)은 2000년대 초반에는 전혀 증가하지 않다가 2010년 무렵부터 증가하기 시작한다. 더 자세한 것은 온라인 부록을 참고하라.

54. HBSC(2002 - 2018). 그래프와 데이터는 토머스 포트르브니Thomas Potrebny와 잭 라우시가 조직하고 만들었다.

55. 잭 라우시가 북유럽 국가들의 정신 건강 변화를 전체 분석한 결과는 Rausch & Haidt(2023, April 19)를 참고하라. 그림 1.11에서 높은 수준의 고통은 지난 6개월 동

안 세 가지 이상의 정신 질환을 적어도 일주일에 한 번 이상 앓았다고 보고한 사람들에 해당한다. 각각의 정신 질환은 네 가지 정신 질환 명단에서 선택했다.

56. 전 세계적으로 시간 경과에 따른 청소년의 정신 건강 추세를 검토한 조사 연구는 손가락으로 꼽을 정도인데, PISA와 학령 아동의 건강 행동 연구HBSC, Health Behavior in School-Aged Children Study가 주요 자료원이다. 1983년에 시작된 HBSC는 주로 유럽과 북아메리카의 십대를 조사 대상으로 삼는다. Cosma et al.(2020)은 HBSC 데이터를 사용해 2002년 이후에 십대의 정신 건강이 약간 나빠졌다는 사실을 발견했다. 하지만 이 건강 악화는 북유럽과 서유럽, 그리고 캐나다에서 더 두드러지게 나타났다.

57. Twenge et al.(2021). Data from PISA. 학교에서의 소외에 관한 조사 데이터는 2006년과 2009년에는 수집하지 않았다. PISA 데이터는 다음 사이트에서 다운로드 받을 수 있다. Organization for Economic Cooperation and Development(OECD). *PISA survey* [Data sets]. www.oecd.org/pisa/data/.

58. 뉴질랜드에서 이 조사를 실시한 올리버 하트위치Oliver Hartwich에게 이 정보를 알려 준 데 대해 감사드린다.

59. Twenge et al.(2021).

60. 라우시와 나는 오랫동안 대안 설명을 찾았다. 스마트폰과 소셜 미디어의 출현 외에 전 세계의 십대들에게 동시에 영향을 미친 요인이 있을까? 예컨대, 2012년 무렵에 광범위하게 배출된 새로운 화학 물질 같은 것이 있었을까? 아니면, 1990년대 중반에 모체에 있던 태아에게 영향을 미친 어떤 사건이 있었을까? 다음의 리뷰 문서에서 그러한 가능성을 일부 검토했으니 참고하기 바란다. Alternative Hypotheses to the Adolescent Mental Illness Crisis: A Collaborative Review, www.anxiousgeneration.com/reviews.

61. 우리는 국제적인 데이터를 수집하고 있으며, 잭 라우시는 전 세계 각지의 정신 건강 추세를 탐구한 일련의 서브스택 게시물을 작성하고 있다. 이러한 게시물들로 연결되는 링크는 이 장의 온라인 부록에서 찾을 수 있다.

2장 아동기에 아동이 해야 하는 일

1. 친구와 함께 보내는 시간이 급격하게 줄어들었다는 증거를 원한다면, Twenge, Spitzberg & Campbell(2019)을 참고하라.

2. Walker et al.(2006).

3. Tanner(1990).

4. 먹이를 모으거나 처리하는 기술이 공동체 내에서 전달되는 침팬지 '문화' 사례를 보여 주는 기록이 일부 있다. 하지만 이러한 사례는 극히 드물다. 문화적 학습은 침팬지 학습의 주요 형태가 아닌 것으로 보인다. 더 자세한 것을 알고 싶으면 Tomasello(1994,

pp. 301~317)를 참고하라.

5. 이 말은 위대한 발달심리학자 장 피아제Jean Piaget가 했거나, 어린이를 자유 놀이에 몰입하게 하자는 교육 운동의 창시자 마리아 몬테소리Maria Montessori가 했다고 흔히 이야기한다. 하지만 내가 아는 한, 두 사람이 이런 표현을 쓴 흔적은 어디서도 발견되지 않는다. 다만, 이 표현의 두 사람의 철학과 일맥상통하긴 한다.

6. 피터 그레이의 연구, 특히 Gray et al.(2023)을 참고하라. 또한 나의 리뷰 문서 Free Play and Mental Health: A Collaborative Review, www.anxiousgeneration.com/reviews도 참고하라.

7. Gray(2018).

8. Gray(2011, p. 444).

9. Brussoni et al.(2012).

10. Gray(2013).

11. principle 7. Child Rights International Network.(1959, November 20). *UN declaration on the rights of the child(1959)*. archive.crin.org/en/library/legal-database/un-declaration-rights-child-1959.html.

12. 2018년에 질문의 표현이 바뀌었기 때문에 후속 데이터는 사용할 수 없다. 학생들에게 얼마나 자주 "친구들과 사적으로 만나는가?"에 대한 응답을 다섯 가지 선택지 중에서 하나를 고르게 했다. 선택지에는 "전혀"에서부터 "거의 매일"까지 포함돼 있었다. 더 자세한 탐구는 Twenge, Spitzberg & Campbell(2019)를 참고하라.

13. 연구 주석: 모니터링 더 퓨처(MTF) 조사 데이터를 바탕으로 잭 라우시와 내가 만든 그래프들(그림 2.1과 같은)이 이 책 곳곳에 실려 있다. 모니터링 더 퓨처 조사는 매년 8학년, 10학년, 12학년을 대상으로 다양한 태도와 행동에 대한 설문 조사를 한다. 나는 미국의 십대에게 일어나는 일을 가장 포괄적으로 보여주는 그림을 제시하기 위해 대개 세 학년의 평균을 취한 그래프를 보여준다. 그리고 거의 항상 남자아이와 여자아이의 데이터를 각각 따로 제시한다. 모니터링 더 퓨처는 1976년에 12학년의 데이터를 수집하기 시작했지만, 8학년과 10학년의 데이터 수집은 1991년에야 시작했고, 나중에 가서야 일부 변수를 도입하기 시작했다. 예컨대, 주간 소셜 네트워크 사용은 2013년에 추가되었다. 가끔 나는 역사적 관점을 1970년대로 확대하기 위해 12학년의 데이터만 보여줄 것이다. 2021년까지의 데이터가 있는 경우에도 나는 대다수 그래프를 2019년에서 의도적으로 끝냈는데, 코로나19 팬데믹이 응답률을 크게 높여 아동기 대재편(2010~2015년) 동안에 일어난 일에 대한 주요 메시지를 왜곡할 가능성이 있기 때문이다. 게다가 2020년과 2021년에는 표본 크기가 훨씬 줄어들어 데이터의 신뢰성을 떨어뜨렸다. 모든 그래프는 권장된 가중치를 적용하고 2년간을 하나의 구간으로 합친(2018년과 2019년 데이터를 합쳐서 평균을 내는 식으로) 데이터를 보여준다. 그렇게 한 이유는 1년을 단위로 그래프를 작성하면 종종 갑자기 크게 치솟는 구간이 나타나, 그 바탕을 이루는 추세를 가릴 수 있기 때문이다. 대신에 두 해썩

묶어서 그래프로 나타내면 곡선을 반반하게 하는 효과가 있어서 추세를 드러내는 데 유리한 이점이 있다. 하지만 완전한 데이터를 제시하기 위해 다른 버전의 그래프들 (1년 단위로 나타낸 그래프와 2021년까지의 데이터를 추가한 그래프)도 온라인 부록에 올려놓았다. 본문에서 12학년의 데이터만 제시한 그래프들의 경우에는, 더 낮은 학년 의 데이터가 있다면 세 학년의 데이터를 모두 나타낸 그래프를 부록에 올려놓았다. 모니터링 더 퓨처 데이터와 이 책에서 사용한 그 밖의 모든 데이터는 github.com/ AfterBabel에서 다운로드받을 수 있다.

14. Sherman et al.(2009).

15. Cohn & Tronick(1987); Beebe et al.(2010); Wass et al.(2020).

16. Auxier et al.(2020, July 28).

17. National Institute of Play.(n.d.). *Attunement Play*. www.nifplay.org/what-is-play/ types-of-play/attunement-play.

18. Ehrenreich(2006); McNeill(1995).

19. Durkheim(1912/1951).

20. Wiltermuth & Heath(2009).

21. 예컨대, 2018년에 16~24세 젊은이는 하루에 3시간을 쓴다고 추정한 글로벌웹인덱 스GlobalWebIndex(2018)를 참고하라. 글로벌웹인덱스는 2021년에 내놓은 보고서에서 아시아-태평양 지역을 제외한 세계의 모든 지역에서 Z 세대가 소셜 미디어 플랫폼 에 하루에 3~4시간을 쓴다고 보고했다. 커먼센스 미디어가 2021년에 미국의 십대를 조사한 보고서는 이보다 적은 시간을 보고했다. 소셜 미디어를 사용한다고 답한 사 람들 중에서 남자아이들은 평균적으로 하루에 1시간 42분을 쓴다고 답한 반면, 여자 아이들은 2시간 22분을 쓴다고 답했다(Rideout et al., 2022).

22. George & Haidt(2023).

23. Richerson & Boyd(2004). 유전자-문화 공진화 이론은 Boyd & Richerson(1985)을 통해 발전했다. 보이드 밑에서 배운 조 헨릭이 그 이론을 더 발전시켰다.

24. 5장에서 소셜 미디어의 정의를 제시할 것이다. 넷플릭스와 홀루Hulu 같은 스트리밍 플랫폼도 사회화에 기여하긴 하지만, 사회적 타당화, 행동들에 대한 잦은 강화, 팔로 위와 '좋아요' 공개, 사용자 본인보다 약간 나이가 많은 연관 사용자들의 프로필처럼 소셜 미디어 특유의 요소들이 소셜 미디어의 잠재력을 더욱 확대한다.

25. 권위 편향에 관한 헨릭의 첫 번째 논문(2001)은 프란시스코 길-화이트Francisco Gil-White와 공동으로 발표했다. 헨릭은 그 후 저서인 『호모 사피엔스, 그 성공의 비밀The Secret of Our Success』(2015)을 포함해 많은 연구를 통해 이 이론을 더 발전시켰다.

26. Sean Parker in *Axios*: Allen, M.(2017, November 9). Sean Parker unloads on Face-book: "God only knows what it's doing to our children's brains." *Axios*. www. axios.com/2017/12/15/sean-parker-unloads-on-facebook-god-only-knows-what-its-doing-to-our-childrens-brains-1513306792.

27. 위키피디아에 따르면, 이 표현은 영국 저널리스터 맬컴 머거리지Malcolm Muggeridge 가 1967년에 처음 사용했다. "과거에는 유명하거나 악명이 높은 사람은 뭔가 그럴 만한 일을 했기 때문에 그랬다. 작가나 배우나 범죄자로서 재능이나 탁월한 업적이 나 혐오스러운 행동을 보여주어 그런 명성을 얻었다. 하지만 오늘날에는 사람들은 유명한 것으로 유명하다. 사람들은 거리에서나 공공장소에서 어떤 사람에게 다가가 아는 체하면서 거의 항상 '텔레비전에서 당신을 봤어요.'라고 말한다."

28. Black et al.(1998).

29. McAvoy, T. D.(1955). Photograph of Dr. Lorenz studying unlearned habits of ducks and geese at Woodland Institute. Shutterstock.

30. McCabe(2019).

31. 민감기에 대해 더 자세한 내용은 Zeanah et al.(2011)을 참고하라.

32. Johnson & Newport(1989).

33. Minoura(1992).

34. Minoura(1992, p. 327).

35. Orben et al.(2022). 19세 무렵에 양성 모두에게 예기치 못한 민감기가 나타났다는 사 실에도 주목하라. 하지만 십대는 그 나이에 집을 떠나는 일이 많기 때문에, 이것은 생물학적 민감기라기보다는 생활 환경과 더 관련이 있는 것으로 보인다.

36. 2023년에 전 세계에서 영 어덜트 수만 명을 조사한 사피엔 랩스Sapien Labs의 연구 계 획도 참고하라. 영 어덜트가 스마트폰을 처음 소유한 나이와 어른이 된 뒤의 정신 건 강 사이에 직접적 선형 관계가 있다는 사실이 발견되었다. 초등학교나 중학교 때 스 마트폰을 소유한 사람들보다 더 늦게 소유한 사람들이 거의 모든 면에서 정신 건강 이 훨씬 좋았다. 이 스마트폰 사용 연구는 구체적인 민감기를 찾아내는 데에는 실패 했다. 대신에 스마트폰 사용이 아동기 동안에 미치는 누적 효과를 발견했다(Sapien Labs, 2023).

3장 발견 모드와 위험한 놀이의 필요성

1. Ingraham, C.(2015, April 14). There's never been a safer time to be a kid in Amer- ica. *Washington Post*. www.washingtonpost.com/news/wonk/wp/2015/04/14/ theres-never-been-a-safer-time-to-be-a-kid-in-america; Let Grow.(2022, De- cember 16). Let Grow takes a look at crime statistics. letgrow.org/crime-statistics/.

2. Bowles, N., & Keller, M. H.(2019, December 7). Video games and online chats are "hunting grounds" for sexual predators. *New York Times*. www.nytimes.com/interac- tive/2019/12/07/us/video-games-child-sex-abuse.html.

3. Horwitz, J., & Blunt, K.(2023, June 7). Instagram connects vast pedophile net-

work. *Wall Street Journal*. www.wsj.com/articles/instagram-vast-pedophile-net-work-4ab7189.

4. Richerson & Boyd(2004).

5. BIS-BAS 이론은 Gray(1982)가 맨 처음 주장했다. 더 최근의 검토 의견을 보고 싶다면, Bijttebier et al.(2009)을 참고하라.

6. '발견 모드'와 '방어 모드'라는 용어는 캐롤라인 웹Caroline Webb이 2016년에 출간한 저서 『좋은 하루를 만드는 방법How to Have a Good Day』에서 빌려왔다.

7. 예컨대 다음 글을 보라. Petersen, A.(2016, October 10). Students flood college mental-health centers. *Wall Street Journal*. www.wsj.com/articles/students-flood-college-mental-health-centers-1476120902.

8. 이 그래프가 맨 처음 실린 곳은 《월스트리트 저널》이다. Belkin, D.(2018, May 4). Colleges bend the rules for more students, give them extra help. *Wall Street Journal*. www.wsj.com/articles/colleges-bend-the-rules-for-more-students-give-them-extra-help-1527154200. 잭 라우시와 나는 이 데이터를 고등교육연구소에서 얻어 연도를 더 추가해 그래프를 재구성했다. Higher Education Research Institute(2023).

9. 그 사례를 보고 싶으면 『나쁜 교육』(2018)을 참고하라. 또 다음도 참고하라. Gosden, E.(2016, April 3). Student accused of violating university "safe space" by raising her hand. *Telegraph*. www.telegraph.co.uk/news/2016/04/03/student-accused-of-violating-university-safe-space-by-raising-he.

10. 내가 작성한 리뷰 문서 The Coddling of the Canadian Mind? A Collaborative Review를 참고하라. www.anxiousgeneration.com/reviews.

11. Taleb(2012).

12. Gilbert, D.(2004). The surprising science of happiness. TED. www.ted.com/talks/dan_gilbert_the_suprising_science_of_happiness.

13. Phelan(2010).

14. Raudino et al.(2013); Shoebridge & Gowers(2000). 검토 의견과 최신 목록을 보고 싶으면 Play and Mental Health: A Collaborative Review, section 7을 참고하라. www.anxiousgeneration.com/reviews.

15. Sandseter & Kennair(2010). 두 사람이 더 최근에 쓴 다음 글도 참고하라. Sandseter et al.(2023).

16. Poulton & Menzies(2002a, 2002b).

17. Sandseter et al.(2023).

18. 비디오게임은 분명히 도전 의식을 불러일으키고 흥미진진하지만 위험한 놀이가 제공하는, 공포증에 대항하는 이점이 없다.(다만, 가상 현실은 특정 종류의 공포증을 치료하기 위한 노출 치료의 일부로 유용한 것으로 드러났다.) Botella et al.(2017) 참고.

19. 그런 사진들을 보고 싶으면 다음을 참고하라. The dangerous playgrounds of the

past through vintage photographs, 1880s – 1940s.(2023, January 29). Rare Historical Photos. rarehistoricalphotos.com/dangerous-playgrounds-1900s.

20. Dallas History & Archives Division, Dallas Public Library 컬렉션의 허락을 받아 사용함.

21. Kitzman, A.(2023). *Merry go round* [Photograph]. Shutterstock.

22. Rosin, H.(2014, April)가 기술한 'adventure playgrounds'에 관한 연구를 보라. The overprotected kid. *Atlantic*. www.theatlantic.com/magazine/archive/2014/04/hey-parents-leave-those-kids-alone/358631/. 다음도 참고하라. Barry, H.(2018, March 10). In Britain's playgrounds, "bringing in risk" to build resilience. *New York Times*. www.nytimes.com/2018/03/10/world/europe/britain-playgrounds-risk.html; Whipple, T.(2019, January 25). Taking risk out of children's lives is putting them in danger. *The Times*. www.thetimes.co.uk/article/taking-risk-out-of-children-s-lives-is-putting-them-in-danger-v7fzcs8b7.

23. Sagdejev, I.(2009). *Hampton forest apartment homes playground* [Photog raph]. *Wikimedia Commons*. commons.wikimedia.org/wiki/File:2009-04-21_Hampton_Forest_Apartment_Homes_playground.jpg.

24. 제인 류가 제공한 사진.

25. Nauta et al.(2014).

26. 브루소니의 영상과 계획은 outsideplay.ca/에서 찾아보라.

27. Brussoni et al.(2012, p. 3134).

28. Hofferth & Sandberg(2001); Kemple et al.(2016).

29. Tremblay, M. S., & Brussoni, M.(2019, December 16). If in doubt, let them out— children have the right to play. *Conversation*. theconversation.com/if-in-doubt-let-them-out-children-have-the-right-to-play-128780. 또 다음도 참고하라. The decline in walking to school(Buliung et al., 2009); Canadian parents and legislators should read the work of Mariana Brussoni at spph.ubc.ca/faculty/mariana-brussoni/.

30. O'Brien & Smith(2002); Dodd et al.(2021); Shaw et al.(2015).

31. 엘리 핑켈Eli Finkel은 원래 연구에 사용된 그래프(Ramey & Ramey, 2009)를 자신의 저서 『괜찮은 결혼The All-or-Nothing Marriage』에서 재구성했는데, 그 데이터점들을 제공해준 덕분에 내가 이 그래프를 그릴 수 있었다.

32. Hofferth & Sandberg(2001).

33. Mullan(2018, 2019).

34. 이렇게 점점 심화하는 경쟁과 불평등에 초점을 맞춘 것은 Doepke et al.(2019)의 주요 논지이기도 하다.

35. Lareau(2003).

36. DeLoache et al.(2010).

37. Ishizuka(2018).

38. 예컨대 Putnam(2000)을 보라.

39. Gemmel et al.(2023). 또한 가족의 크기가 줄어들면서 함께 놀 아이들도 줄어들었다.

40. Furedi(2001). 그레그와 내가 출판한 『나쁜 교육』에도 푸레디에게 영향을 받아 '편집증에 사로잡힌 양육'이라는 장을 집어넣었다. 하지만 이제 와서 실토하자면, 푸레디의 주장을 직접 인용하지 못한 것이 못내 아쉽다.

41. Tiffany, K.(2021, December 9). The great (fake) child-sex-trafficking epidemic. *Atlantic*의 요약을 보라. www.theatlantic.com/magazine/archive/2022/01/children-sex-trafficking-conspiracy-epidemic/620845/.

42. 어린이집의 성적 학대 관련 공황과 그로 인한 엉뚱한 기소를 개관한 내용을 보고 싶으면 다음을 참고하라. Casey, M.(2015, July 31). How the day care child abuse hysteria of the 1980s became a witch hunt. *Washington Post*. www.washingtonpost.com/opinions/a-modern-witch-hunt/2015/07/31/057effd8-2f1a-11e5-8353-1215475949f4_story.html. 다음도 참고하라. Day-care sex-abuse hysteria.(2023, June 23). In Wikipedia. Accessed June 28, 2023, en.wikipedia.org/wiki/Day-care_sex-abuse_hysteria.

43. Furedi(2001, p. v).

44. Hillman et al.(1990).

45. Coughlan, S.(2014, December 23). Childhood in the US "safer than in the 1970s." BBC. www.bbc.com/news/education-30578830.

46. 분노를 불러일으키는 최근의 사례에 대해서는 다음을 보라. Skenazy, L.(2022, November 16). Suburban mom handcuffed, jailed for making 8-year-old son walk half a mile home. *Reason*. reason.com/2022/11/16/suburban-mom-jailed-handcuffed-cps-son-walk-home/.

47. 놀이와 자율성 박탈이 불안 장애 위험을 높일 수 있음을 시사하는 연구들을 검토한 결과는 Gray et al.(2023)을 보라.

48. Haslam(2016).

49. '감성 안전'이란 용어의 엔그램 그래프는 온라인 부록을 참고하라.

50. Edmondson(1999).

51. Haefeli, W.(2004) We've Created a Safe poster. *The New Yorker* ©Condé Nast.

52. Lukianoff and Haidt(2018, p. 27). 안전 지상주의라는 용어를 창안한 파멜라 파레스키에게 감사드린다.

53. 로버트 스트랜드Robert Strand가 제공한 사진.

54. Pew Research Center(2015, pp. 50~51)를 참고하라. 부모들이 제시하는 나이는 그들이 지각하는 주변 지역의 안전성에 영향을 받지만, 그 영향이 그렇게 크진 않다.

불안 세대

주변 지역이 자녀를 키우기에 훌륭하거나 아주 좋은 곳이라고 말하는 부모들은 내가 본문에서 이야기한 것보다 불과 한 살 적은 나이를 제시한다. 비슷한 결과들을 다음에서도 확인할 수 있다. Grose, J., & Rosin, H.(2014, August 6). The shortening leash. *Slate*. www.slate.com/articles/life/family/2014/08/slate_childhood_survey_results_kids_today_have_a_lot_less_freedom_than_their.html.

55. Fay, D.(2013). 안전한 애착 다이어그램[사진]. *Becoming safely attached: An exploration for professionals in embodied attachment*. dfay.com/archives/3134. 박스와 오른쪽의 텍스트는 내가 추가한 것이다.

56. 루이스 베이츠 에임스Louise Bates Ames와 프랜시스 L. 일그Frances L Ilg가 1979년에 출간한 책 『당신의 여섯 살 아이: 사랑스럽고 반항적인Your Six-Year-Old: Loving and Defiant』 7장을 참고하라. 이 책은 여섯 살 아이가 1학년을 시작할 무렵에 해야 할 일들을 열거하는데, 그중에는 "가게나 학교, 놀이터, 친구 집까지 주변 지역(4~8블록)을 혼자서 돌아다닐 수 있는가?"도 있다.

4장 사춘기와 차단된 성인기 전환

1. Hebb(1949).
2. 시멘트 비유는 고착 과정을 좀 과장한 것이다. 뇌는 새로운 시냅스를 생성할 수 있다는 점에서 평생 동안 유연성을 계속 유지한다. 그리고 뇌에는 어른이 되고 나서도 새로운 신경세포가 계속 성장하는 부분들이 있다. 어른도 계속 새로운 것을 배우며, 모든 학습은 일종의 뇌 변화를 초래한다. 하지만 사춘기 동안에 뇌의 영역들이 변한 뒤에 구조적 변화는 매우 제한적으로 일어난다.
3. Steinberg(2023); Fuhrmann et al.(2015).
4. Steinberg(2023, p. 26).
5. 예컨대 하라 마라노Hara Marano가 2008년에 출간한 책 『겁쟁이들의 나라A Nation of Wimps』를 보라. 밀레니얼 세대가 갈수록 외부의 통제 위치locus of control를 발달시켰다는 증거는 Twenge et al.(2004)을 참고하라.
6. 다만, Twenge(2023b)는 Z 세대의 급속한 악화가 나타난 지 1~2년 **뒤부터** 시작해 밀레니얼 세대에서도 정신 건강 문제가 약간 증가했다는 것을 보여주었다. 게다가 Gray et al.(2023)은 아동의 독립성이 1940년대부터 감소해왔으며, 그때부터 정신병리적 증상도 천천히 증가했다고 주장했다. 나는 이 사실과 이 배경 이야기를 인정하지만, 1990년대와 2000년대 초에 그 추세는 일반적으로 수평을 그리거나 오히려 개선되었기 때문에, 2010년대 초반에 왜 정신 질환이 급증했는지에 초점을 맞추려고 한다.
7. 여러 화면으로 멀티태스킹을 하면서 빠르게 지나가는 이미지와 문자 메시지를 처리하는 능력은 사람의 진화에 작용한 선택 압력이 아니었으며, 따라서 아동기에 익혀야

할 필요가 있는 기술이 아니다. 설령 오늘날의 아동은 어른처럼 그 기술을 익힐 필요가 있다 하더라도, 아동을 일찍부터 그러한 자극에 몰입시키는 것은 미래를 잘 준비하게 하는 데 도움이 되지 않는다.

8. Brown(1991).

9. 일출 춤에 대한 설명은 Markstrom(2010) and Marks(1999). Apache female puberty sunrise ceremony를 참고해 기술했다. Web Winds. www.webwinds.com/yupanqui/apachesunrise.htm.

10. Lacey(2006).

11. 나는 다음의 자세한 정보를 랍비 수련 과정을 거친 우리 빔스Uri Bilmes에게서 얻었다. "성인기에 진입하는 나이가 지금과 다른 시대와 사회에서 확립되었다는 사실에 주목할 필요가 있습니다. 참고로 랍비의 문헌에서 한 유명한 구절은 나이에 따라 이상적인 발달 단계를 다음과 같이 열거하고 있습니다. '5세가 되면 성경 공부를, 10세가 되면 미슈나Mishna 공부를, 13세가 되면 율법의 의무를, 15세가 되면 탈무드 공부를, 18세가 되면 결혼을 해야 한다……' 13세에 어른이 되는 세계에서는 결혼을 18세 이후로 미룰 수 없었습니다. 현대 사회에서는 7학년(아직도 어머니가 도시락을 챙겨주는 나이)을 '남성'으로 간주하는 것이 거의 시대착오에 가깝고, 심지어 우스꽝스러워 보일 수 있겠지요."

12. Markstrom(2011, p. 157).

13. 길거리 갱단의 입회식은 Descormiers and Corrado(2016)를 참고하라.

14. Nuwer(1999); Kim, Y.(2018, July 10). 8 girls get real about their crazy sorority experiences. *Seventeen*. www.seventeen.com/life/real-girl-stories/a22090500/craziest-sorority-hazing-stories.

15. 이 내용은 온라인 부록에서 찾아볼 수 있는 모니터링 더 퓨처 데이터에 나온다. Burge(2021)도 참고하라.

16. 물론 13세와 18세라는 기준은 현실에서는 엄격하게 지켜지지 않았다. 가짜 신분증을 사용하면 13세 이전에 극장에 들어가거나 18세 이전에 술집에 갈 수 있었다. 하지만 그런 행동은 약간의 위험을 수반했는데, 바텐더나 기도에게 가짜 신분증을 보여줄 때 혹시 들통나지 않을까 하는 두려움이 따랐다.

17. 세 항목의 출처는 모니터링 더 퓨처이다. 알코올 소비: "Have you ever had beer, wine, or liquor to drink?"; 일: "On the average over the school year, how many hours per week do you work in a paid or unpaid job?"; 운전면허: "Do you have a driver's license?" 마지막 항목인 성 경험의 출처는 CDC 청소년 위험 행동 설문 조사("Have you ever had sexual intercourse?")이다.

18. Rideout et al.(2022)은 현재 8~12세 아동 중 18%가 소셜 미디어를 매일 사용한다고 보고하는데, 스냅챗과 인스타그램이 그 대부분을 차지한다. 만약 11~12세로 범위를 좁힌다면 이 비율은 더 높아질 것이다.

불안 세대

19. 론 리버Ron Lieber가 2015년에 출간한 『내 아이와 처음 시작하는 돈 이야기The Opposite of Spoiled』에서 말한 것처럼 "돈에 대한 모든 대화는 가치에 대한 대화이기도 하다. 용돈은 또한 인내에 관한 것이고 …… 일은 끈기에 관한 것이다." 그는 또한 매주 용돈은 "아무리 늦어도 1학년 때," 즉 대략 6세 무렵부터 주기 시작하라고 권한다.

20. 개인적으로는 스마트폰을 처음 사용하는 시기는 16세가 좋다고 생각하지만, 우리가 현재 처한 상황과 중학생의 삶에서 스마트폰과 소셜 미디어를 차단하는 일의 중요성을 감안한다면, 청소년의 삶이 고등학교로 전이가 일어나는 시기(14세 무렵)가 새로운 규범을 뿌리내리게 하기에 적절한 때라고 제안한다.

5장 네 가지 기본적인 해악: 사회적 박탈, 수면 박탈, 주의 분산, 중독

1. Thorndike(1898).

2. John Schroter.(2021, October 8). *Steve Jobs introduces iPhone in 2007* [Video]. YouTube. www.youtube.com/watch?v=MnrJzXM7a6o(time code 2:14); Jobs' original vision for the iPhone: No third-party native apps.(2011, October 21). 9to5Mac. 9to5mac.com/2011/10/21/jobs-original-vision-for-the-iphone-no-third-party-native-apps.

3. Silver, S.(2018, July 10). The revolution Steve Jobs resisted: Apple's App Store marks 10 years of third-party innovation. *AppleInsider*. appleinsider.com/articles/18/07/10/the-revolution-steve-jobs-resisted-apples-app-store-marks-10-years-of-third-party-innovation.

4. Turner, A.(2023). How many apps in Google Play Store?(August 2023). *BankMyCell*. www.bankmycell.com/blog/number-of-google-play-store-apps.

5. 광고 중심 모델의 규모가 어느 정도인지 감을 잡고 싶다면, 2019년에 모바일 기기로 소셜 미디어를 사용한 사람의 수가 33억 명이었다는 사실에 주목하라. 2019년 한 해 동안 메타의 수입 중 **98%**가 광고비에서 나왔는데, 금액으로는 690억 달러가 넘었다. 틱톡과 스냅챗을 비롯해 그 밖의 주요 소셜 미디어 플랫폼도 대부분 동일한 광고 기반 비즈니스 모델로 운영된다. 이들의 막대한 수입은 30억 명 이상의 사용자가 아니라 이들의 고객(광고주)에게 잘 영합하는 데에서 나온다. Kemp(2019)를 참고. 이 숫자는 2023년에는 49억 명 이상으로 증가했다. Wong & Bottorff(2023) 참고.

6. Lenhart(2015).

7. 1994년 이후 소셜 미디어의 정의에 관한 이야기는 Aichner et al.(2021)를 참고하라.

8. Brady et al.(2017).

9. 퓨 연구 센터(2021).

10. 수동적 소셜 미디어 사용이 정신 건강에 미치는 부정적 영향에 관한 증거는 Hall-

dorsdottir et al.(2021), Verduyn et al.(2015)과 Kim et al.(2020)에서 볼 수 있다.

11. 전체 화면 시간에 관한 수치는 Rideout & Robb(2019)에서 인용했다. 여기에는 8~12세 아동이 학교와 무관하게 스크린 미디어에 쓰는 시간은 하루에 약 5시간, 나이가 더 많은 십대는 하루에 7~8시간으로 나온다. Nagata, Ganson, et al.(2022)도 이 수치와 일치하는 결과를 보고했는데, 코로나19 이전에 9~10세 아동이 화면에 쓴 시간은 하루에 4시간이었다. Nagata, Cortez, et al.(2022)은 ABCD 연구에서 2021년에 13세 아동이 화면에 쓰는 시간이 하루에 약 8시간이라고 보고했다. 미국소아과학회(2020년)도 비슷한 결과를 얻었는데, 8~12세 아동은 하루에 약 5시간, 십대는 약 7.5시간이었다. 이들 연구에서는 학교 수업이나 숙제를 위해 쓴 화면 시간은 제외했기 때문에, 연구에서 언급한 시간은 모두 단지 레저를 위해 쓴 것이다. 그래서 나는 사춘기 직전 아동은 일주일에 약 40시간, 십대는 50시간 이상이라고 기술했다. 영국에서도 비슷한 수치가 보고되었다. Hiley, C.(2022, September 13). Screen time report 2022. *Uswitch*. www.uswitch.com/mobiles/screentime-report.

12. Twenge, Martin & Spitzberg(2019), analyzing data from Monitoring the Future.

13. 아시아계 미국인의 기술 사용 추세에 관한 데이터는 적은 편이다. 그 결과도 엇갈리는데, 일부 연구는 백인과 흑인, 라틴계 십대에 비해 아시아계의 화면 시간이 적다고 보고한 반면(Nagata, Ganson, et al., 2022; Nagata et al. 2023 참고), 다른 연구는 아시아계의 화면 시간이 흑인과 히스패닉계 십대와 비슷하다고 보고한다(Rideout et al., 2011 참고).

14. 연구 주석: 이전 수십 년 동안 디지털 격차가 사회경제적 격차를 초래했는데, 부유한 가정일수록 컴퓨터와 랩톱, TV 같은 기술을 빨리 사용하고 거기에 더 많이 접근했기 때문이다. 디지털 격차는 지금도 존재하지만, 미국에서는 예상치 못한 방식으로 나타나는 경우가 많다. 예를 들면, 미국 성인 중 고속 브로드밴드를 사용하는 비율은 소득이 3만~10만 달러인 사람은 83%인 반면에 소득이 3만 달러 미만인 사람은 57%이지만, 저소득 가정은 인터넷 접속을 위해 스마트폰에 의존하는 비율이 점점 늘어나 스마트폰을 과도하게 사용하는 경향이 있다. 특히 8~12세 아동과 십대(13~18세)가 스마트폰을 소유한 비율은 사회 계층에 따라 큰 차이가 나지 않지만, 화면에 쓰는 시간에는 큰 차이가 난다. 저소득층(연소득이 3만 5000달러 미만) 가정의 트윈은 화면에 쓰는 시간이 부자 가정의 또래보다 하루에 약 세 시간 더 많다. 게다가 실리콘밸리 기업들을 포함해 많은 테크 회사 중역들은 자녀를 월도프스쿨 같은 사립학교에 보내는데, 이런 사립학교에서는 화면 사용을 금지한다. 이것은 일대일 기술 프로그램을 진행하면서 모든 아이에게 자기 소유의 기기를 제공하려고 시도하는 공립학교와는 대조적이다. 게다가 많은 저소득층 부모는 여러 가지 일을 하는 경향이 있고, 한 부모 가정에서 아이를 키울 가능성이 더 높으며, 그래서 자녀의 화면 시간과 콘텐츠를 감시하는 데 쓸 시간과 에너지가 적다. 화면 시간의 사회경제적 차이는 다른 나라들에서도 발견되었다. 예컨대 덴마크의 경우에는 Pedersen(2022)을 참

고하라. 인종 측면에서 살펴보면, 흑인과 히스패닉계 젊은이는 백인에 비해 스마트폰 소유 비율이 더 높다. 흑인 트윈은 백인 트윈보다 화면 시간이 하루에 약 두 시간 더 많다. 라틴계 트윈은 격차가 더 큰데, 백인에 비해 두 시간 반이나 더 많다. LGBTQ 십대도 시스젠더cisgender 이성애자에 비해 화면 시간이 하루에 약 세 시간 더 많다. 자료 출처는 다음과 같다. Vogels(2021); Rideout et al.(2022); Atske and Perrin(2021); Rideout and Robb(2019); Nagata et al.(2023); Assari(2020); Pulkki-Råback et al.(2022); Bowles, N.(2018, October 16). The digital gap between rich and poor kids is not what we expected. *New York Times*. www.nytimes.com/2018/10/26/style/digital-divide-screens-schools.html.

15. Vogels et al.(2022): "Across these five platforms, 35% of all U.S. teens say they are on at least one of them almost constantly."

16. Thoreau(1910, p. 39).

17. Gray(2023).

18. Kannan & Veazie(2023).

19. American Time Use Survey. Kannan & Veazie(2023)의 데이터점들을 보내준 비지 케넌Viji Kannan 박사에게 감사드린다. 그것을 바탕으로 잭과 나는 이 그림과 같은 그래프를 다시 만들었다.

20. Twenge(2017, Chapter 3). Twenge, Spitzberg & Campbell(2019)도 참고하라. 6장에서 이것이 단순히 상관관계에 불과한 것이 아님을 보여줄 것이다. 실험 결과들은 인과관계를 드러내 보여주는데, 소셜 미디어의 경우에는 특히 그렇다.

21. Barrick et al.(2022).

22. Przybylski & Weinstein(2012). 연구를 검토한 결과는 Garrido et al.(2021)을 참고하라.

23. *Highlights*(2014, October 14). National survey reveals 62% of kids think parents are too distracted to listen. PR Newswire. www.prnewswire.com/news-releases/national-survey-reveals-62-of-kids-think-parents-are-too-distracted-to-listen-278525821.html.

24. Pew Research Center(2020).

25. 자신의 통찰력을 내게 나눠주고 그것을 여기에 실을 수 있도록 허락해준 제이콥 실리커Jacob Silliker에게 감사드린다.

26. Hummer & Lee(2016).

27. Tarokh et al.(2016); Lowe et al.(2017).

28. Wolfson & Carskadon(2003); Perez-Lloret et al.(2013).

29. Dahl(2008); Wheaton et al.(2016).

30. Owens et al.(2014); Garbarino et al.(2021).

31. Paruthi et al.(2016).

32. James Maas, quoted in Carpenter, S.(2001, October). Sleep deprivation may be undermining teen health. *Monitor on Psychology,32.* www.apa.org/monitor/oct01/sleepteen.

33. National Addiction & HIV Data Archive Program(n.d.-a, n.d.-b). *Monitoring the Future.*

34. Alonzo et al.(2021).

35. Perrault et al.(2019). Also see Garrison & Christakis(2012) and Mindell et al.(2016).

36. 비디오게임에 관한 연구는 Peracchia & Curcio(2018)를 참고하라. 전자책 단말기에 관한 연구는 Chang et al.(2014)을 참고하라. 컴퓨터에 관한 연구는 Green et al.(2017)을 참고하라. 소셜 미디어에 관한 연구는 Rasmussen et al.(2020)을 참고하라. 화면 사용이 수면에 미치는 영향은 미미하다는 연구도 일부 있다. Przybylski(2019)를 참고하라.

37. Hisler et al.(2020).

38. 이 주제를 다룬 연구는 아주 많다. 국제적 증거를 몇 개 추가하자면 다음과 같은 것들이 있다. 한 대규모 연구(Khan et al., 2023)는 38개국에서 십대를 대상으로 실시한 설문 조사 결과를 분석했는데, 모든 디지털 미디어를 과도하게 사용하는 사람은 적게 사용하는 사람보다 수면 문제가 많다는 사실을 발견했다. 그 영향은 각각의 미디어당 하루에 두 시간 이상 사용할 때 나타나기 시작해 하루에 네 시간을 넘어서면 가속되었다(이 결과는 또다시 중독이 이 영향을 악화시킨다는 것을 시사한다). 그 영향은 일반적으로 여자아이에게 더 크게 나타났다. 나는 주로 TV와 비디오를 보는 '수동적 화면 시간'의 영향은 하루 평균 네 시간을 넘어설 때까지 나타나지 않았다는 점을 지적하고 싶다. 수동적 시청 방식에 의존하는 TV 시청이, 빠른 행동(보상으로 강화되는)을 수반하여 더 중독적인 소셜 미디어나 비디오게임만큼 나쁘지 않다는 것은 일관되게 나타나는 결과이다.

39. Guo et al.(2022); Ahmed et al.(2022); Kristensen et al.(2021); Alimoradi et al.(2019).

40. Hern, A.(2017, April 18). Netflix's biggest competitor? Sleep. *Guardian.* www.theguardian.com/technology/2017/apr/18/netflix-competitor-sleep-uber-facebook에서 인용.

41. Goldstone et al.(2020).

42. Statista.(2023, April 18). *Weekly notifications from social apps to U.S.Gen Z mobile users 2023.* www.statista.com/statistics/1245420/us-notifications-to-social-app-ios-users. 십대는 평균적으로 소셜 미디어 플랫폼 계정을 7~8개 갖고 있지만, 대다수는 13개의 앱을 전부 사용하진 않는다; Kemp, S.(2023, January 26). DataReport. datareportal.com/reports/digital-2023-deep-dive-time-spent-on-

social-media. 물론 많은 십대는 일부 앱의 알림 기능을 꺼두는 법을 알며, 많은 사람은 모든 알림을 일시적으로 끄는 기능을 사용한다. 하지만 내 학생들은 휴대폰이 하루 종일 끊임없이 자신들을 방해한다는 데 동의한다.

43. James(1890, chapter 11).

44. Carr(2012, p. 7).

45. 나는 휴대폰을 사용하지 않는 학교의 필요성을 다음 논문에 썼다. Haidt, J.(2023, June 6). Get phones out of school now. *Atlantic*. www.theatlantic.com/ideas/archive/2023/06/ban-smartphones-phone-free-schools-social-media/674304.

46. Kim et al.(2019).

47. Madore & Wagner(2019).

48. Ward et al.(2017). 참고로 이 연구를 재현한 한 실험에서는 휴대폰의 위치가 성적에 영향을 미친다는 결과가 나오지 않았다는 사실을 지적하고 싶다(Ruiz Pardo & Minda, 2022). 하지만 다른 연구들에서는 휴대폰이 눈에 보이는 곳에 있을 때에는 해로운 영향을 미친다는 사실이 확인되었다. Dwyer et al.(2018); Tanil & Young(2020); Skowronek et al.(2023) 참고.

49. ADHD와 화면 시간 사이의 관계에 대해 추가 자료를 보고 싶으면 Boer et al.(2019), Liu et al.(2023), Santos et al.(2022), Tamana et al.(2019)을 참고하라.

50. Boer et al.(2020).

51. Baumgartner et al.(2018).

52. 과도한 소셜 미디어 사용이나 문제가 있는 소셜 미디어 사용과 집행 기능 저하 사이에는 상관관계가 있다. Reed(2023) 참고. 하지만 장기적 사용이 해로운 영향을 미치는지 여부를 실험적으로 검증하기는 어려운데, 젊은이들을 무작위로 과도한 소셜 미디어 사용 조건에 배정하는 것은 비윤리적이기 때문이다.

53. 행동학적 중독과 화학적 중독의 분류와 유사성, 차이에 관한 논의는 Alavi et al.(2012) & Grant et al.(2010)을 보라.

54. 예컨대 다음을 보라. Braun, A.(2018, November 13). Compulsion loops and dopamine hits: How games are designed to be addictive. *Make Tech Easier*. www.maketecheasier.com/why-games-are-designed-addictive.

55. 이 그림을 사용할 수 있도록 허락해준 니르 이얄에게 감사드린다. 이얄은 2019년에 『초집중: 집중력을 지배하고 원하는 인생을 사는 비결Indistractable: How to Control Your Attention and Choose Your Life』이라는 책도 출간했는데, 이 책은 기술과 관련한 나쁜 습관을 깨뜨리는 전략을 제공한다.

56. Spence et al. v. Meta Platforms Inc., No. 3:22-cv-03294, N.D. Cal.(San Francisco, 2022), Document 1, pp. 24–25, para. 32. socialmediavictims.org/wp-content/uploads/2022/06/Spence-Complaint-6_6_22.pdf.

57. Lembke(2021, p. 57).

58. American Psychiatric Association(2023, January). 다음도 참고하라. Marcelline, M.(2022, December 12). Canada judge authorizes *Fortnite* addiction lawsuit. *PC-Mag*. www.pcmag.com/news/canada-judge-authorizes-fortnite-addiction-lawsuit.

59. Chang et al.(2014).

60. Lembke(2021, p. 1).

61. 특히 Maza et al.(2023)을 참고하라.

62. U.S. Department of Health and Human Services(2023).

63. Vogels & Gelles-Watnick(2023).

64. Nesi et al.(2023).

65. Berger et al.(2022); Berger et al.(2021); Nagata et al.(2023).

66. 진 트웽이, 잭 라우시와 내가 큐레이션한 Social Media and Mental Health: A Collaborative Review를 참고하라. 이득을 발견한 연구는 극소수이다. www.anxiousgeneration.com/reviews 참고.

67. 유튜브는 엄밀하게는 소셜 미디어의 한 형태이지만, 주로 정보의 원천으로 사용된다. 유튜브는 과격화와 그 밖의 많은 사회적, 심리적 문제와 관련이 있지만, 사람들에게 플랫폼의 장점과 단점을 점수로 환산하게 할 때 긍정적인 점수를 가장 높게 받는 축에 속한다. 예컨대 Royal Society for Public Health(2017)를 보라.

68. 의심해야 할 이유를 한 가지 더 추가하면, 소셜 미디어가 사회적, 교육적 이득이 있다는 주장을 지지하는 데 사용된 많은 연구는 실제로는 인터넷 사용에 관한 연구에서 나온 결과를 인용하고 있다. 또한 일부 연구는 인스타그램과 스냅챗, 틱톡이 인기를 끌기 전인 2012년 이전에 발표된 것이다. 이득을 검토한 연구는 Uhls et al.(2017)을 참고하라. 그런 연구들은 2012년 이전에 실시된 많은 연구를 언급하며, Borca et al.(2015)처럼 인터넷 사용에 초점을 맞춘 연구를 주요 자료로 인용한다.

69. Nesi et al.(2023).

70. Vogels(2022).

6장 왜 소셜 미디어는 남자아이보다 여자아이에게 더 해로운가

1. Spence et al. v. Meta Platforms Inc., No. 3:22-cv-03294, N.D. Cal.(San Francisco, 2022), Document 1, pp. 110-111, para. 187. socialmediavictims.org/wp-content/uploads/2022/06/Spence-Complaint-6_6_22.pdf. 그림은 알렉시스 부모의 허락을 받아 사용했다. 나는 스펜스 가족을 대표하는 로펌과 함께 일하고 있다.

2. 많은 연구는 여자아이들의 소셜 미디어 사용과 자살 충동 사이에 연관관계가 있음을 발견했지만, 남자아이들에게서는 그런 연관성을 발견하지 못했다. Coyne et al.(2021)

불안 세대

을 참고하라. 러시아에서 여성만을 대상으로 연구한 Brailovskaia, Krasavtseva, et al.(2022)도 참고하라. 그들은 "문제가 있는 소셜 미디어 사용은 일상적인 스트레스와 자살 관련 결과 사이의 관계에 상당한 영향을 주었다."라는 사실을 발견했지만, 이것은 젊은 여성(29세 미만)에게만 적용될 뿐 나이가 더 많은 여성에게는 적용되지 않았다.

3. Rausch & Haidt(2023, March 29) 참고.

4. 연구 주석: 이 장에서 소개하는 그래프들은 주로 미국의 십대에 관한 것인데, 1970년대의 십대들에 대해서도 훌륭한 데이터를 제공하는 연구들이 있기 때문이다. 특히 모니터링 더 퓨처의 연구가 그렇다. 나는 다른 영어권 국가들에서도 이 추세들이 비슷하다고 자신한다. 나는 이 추세들이 대다수 유럽과 라틴아메리카에서도 일어난다고 믿는다(일부 대규모 국제 연구와 사람들이 내게 보낸 자료를 근거로). 아시아와 아프리카의 추세에 대해서는 아는 것이 거의 없지만, 급속한 기술 변화가 사회적 관계에 미치는, 고립과 외로움을 유발하는 영향은 더 집단적이거나 종교적이거나 가족 중심으로 돌아가는 사회에서는 완화될지 모른다. 출처는 Rausch(2023, March)이다. 잭 라우시와 내가 실시한 국제적 리뷰도 참고하라. www.anxiousgeneration.com/reviews.

5. Orben & Przybylski(2019).

6. Twenge, Haidt, et al.(2022). 우리는 Orben & Przybylski(2019)가 사용한 것과 동일한 데이터 세트를 재분석했고, 그 연구에서 우리가 본 몇 가지 문제에도 대응했다. 예를 들면, 흔히 그러듯이 인구학적 변수를 조절하는 것뿐만 아니라 정신 건강과 관련이 있는 심리적 변수도 조절했다. 우리는 소셜 미디어 사용과 정신 건강 사이에 $r = 0.20$의 상관관계가 있다는 걸 발견했는데, 이것은 감자를 먹는 것 대신에 폭음을 하는 것과 비슷한 수준이다.

7. 최근에 소셜 미디어 사용과 내면화 장애(특히 불안과 우울증) 사이에 존재하는 상관관계의 크기에 놀라운 수렴이 일어났다. 진 트웽이와 나는 분석의 초점을 여자아이와 소셜 미디어에 한정해 맞추면 $r = 0.20$ 부근이라는 사실을 발견했다.(여기서 r은 '피어슨 상관 계수'인데, 완벽한 음의 상관관계일 때 $r = -1.0$이고, 상관관계가 전혀 없을 때에는 $r = 0$이며, 완벽한 양의 상관관계일 때에는 $r = 1.0$이다.) Orben & Przybylski(2019)는 그 상관관계가 $r < 0.04$에 해당해 실제로 아주 무시할 만한 수준이라고 말했지만, 그것은 모든 디지털 활동과 모든 십대를 대상으로 삼았을 경우이다. Amy Orben(2020)은 소셜 미디어(모든 디지털 미디어 대신에)만 대상으로 한 많은 연구를 검토하여 안녕과의 상관관계를 나타내는 r의 값이 $0.10 \sim 0.15$ 범위에 있다는 사실을 발견했는데, 그것은 남자아이와 여자아이를 합쳐서 분석한 결과였다. 그 영향은 대개 여자아이에게 더 크게 나타나므로, 소셜 미디어와 여자아이의 나쁜 정신 건강 사이의 상관관계는 $r = 0.15$를 넘어서는데, 이것은 트웽이와 내가 발견한 것과 매우 가깝다. 소셜 미디어가 십대의 정신 건강을 해친다는 주장을 의심해온 또 한 명의 주요 연구자인 제프 핸콕Jeff Hancock은 2018년에 실시된 연구들을 대상으로 메타 분석을 했다(Hancock et al., 2022). 그와

공저자들은 소셜 미디어에 쓰는 시간은 우울증과 불안을 제외하고는 대부분의 안녕 변수와 큰 상관관계가 없다는 사실을 발견했다. 그런 결과들에서 상관관계는 또다시 *r* 의 값이 0.10~0.15였으며, 이 결과 역시 남자아이와 여자아이를 합쳐서 분석한 것이 었다. 따라서 대략적으로 측정한 소셜 미디어 사용과 대략적으로 측정한 여자아이의 불안과 우울증 발생 사이에 상관관계가 있으며, 그 수준은 *r* = 0.15 부근 또는 그 이상 이라는 쪽으로 학계의 의견이 좁혀지고 있다.(만약 두 변수를 더 정확하게 측정했다면 상 관관계는 더 높게 나타났을 것이다.) *r* = 0.15는 아주 작은 값일까? 공중 보건에서는 그렇 지 않다(Götz et al., 2022 참고).

8. 나는 Twenge, Haidt, et al(2022)과 그 밖의 연구에서 '인터넷 사용'과 나쁜 정신 건강 사이의 상관관계도 비슷하게 높게(특히 여자아이에게) 나타난다는 점을 지적하고 싶다. 또한 일부 연구에서는 조절 변인(즉, 일부 여자아이를 소셜 미디어의 해악에 영향을 더 받 게 만드는 변인)을 발견했다는 사실도 지적하고자 한다. 발견된 일부 조절 변인에는 이 른 사춘기, 많은 미디어 소비, 기존의 우울증이나 불안 등이 있다. Social Media and Mental Health: A Collaborative Review의 section 2를 참고하라.

9. 나의 서브스택 게시물에서 이 연구들을 리뷰한 내용을 보라. Social Media Is a Major Cause of the Mental Illness Epidemic in Teen Girls. Here's the Evidence(Haidt, 2023, February 23).

10. Denworth, L.(2019, November 1). Social media has not destroyed a generation. *Scientific American*. www.scientificamerican.com/article/social-media-has-not-destroyed-a-generation.

11. Millenium Cohort Study. Analyzed by Kelly et al.(2018). Replotted by Zach Rausch.

12. 일부 연구에서는 기존에 우울증이 있던 청소년이 소셜 미디어를 추구할 가능성이 더 높다는 사실을 발견했다. 하지만 많은 연구는 과도한 소셜 미디어 사용이 우울증 을 초래한다는 사실을 확인했으며, 일부 종단 연구에서는 어느 시기의 소셜 미디어 사용 증가가 나중에 우울증 증가를 초래하는 것으로 나타났다. 예컨대 Primack et al.(2020); Shakya & Christakis(2017)를 보라.

13. Hunt et al.(2018, p. 751).

14. Kleemans et al.(2018).

15. 진 트웬이, 잭 라우시와 내가 큐레이션한 Social Media and Mental Health: A Collaborative Review에서 우리는 소셜 미디어에 관한 수백 건의 연구 초록(피해의 증거 를 발견했는지 여부에 따라 분류한)을 수집했다. 이 글을 쓰고 있는 2023년 현재 우리는 이 문서에 20건의 무작위 대조 시험 연구를 수집했는데, 그중 14건(70%)은 피해 증 거를 발견한 것이었다. 피해 증거를 발견하지 못한 나머지 6건 중에서 4건은 실험 참 여자에게 소셜 미디어 사용을 단기간(일주일 혹은 그 미만) 중단하라고 요구했다는 사 실에 주목할 필요가 있다. 나는 중독자가 단기간 약물을 끊는 것만으로는 눈에 띄는

불안 세대

개선 효과가 나타나지 않을 것이라고 생각한다. 뇌가 재설정되고 금단 증상을 극복하려면 최소한 3주는 필요하다고 본다. 효과를 발견한 14건 중에서 중단 기간을 일주일 혹은 그 미만으로 한 것은 단 두 건뿐이었다. 따라서 만약 중단 기간을 단기간으로 한 6건의 연구를 제외한다면, 유의미한 효과를 발견한 연구와 발견하지 못한 연구는 12 대 2가 되는데, 비율로 따지면 86% 대 14%이다.

16. 이것은 **메트칼프**Metcalfe**의 법칙**으로 알려져 있는데, 통신망의 경제적 가치나 영향력은 그 망에 연결된 사용자 수의 **제곱**에 비례한다는 법칙이다. Metcalfe's law(2023, June 27). *Wikipedia*. Accessed July 10, 2023, en.wikipedia.org/wiki/Metcalfe%27s_law.

17. 이것은 교사들이 내게 들려준 이야기이자, 심지어 뉴욕대학교 경영대학원의 MBA 과정 학생들에게서 내가 직접 목격한 사실이다. 일과 시간에 휴대폰을 따로 보관하도록 한 학교에서는 그 결과로 대화와 웃음이 증가했다고 보고되었다. Cook, H.(2018, February 20) 참고. Noise levels dialed up as school's total phone ban gets kids talking. *Age*. www.theage.com.au/national/victoria/noise-levels-dialled-up-as-school-s-total-phone-ban-gets-kids-talking-20180220-p4z0zq.html.

18. 이 주장의 증거와 자세한 설명은 Twenge, Spitzberg & Campbell(2019)을 보라.

19. 이 연구는 가끔 '준실험'이라고 부르는데, 연구자들이 세계에서 자연적으로 나타나는 다양성을 마치 무작위적 배정인 양 이용하기 때문이다. 이 연구들은 소셜 미디어와 정신 건강 공동 리뷰 section 4에서 볼 수 있다. Social Media and Mental Health: A Collaborative Review, www.anxiousgeneration.com/reviews.

20. Braghieri et al.(2022, p. 3660). 이 연구에 대한 비평은 Stein(2023)을 보라. 나는 기본적인 '이중 차분법' 설계가 건전하다고 생각한다. 대다수 사람이 페이스북을 동시에 받아들인 대학교들을 채택이 더 느리게 일어난 대학교들과 나누어 분석한 것은 적절한 비교라고 본다.

21. Arenas-Arroyo et al.(2022, p. 3). 이 연구는 아버지와 딸 사이의 관계가 특별한 타격을 입는다는 사실을 발견했는데, 다만 이 영향은 이미 관계가 좋지 않았던 경우에 국한되었다.

22. Social Media and Mental Health: A Collaborative Review www.anxiousgeneration.com/reviews.

23. 여러 유명한 연구자는 이 점들에서 나와 의견이 엇갈린다는 점을 언급하고자 한다. 그들은 소셜 미디어가 무해하다고 주장하는 것은 아니지만, 축적된 과학적 증거가 소셜 미디어가 불안과 우울증, 그 밖의 부정적 심리적 결과의 원인임을 증명하기에는 아직 충분치 않다고 생각한다. 내 서브스택에 이 연구자들의 반대 의견 링크를 그에 대한 나의 반응과 함께 올려놓았으니 참고하기 바란다. 내가 올린 게시물 Why Some Researchers Think I'm Wrong About Social Media and Mental Illness(Haidt, 2023, April 17)를 보라.

24. Lenhart(2015).

25. Royal Society for Public Health(2017).

26. 2013년과 2015년에 설문 조사에서 사용한 질문은 "일주일에 페이스북 같은 소셜 네트워크 웹사이트를 방문하는 시간은 얼마나 되는가?"였다. 2017년에 이 질문은 "일주일에 페이스북과 트위터, 인스타그램 같은 소셜 네트워크 웹사이트를 방문하는 시간은 얼마나 되는가?"로 바뀌었다.

27. 연구 주석: 누구라도 시간 평가 질문에 정확하게 대답하기는 아주 어려운데, 일부 연구자들은 그러한 자기 보고 데이터의 유용성을 의심했다. Sewall et al.(2020) 참고. 하지만 과도한 사용이 증가하는 패턴은, 퓨 연구 센터가 조사한 결과에서 "거의 항상" 온라인에 접속해 있다고 대답한 미국 십대의 비율 증가가 입증한다(Perrin & Atske, 2021).

28. 2023년에 커먼센스 미디어가 내놓은 보고에 따르면, 이 플랫폼들을 적극적으로 사용하는 11~15세 여자아이들 사이에서 평균적인 1일 사용 시간은 다음과 같았다. 틱톡 2시간 39분, 유튜브 2시간 23분, 스냅챗 2시간, 인스타그램 1시간 32분. Nesi et al.(2023) 참고.

29. Chen et al.(2019). Eagly et al.(2020)도 참고하라. Eagly et al.(2020)은 1946년부터 2018년까지 미국의 여론 조사를 분석했는데, 여성을 더 자애롭고 감정이 풍부한(융화성에 해당하는 속성) 존재로 여기는 경향은 점점 증가한 반면, 남성을 야심적이고 용감한(주체성에 해당하는 속성) 존재로 바라보는 견해는 거의 같은 수준을 유지한 것으로 드러났다.

30. Guisinger & Blatt(1994).

31. Hsu et al.(2021).

32. Maccoby & Jacklin(1974). 언어 사용에서 성별 차이를 검토한 연구는 Tannen(1990)을 보라. Todd et al.(2017)도 참고하라.

33. Kahlenberg & Wrangham(2010); Hassett et al.(2008).

34. 올리비아 로드리고의 〈젤러시, 젤러시〉는 유튜브에서 쉽게 찾아볼 수 있다. 그냥 이 단어들로 검색하기만 하면 된다.

35. Fiske(2011, p. 13).

36. Leary(2005).

37. Josephs, M.(2022, January 26). 7 teens on Instagram filters, social media, and mental health. *Teen Vogue*. www.teenvogue.com/story/7-teens-on-instagram-filters-social-media-and-mental-health.

38. 이 이미지를 만들고 내게 사용하도록 허락해준 @JosephineLivin에게 감사드린다.

39. Curran & Hill(2019)은 1989년 이후에 미국과 영국, 캐나다에서 일어난 완벽주의에 관한 연구들을 분석했다. 그들은 이 기간에 자기 지향적 완벽주의와 타자 지향적 완벽주의, 그리고 사회적으로 부과된 완벽주의가 추세선이 꺾이거나 가속되는 일 없이

선형적으로 증가했다는 사실을 발견했다. 하지만 잭과 나는 추세선의 기준으로 삼은 사회적으로 부과된 완벽주의의 데이터점들로 이루어진 곡선에 구부러진 지점이 있으며, 2010년 무렵에 위쪽으로 갑자기 꺾였다는 사실을 발견했다. 우리는 저자들에게 연락을 해 이 점을 문의했는데, 토머스 커런Thomas Curran 박사는 "우리의 2017년 논문에 실린 추세가 2차 함수처럼 보인다는 지적은 옳습니다. 사실, 나는 내 책을 위해 사회적으로 부과된 완벽주의 점수와 함께 그 데이터를 재분석하고 2차 함수 모형을 적용해 보았는데, 그것은 선형 모형보다 훨씬 잘 들어맞았습니다."라는 답변을 보내왔다. 2010년에 위쪽으로 꺾인 부분을 포함시켜 수정한 2차 함수 그림은 온라인 부록에서 볼 수 있다.

40. Torres, J.(2019, January 13). How being a social media influencer has impacted my mental health. *HipLatina*. hiplatina.com/being-a-social-media-influencer-has-impacted-my-mental-health.

41. Chatard et al.(2017). 날씬한 여성이 틱톡 댄스를 추는 모습을 본 젊은 여성은 자신의 몸을 나쁘게 여기는 반면, 뚱뚱한 여성이 틱톡 댄스를 추는 모습을 본 젊은 여성은 자신의 몸을 좋게 여긴다는 사실을 발견한 Joiner et al.(2023)도 참고하라.

42. [iamveronika].(2021, August 10). Suicidal because of my looks [Online forum post]. Reddit. www.reddit.com/r/offmychest/comments/p22en4/suicidal_because_of_my_looks.

43. Hobbs, T. D., Barry, R., & Koh, Y.(2021, December 17). "The corpse bride diet": How TikTok inundates teens with eating-disorder videos. *Wall Street Journal*. www.wsj.com/articles/how-tiktok-inundates-teens-with-eating-disorder-videos-11639754848.

44. Wells, G., Horwitz, J., & Seetharaman, D.(2021, September 14). Facebook knows Instagram is toxic for teen girls, company documents show. *Wall Street Journal*. www.wsj.com/articles/facebook-knows-instagram-is-toxic-for-teen-girls-company-documents-show-11631620739.

45. Archer(2004).

46. Crick & Grotpeter(1995); Archer(2004).

47. Kennedy(2021).

48. 지난 12개월 동안 사이버 집단 괴롭힘을 당했다고 보고한 여자아이들은 2006년에 17%이던 것인 2012년에는 27%로 증가했다. Schneider et al.(2015).

49. Li et al.(2020, Table 2).

50. Lorenz, T.(2018, October 10). Teens are being bullied "constantly" on Instagram. *Atlantic*. www.theatlantic.com/technology/archive/2018/10/teens-face-relentless-bullying-instagram/572164.

51. India, F.(2022, July 22). Social media's not just making girls depressed, it's making

us bitchy too. *New Statesman*. www.newstatesman.com/quickfire/2022/07/social-media-making-young-girls-depressed-bitchy.

52. 소셜 미디어 플랫폼에서 당한 집단 괴롭힘이 자살의 주요 원인으로 드러난 영국의 몰리 러셀Molly Russell의 사례를 보라. 이 플랫폼들의 영향을 젊은 사람의 관점에서 바라본 다음 기사도 참고하라. Gevertz, J.(2019, February 10). Social media was my escape as a teenager—now it's morphed into something terrifying. *Independent*. www.independent.co.uk/voices/facebook-twitter-young-people-mental-health-suicide-molly-russell-a8772096.html.

53. Fowler & Christakis(2008) 참고.

54. Rosenquist et al.(2011) 참고.

55. Tierney & Baumeister(2019).

56. Boss(1997). 보스는 '유행성 히스테리epidemic hysteria'라는 용어를 사용했다. 나는 이것을 '사회 원인 질환'으로 대체했는데, 이것이 사회적 원인을 지적한다는 점에서 기술적으로 더 정확할 뿐만 아니라 더 최근에 연구자들이 사용하는 용어이고, '히스테리'라는 용어는 여성을 폄하하는 데 자주 사용돼왔기 때문이다.

57. Waller(2008).

58. 학술적 설명은 Wessely(1987)를 참고하라. 두 가지 변이와 일반적으로 관찰되는 성별 차이를 언론 관점에서 기술한 내용은 Morley, C.(2015, March 29)를 참고하라. Carol Morley: "Mass hysteria is a powerful group activity." *Guardian*. www.theguardian.com/film/2015/mar/29/carol-morley-the-falling-mass-hysteria-is-a-powerful-group-activity.

59. 슬픈 사례로 거와인더Gurwinder가 소개한 니컬러스 페리Nicolas Ferry의 프로필을 보라. 이 젊은 남성은 청중 포획을 통해 고도 비만이 될 정도로 음식을 먹도록 조련되었다. Gurwinder.(2022, June 30). The perils of audience capture. *The Prism*. gurwinder.substack.com/p/the-perils-of-audience-capture.

60. Jargon, J.(2023, May 13). TikTok feeds teens a diet of darkness. *Wall Street Journal*. www.wsj.com/articles/tiktok-feeds-teens-a-diet-of-darkness-8f350507.

61. Müller-Vahl et al.(2022).

62. 기자의 관점에서 이 사례들을 기술한 글은 다음을 참고하라. Browne, G.(2021, January 9). They saw a YouTube video. Then they got Tourette's. *Wired*. www.wired.com/story/they-watched-youtuber-with-tourettes-then-adopted-his-tics

63. 에비의 틱톡 영상은 다음 계정에서 볼 수 있다. Field, E. M. [@thistrippyhippie]. (n.d.). [TikTok profile]. TikTok. www.tiktok.com/@thistrippyhippie?lang=en.

64. 『정신의학 진단 편람』은 미국 성인 사이에서 12개월간의 해리 정체성 장애 유병률을 1.5%로 추정한다(Social Media and Mental Health: A Collaborative Review, 2022, March). 하지만 여러 연구가 변동을 보여주면서 그 추정치는 여전히 논란이 되고 있

는데, 다만 일반적으로 전체 미국 인구 중 유병률은 1~1.5% 범위 내에 있긴 하다. Dorahy et al.(2014); Mitra & Jain(2023) 참고. 유병률이 이 범위(때로는 1.5% 이상이 보고되기도 하지만) 내에 있는 일부 이유는 정신과 의사들이 그것이 실제 장애인지 아닌지를 놓고 오랫동안 논쟁을 벌였기 때문이다. 일부 전문가들은 그것이 너무 큰 외상에 대한 반응으로 마음이 그에 대처하기 위해 복수의 정체성을 만들어내는 외상 후 스트레스 장애의 한 형태라고 생각한다. 다른 전문가들은 해리 정체성 장애의 발생은 암시와 함께 환상과 피암시성에 취약한 성향에 크게 의존하는데, 그런 성향은 실제 외상의 결과로 일어날 수 있다고 생각한다. 해리 정체성 장애를 둘러싼 '미신'에 대한 논의는 Brand et al.(2016)을 참고하라.

65. Rettew, D.(2022, March 17). The TikTok-inspired surge of dissociative identity disorder. *Psychology Today*. www.psychologytoday.com/gb/blog/abcs-child-psy-chiatry/202203/the-tiktok-inspired-surge-dissociative-identity-disorder.

66. Lucas, J.(2021, July 6). Inside TikTok's booming dissociative identity disorder community. *Inverse*. www.inverse.com/input/culture/dissociative-identity-disor-der-did-tiktok-influencers-multiple-personalities.

67. Styx, L.(2022, January 27). Dissociative identity disorder on TikTok: Why more teens are self-diagnosing with DID because of social media. *Teen Vogue*. www.teenvogue.com/story/dissociative-identity-disorder-on-tiktok.

68. Social Media and Mental Health: A Collaborative Review(2022, pp. 515, 518). 미국의 젊은이 인구 중 1%라는 추정치에 대해서는 Turban & Ehrensaft(2018)를 참고하라.

69. Block(2023); Kauffman(2022); Thompson et al.(2022). Turban et al.(2022)은 YRBS 데이터를 사용해 2017년부터 2019년까지 자신을 트랜스젠더와 논바이너리라고 생각하는 젊은이 수가 감소했다고 지적한다.

70. Aitken et al.(2015); de Graaf et al.(2018); Wagner et al.(2021); Zucker(2017). 하지만 일부 연구자들은 그 차이는 역전되지 않았으며, 선천적 남성 대 선천적 여성의 비율이 지금은 1.2 대 1이라고 주장한다. Turban et al.(2022) 참고.

71. Haltigan et al.(2023); Littman(2018); Marchiano(2017).

72. Coleman et al.(2022); Littman(2018); Littman(2021).

73. Coleman et al.(2022); Kaltiala-Heino et al.(2015); Zucker(2019).

74. 2021년에 출간된 데이비드 버스의 책 『남성이 나쁜 행동을 할 때When Men Behave Badly』를 참고하라. 각 장은 인류의 진화에서 장기간 적응적으로 발달한 남성 심리의 요소들을 살펴본다. 그때는 대다수 남성이 짝짓기를 할 기회를 전혀 갖지 못해 남성들 사이의 경쟁이 치열했고, 단 한 차례의 짝짓기 행동을 낳는 것에 불과하더라도 진화적 관점에서 볼 때 폭력이 때로는 충분한 '보상'을 받던 시기였다. 버스는 진화심리학적 틀이 성적 공격성을 용인하거나 변화가 불가능하다고 말하는 것은 절대 아니라

고 반복해서 말한다. 대신에 진화심리학은 왜 성적 공격성이 남성 사이에서 훨씬 더 흔하며, 그것을 효과적으로 감소시키려면 어떻게 해야 하는지 이해하는 데 도움을 줄 수 있다.

75. 문화와 사회화는 그런 전술의 사용을 억제할 수 있고, 그런 전술을 사용하는 남성에게 수치심을 안겨줄 수 있다. 실제로 1970년대부터 #MeToo(#미투)까지 이어진 페미니스트 운동은 바로 그런 변화를 가져왔다. 하지만 사회가 수백만 개의 온라인 커뮤니티로 쪼개지면서 일부 커뮤니티가 남성들을 권위를 둘러싼 경쟁으로 몰아넣자 일부 남성은 점점 더 극단적인 태도를 취하게 되었고, 그런 전술이 다시 용인되는 것처럼 보이게 만들었다.

76. Mendez, M., II.(2022, June 6). The teens slipping through the cracks on dating apps. *Atlantic*. www.theatlantic.com/family/archive/2022/06/teens-minors-using-dating-apps-grindr/661187.

77. Thorn & Benenson Strategy Group(2021); Bowles, N., & Keller, M. H.(2019, December 7). Video games and online chats are "hunting grounds" for sexual predators. *New York Times*. www.nytimes.com/interactive/2019/12/07/us/video-games-child-sex-abuse.html을 보라.

78. Sales(2016, p. 110).

79. Sales(2016, pp. 49~50).

80. Sales(2016, p. 216).

81. deBoer, F.(2023, March 7). Some Reasons Why Smartphones Might Make Adolescents Anxious and Depressed. *Freddie deBoer*. https://freddiedeboer.substack.com/p/some-reasons-why-smartphones-might.

82. 8학년, 10학년, 12학년의 통합 평균은 12학년의 데이터와 비슷한 패턴을 보인다. 통합 데이터 분석은 1997년에야 시작되었다. 온라인 부록을 참고하라.

83. Damour(2016).

7장 남자아이들에게 무슨 일이 일어나고 있는가

1. Hari(2022, p. 4).

2. 자살에 관한 논의는 1장과 Rausch & Haidt(2023, October 30)를 참고하라.

3. National Addiction & HIV Data Archive Program.(n.d.-a). *Monitoring the Future*.

4. 잭 라우시는 사실상 이 장을 나와 함께 쓴 공저자이다. 남자아이에 관한 연구 자료를 수집하는 공동 리뷰 문서 작성을 계속해왔고, 1970년대 이후로 기술이 남자아이들을 끌어들이는 방식에서 어떻게 변해왔는지 자세한 타임라인을 작성했다. 두 문서에 관한 링크는 온라인 부록을 참고하라. 이 장에서 들려주는 이야기는 우리 둘이 함께 만

들었다.

5. American Institute for Boys and Men.

6. 한 가지 큰 차이점은 '사물 대 사람' 차원에 있는데, 남성은 여성보다 사물에 대한 관심이 더 높은 반면에 여성은 남성보다 사람에 대한 관심이 더 높다(Suet al., 2009).

7. 이 인용문은 이 책에 관한 TED 강연 때 한 말이다. Rosin, H.(2010, December). New data on the rise of women [Video]. TED. www.ted.com/talks/hanna_rosin_new_data_on_the_rise_of_women/transcript.

8. Rosin(2012, p. 4).

9. Parker(2021) 참고. 석사 학위에서도 같은 추세가 이어졌다(Statista Research Department, 2023). 이 장의 내용은 주로 미국에서 구할 수 있는 방대한 통계 자료를 바탕으로 했지만, 리브스는 이러한 추세가 서구 세계 전반에 걸쳐 나타난다는 사실을 발견했다.

10. Reeves & Smith(2021) and Reeves et al.(2021) 참고.

11. Reeves, R.(2022, October 22). The boys feminism left behind. *Free Press*. www.thefp.com/p/the-boys-feminism-left-behind.

12. 나는 많은 점에서 남자아이의 삶이 더 나아졌다는 점을 지적하고 싶다. 1980년대부터 LGBTQ 젊은이에 대한 비관용적 태도가 크게 감소했고, 온갖 종류의 폭력도 감소했다. 정신 건강 치료법도 더 발전했고 정신 치료에 따르는 오명도 감소했는데, 그런 오명은 특히 남자아이와 남성에게 많이 씌워졌다. 스티븐 핑커의 책(Steven Pinker, 2011)이 보여주었듯이, 최근 수백 년 동안 과학이 발전하고 권리를 찾기 위한 혁명이 일어나면서, 거의 모든 사람의 삶이 아주 많은 측면에서 개선되었다. 하지만 여러 가지 힘의 결합으로 학교와 일터와 가족으로부터 이탈하는 남자아이의 수가 증가하고 있다.

13. Reeves(2022, p. xi).

14. 2010년대 초반 이후에 나타난 남자아이들의 정신 질환 비율 변화는 1장을 참고하라.

15. Rausch & Haidt(2023, April); Rausch & Haidt(2023, March)를 참고하라.

16. 가까운 친구에 관한 데이터는 6장의 그림 6.6, 외로움에 관한 데이터는 그림 6.7, 의미 없는 삶에 관한 데이터는 7장의 그림 7.6을 참고하라.

17. Pew Research Center(2019). 온라인 부록의 그래프를 보라.

18. U.K. Office for National Statistics(2022).

19. Cai et al.(2023).

20. Reeves & Smith(2020).

21. 일본후생노동성이 발표한 보고서에 따르면, **히키코모리**는 조현병이나 기타 정신 장애의 기준에 해당하지 않으면서 6개월 이상 대인 관계나 교우 관계 발전에 관심을 보이지 않은 젊은이를 가리킨다(일본 후생노동성, 2003).

22. Teo & Gaw(2010).

23. 비록 연구 결과는 미묘한 차이가 있고 개인 차이도 고려할 필요가 있지만, 위험한 놀이(예컨대 거친 몸싸움 놀이나 길을 잃을 수 있는 놀이)를 하지 않는 남자아이들은(평균적으로) 감정 조절과 사회적 역량, 정신 건강에 어려움을 겪을 가능성이 높다. Flanders et al.(2012)과 Brussoni et al.(2015)을 참고하라. 성별에 따른 위험한 놀이를 즐기는 비율은 Sandseter, Kleppe, & Sando(2020)를 보라.

24. Askari et al.(2022), with data from Monitoring the Future. 이 그림을 복사해 신도록 허락해준 멜라니 아스카리Melanie Askari에게 감사드린다. 음영과 선에 붙인 이름은 잭이 추가했다. Y축은 척도 점수를 어떤 점수가 높은지 낮은지 보여주는 Z 점수로 변환하는데, Z 점수는 0에서 벗어나는 표준편차의 수로 그것을 보여준다.

25. Twenge(2017)를 참고하라.

26. National Addiction & HIV Data Archive Program.(n.d.-a, n.d.-b). Monitoring the Future.

27. 남자아이들은 2010년에 49.7%에서 2019년에 40.8%로 떨어졌다. 여자아이들은 36.4%에서 32.4%로 떨어졌다. 온라인 부록에서 비슷한 항목들에 관한 그래프를 볼 수 있다.

28. Centers for Disease Control(n.d.). 이 데이터 세트는 2000년까지의 자료만 다룬다.

29. 가상 세계가 남자아이들을 현실 세계의 위험으로부터 멀어지게 하는 원리에는 독특한 예외가 있다. 소셜 미디어는 가끔 남자아이에게 소셜 미디어에서 명성을 얻기 위해 자신과 남들을 위험에 빠뜨리는 행동을 하도록 자극한다. 예를 들면, 바이럴 틱톡 챌린지는 '차차 슬라이드Cha Cha Slide' 챌린지처럼 위험한 스턴트를 포함하는 경우가 많다. 이 챌린지의 참가자들은 운전을 하면서 노래의 댄스 지시를 따라 하는데, 그러다가 불규칙하게 방향을 홱 바꾸면서 반대편에서 다가오는 차량을 향해 돌진한다. '스컬 브레이커Skull Breaker' 챌린지에서는 순진한 청소년을 함께 점프를 높이 하자고 꾄 뒤, 점프를 했을 때 양옆에 있던 두 소년이 점프를 한 소년의 발을 세게 걷어찬다. 그러면 공중에서 뒤로 넘어지며 떨어진 소년은 심한 머리 부상을 입을 수 있는데, 심지어 목숨을 잃기까지 한다. '사악한 도둑질Devious Licks' 챌린지는 청소년에게 학교 화장실 비품을 파손하는 자신의 모습을 생방송으로 내보내도록 조장한다. 지금까지 가장 치명적인 챌린지 중 하나는 '기절Blackout' 챌린지인데, 휴대폰으로 자신의 모습이 촬영되도록 설정한 뒤 밧줄이나 다른 물건을 사용해 의식을 잃을 때까지 자신의 목을 조르는 것이다. 그러고 나서 기절했다가 다시 깨어난 영상을 게시물로 올린다(물론 다시 깨어난다면). 《블룸버그 비즈니스위크Bloomberg Businessweek》의 한 보고서는 2021년부터 2022년까지 18개월 동안 최소한 15명이 기절 챌린지를 하다가 죽었다고 보고했는데, 그중에는 나이가 많은 사람과 함께 12세 미만 어린이도 있었다. Carville, O.(2022, November 30) 참고. TikTok's viral challenges keep luring young kids to their deaths. *Bloomberg*. www.bloomberg.com/news/features/2022-11-30/is-tiktok-responsible-if-kids-die-doing-dangerous-vi-

ral-challenges. 이 위험한 챌린지들에는 주로 남자아이들이 도전한다.

30. Orces & Orces(2020).

31. 3장에서 이야기한 것처럼 1940년대 이후로 청소년들 사이에 우울증과 불안이 천천히 증가했다는 약간의 증거가 있다.

32. Zendle & Cairns(2019); King & Delfabbro(2019); Bedingfield, W.(2022, July 28). It's not just loot boxes: Predatory monetization is every where. *Wired*. www.wired. com/story/loot-boxes-predatory-monetization-games.

33. 나는 이성애자 남자아이의 동역학에 초점을 맞추려고 하는데, 포르노 시청을 통해 마음이 끌리는 이성과 조화를 이루지 못하고 더 멀어지는 사람들이 바로 이들이기 때문이다. 포르노는 이성애자가 아닌 남자아이에게도 인기가 있지만, 그들의 성적 발달에 미치는 영향은 다를 수 있다. LGBTQ 청소년과 포르노에 관한 문헌을 검토한 연구는 Bőthe et al.(2019)을 참고하라. 거기에는 다음과 같은 구절이 나온다. "LGBTQ 청소년의 포르노 사용은 이성애자 청소년에 비해 더 부정적인 결과와 연관이 있는 것으로 보이지 않는다. 따라서 LGBTQ 청소년은 이성애자 청소년보다 포르노물에 더 취약한 것으로 보이지 않는다."

34. Ogas & Gaddam(2011). 이들은 나중에 인터넷에서 웹사이트의 다양성과 복잡성이 증가하면서 이 비율이 감소했다고 지적한다.

35. Donevan et al.(2022).

36. Pizzol et al.(2016).

37. Bőthe et al.(2020).

38. Donevan et al.(2022).

39. Albright(2008); Szymanski & Stewart-Richardson(2014); Sun et al.(2016). 일부 연구는 이 관계를 확인하는 데 실패했다는 사실에 유의하라(Balzarini et al., 2017 참고). 게다가 포르노 사용과 관계의 질 사이의 연관성은 복잡하다. 예컨대 일부 연구에서는 연애 관계에 있는 파트너들이 보는 포르노의 양적 차이는 관계의 갈등을 시사하며, 포르노 사용으로 관계가 더 악화될 수 있는 것으로 드러났다. Willoughby et al.(2016)을 참고하라.

40. Vaillancourt-Morel et al.(2017); Dwulit & Rzymski(2019).

41. Wright et al.(2017).

42. Tolentino, D.(2023, May 12). Snapchat influencer launches an AI-powered "virtual girlfriend" to help "cure loneliness." NBC News. www.nbcnews.com/tech/ai-powered-virtual-girlfriend-caryn-marjorie-snapchat-influencer-rcna84180.

43. 다음을 보라. Taylor, J.(2023, July 21). Uncharted territory: Do AI girlfriend apps promote unhealthy expectations for human relationships? *Guardian*. www. theguardian.com/technology/2023/jul/22/ai-girlfriend-chatbot-apps-unhealthy-chatgpt; Murkett, K.(2023, May 12). Welcome to the lucrative world of AI girl-

friends. *UnHerd.* unherd.com/thepost/welcome-to-the-lucrative-world-of-ai-girlfriends; Brooks, R.(2023, February 21). I tried the Replika AI companion and can see why users are falling hard. The app raises serious ethical questions. *Conversation.* theconversation.com/i-tried-the-replika-ai-companion-and-can-see-why-users-are-falling-hard-the-app-raises-serious-ethical-questions-200257. 다음도 참고하라. India, F.(2023). We can't compete with AI girlfriends. *Girls.* www.freyaindia.co.uk/p/we-cant-compete-with-ai-girlfriends.

44. Fink, E., Segall, L., Farkas, J., Quart, J., Hunt, R., Castle, T., Hottman, A. K., Garst, B., McFall, H., Gomez, G., & BFD Productions.(n.d.). Mostly human: I love you, bot. CNN Money. money.cnn.com/mostly-human/i-love-you-bot/.

45. Su et al.(2020).

46. 폭력적 비디오게임이 사용자에게 공격성이나 폭력성을 야기하지 않는다는 증거를 원한다면 Elson & Ferguson(2014), Markey & Ferguson(2017)을 보라. 하지만 다른 연구자들은 비디오게임 사용과 공격성 사이에서 연관성을 발견했는데, 영향 크기 β = 0.1 부근이었다. Bushman & Huesmann(2014)과 Prescott, Sargent & Hull(2016)을 참고하라. Anderson et al.(2010)도 참고하라.

47. 비디오게임 사용이 청소년에게 미치는 사회적, 심리적 영향에 대한 광범위한 검토는 Alanko(2023)를 보라.

48. Kovess-Masfety et al.(2016); Sampalo, Lázaro & Luna(2023).

49. Russoniello et al.(2013).

50. Granic et al.(2014); Greitemeyer & Mügge(2014).

51. 기존에 특정 정신 건강 문제가 있던 청소년은, 예컨대 기존에 불안 그리고/또는 우울증이 있던 청소년보다 문제 있는 비디오게임 사용에 빠질 가능성이 더 높다. Lopes et al.(2022) 참고.

52. Pallavicini et al.(2022).

53. 문제 있는 비디오게임 사용이 결국 외로움을 악화시킬 수 있다는 증거는 아직도 논란이 되고 있는 주제이며, 비디오게임이 개인의 삶에서 차지하는 역할과 심지어 그 사람이 하는 게임의 종류에 따라 결과가 달라질 때가 많다. Luo et al.(2022) 참고.

54. Charlton & Danforth(2007); Lemmens et al.(2009); Brunborg et al.(2013).

55. Young(2009).

56. BBC News.(2022, December 9). Children stopped sleeping and eating to play *Fortnite*—lawsuit. BBC News. www.bbc.com/news/world-us-canada-63911176.

57. Zastrow(2017); Ferguson et al.(2020)을 참고하라.

58. Stevens et al.(2021).

59. Wittek et al.(2016).

60. Brunborg et al.(2013); Fam(2018).

61. 『정신의학 진단 편람』(American Psychiatric Association, 2022). 정확한 진단 방법은 아직 연구 중이다. American Psychiatric Association(2023, January) 참고.

62. 『모럴 컴뱃Moral Combat』의 저자로 비디오게임이 정신 건강에 미치는 영향을 수십 년 동안 연구해온 크리스 퍼거슨Chris Ferguson은 유병률 결정에서 한 가지 문제는 "문제 있는 게임 증상에 대해 합의된 것이 전혀 없으며, 그것을 단일 검사로 측정하는 방법도 없기 때문에, 유병률 평가는 중구난방일 수밖에 없는" 것이라고 지적한다.

63. 문제 있는 게임 사용이 정신 건강에 영향을 미친다는 증거는 Männikkö et al.(2020)을 참고하라. 일주일에 최소한 세 시간 이상 게임을 한 독일인 성인을 대상으로 한 실험에서 비디오게임을 2주 동안 못 하게 했더니, 스트레스와 불안, 그 밖의 인터넷 게임 장애 증상이 감소했다는 결과를 얻은 Brailovskaia, Meier-Faust, et al.(2022)도 참고하라. 게임에 쓴 시간과 정신 건강 사이의 상관관계를 뒷받침하는 증거는 천차만별이며, 그 기저에 있는 정신 건강 문제에 뿌리가 있을지도 모른다고 주장한 Ferguson, Coulson & Barnett(2011)도 참고하라.

64. Rideout & Robb(2019). 노르웨이 청소년을 대상으로 한 연구(Brunborg et al., 2013)에서도 비슷한 결과가 나왔는데, 일주일 동안 게임에 쓰는 평균 시간은 여자아이는 5시간인 반면에 남자아이는 15시간 42분이었다. 중독 게이머의 경우에는 24시간이었다.

65. 여자아이들도 비디오게임을 하지만 평균적으로 남자아이들보다 그 비율이 낮고, 사용 시간도 적으며, 게임의 종류가 다르고, 즐거움도 덜 얻는다. 커먼센스 미디어가 2019년에 발표한 한 보고서에 따르면, 8~18세 남자아이들 중 콘솔 게임을 '많이' 즐긴 비율은 70%인 반면에 여자아이들은 23%에 불과했다(Rideout & Robb, 2019). 모바일 게임의 경우에는 그 비율이 증가하는데, 35%의 여자아이들이 크게 즐겼다고 보고한 반면에 남자아이들은 48%가 그렇다고 보고했다. 이 보고서는 또한 여자아이는 하루에 게임을 하는 데 약 47분을 썼고, 그중 대부분의 시간을 스마트폰으로 게임을 했다고 밝혔다. 여자아이는 평균적으로 남자아이와 다른 장르의 게임을 하고, 사회성 게임, 퍼즐/카드 게임, 음악/춤 게임, 교육/에듀테인먼트 게임, 시뮬레이션 게임에 더 큰 관심을 보이는 경향이 있다(Phan et al., 2012를 참고하고 Lucas & Sherry, 2004와 Lang et al., 2021도 참고하라). 최근 몇 년 사이에 많은 팔로워(대부분 남성)를 거느린 여성 비디오게임 스트리머의 인기가 폭발적으로 치솟았다. Patterson, C.(2023, January 4). Most-watched female Twitch streamers in 2022: Amouranth dominates, VTubers rise up. *Dexerto*. www.dexerto.com/entertainment/most-watched-female-twitch-streamers-in-2022-amouranth-dominates-vtubers-rise-up-2023110 참고.

66. Peracchia & Curcio(2018).

67. Cox(2021).

68. Durkheim(1897/1951, p. 213).

8장 영적 고양과 퇴화

1. DeSteno(2021).
2. 데스테노의 연구는 "기도의 효과는 신에게 영향을 미치는 데 있는 게 아니라, 기도하는 사람의 본성을 바꾸는 데 있다."라고 말한 19세기의 덴마크 실존주의 철학자 쇠렌 키르케고르Søren Kierkegaard의 통찰력이 옳음을 확인해준다.
3. 내가 『바른 마음』(Haidt, 2012) 11장에서 버지니아대학교에서 벌어진 미식축구 경기 장면을 묘사한 글을 참고하라.
4. 시간 사용 조사에서 남들과 '스케줄이 맞지 않거나,' '시간 규범'을 따르지 않는 것은 삶에 대한 만족도가 낮은 상태로 예측된다. Kim(2023) 참고.
5. 『바른 마음』 10장에서 '집단 심리학'을 다룬 부분을 보라. 거기에는 학술 연구에서 인용한 구절이 많이 포함돼 있다.
6. 데스테노 자신의 연구를 포함해 동기화에 관한 연구를 검토한 내용은 DeSteno(2021) 서문을 참고하라.
7. DeSteno(2021)는 종교 의식과 잔치에서 음식을 함께 나누는 것이 얼마나 중요한지 설명한다.
8. 사람이 종교적이 되도록 진화했다는 주장에 대해서는 이론이 있다. 『바른 마음』에서 나는 David Sloan Wilson(2002)과 많은 사람의 연구를 바탕으로 종교와 도덕, 그리고 동기화와 자기 상실을 위한 신경 회로가 어떻게 공진화했는지 설명한다. 하지만 Richard Dawkins(2006)를 비롯해 이 주장을 부정하는 학자들도 있다.
9. Eime et al.(2013); Pluhar et al.(2019). Hoffmann et al.(2022)도 참고하라. 이 관계 중 일부는 역상관관계일 수도 있다. 즉, 사회성이 더 좋은 어린이일수록 팀 스포츠를 더 좋아할 수 있다.
10. Davidson & Lutz(2008).
11. Goyal et al.(2014).
12. Economides et al.(2018).
13. Buchholz(2015); Kenge et al.(2011).
14. Maezumi & Cook(2007)에서 인용.
15. 물론 사람들은 라디오와 TV가 등장할 때부터 동일한 비난을 해왔다. 하지만 스마트폰과 소셜 미디어는 더 많은 주의를 요구하고, 휴대용 라디오와 카세트 플레이어(소니 워크맨 같은)가 그랬던 것보다 더 많은 중독 행동을 초래한다.
16. Filipe et al.(2021).
17. Hamilton et al.(2015).
18. Keltner(2022, p. 37)와 Carhart-Harris et al.(2012)을 참고하라. 경외감이 디폴트 모드 네트워크 활동을 감소시킨다는 것을 보여주는 연구는 van Elk et al.(2019)을 참고하라.

19. Keltner(2022, p. 37).

20. 다음과 같은 사실을 발견한 Wang et al.(2023)을 참고하라. "포모FOMO 증후군(다른 사람들이 모두 누리는 좋은 기회를 놓칠까 봐 불안해하는 증상)의 개인적 차이는 뇌에서 오른쪽 쐐기앞소엽의 구조적 설계와 관련이 있는데, 이 부분은 디폴트 모드 네트워크와 비슷하면서 사회적 과정과 자기 언급 과정에 관여하는 대규모 기능 네트워크 내부에 위치한 핵심 중심부이다." Maza et al.(2023)은 사춘기를 지나는 청소년을 대상으로 종단 fMRI 연구를 실시하여, 소셜 미디어를 과도하게 사용하는 사람의 뇌가 약간만 사용하는 사람에 비해 시간이 지나면서 변했다는 사실을 발견했다. 그들의 뇌는 임박한 사회적 보상과 처벌에 관한 정보에 더 민감해졌다(반응성이 더 커졌다).

21. 이 내용은 제2언어(제1외국어)에 관한 연구뿐만 아니라 Minoura(1992)를 참고했다.

22. Berkovitch et al.(2021).

23. Matthew 7:1−2(NRSV).

24. Matthew 7:3(NRSV).

25. Seng-ts'an, *Hsin hsin ming*. In Conze(1954).

26. Leviticus 19:18(NRSV).

27. M. L. King(1957/2012).

28. Dhammapada(Roebuck, 2010).

29. Emerson(1836).

30. Keltner & Haidt(2003). 그 밖에도 경외감의 많은 특징을 빚어내는 지각이나 평가가 여러 가지 있는데, 예컨대 위협(뇌우나 분노한 신)이나 아름다움, 특별하거나 초인간적인 능력, 미덕, 초자연적 인과성 등이 있다.

31. Tippett, K.(Host).(2023, February 2). Dacher Keltner—the thrilling new science of awe [Audio podcast episode]. *The On Being Project*. onbeing.org/programs/dacher-keltner-the-thrilling-new-science-of-awe.

32. Monroy & Keltner(2023).

33. Wilson(1984).

34. Grassini(2022); Lee et al.(2014).

35. 파스칼이 실제로 이렇게 표현한 것은 아니었다. 그가 실제로 쓴 글은 다음과 같다. "이 욕망과 이 무력감이 말해주는 것은, 한때 인간에게는 진정한 행복이 있었는데, 지금은 텅 빈 흔적과 자취밖에 남아 있지 않다는 것이 아니면 무엇이겠는가? 인간은 주변의 모든 것으로 이것을 메우려고 헛된 노력을 하면서 존재하지도 않는 것들에서 얻을 수 없는 도움을 구하려고 하지만, 아무도 도움을 줄 수 없다. 이 무한한 심연은 오로지 무한한 불변의 존재, 즉 신만이 채울 수 있기 때문이다." Pascal(1966, p. 75).

36. Darwin(1871/1998); Wilson(2002).

37. Dhammapada(Roebuck, 2010).

38. Marcus Aurelius(2nd century/2002, p. 59).

9장 집단행동을 위한 준비

1. 리노어 스커네이지가 2008년에 바로 그런 행동을 해 '최악의 미국 엄마'라는 별명을 얻었다.
2. Skenazy(2009).
3. 예를 들면, 아웃사이드플레이는 "아동 돌보미와 아동 교육자를 위해 만든 위험 재구성 risk reframing 도구로, 아이들이 위험한 놀이의 기회를 더 많이 가질 수 있도록 두려움을 관리하고 변화를 위한 계획을 개발하는" 일을 한다. 플레이:그라운드NYC는 "놀이를 통해 도시를 변화시키는 데 몰두하고" 있다. 이들은 거버너스아일랜드에 환상적인 '정크집적소 놀이터'를 운영하고 있는데, 내 아이들도 그곳에 놀러 가서 아주 즐거운 시간을 보냈다.
4. www.afterbabel.com에 가입하라.

10장 정부와 테크 회사가 지금 할 수 있는 일

1. Pandey, E.(2017, November 9). Sean Parker: Facebook was designed to exploit human "vulnerability." *Axios*. www.axios.com/2017/12/15/sean-parker-facebook-was-designed-to-exploit-human-vulnerability-1513306782.
2. 아동과 유아 사망률 감소 추세는 Roser et al.(2019)을 참고하라.
3. 해리스의 프레젠테이션은 www.minimizedistraction.com에서 볼 수 있다.
4. 바닥을 향한 경주의 한 예는 틱톡의 짧은 영상 형식인데, 이것은 젊은이의 주의를 사로잡는 데 매우 효과적인 것으로 입증되었고, 그래서 인스타그램과 페이스북 릴스, 유튜브 쇼츠shorts, 스냅챗의 스폿라이트spotlight도 곧 이 형식을 모방하게 되었다.(이를 해리스는 소셜 미디어의 '틱톡화TikTokification'라고 부른다.) 이 사례에 대해 제이미 네이크리Jamie Neikrie에게 감사드린다.
5. Harris, T. Retrieved from www.commerce.senate.gov/services/files/96E3A739-DC8D-45F1-87D7-EC70A368371D.
6. Social Media Reform: A Collaborative Review에서 나이 검증을 다룬 부분을 참고하라. www.anxiousgeneration.com/reviews에서 볼 수 있다.
7. Heath, A.(2021, October 15). Facebook's lost generation. *Verge*. www.theverge.com/22743744/facebook-teen-usage-decline-frances-haugen-leaks.
8. Wells, G. & Horwitz, J.(2021, September 28). Facebook's effort to attract preteens goes beyond Instagram kids, documents show. *Wall Street Journal*. www.wsj.com/articles/facebook-instagram-kids-tweens-attract-11632849667.
9. Meta.(2023, June 29). Instagram Reels Chaining AI system. www.transparency.

fb.com/features/explaining-ranking/ig-reels-chaining/?referrer=1.

10. Hanson, L.(2021, June 11). Asking for a friend: What if the TikTok algorithm knows me better than I know myself? *GQ Australia*. www.gq.com.au/success/opinions/asking-for-a-friend-what-if-the-tiktok-algorithm-knows-me-better-than-i-know-myself/news-story/4eea6d6f23f9ead544c2f773c9a13921; Barry, R., Wells, G., West, J., Stern, J., & French, J.(2021, September 8). How TikTok serves up sex and drug videos to minors. *Wall Street Journal*. www.wsj.com/articles/tik-tok-algorithm-sex-drugs-minors-11631052944.

11. The Data Team(2018, May 18). How heav y use of social media is linked to mental illness. *The Economist*. www.economist.com/graphic-detail/2018/05/18/how-heavy-use-of-social-media-is-linked-to-mental-illness.

12. 이 법은 몇 년 동안 효력을 발휘하기 어려울 것으로 보인다. 여러 주에서 플랫폼 기업들이 AADC 조항 대부분이 미국 수정 헌법 제1조에 위배된다고 소송을 제기하면서 설계 규약의 집행을 방해하고 있기 때문이다. 플랫폼 기업들은 어떤 규제도 플랫폼상의 언론의 자유에 영향을 미칠 수밖에 없다는 이유로, 사실상 자신들은 규제를 받을 수 없다고 주장하고 있다.

13. 잭과 나는 인도적 기술 센터와 협력하여 미국과 여러 나라의 정부와 입법부가 제안하거나 시행한 여러 접근법을 수집해 분석하고 있다. 자세한 내용은 www.anxious-generation.com/reviews에서 볼 수 있다. Rausch & Haidt(2023, November)도 참고하라.

14. Newton, C.(2023, August 4). How the kids online safety act puts us all at risk. *The Verge*. www.theverge.com/2023/8/4/23819578/kosa-kids-online-safety-act-pri-vacy-danger. 또 다른 예는 다음을 보라: The Free Press(2022, December 15). Twit-ter's secret blacklists. The Free Press. www.thefp.com/p/twitters-secret-black-lists.

15. 콘텐츠 관리의 한계에 대한 더 완전한 논의는 다음을 참고하라. Iyer, R.(2022, Oc-tober 7). Content moderation is a dead end. *Designing Tomorrow*, Substack. psy-choftech.substack.com/p/content-moderation-is-a-dead-end.

16. 여러 가지 사례를 포함해 플랫폼 설계에 대한 더 완전한 논의는 다음을 참고하라. Howell, J. P., Jurecic, Q., Rozenshtein, A. Z., & Iyer, R.(2023, March 27). Ravi Iyer on how to improve technology through design. *The Lawfare Podcast*. www.lawfaremedia.org/article/lawfare-podcast-ravi-iyer-how-improve-technolo-gy-through-design.

17. Evans, A., & Sharma, A.(2021, August 12). Furthering our safety and privacy com-mitments for teens on TikTok. TikTok. newsroom.tiktok.com/en-us/furthering-our-safety-and-privacy-commitments-for-teens-on-tiktok-us.

18. Instagram.(2021, July 27). Giving young people a safer, more private experience. Instagram. about.instagram.com/blog/announcements/giving-young-people-a-safer-more-private-experience.

19. 이것들은 언어 중립적이기도 하다. 다만, 콘텐츠 관리를 더 엄격하게 하라는 명령은 페이스북이 지원하는 수백 개 언어 대다수에서 제대로 실행될 가능성이 희박하다. 프랜시스 하우건은 모든 언어에 쉽게 적용할 수 있는 설계 변화의 가치를 공공연하게 주장했다.

20. Jargon, J.(2019, June 18). How 13 became the internet's age of adulthood. *Wall Street Journal*. www.wsj.com/articles/how-13-became-the-internets-age-of-adulthood-11560850201.

21. 앞의 주석 20을 참고하라.

22. Orben et al.(2022).

23. 설령 나이 확인 회사를 해킹하더라도, 그 회사가 데이터를 신중하게 저장한다면 해커는 고객의 나이에 관한 정보를 요구한 특정 사이트와 고객 사이의 연결을 알려주는 정보는 전혀 얻지 못할 것이다.

24. The Age Verification Providers Association, avpassociation.com.

25. 메타가 나이 확인을 위해 선택지를 제공하기 시작한 방법들은 다음을 참고하라. Meta.(2022, June 23). Introducing new ways to verify age on Instagram. *Meta*. www.about.fb.com/news/2022/06/new-ways-to-verify-age-on-instagram.

26. 다음 세대의 인터넷은 사람들이 자신의 데이터를 통제하고 그것이 사용되는 방법을 결정할 수 있는 방식으로 구축할 수 있고, 그렇게 해야 한다. 그런 전망을 더 자세히 알고 싶으면 ProjectLiberty.io를 참고하라.

27. 그러한 차단을 위해 부모가 가정용 라우터와 함께 사용할 수 있는 모니터링 프로그램과 필터링 프로그램이 있다. 나의 서브스택에서 그런 프로그램들에 관해 더 자세한 내용을 다루려고 한다. 하지만 이것들은 부모가 실행하기에는 다소 복잡한 단계를 거쳐야 해서 실제로 사용할 수 있는 부모는 소수에 그칠 것이다. 그래서 나는 부모가 특별히 디폴트 설정을 변경하지 않는 한, 그러한 기능이 자동적으로 실행되도록 디폴트가 설정되어야 한다고 주장한다.

28. Skenazy, L.(2014, July 14). Mom jailed because she let her 9-year-old daughter play in the park unsupervised. *Reason*. www.reason.com/2014/07/14/mom-jailed-because-she-let-her-9-year-ol.

29. Skenazy, L.(2022, December 8). CPS: Mom can't let her 3 kids—ages 6, 8, and 9—play outside by themselves. *Reason*. www.reason.com/2022/12/08/emily-fields-pearsiburg-virginia-cps-kids-outside-neglect.

30. St. George, D.(2015, June 22). "Free range" parents cleared in second neglect case after kids walked alone. *Washington Post*. www.washingtonpost.com/local/

불안 세대

education/free-range-parents-cleared-in-second-neglect-case-after-children-walked-alone/2015/06/22/82283c24-188c-11e5-bd7f-4611a60dd8e5_story.html.

31. Flynn et al.(2023).

32. Mom issued misdemeanor for leaving 11-year-old in car.(2014, July 9). NBC Connecticut. www.nbcconnecticut.com/news/local/mom-issued-misdemeanor-for-leaving-11-year-old-in-car/52115.

33. 자신의 주(혹은 시나 그 밖의 지방 자치 단체)에서 합리적인 아동기 독립법을 통과시키도록 돕는 데 관심이 있는 사람들을 위해 렛그로는 웹사이트에 무료 법률 활동 '툴키트'를 올려놓았다. www.letgrow.org/legislative-toolkit.

34. Free Play and Mental Health: A Collaborative Review를 참고하라. www.jonathanhaidt.com/reviews에서 볼 수 있다.

35. 미국질병통제예방센터는 모든 학년이(심지어 고등학생도) 쉬는 시간을 가져야 한다고 권고한다. Centers for Disease Control(n.d.). Recess. CDC Healthy Schools. www.cdc.gov/healthyschools/physicalactivity/recess.htm 참고.

36. Young et al.(2023).

37. Sanderson, N.(2019, May 30). What are school streets? 880 Cities. www.880cities.org/what-are-school-streets.

38. 도시를 아동 친화적으로 만드는 또 한 가지 방법은 대중교통을 아동이 쉽게 이용할 수 있도록 만드는 것이다. 『도시의 놀이터: 아동 친화적 계획과 설계가 어떻게 도시를 구할 수 있을까 Urban Playground: How Child-Friendly Planning and Design Can Save Cities』를 쓴 팀 길Tim Gill은 런던에서는 5~10세 아동이 어른의 동행 없이 지하철과 버스를 무료로 이용할 수 있다고 지적한다.

39. 그 연구를 검토한 내용은 Reeves(2022, Chapter 10)에서 볼 수 있다.

40. 한 예로 미국에서는 전국 수습법National Apprenticeship Act을 통해 5년간 35억 달러를 투자해, 젊은이를 위해 약 100만 개의 수습 일자리를 만들어낼 계획이다.

41. Bowen et al.(2016); Gillis et al.(2016); Bettmann et al.(2016); Wilson & Lipsey(2000); Beck & Wong(2022); Davis-berman & Berman(1989); Gabrielsen et al.(2019); Stewart(1978).

42. The DCF Wilderness School, portal.ct.gov/DCF/Wilderness-School/Home. 다른 주들도 비슷한 프로그램을 운영하고 있다. 예컨대, Montana Wilderness School, www.montanawildernessschool.org를 보라.

11장 학교가 지금 할 수 있는 일

1. St. George, D.(2023, April 28). One school's solution to the mental health crisis: Try everything. *Washington Post*. www.washingtonpost.com/education/2023/04/28/school-mental-health-crisis-ohio.

2. Brundin, J.(2019, November 5). This Colorado middle school banned phones 7 years ago. They say students are happier, less stressed, and more focused. Colorado Public Radio. www.cpr.org/2019/11/05/this-colorado-middle-school-banned-phones-seven-years-ago-they-say-students-are-happier-less-stressed-and-more-focused.

3. 휴대폰에 관한 규칙은 다음과 같다. "학생의 가방 밖에서 휴대폰이 처음 발견되면 경고를 준다. 두 번째로 발견되면 휴대폰을 압수하고 부모가 와서 찾아가게 한다. 세 번째로 발견되면 일정 기간 학생이 등교할 때 휴대폰을 학교에 제출했다가 일과가 끝난 후에 찾아가게 한다."

4. Walker, T.(2023, February 3). Cellphone bans in school are back. How far will they go? *NEA Today*. www.nea.org/advocating-for-change/new-from-nea/cellphone-bans-school-are-back-how-far-will-they-go.

5. 2023년, 미국교사연맹은 "교실의 학습을 방해하고, 학교 제도의 비용을 증가시키고, 전국적인 청소년 정신 건강 위기의 '근본 원인'"이라면서 소셜 미디어 플랫폼들을 성토하는 보고서를 내놓았다. American Federation of Teachers.(2023, July 20). New report calls out social media platforms for undermining schools, increasing costs, driving youth mental health crisis. www.aft.org/press-release/new-report-calls-out-social-media-platforms-undermining-schools-increasing-costs.

6. 다음 글에서 켄 트럼프Ken Trump의 말을 인용한 부분을 보라. Walker, T.(2023, February 3). Cellphone bans in school are back. How far will they go? *NEA Today*. www.nea.org/nea-today/all-news-articles/cellphone-bans-school-are-back-how-far-will-they-go. 2012년에 한 초등학교에서 끔찍한 학교 총기 난사 사건이 일어난 코네티컷주 뉴턴의 한 중학교가 2022년에 학생들에게 하루 종일 휴대폰을 로커에 보관하게 하기로 결정한 것도 적절하다. 한 학부모는 자신들의 학부모 핸드북을 소개했다. Newtown Public School District.(n.d.). *Newtown middle school, 2022–2023 student/parent handbook*. nms.newtown.k12.ct.us/_theme/files/2022-2023/2022-2023%20Student_Parent%20Handbook_docx.pdf.

7. UNESCO(2023). *Technology in education: A tool on whose terms?* www.unesco.org/gem-report/en/technology 휴대폰 사용에 대한 권고를 요약한 내용은 다음을 참고하라. Butler, P., & Farah, H.(2023, July 25). "Put learners first": Unesco calls for global ban on smartphones in schools. *Guardian*. www.theguardian.com/

world/2023/jul/26/put-learners-first-unesco-calls-for-global-ban-on-smart-phones-in-schools.

8. 잭 라우시와 나는 리뷰 문서에서 휴대폰 금지 학교와 관련된 증거를 수집해왔다. 그것은 www.jonathanhaidt.com/reviews에서 볼 수 있다.

9. Richtel, M.(2011, October 22). A Silicon Valley school that doesn't compute. *New York Times.* www.nytimes.com/2011/10/23/technology/at-waldorf-school-in-silicon-valley-technology-can-wait.html; Bowles, N.(2018, October 26). The digital gap between rich and poor kids is not what we expected. *New York Times.* www.nytimes.com/2018/10/26/style/digital-divide-screens-schools.html.

10. 온라인 부록의 그래프나 다음 자료를 보라. National Center for Education Statistics(n.d.). 2020학년도(코로나19 봉쇄가 시작되기 전)부터 2022학년도까지 수학은 9점, 읽기는 4점이 하락했다. 2012년과 2022년 사이에는 수학은 5점, 읽기는 3점이 하락했다.

11. Twenge, Wang, et al.(2022). Nagata, Singh et al.(2022)도 참고하라.

12. 내가 아는 한, 일부 중학교를 무작위로 배정해 휴대폰 금지 정책을 실시하게 하고 다른 중학교는 그대로 두면서 이 가설을 실험적으로 검증한 학구는 없다. 이것은 정신건강 위기에 대처하기 위해 실시해야 할 아주 중요한 연구이다. 그런 연구에 관한 더 자세한 내용은 온라인 부록에 실린 Social Media and Mental Health: A Collaborative Review를 참고하라.

13. "Khanmingo," Khan Academy's personal AI assistant: Khan Academy.(n.d.). *World-class AI for education*를 참고하라. www.khanacademy.org/khan-labs.

14. Stinehart, K.(2021, November 23). Why unstructured free play is a key remedy to bullying. *eSchool News.* www.eschoolnews.com/sel/2021/11/23/why-unstructured-free-play-is-a-key-remedy-to-bullying.

15. 더 긴 제안 목록과 그 목록의 개정은 온라인 부록을 참고하라.

16. 렛그로의 모든 정보와 자료는 무료이다. www.letgrow.org/program/the-let-grow-project를 참고하라.

17. Soave, R.(2014, November 20). Schools to parents: Pick up your kids from the bus or we'll sic child services on you. *Reason.* reason.com/2014/11/20/child-services-will-visit-parents-who-le.

18. Skenazy, L.(2016, November 7). Local library will call the cops if parents leave their kids alone for 5 minutes. *Reason.* reason.com/2016/11/07/local-library-will-call-the-cops-if-pare.

19. Centers for Disease Control and Prevention(2015, p. 134).

20. Martinko, K.(2018, October 11). Children spend less time outside than prison inmates. *Treehugger.* www.treehugger.com/children-spend-less-time-outside-pris-

on-inmates-4857353을 보라. 이 주장의 기반을 이루는 연구도 참고하라. Edelman, R.(2016, April 4). Dirt is good: The campaign for play. *Edelman*. www.edelman. co.uk/insights/dirt-good-campaign-play.

21. 이 보고서는 미국교육우수성위원회가 작성했다. Gray et al.(2023) 참고.

22. 2001년에 제정된 연방법인 아동 낙오 방지법은 학교들을 시험 점수에 초점을 맞추도록 박차를 가한 주요 동인이었다. 공통 핵심 학력 기준은 2009년에 개발되어 2010년에 발표되었다. 채택은 아주 빠르게 이루어졌는데, 45개 주와 컬럼비아 특별 구가 이 기준을 채택했다. 하지만 그중에서 5개 주는 나중에 이 기준을 폐기하거나 다른 것으로 대체했다. Common Core implementation by state. *Wikipedia*. en.wikipedia.org/wiki/Common_Core_implementation_by_state를 참고하라.

23. Atlanta public schools cheating scandal. *Wikipedia*. en.wikipedia.org/wiki/Atlanta_Public_Schools_cheating_scandal.

24. Murray & Ramstetter(2013). 신체 활동과 학업 성적 사이의 연관성에 관한 연구는 Singh et al.(2012)을 참고하라.

25. Haapala et al.(2016).

26. Centers for Disease Control(2017, January). Strategies for recess in schools. U.S. Department of Health and Human Services. www.cdc.gov/healthyschools/physicalactivity/pdf/2019_04_25_SchoolRecess_strategies_508tagged.pdf.

27. Brooklyn Bridge Parents(2017, May 7). A look inside the junk yard playground on Governors Island. brooklynbridgeparents.com/a-look-inside-the-junk-yard-playground-on-governors-island.

28. 저자 조너선 하이트가 제공한 사진.

29. Keeler(2020).

30. Fyfe-Johnson et al.(2021).

31. 이 사진을 제공한 애덤 비넨스톡Adam Bienenstock에게 감사드린다. 비넨스톡은 덴마크의 놀이터 건축가 헬레 네벨롱Helle Nebelong의 설계를 바탕으로 이 놀이터를 만들었다.

32. Vella-Brodrick & Gilowska(2022).

33. Lahey, J.(2014, January 28). Recess without rules. *Atlantic*. www.theatlantic.com/education/archive/2014/01/recess-without-rules/283382 Saul, H.(2014, January 28). New Zealand school bans playground rules and sees less bullying and vandalism. *Independent*. www.independent.co.uk/news/world/australasia/new-zealand-school-bans-playground-rules-and-sees-less-bullying-and-vandalism-9091186.html도 참고하라.

34. 앞의 주석 33 참고.

35. Brussoni et al.(2017).

36. 건강한 놀이는 아무 고통도 수반하지 않는 것이 아니다. 거친 몸싸움과 욕설, 찰과상, 타박상은 모두 자연 놀이의 일부이며, 놀이에서 안티프래질리티 효과가 나타나려면 꼭 필요하다. 아이들의 '안전'을 위해 이것들을 쉬는 시간에서 제거하는 것은 밀의 모든 영양소를 제거하고 아이에게 흰 빵만 먹이는 것과 같다. 그렇다고 학교 폭력을 받아들여야 한다는 뜻은 아니다. 대다수 정의에 따르면, 학교 폭력은 단 하루에 그치지 않고 한 아이가 다른 아이에게 해를 가하려는 의도적 행동이 반복적으로 나타나는 패턴이 필요하다. 어른이 해야 할 필수적 역할이 있는데, 학교 폭력을 줄이기 위한 방침을 정하고 폭력이 발생했을 때 적절히 대응하는 것이다. 하지만 대다수 갈등과 괴롭힘과 욕설 사례는 학교 폭력이 아니며, 그런 일이 일어났을 때 그것을 막기 위해 어른이 급하게 개입해서는 안 된다.

37. Dee(2006); Mullola et al.(2012).

38. Partelow(2019, p. 3).

39. Reeves(2022, September); Casey and Nzau(2019); Torre(2018)를 참고하라.

40. 이 두 문단은 내가 《애틀랜틱》에 쓴 글에서 가져왔는데, 그 글에서 나는 휴대폰 금지 학교를 지지하는 주장을 더 확장했다. Haidt, J.(2023, June 6). Get phones out of schools now. *Atlantic*. www.theatlantic.com/ideas/archive/2023/06/ban-smart-phones-phone-free-schools-social-media/674304.

41. 학교의 법적 책임과 보험 비용이 증가할 수 있다는 사실을 나는 인정한다. 나는 정부가 법적 책임 개혁안을 통과시켜 소송보다는 교육에 집중할 수 있도록 학교들을 해방하길 희망한다. 그렇게 할 수 있는 방법을 논의한 내용을 보고 싶으면 Howard(2014)를 참고하라.

42. 이렇게 하면 과학 연구 결과들의 가장 큰 단점 중 하나를 바로잡을 수 있을 것이다. 그 단점은 휴대폰을 금지하거나 자유 놀이와 자율성을 대폭 확대한 전체 학교들에 관한 연구가 거의 없기 때문에, 개인 차원의 효과에 초점을 맞추는 것이다. 이 정책들의 결과로 나타나는 집단 차원의 효과를 측정해보자.

43. 만약 학교 수가 많으면 무작위 배정을 무난하게 진행해도 된다. 그런데 만약 중학교가, 예컨대 16개뿐이라면, 그리고 인종이나 사회 계층에서 서로 차이가 있다면, 네 집단을 가능하면 서로 잘 비교할 수 있도록 비슷한 학교들끼리 묶어 분리하는 게 좋다. 일단 네 집단의 배정이 끝나면, 각 집단에 배정하는 실험 조건은 추첨과 같은 무작위 방법을 사용해 정할 수 있다.

44. 실험을 시작하기 전에 학교가 관심을 가진 핵심 변수들(학업 성취도, 정신 건강 의뢰, 자신의 정신 건강과 학교생활에 관한 학생의 보고, 집단 괴롭힘과 행동 문제 조사 결과, 학생의 과제 수행 능력과 수업 태도를 포함한 교실 문화에 관한 교사의 보고서와 같은)을 측정하기 위해 사전에 합의한 측정 방법들을 수집하거나, 만약 그런 게 없다면 만들어야 한다. 측정 결과는 가능하면 매달 한 번씩 수집하는 게 좋고, 적어도 한 학년도에 세 번은 수집해야 한다.

45. 휴대폰이 아직 큰 문제가 아닐 수도 있는 초등학교들에 대해서는 단 두 가지 조건(플레이 클럽이 있는 학교와 없는 학교 또는 렛그로 프로젝트를 실행하는 학교와 실행하지 않는 학교)만 있는 더 단순한 버전의 실험을 시도할 수도 있다. 이와 같은 실험은 다양한 조건에서 어떤 결과가 나오는지 살펴보기 위해 서로 다른 지역들과 나라들에서 시도해볼 수 있다.

12장 부모가 지금 할 수 있는 일

1. Gopnik(2016, p. 18).
2. 리노어 스커네이지는 2017년에 나와 피터 그레이, 대니얼 셔크먼과 함께 공동으로 설립한 렛그로의 대표로 일한 자신의 경험을 바탕으로 이 장의 여러 부분을 함께 썼다. 더 포괄적인 제안 목록과 출간 이후의 수정 사항을 보고 싶다면, 이 장의 온라인 부록과 www.letgrow.org를 참고하라.
3. Scarr(1992).
4. 자신의 "인생은 그다지 유용하지 않다."라고 믿는 미국 12학년 청소년의 비율 증가는 온라인 부록을 참고하라.
5. 그런 권고를 요약한 내용과 링크는 나의 공동 리뷰 문서를 참고하라. The Impact of Screens on Infants, Toddlers, and Preschoolers. www.anxiousgeneration.com/reviews.
6. Myers et al.(2017); Kirkorian & Choi(2017); Roseberry et al.(2014).
7. 적어도 미국(Council on Communications and Media, 2016)과 캐나다(Ponti et al., 2017), 오스트레일리아(Joshi & Hinkley, 2021) 의학계에서 나온 조언들은 서로 일치한다. 영국 권위자들의 조언은 다소 느슨한 편이다(Viner et al., 2019).
8. 이 중요한 조언들은 미국 소아청소년정신의학회(2020)에서 직접 인용한 것이다.
9. 2~3세 이상의 아동은 긴 자동차 여행이나 비행기 여행 동안 일부 시간을 프로그램이나 영화를 보면서 보내도 괜찮다는 점을 지적하고 싶다.
10. Harris(1989).
11. Let Grow(n.d.). Kid license. www.letgrow.org/printable/letgrowlicense.
12. Safe Routes to School. www.saferoutesinfo.org.
13. 미국과 캐나다에서 자유 방목 아동기를 지지하는 증거를 보여주는 여름 캠프 목록은 Skenazy, L.(2023, August 14). Phone-free camps. 렛그로. www.letgrow.org/resource/phone-free-camps를 참고하라.
14. 캠프에서 지내는 동안 휴대폰을 정말로 압수해 따로 보관하는지 반드시 확인해야 한다. 말로는 휴대폰을 금지한다고 하지만, 많은 학교처럼 "호주머니에서 휴대폰을 꺼내는 것을 어른에게 들키지 마라."라는 뜻으로 그렇게 말하는 경우가 많다.

15. 동네 놀이 공간을 소개한 내용은 다음을 참고하라. Thernstrom, M.(2016, October 16). The anti-helicopter parent's plea: Let kids play! *New York Times*. www.nytimes. com/2016/10/23/magazine/the-anti-helicopter-parents-plea-let-kids-play.html. 랜자의 책과 웹사이트 www.playborhood.com도 참고하라.

16. 일부 부모는 남의 아이가 다치기라도 하면 책임을 져야 할 상황을 우려한다. 소송에 대한 두려움은 이러한 노력을 무력화할 만큼 크다. 하지만 랜자는 불의의 사태에 대한 책임을 지지 않겠다고 하거나 추가 보험을 드는 일을 하지 않기로 결정했다. 대신에 자신의 뜰에서 위험한 요소들을 제거하고 놀이 기구(랜자는 그네, 장난감 집, 미술을 할 수 있는 장소를 추천한다)를 일부 추가했으며, 이웃이 자신에게 소송을 걸지 않으리라고 믿었다. 그것은 효과가 있었다. 아이들은 그곳에서 놀이 기반 아동기를 맛볼 수 있다. 비용이 전혀 들지 않으면서 법적 책임 위험을 낮추는 한 가지 방법은 매일 오후에 부모들이 차례로 돌아가면서 현지 공원이나 놀이터에 가서 보호자 역할을 하되, 오로지 긴급 상황이 발생할 경우에만 관여하는 것이다.

17. 이 연령대의 아이들은 어른의 행동에 주목하고 그것을 모방한다. 따라서 건강한 기술 사용 습관을 모방하는 것이 중요하다. 완벽할 필요까진 없지만 화면을 적절한 장소에 두고, 현실에 완전히 관여해야 할 때에는 완전히 관여하려고 노력하는 모습으로, 자녀에게 건강한 경계선을 설정하는 법을 보여주려고 노력하라. 자녀에게 건강한 기술 사용 방법을 모방하게 하는 실용적 지침을 원한다면, 다음을 보라. Nelson(2023, September 28). How Parents Can Model Appropriate Digital Behavior for Kids. www.brightcanary.io/parents-digital-role-model.

18. Rideout(2021).

19. Lin, H.(2023). Your First Device. *The New Yorker* ©Condé Nast.

20. Nesi(2023).

21. 구체적으로는 다음을 참고하라. Knorr, C.(2021, March 9). Parents' ultimate guide to parental controls. Common Sense Media. www.commonsensemedia.org/articles/ parents-ultimate-guide-to-parental-controls.

22. Sax, L.(2022, September 7) 참고. Is your son addicted to video games? Institute for Family Studies. ifstudies.org/blog/is-your-son-addicted-to-video-games. 색스는 또한 자녀가 하는 게임을 이해하기 위해 커먼센스 미디어를 사용하라고 부모에게 제안한다. 게임 이름을 입력하기만 하면, 이 사이트는 그 게임의 성격과 적정 사용 연령대를 요약한 정보를 알려준다.

23. 스크린스트롱ScreenStrong의 멜라니 헴프는 침실에 **어떤** 장비도 허용하지 말라고 부모에게 권고한다. 멜라니는 내게 "어두운 화면 활동은 대부분 닫힌 침실 문 뒤에서 일어납니다."라고 말했다.

24. 예컨대 www.healthygamer.gg 또는 www.gamequitters.com, www.screenstrong.org 를 방문해보라.

25. Screen Time Action Network from FairPlay를 참고하라. www.screentimenetwork. org.

26. Kremer, W.(2014, March 23). What medieval Europe did with its teenagers. BBC. www.bbc.com/news/magazine-26289459.

27. American Exchange Project, americanexchangeproject.org/about.

28. American Field Service, www.afsusa.org/study-abroad.

29. 더 많은 링크와 미국에 기반을 두지 않은 프로그램은 온라인 부록을 참고하라.

30. CISV International, cisv.org/about-us/our-story.

31. YMCA(ycamp.org/wilderness-trips와 www.ymcanorth.org/camps/camp_menogyn/sum-mer_camp 참고), Wilderness Adventures(www.wildernessadventures.com), Montana Wilderness School(www.montanawildernessschool.org), NOLS(nols.edu/en), Outward Bound(www.outwardbound.org)가 주관하는 프로그램을 포함해 미국 전역에 십대를 위한 야외 탐사 프로그램이 많이 있다.

32. 다음 사이트에서 'DCF Wilderness school'을 찾아보라. portal.ct.gov/DCF/Wilder-ness-School/Home.

33. 온라인 부록에 그러한 사이트들이 추가로 실려 있다.

34. Center for Humane Technology(n.d.). Youth toolkit. www.humanetech.com/youth. 또한 Screensense(www.screensense.org)와 Screen Time Action Network from Fair-play(www.screentimenetwork.org)도 참고하라.

맺음말: 아이들을 지구로 돌려보내자

1. Alternative Hypotheses to the Adolescent Mental Illness Crisis: A Collaborative Review를 보라. www.anxiousgeneration.com/reviews에서 볼 수 있다.

2. 이 네 가지 개혁 방안이 일상생활을 놀이와 교류가 넘치게 하고 휴대폰에 의존하는 시간을 줄인다는 점을 감안하면, 중학교에서는 2년 안에 실질적인 호전이 일어날 게 분명하다. 고등학교에서는 부모가 이미 가입해서 활동 중인 자녀의 소셜 미디어 사용을 금지하기가 어려울 것이다. 그래도 고등학교는 학교에서 휴대폰을 금지하는 정책에서 일부 즉각적인 이득을 얻을 가능성이 높다. 가장 큰 호전은 가정과 학교에서 고등학생이 될 때까지 스마트폰 기반 아동기를 연기한 시기를 보낸 중학생들이 고등학교로 몇 년 동안 올라온 뒤에야 나타날 것이다.

3. Latane & Darley(1968). 이 실험에는 세 번째 조건이 있었는데, 실제 피험자는 실험자에게 협력하는 나머지 두 학생과 함께 대기실에 있었다. 두 협력자는 그냥 앉아서 설문 조사지를 채우는 일을 했다. 이 조건에서 연기가 난다고 보고한 피험자는 10%에 불과했다. 이 연구를 논의할 때 주로 이야기하는 것은 이 결과이지만, 나는 실제 피험

불안 세대

자 세 명이 함께 있는 조건이 가장 중요하다고 생각한다.

4. 이산화타이타늄은 해로운 효과가 여러 가지 있다. 오늘날이라면 이 실험은 절대로 할 수 없었을 것이다.(그 당시에 연구자들은 해로운 효과를 몰랐을 것이다.)

5. www.letgrow.org, www.outsideplay.ca, www.fairplayforkids.org와 온라인 부록인 www.anxiousgeneration.com/supplement에 실린 그 밖의 조직들을 살펴보라. 나는 '8학년까지 기다리자'가 택한 접근법을 존중하지만, 그 이름을 '9학년까지 기다리자' 로 바꾸어야 한다고 생각한다.

6. www.humanetech.com, www.commonsense.org, www.screenstrong.org, www. screensense.org와 온라인 부록에 실린 그 밖의 조직을 살펴보라.

7. www.designitforus.org와 온라인 부록에 실린 그 밖의 조직을 살펴보라.

8. Keaggy, D. T.(2023, February 14). Lembke testifies before Senate committee on online safety. *The Source—Washington University in St.Louis.* source.wustl. edu/2023/02/lembke-testifies-before-senate-committee-on-online-safety에서 인 용.

참고 문헌

Ahmed, G. K., Abdalla, A. I., Mohamed, A. W., Mohamed, L. K., & Shamaa, H. A. (2022). Relationship between time spent playing internet gaming apps and behavioral problems, sleep problems, alexithymia, and emotion dysregulations in children: A multicentre study. *Child and Adolescent Psychiatry and Mental Health*, *16*, Article 67. doi.org/10.1186/s13034-022-00502-w

Aichner, T., Grünfelder, M., Maurer, O., & Jegeni, D. (2021). Twenty-five years of social media: A review of social media applications and definitions from 1994 to 2019. *Cyberpsychology, Behavior, and Social Networking*, *24*(4), 215–222. doi.org/10.1089/cyber.2020.0134

Alanko, D. (2023). The health effects of video games in children and adolescents. *Pediatrics In Review*, *44*(1), 23–32. doi.org/10.1542/pir.2022-005666

Aitken, M., Steensma, T. D., Blanchard, R., VanderLaan, D. P., Wood, H., Fuentes, A., & Zucker, K. J. (2015). Evidence for an altered sex ratio in clinic-referred adolescents with gender dysphoria. *The Journal of Sexual Medicine, 12*(3), 756–763. doi.org/10.1111/jsm.12817

Alavi, S. S., Ferdosi, M., Jannatifard, F., Eslami, M., Alaghemandan, H., & Setare, M. (2012). Behavioral addiction versus substance addiction: Correspondence of psychiatric and psychological views. *International Journal of Preventive Medicine*, *3*(4), 290–294.

Albright, J. M. (2008). Sex in America online: An exploration of sex, marital status, and sexual identity in internet sex seeking and its impacts. *Journal of Sex Research*, *45*(2), 175–186. doi.org/10.1080/00224490801987481

Alimoradi, Z., Lin, C.-Y., Broström, A., Bülow, P. H., Bajalan, Z., Griffiths, M. D., Ohayon, M. M., & Pakpour, A. H. (2019). Internet addiction and sleep problems: A systematic review and meta-analysis. *Sleep Medicine Reviews*, *47*, 51–61. doi.org/10.1016/j.smrv.2019.06.004

Alonzo, R., Hussain, J., Stranges, S., & Anderson, K. K. (2021). Interplay between social media use, sleep quality, and mental health in youth: A systematic review. *Sleep Medicine Reviews*, *56*, 101414. doi.org/10.1016/j.smrv.2020.101414

American Academy of Child & Adolescent Psychiatry. (2020, February). *Screen time and children*. www.aacap.org/AACAP/Families_and_Youth/Facts_for_Families/FFF-Guide/Children-And-Watching-TV-054.aspx

American College Health Association (n.d.). *National College Health Assessment*. www.acha.org/NCHA/About_ACHA_NCHA/Survey/NCHA/About/Survey.aspx?h-key=7e9f6752-2b47-4671-8ce7-ba7a529c9934

American College of Pediatricians. (2020, May). *Media use and screen time—its impact on children, adolescents, and families*. acpeds.org/position-statements/media-use-and-screen-time-its-impact-on-children-adolescents-and-families

American Psychiatric Association. (2022, March). *Diagnostic and statistical manual of mental disorders* (5th ed., text rev.). doi.org/10.1176/appi.books.9780890425787

American Psychiatric Association. (2023, January). Internet gaming. www.psychiatry.org/patients-families/internet-gaming

Ames, L. B., & Ilg, F. L. (1979). *Your six-year-old: Defiant but loving*. Delacorte Press.

Anderson, C. A., Shibuya, A., Ihori, N., Swing, E. L., Bushman, B. J., Sakamoto, A., Rothstein, H. R., & Saleem, M. (2010). Violent video game effects on aggression, empathy, and prosocial behavior in Eastern and Western countries: A meta-analytic review. Psychological Bulletin, 136(2), 151–173. doi.org/10.1037/a0018251

Archer, J. (2004). Sex differences in aggression in real-world settings: A meta-analytic review. *Review of General Psychology*, 8(4), 291–322. doi.org/10.1037/1089-2680.8.4.291

Arenas-Arroyo, E., Fernández-Kranz, D., & Nollenberger, N. (2022). High speed internet and the widening gender gap in adolescent mental health: Evidence from hospital records. *IZA Discussion Papers*, No. 15728. www.iza.org/publications/dp/15728/high-speed-internet-and-the-widening-gender-gap-in-adolescent-mental-health-evidence-from-hospital-records

Askari, M. S., Rutherford, C., Mauro, P. M., Kreski, N. T., & Keyes, K. M. (2022). Structure and trends of externalizing and internalizing psychiatric symptoms and gender differences among adolescents in the US from 1991 to 2018. *Social Psychiatry and Psychiatric Epidemiology*, 57(4), 737–748. doi.org/10.1007/s00127-021-02189-4

Assari, S. (2020). American children's screen time: Diminished returns of household income in Black families. *Information*, 11(11), 538. doi.org/10.3390/info11110538

Atske, S., & Perrin, A. (2021, July 16). Home broadband adoption, computer ownership vary by race, ethnicity in the U.S. Pew Research Center. www.pewresearch.org/short-reads/2021/07/16/home-broadband-adoption-computer-ownership-vary-by-race-ethnicity-in-the-u-s/

Australian Institute of Health and Welfare. (2022). *Australia's health snapshots 2022: Mental health of young Australians*. www.aihw.gov.au/getmedia/ba6da461-a046-44ac-9a7f29d08a2bea9f/aihw-aus-240_Chapter_8.pdf.aspx

Auxier, M., Anderson, M., Perrin, A., & Turner, E. (2020, July 28). Parenting children in the age of screens. Pew Research Center. www.pewresearch.org/internet/2020/07/28/parenting-children-in-the-age-of-screens/

Balzarini, R. N., Dobson, K., Chin, K., & Campbell, L. (2017). Does exposure to erotica reduce attraction and love for romantic partners in men? Independent replications of Kenrick, Gutierres, and Goldberg (1989) study 2. *Journal of Experimental Social Psychology*, 70, 191–197. doi.org/10.1016/j.jesp.2016.11.003

Barrick, E. M., Barasch, A., & Tamir, D. I. (2022). The unexpected social consequences of diverting attention to our phones. *Journal of Experimental Social Psychology*, 101, 104344. doi.org/10.1016/j.jesp.2022.104344

Bauer, M., Blattman, C., Chytilová, J., Henrich, J., Miguel, E., & Mitts, T. (2016). Can war foster cooperation? *Journal of Economic Perspectives*, *30*(3), 249–274. doi. org/10.1257/jep.30.3.249

Baumgartner, S. E., van der Schuur, W. A., Lemmens, J. S., & te Poel, F. (2018). The relationship between media multitasking and attention problems in adolescents: Results of two longitudinal studies. *Human Communication Research*, *44*(1), 3–30. doi. org/10.1093/hcre.12111

Beck, N., & Wong, J. S. (2022). A meta-analysis of the effects of wilderness therapy on delinquent behaviors among youth. *Criminal Justice and Behavior*, *49*(5), 700–729. doi.org/10.1177/00938548221078002

Berger, M. N., Taba, M., Marino, J. L., Lim, M. S. C., Cooper, S. C., Lewis, L., Albury, K., Chung, K. S. K., Bateson, D., & Skinner, S. R. (2021). Social media's role in support networks among LGBTQ adolescents: A qualitative study. *Sexual Health*, *18*(5), 421–431. doi.org/10.1071/SH21110

Berger, M. N., Taba, M., Marino, J. L., Lim, M. S. C., & Skinner, S. R. (2022). Social media use and health and well-being of lesbian, gay, bisexual, transgender, and queer youth: Systematic review. *Journal of Medical Internet Research*, *24*(9), Article e38449. doi.org/10.2196/38449

Bettmann, J. E., Gillis, H. L., Speelman, E. A., Parry, K. J., & Case, J. M. (2016). A meta-analysis of wilderness therapy outcomes for private pay clients. *Journal of Child and Family Studies*, *25*(9), 2659–2673. doi.org/10.1007/s10826-016-0439-0

Bijttebier, P., Beck, I. M., Claes, L., & Vandereycken, W. (2009). Gray's reinforcement sensitivity theory as a framework for research on personality–psychopathology associations. *Clinical Psychology Review*, *29*(5), 421–430. doi.org/10.1016/ j.cpr.2009.04.002

Black, J. E., Jones, T. A., Nelson, C. A., & Greenough, W. T. (1998). Neuronal plasticity and the developing brain. In *Handbook of Child and Adolescent Psychiatry* (Vol. 6, pp. 31–53).

Block, J. (2023). Gender dysphoria in young people is rising—and so is professional disagreement. *BMJ*, *380*, 382. doi.org/10.1136/bmj.p382

Boer, M., Stevens, G., Finkenauer, C., & van den Eijnden, R. (2019). Attention deficit hyperactivity disorder-symptoms, social media use intensity, and social media use problems in adolescents: Investigating directionality. *Child Development*, *91*(4), e853–e865. doi.org/10.1111/cdev.13334

Borca, G., Bina, M., Keller, P. S., Gilbert, L. R., & Begotti, T. (2015). Internet use and developmental tasks: Adolescents' point of view. *Computers in Human Behavior*, *52*, 49–58. doi.org/10.1016/j.chb.2015.05.029

Boss, L. P. (1997). Epidemic hysteria: A review of the published literature. *Epidemiologic Reviews*, *19*(2), 233–243. doi.org/10.1093/oxfordjournals.epirev.a017955

Botella, C., Fernández-Álvarez, J., Guillén, V., García-Palacios, A., & Baños, R. (2017). Recent progress in virtual reality exposure therapy for phobias: A systematic review. *Current Psychiatry Reports*, *19*(7), Article 42. doi.org/10.1007/s11920-017-0788-4

Bőthe, B., Vaillancourt-Morel, M.-P., Bergeron, S., & Demetrovics, Z. (2019). Problematic and non-problematic pornography use among LGBTQ adolescents: A systematic literature review. *Current Addiction Reports*, *6*, 478–494. doi.org/10.1007/s40429-019-00289-5

Bőthe, B., Vaillancourt-Morel, M.-P., Girouard, A., Štulhofer, A., Dion, J., & Bergeron,S. (2020). A large-scale comparison of Canadian sexual/gender minority and heterosexual, cisgender adolescents' pornography use characteristics. *Journal of Sexual Medicine*, *17*(6). doi.org/10.1016/j.jsxm.2020.02.009

Bowen, D. J., Neill, J. T., & Crisp, S. J. R. (2016). Wilderness adventure therapy effects on the mental health of youth participants. *Evaluation and Program Planning*, *58*, 49–59. doi.org/10.1016/j.evalprogplan.2016.05.005

Boyd, R., & Richerson, P. J. (1985). *Culture and the evolutionary process*. University of Chicago Press.

Brady, W. J., Wills, J. A., Jost, J. T., Tucker, J. A., & Van Bavel, J. J. (2017). Emotion shapes the diffusion of moralized content in social networks. *Proceedings of the National Academy of Sciences of the United States of America*, *114*(28), 7313–7318. doi.org/10.1073/pnas.1618923114

Braghieri, L., Levy, R., & Makarin, A. (2022). Social media and mental health. *American Economic Review*, *112*(11), 3660–3693. doi.org/10.1257/aer.20211218

Brailovskaia, J., Krasavtseva, Y., Kochetkov, Y., Tour, P., & Margraf, J. (2022). Social media use, mental health, and suicide-related outcomes in Russian women: A cross-sectional comparison between two age groups. *Women's Health*, *18*. doi.org/10.1177/17455057221141292

Brailovskaia, J., Meier-Faust, J., Schillack, H., & Margraf, J. (2022). A two-week gaming abstinence reduces internet gaming disorder and improves mental health: An experimental longitudinal intervention study. *Computers in Human Behavior*, *134*. doi.org/10.1016/j.chb.2022.107334

Brand, B. L., Sar, V., Stavropoulos, P., Krüger, C., Korzekwa, M., Martínez-Taboas, A., & Middleton, W. (2016). Separating fact from fiction: An empirical examination of six myths about dissociative identity disorder. *Harvard Review of Psychiatry*, *24*(4), 257–270. doi.org/10.1097/hrp.0000000000000100

Brown, D. (1991). *Human universals*. McGraw-Hill.

Brunborg, G. S., Mentzoni, R. A., Melkevik, O. R., Torsheim, T., Samdal, O., Hetland, J., Andreassen, C. S., & Palleson, S. (2013). Gaming addiction, gaming engagement, and psychological health complaints among Norwegian adolescents. *Media Psychology*, *16*(1), 115–128. doi.org/10.1080/15213269.2012.756374

Brussoni, M., Gibbons, R., Gray, C., Ishikawa, T., Sandseter, E. B. H., Bienenstock, A., Chabot, G., Fuselli, P., Herrington, S., Janssen, I., Pickett, W., Power, M., Stanger, N., Sampson, M., & Tremblay, M. S. (2015). What is the relationship between risky outdoor play and health in children? A Systematic Review. *International Journal of Environmental Research and Public Health*, *12*(6), 6423–6454. doi.org/10.3390/

ijerph120606423

Brussoni, M., Ishikawa, T., Brunelle, S., & Herrington, S. (2017). Landscapes for play: Effects of an intervention to promote nature-based risky play in early childhood centres. *Journal of Environmental Psychology*, *54*, 139–150. doi.org/10.1016/j.jenvp.2017.11.001

Brussoni, M., Olsen, L. L., Pike, I., & Sleet, D. A. (2012). Risky play and children's safety: Balancing priorities for optimal child development. *International Journal of Environmental Research and Public Health*, *9*(9), 3134–3148. doi.org/10.3390/ijerph9093134

Buchholz, L. (2015). Exploring the promise of mindfulness as medicine. *JAMA*, *314*(13), 1327–1329. doi.org/10.1001/jama.2015.7023

Buliung, R. N., Mitra, R., & Faulkner, G. (2009). Active school transportation in the Greater Toronto Area, Canada: An exploration of trends in space and time (1986–2006). *Preventive Medicine*, *48*(6), 507–512. doi.org/10.1016/j.ypmed.2009.03.001

Bushman, B. J., & Huesmann, L. R. (2014). Twenty-five years of research on violence in digital games and aggression revisited. *European Psychologist*, *19*(1), 47–55. doi.org/10.1027/1016-9040/a000164

Buss, D. M. (2021). *When men behave badly: The hidden roots of sexual deception, harassment, and assault*. Little, Brown Spark.

Cai, J. Y., Curchin, E., Coan, T., & Fremstad, S. (2023, March 30). *Are young men falling behind young women? The NEET rate helps shed light on the matter*. Center for Economic and Policy Research. cepr.net/report/are-young-men-falling-behind-young-women-the-neet-rate-helps-shed-light-on-the-matter/

Carhart-Harris, R. L., Erritzoe, D., Williams, T., Stone, J. M., Reed, L. J., Colasanti, A., Tyacke, R. J., Leech, R., Malizia, A. L., Murphy, K., Hobden, P., Evans, J., Feilding, A., Wise, R. G., & Nutt, D. J. (2012). Neural correlates of the psychedelic state as determined by fMRI studies with psilocybin. *Proceedings of the National Academy of Sciences*, *109*(6), 2138–2143. doi.org/10.1073/pnas.1119598109

Carr, N. (2012). *The shallows: What the internet is doing to our brains*. W. W. Norton.

Casey, M., & Nzau, S. (2019, September 11). The differing impact of automation on men and women's work. Brookings Institution. www.brookings.edu/articles/the-differing-impact-of-automation-on-men-and-womens-work/

Centers for Disease Control and Prevention. (n.d.). *WISQARS fatal and nonfatal injury reports* [Data set]. wisqars.cdc.gov/reports/

Centers for Disease Control and Prevention. (2015). *School health policies and practices study 2014*. www.cdc.gov/healthyyouth/data/shpps/pdf/shpps-508-final_101315.pdf

Chang, A.-M., Aeschbach, D., Duffy, J. F., & Czeisler, C. A. (2014). Evening use of light-emitting eReaders negatively affects sleep, circadian timing, and next-morning alertness. *Proceedings of the National Academy of Sciences of the United States of America*, *112*(4), 1232–1237. doi.org/10.1073/pnas.1418490112

Charlton, J. P., & Danforth, I. D. W. (2007). Distinguishing addiction and high engagement in the context of online game playing. *Computers in Human Behavior*, *23*(3), 1531–1548. doi.org/10.1016/j.chb.2005.07.002

Chatard, A., Bocage-Barthélémy, Y., Selimbegović, L., & Guimond, S. (2017). The woman who wasn't there: Converging evidence that subliminal social comparison affects self-evaluation. *Journal of Experimental Social Psychology*, *73*, 1–13. doi. org/10.1016/j.jesp.2017.05.005

Chen, X., Li, M., & Wei, Q. (2019). Agency and communion from the perspective of self versus others: The moderating role of social class. *Frontiers in Psychology*, *10*. doi. org/10.3389/fpsyg.2019.02867

Cohn, J. F., & Tronick, E. Z. (1987). Mother–infant face-to-face interaction: The sequence of dyadic states at 3, 6, and 9 months. *Developmental Psychology*, *23*(1), 68–77. doi. org/10.1037/0012-1649.23.1.68

Coleman, E., Radix, A. E., Bouman, W. P., Brown, G. R., De Vries, A. L., Deutsch, M. B., & Arcelus, J. (2022). Standards of care for the health of transgender and gender diverse people, version 8. *International Journal of Transgender Health*, *23*(sup1), S1–S259. doi.org/10.1080/26895269.2022.2100644

Common Sense Media. (n.d.). *Parenting, media, and everything in between*. Common Sense Media. www.commonsensemedia.org/articles/social-media

Conner, J. O., Crawford, E., & Galioto, M. (2023). The mental health effects of student activism: Persisting despite psychological costs. *Journal of Adolescent Research*, *38*(1), 80–109. doi.org/10.1177/07435584211006789

Conze, E. (1954). *Buddhist texts through the ages*. Philosophical Library.

Cosma, A., Stevens, G., Martin, G., Duinhof, E. L., Walsh, S. D., Garcia-Moya, I., Költő, A., Gobina, I., Canale, N., Catunda, C., Inchley, J., & de Looze, M. (2020). Cross-national time trends in adolescent mental well-being from 2002 to 2018 and the explanatory role of schoolwork pressure. *Journal of Adolescent Health*, *66*(6S), S50–S58. doi. org/10.1016/j.jadohealth.2020.02.010

Council on Communications and Media. (2016). Media and young minds. *Pediatrics*, *138*(5), Article e20162591. doi.org/10.1542/peds.2016-2591

Cox, D. A. (2021, June 29). Men's social circles are shrinking. Survey Center on American Life. www.americansurveycenter.org/why-mens-social-circles-are-shrinking/

Coyne, S. M., Hurst, J. L., Dyer, W. J., Hunt, Q., Schvaneveldt, E., Brown, S., & Jones, G. (2021). Suicide risk in emerging adulthood: Associations with screen time over 10 years. *Journal of Youth and Adolescence*, *50*, 2324–2338. doi.org/10.1007/s10964-020-01389-6

Crick, N. R., & Grotpeter, J. K. (1995). Relational aggression, gender, and social-psychological adjustment. *Child Development*, *66*(3), 710–722. doi.org/10.2307/1131945

Curran, T., & Hill, A. P. (2019). Perfectionism is increasing over time: A meta-analysis of birth cohort differences from 1989 to 2016. *Psychological Bulletin*, *145*(4), 410–429. doi.org/10.1037/bul0000138

Cybulski, L., Ashcroft, D. M., Carr, M. J., Garg, S., Chew-Graham, C. A., Kapur, N., &

Webb, R. T. (2021). Temporal trends in annual incidence rates for psychiatric disorders and self-harm among children and adolescents in the UK, 2003–2018. *BMC Psychiatry*, *21*(1). doi.org/10.1186/s12888-021-03235-w

Dahl, R. E. (2008). Biological, developmental, and neurobehavioral factors relevant to adolescent driving risks. *American Journal of Preventive Medicine*, *35*(3), S278– S284. doi.org/10.1016/j.amepre.2008.06.013

Damour, L. (2016). *Untangled: Guiding teenage girls through the seven transitions into adulthood*. Random House.

Darwin, C. (1998). *The descent of man and selection in relation to sex*. Original work published 1871. Amherst, N.Y.: Prometheus Books.

Davidson, R. J., & Lutz, A. (2008). Buddha's brain: Neuroplasticity and meditation. *IEEE Signal Processing Magazine*, *25*(1), 176–174. doi.org/10.1109/msp.2008.4431873

Davis-berman, J., & Berman, D. S. (1989). The wilderness therapy program: An empirical study of its effects with adolescents in an outpatient setting. *Journal of Contemporary Psychotherapy*, *19*(4), 271–281. doi.org/10.1007/BF00946092

Dawkins, R. (2006). *The God delusion*. Houghton Mifflin.

Dee, T. S. (2006). The why chromosome. How a teacher's gender affects boys and girls. *Education Next*, *6*(4), 68–75. eric.ed.gov/id=EJ763353

de Graaf, N. M., Giovanardi, G., Zitz, C., & Carmichael, P. (2018). Sex ratio in children and adolescents referred to the Gender Identity Development Service in the UK(2009–2016). *Archives of Sexual Behavior*, *47*, 1301–1304. doi.org/10.1007/s10508-018-1204-9

DeLoache, J., Chiong, C., Sherman, K., Islam, N., Vanderborght, M., Troseth, G., Strouse, G. A., & O'Doherty, K. (2010). Do babies learn from baby media? *Psychological Science*, *21*(11), 1570–1574. doi.org/10.1177/0956797610384145

Descormiers, K., & Corrado, R. R. (2016). The right to belong: Individual motives and youth gang initiation rites. *Deviant Behavior*, *37*(11), 1341–1359. doi.org/1.1080/01639625.2016.1177390

DeSteno, D. (2021). *How God works: The science behind the benefits of religion*. Simon & Schuster.

Diaz, S., & Bailey, J. M. (2023). Rapid onset gender dysphoria: Parent reports on 1655 possible cases. *Archives of Sexual Behavior*, *52*(3), 1031–1043. doi.org/10.1007/s10508-023-02576-9

Dodd, H. F., FitzGibbon, L., Watson, B. E., & Nesbit, R. J. (2021). Children's play and independent mobility in 2020: Results from the British children's play survey. *International Journal of Environmental Research and Public Health*, *18*(8), 4334. doi.org/10.3390/ijerph18084334

Doepke, M., Sorrenti, G., & Zilibotti, F. (2019). The economics of parenting. *Annual Review of Economics*, *11*, 55–84. doi.org/10.1146/annurev-economics-080218-030156

Donevan, M., Jonsson, L., Bladh, M., Priebe, G., Fredlund, C., & Svedin, C. G. (2022). Adolescents' use of pornography: Trends over a ten-year period in Sweden. *Archives* of Sexual Behavior, 51, 1125–1140. doi.org/10.1007/s10508-021-02084-8

Dorahy, M. J., Brand, B. L., Şar, V., Krüger, C., Stavropoulos, P., Martínez-Taboas, A., Lewis-Fernández, R., & Middleton, W. (2014). Dissociative identity disorder: An empirical overview. *Australian and New Zealand Journal of Psychiatry, 48*(5), 402–417. doi.org/10.1177/0004867414527523

Durkheim, É. (1951). *Suicide, a study in sociology* (J. A. Spaulding & G. Simpson, Trans.). Original work published 1897. Free Press.

Durkheim, É. (2008). *The elementary forms of religious life* (C. Cosman, Trans.). Original work published 1912. Oxford University Press.

Dwulit, A. D., & Rzymski, P. (2019). The potential associations of pornography use with sexual dysfunctions: An integrative literature review of observational studies. *Journal of Clinical Medicine, 8*(7), 914. doi.org/10.3390/jcm8070914

Dwyer, R. J., Kushlev, K., & Dunn, E. W. (2018). Smartphone use undermines enjoyment of face-to-face social interactions. *Journal of Experimental Social Psychology, 78*, 233–239. doi.org/10.1016/j.jesp.2017.10.007

Eagly, A. H., Nater, C., Miller, D. I., Kaufmann, M., & Sczesny, S. (2020). Gender stereotypes have changed: A cross-temporal meta-analysis of U.S. public opinion polls from 1946 to 2018. *American Psychologist, 75*(3), 301–315. doi.org/10.1037/amp0000494

Economides, M., Martman, J., Bell, M. J., & Sanderson, B. (2018). Improvements in stress, affect, and irritability following brief use of a mindfulness-based smartphone app: A randomized controlled trial. *Mindfulness, 9*(5), 1584–1593. doi.org/10.1007/s12671-018-0905-4

Edmondson, A. (1999). Psychological safety and learning behavior in work teams. *Administrative Science Quarterly, 44*(2), 350–383. doi.org/10.2307/2666999

Ehrenreich, B. (2006). *Dancing in the streets: A history of collective joy*. Metropolitan Books/Henry Holt.

Eime, R. M., Young, J. A., Harvey, J. T., Charity, M. J., & Payne, W. R. (2013). A systematic review of the psychological and social benefits of participation in sport for children and adolescents: Informing development of a conceptual model of health through sport. *International Journal of Behavioral Nutrition and Physical Activity, 10*(1), Article 98. doi.org/10.1186/1479-5868-10-98

Elson, M., & Ferguson, C. J. (2014). Twenty-five years of research on violence in digital games and aggression: Empirical evidence, perspectives, and a debate gone astray. *European Psychologist, 19*(1), 33–46. doi.org/10.1027/1016-9040/a000147

Emerson, R. W. (1836). *Nature*. James Munroe. archive.vcu.edu/english/engweb/transcendentalism/authors/emerson/nature.html.

Epictetus. (1890). *The Enchiridion* (G. Long, Trans.). Original work published ca. 125 CE. George Bell and Sons.

Eyal, N. (2014). *Hooked: How to build habit-forming products*. Portfolio.

Eyal, N. (2019). *Indistractable: How to control your attention and choose your life*. BenBella Books.

Fam, J. Y. (2018). Prevalence of internet gaming disorder in adolescents: A meta-analysis across three decades. *Scandinavian Journal of Psychology, 59*(5), 524–531. doi.org/10.1111/sjop.12459

Ferguson, C. J., Bean, A. M., Nielsen, R. K. L., & Smyth, M. P. (2020). Policy on unreliable game addiction diagnoses puts the cart before the horse. *Psychology of Popular Media, 9*(4), 533–540. doi.org/10.1037/ppm0000249

Ferguson, C. J., Coulson, M., & Barnett, J. (2011). A meta-analysis of pathological gaming prevalence and comorbidity with mental health, academic, and social problems. *Journal of Psychiatric Research, 45*(12), 1573–1578. doi.org/10.1016/j.jpsychires.2011.09.005

Filipe, M. G., Magalhães, S., Veloso, A. S., Costa, A. F., Ribeiro, L., Araújo, P., Castro, S. L., & Limpo, T. (2021). Exploring the effects of meditation techniques used by mindfulness-based programs on the cognitive, social-emotional, and academic skills of children: A systematic review. *Frontiers in Psychology, 12*, Article 660650. doi.org/10.3389/fpsyg.2021.660650

Finlay, B. B., & Arrieta, M.-C. (2016). *Let them eat dirt: Saving your child from an over-sanitized world.* Algonquin Books.

Fiske, S. T. (2011). *Envy up, scorn down: How status divides us.* Russell Sage Foundation.

Flanders, J. L., Leo, V., Paquette, D., Pihl, R. O., & Séguin, J. R. (2009). Rough-and-tumble play and the regulation of aggression: An observational study of father–child play dyads. *Aggressive Behavior, 35*(4), 285–295. doi.org/10.1002/ab.20309

Flynn, R. M., Shaman, N. J., & Redleaf, D. L. (2023). The unintended consequences of "lack of supervision" child neglect laws: How developmental science can inform policies about childhood independence and child protection. *Social Policy Report, 36*(1), 1–38. doi.org/10.1002/sop2.27

Food and Drug Administration. (2010, March 19). Regulations restricting the sale and distribution of cigarettes and smokeless tobacco to protect children and adolescents. *Federal Register, 75*(53), 13225–13232. www.govinfo.gov/content/pkg/FR-2010-03-19/pdf/2010-6087.pdf

Fowler, J. H., & Christakis, N. A. (2008). Dynamic spread of happiness in a large social network: Longitudinal analysis over 20 years in the Framingham Heart Study. *BMJ, 337*, Article a2338. doi.org/10.1136/bmj.a2338

Fuhrmann, D., Knoll, L. J., & Blakemore, S. (2015). Adolescence as a sensitive period of brain development. *Trends in Cognitive Sciences, 19*(10), 558–566. doi.org/10.1016/j.tics.2015.07.008

Furedi, F. (2001). *Paranoid parenting: Abandon your anxieties and be a good parent.* Allen Lane.

Fyfe-Johnson, A. L., Hazlehurst, M. F., Perrins, S. P., Bratman, G. N., Thomas, R., Garrett, K. A., Hafferty, K. R., Cullaz, T. M., Marcuse, E. K., & Tandon, P. S. (2021). Nature and children's health: A systematic review. *Pediatrics, 148*(4), Article e2020049155. doi.org/10.1542/peds.2020-049155

Gabrielsen, L. E., Eskedal, L. T., Mesel, T., Aasen, G. O., Hirte, M., Kerlefsen, R. E., Palucha, V., & Fernee, C. R. (2019). The effectiveness of wilderness therapy as mental health treatment for adolescents in Norway: A mixed methods evaluation. *International Journal of Adolescence and Youth, 24*(3), 282–296. doi.org/10.1080/02673843. 2018.1528166

Garbarino, S., Lanteri, P., Bragazzi, N. L., Magnavita, N., & Scoditti, E. (2021). Role of sleep deprivation in immune-related disease risk and outcomes. *Communications Biology, 4*, 1304. doi.org/10.1038/s42003-021-02825-4

Garrido, E. C., Issa, T., Esteban, P. G., & Delgado, S. C. (2021). A descriptive literature review of phubbing behaviors. *Heliyon, 7*(5), Article e07037. doi.org/10.1016/j.heliyon.2021.e07037

Garriguet, D. (2021). *Portrait of youth in Canada: Data report—Chapter 1: Health of youth in Canada* (Catalogue No. 42-28-0001). Statistics Canada. www150.statcan. gc.ca/n1/en/pub/42-28-0001/2021001/article/00001-eng.pdf?st=ZQk8_2Sl

Garrison, M. M., & Christakis, D. A. (2012). The impact of a healthy media use intervention on sleep in preschool children. *Pediatrics, 130*(3), 492–499. doi.org/10.1542/peds.2011-3153

Gemmell, E., Ramsden, R., Brussoni, M., & Brauer, M. (2023). Influence of neighborhood built environments on the outdoor free play of young children: A systematic, mixed-studies review and thematic synthesis. *Journal of Urban Health, 100*(1), 118–150. doi.org/10.1007/s11524-022-00696-6

Gillis, H. L., Speelman, E., Linville, N., Bailey, E., Kalle, A., Oglesbee, N., Sandlin, J., Thompson, L., & Jensen, J. (2016). Meta-analysis of treatment outcomes measured by the Y-OQ and Y-OQ-SR comparing wilderness and non-wilderness treatment programs. *Child and Youth Care Forum, 45*(6), 851–863. doi.org/10.1007/s10566-016-9360-3

GlobalWebIndex. (2018). *Social fiagship report 2018*. www.gwi.com/hubfs/Downloads/Social-H2-2018-report.pdf

GlobalWebIndex. (2021). *Social media by generation*. 304927.fs1.hubspotusercontent-na1.net/hubfs/304927/Social%20media%20by%20generation%20-%20Global%20-%20Web_Friendly_6.pdf

Goldstone, A., Javitz, H. S., Claudatos, S. A., Buysse, D. J., Hasler, B. P., de Zambotti, M., Clark, D. B., Franzen, P. L., Prouty, D. E., Colrain, I. M., & Baker, F. C. (2020). Sleep disturbance predicts depression symptoms in early adolescence: Initial findings from the adolescent brain cognitive development study. *Journal of Adolescent Health, 66*(5), 567–574. doi.org/10.1016/j.jadohealth.2019.12.005

Gopnik, A. (2016). *The gardener and the carpenter: What the new science of child development tells us about the relationship between parents and children*. Farrar, Straus and Giroux.

Götz, F. M., Gosling, S. D., & Rentfrow, P. J. (2022). Small effects: The indispensable foundation for a cumulative psychological science. *Perspectives on Psychological*

Science, 17(1), 205–215. doi.org/10.1177/1745691620984483

Goyal, M., Singh, S., Sibinga, E. M. S., Gould, N. F., Rowland-Seymour, A., Sharma, R., Berger, Z., Sleicher, D., Maron, D. D., Shihab, H. M., Ranasinghe, P. D., Linn, S., Saha, S., Bass, E. B., & Haythornthwaite, J. A. (2014). Meditation programs for psychological stress and well-being. *JAMA Internal Medicine, 174*(3), 357–368. doi. org/10.1001/jamainternmed.2013.13018

Granic, I., Lobel, A., & Engels, R. C. M. E. (2014). The benefits of playing video games. *American Psychologist, 69*(1), 66–78. doi.org/10.1037/a0034857

Grant, J. E., Potenza, M. N., Weinstein, A., & Gorelick, D. A. (2010). Introduction to behavioral addictions. *The American Journal of Drug and Alcohol Abuse, 36*(5), 233–241. doi.org/10.3109/00952990.2010.491884

Grassini, S. (2022). A systematic review and meta-analysis of nature walk as an intervention for anxiety and depression. *Journal of Clinical Medicine, 11*(6), 1731. doi. org/10.3390/jcm11061731

Gray, J. A. (1982). *The neuropsychology of anxiety: An enquiry into the functions of the septo-hippocampal system.* Clarendon Press/Oxford University Press.

Gray, P. (2011). The decline of play and the rise of psychopathology in children and adolescents. *American Journal of Play, 3*(4), 443–463. www. psycnet.apa.org/record/2014-22137-001

Gray, P. (2013). The value of a play-filled childhood in development of the hunter-gatherer individual. In D. Narvaez, J. Panksepp, A. N. Schore, & T. R. Gleason (Eds.), *Evolution, early experience and human development: From research to practice and policy* (pp. 352–370). Oxford University Press.

Gray, P. (2018). Evolutionary functions of play: Practice, resilience, innovation, and cooperation. In P. K. Smith & J. L. Roopnarine (Eds.), *The Cambridge handbook of play: Developmental and disciplinary perspectives* (pp. 84–102). Cambridge University Press.

Gray, P. (2023). The special value of age-mixed play I: How age mixing promotes learning. *Play Makes Us Human.* petergray.substack.com/p/10-the-special-value-of-age-mixed

Gray, P., Lancy, D. F., & Bjorklund, D. F. (2023). Decline in independent activity as a cause of decline in children's mental wellbeing: Summary of the evidence. *Journal of Pediatrics, 260*(2), 113352. doi.org/10.1016/j.jpeds.2023.02.004

Green, A., Cohen-Zion, M., Haim, A., & Dagan, Y. (2017). Evening light exposure to computer screens disrupts human sleep, biological rhythms, and attention abilities. *Chronobiology International, 34*(7), 855–865. doi.org/10.1080/07420528.2017.1324878

Greitemeyer, T., & Mügge, D. O. (2014). Video games do affect social outcomes: A meta-analytic review of the effects of violent and prosocial video game play. *Personality and Social Psychology Bulletin, 40*(5), 578–589. doi.org/10.1177/0146167213520459

Grigoriev, A. I., & Egorov, A. D. (1992). General mechanisms of the effect of weightlessness on the human body. *Advances in Space Biology and Medicine*, 2, 1–42. doi. org/10.1016/s1569-2574(08)60016-7

Guisinger, S., & Blatt, S. J. (1994). Individuality and relatedness: Evolution of a fundamental dialectic. *American Psychologist*, 49(2), 104–111. doi.org/10.1037/0003-066X.49.2.104

Guo, N., Tsun Luk, T., Wu, Y., Lai, A. Y., Li, Y., Cheung, D. Y. T., Wong, J. Y., Fong, D. Y. T., & Wang, M. P. (2022). Between-and within-person associations of mobile gaming time and total screen time with sleep problems in young adults: Daily assessment study. *Addictive Behaviors*, *134*, 107408. doi.org/10.1016/j.addbeh.2022.107408

Haapala, E. A., Väistö, J., Lintu, N., Westgate, K., Ekelund, U., Poikkeus, A.-M., Brage, S., & Lakka, T. A. (2017). Physical activity and sedentary time in relation to academic achievement in children. *Journal of Science and Medicine in Sport*, *20*(6), 583–589. doi.org/10.1016/j.jsams.2016.11.003

Haidt, J. (2012). *The righteous mind: Why good people are divided by politics and religion*. Pantheon.

Haidt, J. (2023, February 23). Social media is a major cause of the mental illness epidemic in teen girls. Here's the evidence. *After Babel*. www.afterbabel.com/p/social-media-mental-illness-epidemic

Haidt, J. (2023, March 9). Why the mental health of liberal girls sank first and fastest. *After Babel*. www.afterbabel.com/p/mental-health-liberal-girls

Haidt, J. (2023, April 17). Why some researchers think I'm wrong about social media and mental illness. *After Babel*. www.afterbabel.com/p/why-some-researchers-think-im-wrong

Haidt, J., & George, E. (2023, April 12). Do the kids think they're alright? *After Babel*. www.afterbabel.com/p/do-the-kids-think-theyre-alright

Haidt, J., Park, Y. J., & Bentov, Y. (ongoing). Free play and mental health: A collaborative review. Unpublished manuscript, New York University. anxiousgeneration.com/reviews

Haidt, J., & Rausch, Z. (ongoing). Alternative hypotheses to the adolescent mental illness crisis: A collaborative review. Unpublished manuscript, New York University. anxiousgeneration.com/reviews

Haidt, J., & Rausch, Z. (ongoing). The coddling of the Canadian mind? A collaborative review. Unpublished manuscript, New York University. anxiousgeneration.com/reviews

Haidt, J., & Rausch, Z. (ongoing). The effects of phone-free schools: A collaborative review. Unpublished manuscript, New York University. anxiousgeneration.com/reviews

Haidt, J., & Rausch, Z. (ongoing). The impact of screens on infants, toddlers, and preschoolers: A collaborative review. Unpublished manuscript, New York University. anxiousgeneration.com/reviews

Haidt, J., Rausch, Z., & Twenge, J. (ongoing). Adolescent mood disorders since 2010: A collaborative review. Unpublished manuscript, New York University. anxiousgeneration.com/reviews

Haidt, J., Rausch, Z., & Twenge, J. (ongoing). Social media and mental health: A collaborative review. Unpublished manuscript, New York University. tinyurl.com/SocialMediaMentalHealthReview

Halldorsdottir, T., Thorisdottir, I. E., Meyers, C. C. A., Asgeirsdottir, B. B., Kristjansson, A. L., Valdimarsdottir, H. B., Allegrante, J. P., & Sigfusdottir, I. D. (2021). Adolescent well-being amid the COVID-19 pandemic: Are girls struggling more than boys? *JCPP Advances*, *1*(2), Article e12027. doi.org/10.1002/jcv2.12027

Haltigan, J. D., Pringsheim, T. M., & Rajkumar, G. (2023). Social media as an incubator of personality and behavioral psychopathology: Symptom and disorder authenticity or psychosomatic social contagion? *Comprehensive Psychiatry*, *121*, Article 152362. doi.org/10.1016/j.comppsych.2022.152362

Hamilton, J. P., Farmer, M., Fogelman, P., & Gotlib, I. H. (2015). Depressive rumination, the default-mode network, and the dark matter of clinical neuroscience. *Biological Psychiatry*, *78*(4), 224–230. doi.org/10.1016/j.biopsych.2015.02.020

Hamm, P. B., Billica, R. D., Johnson, G. S., Wear, M. L., & Pool, S. L. (1998, February 1). Risk of cancer mortality among the Longitudinal Study of Astronaut Health (LSAH) participants. *Aviation, Space, and Environmental Medicine*, *69*(2), 142–144. pubmed. ncbi.nlm.nih.gov/9491253/

Hancock, J., Liu, S. X., Luo, M., & Mieczkowski, H. (2022). Psychological well-being and social media use: A meta-analysis of associations between social media use and depression, anxiety, loneliness, eudaimonic, hedonic, and social well-being. SSRN. dx.doi.org/10.2139/ssrn.4053961

Hari, J. (2022). *Stolen focus: Why you can't pay attention—and how to think deeply again*. Crown.

Harris, P. L. (1989). *Children and emotion: The development of psychological understanding*. Basil Blackwell.

Haslam, N. (2016). Concept creep: Psychology's expanding concepts of harm and pathology. *Psychological Inquiry*, *27*(1), 1–17. doi.org/10.1080/1047840X.2016.1082418

Hassett, J. M., Siebert, E. R., & Wallen, K. (2008). Sex differences in rhesus monkey toy preferences parallel those of children. *Hormones and Behavior*, *54*(3), 359–364. doi. org/10.1016/j.yhbeh.2008.03.008

Health Behaviour in School-Aged Children (HBSC). (2002–2018). *HBSC study* [Data sets]. University of Bergen. www.uib.no/en/hbscdata/113290/open-access

Hebb, D. O. (1949). *The organization of behavior: A neuropsychological theory*. Wiley.

Henrich, J. (2015). *The secret of our success: How culture is driving human evolution, domesticating our species, and making us smarter*. Princeton University Press.

Henrich, J., & Gil-White, F. J. (2001). The evolution of prestige: Freely conferred deference as a mechanism for enhancing the benefits of cultural transmission. *Evolution and Human Behavior*, *22*(3), 165–196. doi.org/10.1016/s1090-5138(00)00071-4

Higher Education Research Institute (HERI). (2023). *CIRP freshman survey trends: 1966 to 2008* [Data sets]. heri.ucla.edu/data-archive/

불안 세대

Hillman, M., Adams, J., & Whitelegg, J. (1990). *One false move...: A study of children's independent mobility*. PSI.

Hisler, G., Twenge, J. M., & Krizan, Z. (2020). Associations between screen time and short sleep duration among adolescents varies by media type: Evidence from a cohort study. *Sleep Medicine, 66*, 92–102. doi.org/10.1016/j.sleep.2019.08.007

Hofferth, S. L., & Sandberg, J. F. (2001). How American children spend their time. *Journal of Marriage and Family, 63*(2), 295–308. doi.org/10.1111/j.1741-3737.2001.00295.x

Hoffmann, M. D., Barnes, J. D., Tremblay, M. S., & Guerrero, M. D. (2022). Associations between organized sport participation and mental health difficulties: Data from over 11,000 US children and adolescents. *PLoS ONE, 17*(6), Article e0268583. doi.org/10.1371/journal.pone.0268583

Howard, P. K. (2014). *The rule of nobody: Saving America from dead laws and broken government*. W. W. Norton.

Hsu, N., Badura, K. L., Newman, D. A., & Speach, M. E. P. (2021). Gender, "masculinity," and "femininity": A meta-analytic review of gender differences in agency and communion. *Psychological Bulletin, 147*(10), 987–1011. doi.org/10.1037/bul0000343

Hummer, D. L., & Lee, T. M. (2016). Daily timing of the adolescent sleep phase: Insights from a cross-species comparison. *Neuroscience and Biobehavioral Reviews, 70*, 171–181. doi.org/10.1016/j.neubiorev.2016.07.023

Hunt, M. G., Marx, R., Lipson, C., & Young, J. (2018). No more FOMO: Limiting social media decreases loneliness and depression. *Journal of Social and Clinical Psychology, 37*(10), 751–768. doi.org/10.1521/jscp.2018.37.10.751

Ishizuka, P. (2018). Social class, gender, and contemporary parenting standards in the United States: Evidence from a national survey experiment. *Social Forces, 98*(1), 31–58. doi.org/10.1093/sf/soy107

James, W. (1890). *The principles of psychology*. Classics in the History of Psychology. psychclassics.yorku.ca/James/Principles/index.htm

Jefferson, T. (1771, August 3). *From Thomas Jefferson to Robert Skipwith, with a list of books for a private library, 3 August 1771*. Founders Online, National Archives. www.founders.archives.gov/documents/Jefferson/01-01-02-0056

Johnson, J. S., & Newport, E. L. (1989). Critical period effects in second language learning: the influence of maturational state on the acquisition of English as a second language. *Cognitive Psychology, 21*(1), 60–99. doi.org/10.1016/0010-0285(89)90003-0

Joiner, R., Mizen, E., Pinnell, B., Siddique, L., Bradley, A., & Trevalyen, S. (2023). The effect of different types of TikTok dance challenge videos on young women's body satisfaction. *Computers in Human Behavior, 147*, Article 107856. doi.org/10.1016/j.chb.2023.107856

Joshi, A., & Hinkley, T. (2021, August). *Too much time on screens? Screen time effects and guidelines for children and young people*. Australian Institute of Family Studies. aifs.gov.au/resources/short-articles/too-much-time-screens

Kahlenberg, S. M., & Wrangham, R. W. (2010). Sex differences in chimpanzees' use of sticks as play objects resemble those of children. *Current Biology, 20*(24), R1067–R1068. doi.org/10.1016/j.cub.2010.11.024

Kaltiala-Heino, R., Sumia, M., Työläjärvi, M., & Lindberg, N. (2015). Two years of gender identity service for minors: overrepresentation of natal girls with severe problems in adolescent development. *Child and Adolescent Psychiatry and Mental Health, 9*(1), 1–9. doi.org/10.1186/s13034-015-0042-y

Kannan, V. D., & Veazie, P. J. (2023). US trends in social isolation, social engagement, and companionship—nationally and by age, sex, race/ethnicity, family income, and work hours, 2003–2020. *SSM–Population Health, 21*, Article 101331. doi.org/10.1016/j.ssmph.2022.101331

Kaufmann, E. (2022, May 30). Born this way? The rise of LGBT as a social and political identity. Center for the Study of Partisanship and Ideology. www.cspicenter.com/p/born-this-way-the-rise-of-lgbt-as-a-social-and-political-identity

Keeler, R. (2020). *Adventures in risky play. What is your yes?* Exchange Press.

Kelly, Y., Zilanawala, A., Booker, C., & Sacker, A. (2018). Social media use and adolescent mental health: Findings from the UK millennium cohort study. *eClinicalMedicine, 6*, 59–68. doi.org/10.1016/j.eclinm.2018.12.005

Keltner, D. (2023). *Awe: The new science of everyday wonder and how it can transform your life.* Penguin Press.

Keltner, D., & Haidt, J. (2003). Approaching awe, a moral, spiritual, and aesthetic emotion. *Cognition and Emotion, 17*(2), 297–314. doi.org/10.1080/02699930302297

Kemple, K. M., Oh, J., Kenney, E., & Smith-Bonahue, T. (2016). The power of outdoor play and play in natural environments. *Childhood Education, 92*(6), 446–454. doi.org/10.1080/00094056.2016.1251793

Keng, S.-L., Smoski, M. J., & Robins, C. J. (2011). Effects of mindfulness on psychological health: A review of empirical studies. *Clinical Psychology Review, 31*(6), 1041–1056. doi.org/10.1016/j.cpr.2011.04.006

Kennedy, R. S. (2021). Bullying trends in the United States: A meta-regression. *Trauma, Violence, and Abuse, 22*(4), 914–927. doi.org/10.1177/1524838019888555

Khan, A., Reyad, M. A. H., Edwards, E., & Horwood, S. (2023). Associations between adolescent sleep difficulties and active versus passive screen time across 38 countries. *Journal of Affective Disorders, 320*, 298–304.doi.org/10.1016/j.jad.2022.09.137

Kierkegaard, S. (2009). *Upbuilding discourses in various spirits* (H. V. Hong & E. H. Hong, Trans.). Original work published 1847. Princeton University Press.

Kim, I., Kim, R., Kim, H., Kim, D., Han, K., Lee, P. H., Mark, G., & Lee, U. (2019). Understanding smartphone usage in college classrooms: A long-term measurement study. *Computers and Education, 141*, 103611. doi.org/10.1016/j.compedu.2019.103611

Kim, S. (2023). Doing things when others do: Temporal synchrony and subjective wellbeing. *Time and Society.* doi.org/10.1177/0961463X231184099

Kim, S., Favotto, L., Halladay, J., Wang, L., Boyle, M. H., & Georgiades, K. (2020). Differential associations between passive and active forms of screen time and adolescent mood and anxiety disorders. *Social Psychiatry and Psychiatric Epidemiology*, *55*(11), 1469–1478. doi.org/10.1007/s00127-020-01833-9

King, D. L., & Delfabbro, P. H. (2019). Video game monetization (e.g., "loot boxes"): A blueprint for practical social responsibility measures. *International Journal of Mental Health and Addiction*, *17*, 166–179. doi.org/10.1007/s11469-018-0009-3

King, M. L., Jr. (2012). *A gift of love: Sermons from strength to love and other preachings*(Foreword by King, C. S., & Warnock, R. G.). Beacon Press.

Kirkorian, H. L., & Choi, K. (2017). Associations between toddlers' naturalistic media experience and observed learning from screens. *Infancy*, *22*(2), 271–277. doi.org/10.1111/infa.12171

Klar, M., & Kasser, T. (2009). Some benefits of being an activist: Measuring activism and its role in psychological well-being. *Political Psychology*, *30*(5), 755–777. doi.org/10.1111/j.1467-9221.2009.00724.x

Kleemans, M., Daalmans, S., Carbaat, I., & Anschütz, D. (2018). Picture perfect: The direct effect of manipulated Instagram photos on body image in adolescent girls. *Media Psychology*, *21*(1), 93–110. doi.org/10.1080/15213269.2016.1257392

Kovess-Masfety, V., Keyes, K., Hamilton, A., Hanson, G., Bitfoi, A., Golitz, D., Koç, C., Kuijpers, R., Lesinskiene, S., Mihova, Z., Otten, R., Fermanian, C., & Pez, O. (2016). Is time spent playing video games associated with mental health, cognitive, and social skills in young children? *Social Psychiatry and Psychiatric Epidemiology*, *51*, 349–357. doi.org/10.1007/s00127-016-1179-6

Kowert, R., & Oldmeadow, J. A. (2015). Playing for social comfort: Online video game play as a social accommodator for the insecurely attached. *Computers in Human Behavior*, *53*, 556–566. doi.org/10.1016/j.chb.2014.05.004

Kristensen, J. H., Pallesen, S., King, D. L., Hysing, M., & Erevik, E. K. (2021). Problematic gaming and sleep: A systematic review and meta-analysis. *Frontiers in Psychiatry*, *12*. doi.org/10.3389/fpsyt.2021.675237

Lacey, T. J. (2006). *The Blackfeet*. Chelsea House.

Lange, B. P., Wühr, P., & Schwarz, S. (2021). Of time gals and mega men: Empirical findings on gender differences in digital game genre preferences and the accuracy of respective gender stereotypes. *Frontiers in Psychology*, *12*, Article 657430. doi.org/10.3389/fpsyg.2021.657430

Lareau, A. (2003). *Unequal childhoods: Class, race, and family life*. University of California Press.

Latane, B., & Darley, J. M. (1968). Group inhibition of bystander intervention in emergencies. *Journal of Personality and Social Psychology*, *10*(3), 215–221. doi.org/10.1037/h0026570

Latkin, C., Dayton, L., Scherkoske, M., Countess, K., & Thrul, J. (2022). What predicts climate change activism? An examination of how depressive symptoms, climate change distress, and social norms are associated with climate change activism.

Journal of Climate Change and Health, *8*, Article 100146. doi.org/10.1016/j.jo-clim.2022.100146

Lauricella, A. R., Cingel, D. P., Beaudoin-Ryan, L., Robb, M. B., Saphir, M., & Wartella, E. A. (2016). *The Common Sense census: Plugged-in parents of tweens and teens*. Common Sense Media.

Leary, M. R. (2005). Sociometer theory and the pursuit of relational value: Getting to the root of self-esteem. *European Review of Social Psychology*, *16*, 75–111. doi. org/10.1080/10463280540000007

LeDoux, J. (1996). *The emotional brain: The mysterious underpinnings of emotional life*. Simon & Schuster.

Lee, J., Tsunetsugu, Y., Takayama, N., Park, B.-J., Li, Q., Song, C., Komatsu, M., Ikei, H., Tyrväinen, L., Kagawa, T., & Miyazaki, Y. (2014). Influence of forest therapy on cardiovascular relaxation in young adults. *Evidence-Based Complementary and Alternative Medicine*, *2014*, Article ID 834360. doi.org/10.1155/2014/834360

Lembke, A. (2021). *Dopamine nation: Finding balance in the age of indulgence*. Dutton.

Lemmens, J. S., Valkenburg, P. M., & Peter, J. (2009). Development and validation of a game addiction scale for adolescents. *Media Psychology*, *12*(1), 77–95. doi. org/10.1080/15213260802669458

Lenhart, A. (2012, March 12). Teens, smartphones & texting. Pew Research Center. www. pewresearch.org/internet/2012/03/19/cell-phone-ownership/

Lenhart, A. (2015, April 9). Teen, social media, and technology overview 2015: Smartphones facilitate shifts in communication landscape for teens. Pew Research Center. www.pewresearch.org/internet/2015/04/09/teens-social-media-technology-2015/

Lester, D. (1993). The effect of war on suicide rates. *European Archives of Psychiatry and Clinical Neuroscience, 242*(4), 248–249. doi.org/10.1007/bf02189971

Li, R., Lian, Q., Su, Q., Li, L., Xie, M., & Hu, J. (2020). Trends and sex disparities in school bullying victimization among U.S. youth, 2011–2019. *BMC Public Health*, *20*(1), Article 1583. doi.org/10.1186/s12889-020-09677-3

Lieber, R. (2015). *The opposite of spoiled: Raising kids who are grounded, generous, and smart about money*. HarperCollins.

Littman, L. (2018). Rapid-onset gender dysphoria in adolescents and young adults: A study of parental reports. *PLoS ONE*, *13*(8), e0202330. doi.org/10.1371/journal. pone.0202330

Liu, H., Chen, X., Huang, M., Yu, X., Gan, Y., Wang, J., Chen, Q., Nie, Z., & Ge, H. (2023). Screen time and childhood attention deficit hyperactivity disorder: A meta-analysis. *Reviews on Environmental Health*. doi.org/10.1515/reveh-2022-0262

Lopes, L. S., Valentini, J. P., Monteiro, T. H., Costacurta, M. C. de F., Soares, L. O. N., Telfar-Barnard, L., & Nunes, P. V. (2022). Problematic social media use and its relationship with depression or anxiety: A systematic review. *Cyberpsychology, Behavior, and Social Networking*, *25*(11), 691–702. doi.org/10.1089/cyber.2021.0300

Lowe, C. J., Safati, A., & Hall, P. A. (2017). The neurocognitive consequences of sleep restriction: A meta-analytic review. *Neuroscience and Biobehavioral Reviews, 80,* 586–604. doi.org/10.1016/j.neubiorev.2017.07.010

Lucas, K., & Sherry, J. L. (2004). Sex differences in video game play: A communication-based explanation. *Communication Research, 31*(5), 499–523. doi.org/10.1177/0093650204267930

Lukianoff, G., & Haidt, J. (2018). *The coddling of the American mind: How good intentions and bad ideas are setting up a generation for failure.* Penguin Books.

Luo, Y., Moosbrugger, M., Smith, D. M., France, T. J., Ma, J., & Xiao, J. (2022). Is increased video game participation associated with reduced sense of loneliness? A systematic review and meta-analysis. *Frontiers in Public Health, 10.* www.frontiersin.org/articles/10.3389/fpubh.2022.898338

Maccoby, E. E., & Jacklin, C. N. (1974). *The psychology of sex differences.* Stanford University Press.

Madore, K. P., & Wagner, A. D. (2019). Multicosts of multitasking. *Cerebrum, 2019* (March–April), cer-04-19. www.ncbi.nlm.nih.gov/pmc/articles/PMC7075496/

Maezumi, T., & Cook, F. D. (2007). The eight awarenesses of the enlightened person: Dogen Zenji's Hachidainingaku. In T. Maezumi & B. Glassman (Eds.), *The hazy moon of enlightenment.* Wisdom Publications.

Mandryk, R. L., Frommel, J., Armstrong, A., & Johnson, D. (2020). How passion for playing World of Warcraft predicts in-game social capital, loneliness, and well-being. *Frontiers in Psychology, 11,* Article 2165. doi.org/10.3389/fpsyg.2020.02165

Männikkö, N., Ruotsalainen, H., Miettunen, J., Pontes, H. M., & Kääriäinen, M. (2020). Problematic gaming behaviour and health-related outcomes: A systematic review and meta-analysis. *Journal of Health Psychology, 25*(1), 67–81. doi.org/10.1177/1359105317740414

Marano, H. E. (2008). *A nation of wimps: The high cost of invasive parenting.* Crown Archetype.

Marchiano, L. (2017). Outbreak: on transgender teens and psychic epidemics. *Psychological Perspectives, 60*(3), 345–366. doi.org/10.1080/00332925.2017.1350804

Marcus Aurelius. (2002). *Meditations* (G. Hays, Trans.). Original work published 161–180 CE. Random House.

Markey, P. M., & Ferguson, C. J. (2017). *Moral combat: Why the war on violent video games is wrong.* BenBella Books.

Markstrom, C. A. (2008). *Empowerment of North American Indian girls: Ritual expressions at puberty.* University of Nebraska Press.

Maza, M. T., Fox, K. A., Kwon, S., Flannery, J. E., Lindquist, K. A., Prinstein, M. J., & Telzer, E. H. (2023). Association of habitual checking behaviors on social media with longitudinal functional brain development. *JAMA Pediatrics, 177*(2), 160–167. doi.org/10.1001/jamapediatrics.2022.4924

McCabe, B. J. (2019). Visual imprinting in birds: Behavior, models, and neural mechanisms. *Frontiers in Physiology, 10.* doi.org/10.3389/fphys.2019.00658

McLeod, B. D., Wood, J. J., & Weisz, J. R. (2006). Examining the association between parenting and childhood anxiety: A meta-analysis. *Clinical Psychology Review*, *27*(2), 155–172. doi.org/10.1016/j.cpr.2006.09.002

McNeill, W. H. (1995). *Keeping together in time: Dance and drill in human history*. Harvard University Press.

Mercado, M. C., Holland, K. M., Leemis, R. W., Stone, D. L., & Wang, J. (2017). Trends in emergency department visits for nonfatal self-inflicted injuries among youth aged 10 to 24 years in the United States, 2001–2015. *JAMA*, *318*(19), 1931–1933. doi.org/10.1001/jama.2017.13317

Milder, C. M., Elgart, S. R., Chappell, L., Charvat, J. M., Van Baalen, M., Huff, J. L., & Semones, E. J. (2017, January 23). Cancer risk in astronauts: A constellation of uncommon consequences. *NASA Technical Reports Server (NTRS)*. ntrs.nasa.gov/citations/20160014586

Mindell, J. A., Sedmak, R., Boyle, J. T., Butler, R., & Williamson, A. A. (2016). Sleep well! A pilot study of an education campaign to improve sleep of socioeconomically disadvantaged children. *Journal of Clinical Sleep Medicine*, *12*(12), 1593–1599. jcsm.aasm.org/doi/10.5664/jcsm.6338

Ministry of Health, Labor, and Welfare. (2003, July 28). 「ひきこもり」対応ガイドライン (最終版)の作成・通知について [Creation and notification of the final version of the "Hikikomori" response guidelines]. www.mhlw.go.jp/topics/2003/07/tp0728-1.html

Minoura, Y. (1992). A sensitive period for the incorporation of a cultural meaning system: A study of Japanese children growing up in the United States. *Ethos*, *20*(3), 304–339. doi.org/10.1525/eth.1992.20.3.02a00030

Mitra, P., & Jain, A. (2023). Dissociative identity disorder. In *StatPearls [Internet]*. StatPearls. www.ncbi.nlm.nih.gov/books/NBK568768/

Monroy, M., & Keltner, D. (2023). Awe as a pathway to mental and physical health. *Perspectives on Psychological Science*, *18*(2), 309–320. doi.org/10.1177/17456916221094856

Mullan, K. (2018). Technology and children's screen-based activities in the UK: The story of the millennium so far. *Child Indicators Research*, *11*(6), 1781–1800. doi.org/10.1007/s12187-017-9509-0

Mullan, K. (2019). A child's day: Trends in time use in the UK from 1975 to 2015. *British Journal of Sociology*, *70*(3), 997–1024. doi.org/10.1111/1468-4446.12369

Müller-Vahl, K. R., Pisarenko, A., Jakubovski, E., & Fremer, C. (2022). Stop that! It's not Tourette's but a new type of mass sociogenic illness. *Brain*, *145*(2), 476–480. doi.org/10.1093/brain/awab316

Mullola, S., Ravaja, N., Lipsanen, J., Alatupa, S., Hintsanen, M., Jokela, M., & Keltikangas-Järvinen, L. (2012). Gender differences in teachers' perceptions of students' temperament, educational competence, and teachability. *British Journal of Educational Psychology*, *82*(2), 185–206. doi.org/10.1111/j.2044-8279.2010.02017.x

Murray, R., & Ramstetter, C. (2013). The crucial role of recess in school. *Pediatrics*, *131*(1), 183–188. doi.org/10.1542/peds.2012-2993

불안 세대

Myers, L. J., LeWitt, R. B., Gallo, R. E., & Maselli, N. M. (2017). Baby FaceTime: Can toddlers learn from online video chat? *Developmental Science, 20*(4), Article e12430. doi.org/10.1111/desc.12430

Nagata, J. M., Cortez, C. A., Dooley, E. E., Bibbins-Domingo, K., Baker, F. C., & Gabriel, K. P. (2022). Screen time and moderate-to-vigorous intensity physical activity among adolescents during the COVID-19 pandemic: Findings from the Adolescent Brain Cognitive Development Study. *Journal of Adolescent Health, 70*(4), S6. doi.org/10.1016/j.jadohealth.2022.01.014

Nagata, J. M., Ganson, K. T., Iyer, P., Chu, J., Baker, F. C., Pettee Gabriel, K., Garber, A. K., Murray, S. B., & Bibbins-Domingo, K. (2022). Sociodemographic correlates of contemporary screen time use among 9-and 10-year-old children. *Journal of Pediatrics, 240*, 213–220.e2. doi.org/10.1016/j.jpeds.2021.08.077

Nagata, J. M., Lee, C. M., Yang, J., Al-Shoaibi, A. A. A., Ganson, K. T., Testa, A., & Jackson, D. B. (2023). Associations between sexual orientation and early adolescent screen use: Findings from the Adolescent Brain Cognitive Development (ABCD) Study. *Annals of Epidemiology, 82*, 54–58.e1. doi.org/10.1016/j.annepidem.2023.03.004

Nagata, J. M., Singh, G., Sajjad, O. M., Ganson, K. T., Testa, A., Jackson, D. B., Assari, S., Murray, S. B., Bibbins-Domingo, K., & Baker, F. C. (2022). Social epidemiology of early adolescent problematic screen use in the United States. *Pediatric Research, 92*(5), 1443–1449. doi.org/10.1038/s41390-022-02176-8

National Addiction & HIV Data Archive Program. (n.d.-a). Monitoring the future: A continuing study of American youth [8th-and 10th-grade data sets]. www.icpsr.umich.edu/web/NAHDAP/series/35

National Addiction & HIV Data Archive Program. (n.d.-b). Monitoring the future: A continuing study of American youth [12th-grade data sets]. www.icpsr.umich.edu/web/NAHDAP/series/35/

National Center for Education Statistics. (n.d.). National Assessment of Educational Progress (NAEP) [Data sets]. U.S. Department of Education. www.nationsreportcard.gov/ndecore/xplore/ltt

Nauta, J., Martin-Diener, E., Martin, B. W., van Mechelen, W., & Verhagen, E. (2014). Injury risk during different physical activity behaviours in children: A systematic review with bias assessment. *Sports Medicine, 45*, 327–336. doi.org/10.1007/s40279-014-0289-0

Nesi, J., Mann, S., & Robb, M. B. (2023). *Teens and mental health: How girls really feel about social media*. Common Sense. www.commonsensemedia.org/sites/default/files/research/report/how-girls-really-feel-about-social-media-researchreport_web_final_2.pdf

New revised standard version Bible. (1989). National Council of the Churches of Christ in the U.S.A.

Nuwer, H. (1999). *Wrongs of passage: Fraternities, sororities, hazing, and binge drinking*. Indiana University Press.

O'Brien, J., & Smith, J. (2002). Childhood transformed? Risk perceptions and the decline of free play. *British Journal of Occupational Therapy*, *65*(3), 123–128. doi.org/10.1177/030802260206500304

Office for National Statistics. (2022, February 24). *Young people not in education, employment, or training (NEET), UK: February 2022*. www.ons.gov.uk/employmentandlabourmarket/peoplenotinwork/unemployment/bulletins/youngpeoplenotineducationemploymentortrainingneet/february2022

Ogas, O., & Gaddam, S. (2011). *A billion wicked thoughts: What the world's largest experiment reveals about human desire*. Dutton.

Orben, A. (2020). Teenagers, screens, and social media: A narrative review of reviews and key studies. *Social Psychiatry and Psychiatric Epidemiology*, *55*, 407–414. doi.org/10.1007/s00127-019-01825-4

Orben, A., & Przybylski, A. K. (2019). The association between adolescent well-being and digital technology use. *Nature Human Behaviour*, *3*, 173–182. doi.org/10.1038/s41562-018-0506-1

Orben, A., Przybylski, A. K., Blakemore, S., & Kievit, R. A. (2022). Windows of developmental sensitivity to social media. *Nature Communications*, *13*, Article 1649. doi.org/10.1038/s41467-022-29296-3

Orces, C. H., & Orces, J. (2020) Trends in the U.S. childhood emergency department visits for fall-related fractures, 2001–2015. *Cureus*, *12*(11), Article e11629.

Organization for Economic Cooperation and Development (OECD). *PISA survey* [Data sets]. www.oecd.org/pisa/data/

Owens, J., Au, R., Carskadon, M., Millman, R., Wolfson, A., Braverman, P. K., Adelman, W. P., Breuner, C. C., Levine, D. A., Marcell, A. V., Murray, P. J., & O'Brien, R. F. (2014). Insufficient sleep in adolescents and young adults: An update on causes and consequences. *Pediatrics*, *134*(3), e921–e932. dx.doi.org/10.1542/peds.2014-1696

Pallavicini, F., Pepe, A., & Mantovani, F. (2022). The effects of playing video games on stress, anxiety, depression, loneliness, and gaming disorder during the early stages of the COVID-19 pandemic: PRISMA systematic review. *Cyberpsychology, Behavior, and Social Networking*, *25*(6), 334–354. doi.org/10.1089/cyber.2021.0252

Parker, K. (2021, November 8). Why the gap between men and women finishing college is growing. Pew Research Center. www.pewresearch.org/short-reads/2021/11/08/whats-behind-the-growing-gap-between-men-and-women-in-college-completion/

Parker, K., & Igielnik, R. (2020, May 14). On the cusp of adulthood and facing an uncertain future: What we know about Gen Z so far. Pew Research Center. www.pewresearch.org/social-trends/2020/05/14/on-the-cusp-of-adulthood-and-facing-an-uncertain-future-what-we-know-about-gen-z-so-far-2/

Parodi, K. B., Holt, M. K., Green, J. G., Porche, M. V., Koenig, B., & Xuan, Z. (2022). Time trends and disparities in anxiety among adolescents, 2012–2018. *Social Psychiatry and Psychiatric Epidemiology*, *57*(1), 127–137. doi.org/10.1007/s00127-021-02122-9

불안 세대

Partelow, L. (2019). *What to make of declining enrollment in teacher preparation programs.* Center for American Progress. www.americanprogress.org/wp-content /uploads/sites/2/2019/11/TeacherPrep-report1.pdf

Paruthi, S., Brooks, L. J., D'Ambrosio, C., Hall, W. A., Kotagal, S., Lloyd, R. M., Malow, B. A., Maski, K., Nichols, C., Quan, S. F., Rosen, C. L., Troester, M. M., & Wise, M. S. (2016). Recommended amount of sleep for pediatric populations: A consensus statement of the American Academy of Sleep Medicine. *Journal of Clinical Sleep Medicine, 12*(6), 785–786. doi.org/10.5664/jcsm.5866

Pascal, B. (1966). *Pensées.* Penguin Books.

Pedersen, J. (2022). *Recreational screen media use and its effect on physical activity, sleep, and mental health in families with children.* University of Southern Denmark. doi.org/10.21996/dn60-bh82

Peracchia, S., & Curcio, G. (2018). Exposure to video games: Effects on sleep and on post-sleep cognitive abilities: A systematic review of experimental evidences. *Sleep Science, 11*(4), 302–314. dx.doi.org/10.5935/1984-0063.20180046

Perez-Lloret, S., Videla, A. J., Richaudeau, A., Vigo, D., Rossi, M., Cardinali, D. P., & Perez-Chada, D. (2013). A multi-step pathway connecting short sleep duration to daytime somnolence, reduced attention, and poor academic performance: An exploratory cross-sectional study in teenagers. *Journal of Clinical Sleep Medicine, 9*(5), 469–473. doi.org/10.5664/jcsm.2668

Perrault, A. A., Bayer, L., Peuvrier, M., Afyouni, A., Ghisletta, P., Brockmann, C., Spiridon, M., Vesely, S. H., Haller, D. M., Pichon, S., Perrig, S., Schwartz, S., & Sterpenich, V. (2019). Reducing the use of screen electronic devices in the evening is associated with improved sleep and daytime vigilance in adolescents. *Sleep, 42*(9), zsz125. doi.org/10.1093/sleep/zsz125

Perrin, A., & Atske, S. (2021, March 26). About three-in-ten U.S. adults say they are "almost constantly" online. Pew Research Center. www.pewresearch.org/shortreads/2021/03/26/about-three-in-ten-u-s-adults-say-they-are-almost-constantly-online/

Pew Research Center. (2015, December 17). *Parenting in America: Outlook, worries, aspirations are strongly linked to financial situation.* www.pewresearch.org/social-trends/wp-content/uploads/sites/3/2015/12/2015-12-17_parenting-in-america_FINAL.pdf

Pew Research Center. (2019, October). *Majority of Americans say parents are doing too much for their young adult children.* www.pewresearch.org/social-trends/2019/10/23/majority-of-americans-say-parents-are-doing-too-much-for-their-young-adult-children/

Pew Research Center. (2020, July). *Parenting children in the age of screens.* www.pewresearch.org/internet/2020/07/28/parenting-children-in-the-age-of-screens/

Pew Research Center. (2021, April 7). *Internet/broadband fact sheet.* www.pewresearch.org/internet/fact-sheet/internet-broadband/

Phan, M., Jardina, J. R., Hoyle, W. S., & Chaparro, B. S. (2012). Examining the role of gender in video game usage, preference, and behavior. *Proceedings of the Human Factors and Ergonomics Society Annual Meeting, 56*(1), 1496–1500. doi. org/10.1177/1071181312561297

Phelan, T. W. (2010). *1-2-3 magic: Effective discipline for children 2–12*. Parentmagic.

Pinker, S. (2011). *The better angels of our nature: Why violence has declined*. Viking.

Pizzol, D., Bertoldo, A., & Foresta, C. (2016). Adolescents and web porn: A new era of sexuality. *International Journal of Adolescent Medicine and Health, 28*(2), 169–173. doi.org/10.1515/ijamh-2015-0003

Pluhar, E., McCracken, C., Griffith, K. L., Christino, M. A., Sugimoto, D., & Meehan, W. P., III. (2019). Team sport athletes may be less likely to suffer anxiety or depression than individual sport athletes. *Journal of Sports Science and Medicine, 18*(3), 490–496.

Ponti, M., Bélanger, S., Grimes, R., Heard, J., Johnson, M., Moreau, E., Norris, M., Shaw, A., Stanwick, R., Van Lankveld, J., & Williams, R. (2017). Screen time and young children: Promoting health and development in a digital world. *Paediatrics and Child Health, 22*(8), 461–468. doi.org/10.1093/pch/pxx123

Poulton, R., & Menzies, R. G. (2002a). Non-associative fear acquisition: A review of the evidence from retrospective and longitudinal research. *Behaviour Research and Therapy, 40*(2), 127–149. doi.org/10.1016/s0005-7967(01)00045-6

Poulton, R., & Menzies, R. G. (2002b). Fears born and bred: Toward a more inclusive theory of fear acquisition. *Behaviour Research and Therapy, 40*(2), 197–208. doi. org/10.1016/s0005-7967(01)00052-3

Prescott, A. T., Sargent, J. D., & Hull, J. G. (2018). Metaanalysis of the relationship between violent video game play and physical aggression over time. *Proceedings of the National Academy of Sciences, 115*(40), 9882–9888. doi.org/10.1073/pnas.1611617114

Price-Feeney, M., Green, A. E., & Dorison, S. (2020). Understanding the mental health of transgender and nonbinary youth. *Journal of Adolescent Health, 66*(6), 684–690. doi. org/10.1016/j.jadohealth.2019.11.314

Primack, B. A., Shensa, A., Sidani, J. E., Escobar-Viera, C. G., & Fine, M. J. (2021). Temporal associations between social media use and depression. *American Journal of Preventive Medicine, 60*(2), 179–188. doi.org/10.1016/j.amepre.2020.09.014

Przybylski, A. K. (2019). Digital screen time and pediatric sleep: Evidence from a preregistered cohort study. *Journal of Pediatrics, 205*, 218–223.e1. doi.org/10.1016/j.jpeds.2018.09.054

Przybylski, A. K., & Weinstein, N. (2013). Can you connect with me now? How the presence of mobile communication technology influences face-to-face conversation quality. *Journal of Social and Personal Relationships, 30*(3), 237–246. doi. org/10.1177/0265407512453827

Pulkki-Råback, L., Barnes, J. D., Elovainio, M., Hakulinen, C., Sourander, A., Tremblay, M. S., & Guerrero, M. D. (2022). Parental psychological problems were associated

불안 세대

with higher screen time and the use of mature-rated media in children. *Acta Paediatrica, 111*(4), 825–833. doi.org/10.1111/apa.16253

Putnam, R. D. (2000). *Bowling alone: The collapse and revival of American community.* Simon & Schuster.

Ramey, G., & Ramey, V. A. (2010). The rug rat race. *Brookings Papers on Economic Activity, 41,* 129–199. www.brookings.edu/wp-content/uploads/2010/03/2010a_bpea_ramey.pdf

Rasmussen, M. G. B., Pedersen, J., Olesen, L. G., Brage, S., Klakk, H., Kristensen, P. L., Brønd, J. C., & Grøntved, A. (2020). Short-term efficacy of reducing screen media use on physical activity, sleep, and physiological stress in families with children aged 4–14: Study protocol for the SCREENS randomized controlled trial. *BMC Public Health, 20,* 380. doi.org/10.1186/s12889-020-8458-6

Raudino, A., Fergusson, D. M., & Horwood, L. J. (2013). The quality of parent/child relationships in adolescence is associated with poor adult psychosocial adjustment. *Journal of Adolescence, 36*(2), 331–340. doi.org/10.1016/j.adolescence.2012.12.002

Rausch, Z., Carlton, C., & Haidt, J. (ongoing). Social media reforms: A collaborative review. Unpublished manuscript, docs.google.com/document/d/1ULUWW1roAR3b_EtC98eZUxYu69K_cpW5j0JsJUWXgHM/edit?usp=sharing

Rausch, Z., & Haidt, J. (2023, March 29). The teen mental illness epidemic is international, part 1: The Anglosphere. *After Babel.* www.afterbabel.com/p/international-mental-illness-part-one

Rausch, Z., & Haidt, J. (2023, April 19). The teen mental illness epidemic is international, part 2: The Nordic nations. *After Babel.* www.afterbabel.com/p/international-mental-illness-part-two

Rausch, Z., & Haidt, J. (2023, October 30). Suicide rates are up for Gen Z across the anglosphere, especially for girls. *After Babel.* www.afterbabel.com/p/anglo-teen-suicide

Rausch, Z., & Haidt, J. (2023, November). Solving the social dilemma: Many paths to reform. *After Babel.* www.afterbabel.com/p/solving-the-social-dilemma

Reed, P. (2023). Impact of social media use on executive function. *Computers in Human Behavior, 141,* Article 107598. doi.org/10.1016/j.chb.2022.107598

Reeves, R. (2022). *Of boys and men: Why the modern male is struggling, why it matters, and what to do about it.* Brookings Institution Press.

Reeves, R. (2022, September 25). Men can HEAL. *Of Boys and Men.* ofboysandmen.substack.com/p/men-can-heal

Reeves, R. (2023, March 13). The underreported rise in male suicide. *Of Boys and Men.* ofboysandmen.substack.com/p/the-underreported-rise-in-male-suicide

Reeves, R., Buckner, E., & Smith, E. (2021, January 12). The unreported gender gap in high school graduation rates. Brookings. www.brookings.edu/articles/the-unreported-gender-gap-in-high-school-graduation-rates/

Reeves, R., & Smith, E. (2020, October 7). Americans are more worried about their sons than their daughters. Brookings. www.brookings.edu/articles/americans-are-moreworried-about-their-sons-than-their-daughters/

Reeves, R., & Smith, E. (2021, October 8). The male college crisis is not just in enrollment, but completion. Brookings. www.brookings.edu/articles/the-male-college-crisis-is-not-just-in-enrollment-but-completion/

Richerson, P. J., & Boyd, R. (2004). *Not by genes alone: How culture transformed human evolution.* University of Chicago Press.

Rideout, V. (2021). *The Common Sense census: Media use by tweens and teens in America, a Common Sense Media research study, 2015.* ICPSR. doi.org/10.3886/ICPSR38018.v1

Rideout, V., Lauricella, A., & Wartella, E. (2011). *State of the science conference report: A roadmap for research on biological markers of the social environment.* Center on Social Disparities and Health, Institute for Policy Research, Northwestern University. cmhd.northwestern.edu/wp-content/uploads/2011/06/SOCconfReportSingleFinal-1.pdf

Rideout, V., Peebles, A., Mann, S., & Robb, M. B. (2022). *Common Sense census: Media use by tweens and teens, 2021.* Common Sense. www.commonsensemedia.org/sites/default/files/research/report/8-18-census-integrated-report-final-web_0.pdf

Rideout, V., & Robb, M. B. (2019). *The Common Sense census: Media use by tweens and teens, 2019.* Common Sense Media. www.commonsensemedia.org/sites/default/files/research/report/2019-census-8-to-18-full-report-updated.pdf

Roebuck, V. J. (Trans.). (2010). *The Dhammapada.* Penguin UK.

Rojcewicz, S. (1971). War and suicide. *Suicide and Life Threatening Behavior, 1*(1), 46–54. onlinelibrary.wiley.com/doi/abs/10.1111/j.1943-278X.1971.tb00598.x

Roseberry, S., Hirsh-Pasek, K., & Golinkoff, R. M. (2014). Skype me! Socially contingent interactions help toddlers learn language. *Child Development, 85*(3), 956–970. doi.org/10.1111/cdev.12166

Rosenquist, J. N., Fowler, J. H., & Christakis, N. A. (2011). Social network determinants of depression. *Molecular Psychiatry, 16*, 273–281. doi.org/10.1038/mp.2010.13

Roser, M., Ritchie, H., & Dadonaite, B. (2019). *Child and infant mortality.* Our World in Data. ourworldindata.org/child-mortality

Rosin, H. (2012). *The end of men: And the rise of women.* Riverhead Books.

Royal Society for Public Health. (2017). *Status of mind: Social media and young people's mental health and wellbeing.* www.rsph.org.uk/static/uploaded/d125b27c-0b6241c5a-2c0155a8887cd01.pdf

Ruiz Pardo, A. C., & Minda, J. P. (2022). Reexamining the "brain drain" effect: A replication of Ward et al. (2017). *Acta Psychologica, 230*, 103717. doi.org/10.1016/j.actpsy.2022.103717

Russoniello, C. V., Fish, M., & O'Brien, K. (2013). The efficacy of casual videogame play in reducing clinical depression: A randomized controlled study. *Games for Health Journal, 2*(6), 341–346. doi.org/10.1089/g4h.2013.0010

Sales, N. J. (2016). *American girls: Social media and the secret lives of teenagers.* Knopf.

Sampalo, M., Lázaro, E., & Luna, P.-M. (2023). Action video gaming and attention in young adults: A systematic review. *Journal of Attention Disorders, 27*(5), 530–538. doi.org/10.1177/10870547231153878

Sandseter, E. B. H., & Kennair, L. E. O. (2011). Children's risky play from an evolutionary perspective: The anti-phobic effects of thrilling experiences. *Evolutionary Psychology, 9*(2), 257–284. doi.org/10.1177/147470491100900212

Sandseter, E. B. H., Kleppe, R., & Kennair, L. E. O. (2023). Risky play in children's emotion regulation, social functioning, and physical health: An evolutionary approach. *International Journal of Play, 12*(1), 127–139. doi.org/10.1080/21594937.2022.2152531

Sandseter, E. B. H., Kleppe, R., & Sando, O. J. (2021). The Prevalence of Risky Play in Young Children's Indoor and Outdoor Free Play. *Early Childhood Education Journal, 49*(2), 303–312. doi.org/10.1007/s10643-020-01074-0

Santos, R. M. S., Mendes, C. G., Miranda, D. M., & Romano-Silva, M. A. (2022). The association between screen time and attention in children: A systematic review. *Developmental Neuropsychology, 47*(4), 175–192. doi.org/10.1080/87565641.2022.2064863

Sapien Labs. (2023, May 14). *Age of first smartphone/tablet and mental wellbeing outcomes.* sapienlabs.org/wp-content/uploads/2023/05/Sapien-Labs-Age-of-First-Smartphone-and-Mental-Wellbeing-Outcomes.pdf

Scarr, S. (1992). Developmental theories for the 1990s: Development and individual differences. *Child Development, 63,* 1–19.

Schneider, S. K., O'Donnell, L., & Smith, E. (2015). Trends in cyberbullying and school bullying victimization in a regional census of high school students, 2006–2012. *Journal of School Health, 85*(9), 611–620. doi.org/10.1111/josh.12290

Sewall, C. J. R., Bear, T. M., Merranko, J., & Rosen, D. (2020). How psychosocial well-being and usage amount predict inaccuracies in retrospective estimates of digital technology use. *Mobile Media and Communication, 8*(3), 379–399. doi.org/10.1177/2050157920902830

Shakya, H. B., & Christakis, N. A. (2017). Association of Facebook use with compromised well-being: A longitudinal study. *American Journal of Epidemiology, 185*(3), 203–211. doi.org/10.1093/aje/kww189

Shaw, B., Bicket, M., Elliott, B., Fagan-Watson, B., Mocca, E., & Hillman, M. (2015). *Children's independent mobility: An international comparison and recommendations for action.* Policy Studies Institute. www.nuffieldfoundation.org/sites/default/files/files/7350_PSI_Report_CIM_final.pdf

Sherman, G. D., Haidt, J., & Coan, J. (2009). Viewing cute images increases behavioral carefulness. *Emotion, 9*(2), 282–286. doi.org/10.1037/a0014904

Singh, A., Uijtdewilligen, L., Twisk, J. W. R., van Mechelen, W., & Chinapaw, M. J. M. (2012). Physical activity and performance at school: A systematic review of the literature including a methodological quality assessment. *Archives of Pediatrics & Adoles-*

cent Medicine, *166*(1), 49–55. doi.org/10.1001/archpediatrics.2011.716

Shoebridge, P., & Gowers, S. (2000). Parental high concern and adolescent-onset anorexia nervosa: A case-control study to investigate direction of causality. *British Journal of Psychiatry*, *176*(2), 132–137. doi.org/10.1192/bjp.176.2.132

Skenazy, L. (2009). *Free-range kids*. Jossey-Bass.

Skowronek, J., Seifert, A., & Lindberg, S. (2023). The mere presence of a smartphone reduces basal attentional performance. *Scientific Reports*, *13*(1), 9363. doi.org/10.1038/s41598-023-36256-4

Snodgrass, J. G., Lacy, M. G., & Cole, S. W. (2022). Internet gaming, embodied distress, and psychosocial well-being: A syndemic-syndaimonic continuum. *Social Science and Medicine*, *295*, Article 112728. doi.org/10.1016/j.socscimed.2019.112728

Statista Research Department. (2023, June 2). Post-baccalaureate enrollment numbers U.S. 1976–2030, by gender. Statista. www.statista.com/statistics/236654/us-post-baccalaureate-enrollment-by-gender/

Stein, D. (2023, September 4). Facebook expansion: Invisible impacts? *The Shores of Academia*. www.shoresofacademia.substack.com/p/facebook-expansion-invisible-impacts

Steinberg, L. (2023). *Adolescence* (13th ed.). McGraw Hill.

Stevens, M. W. R., Dorstyn, D., Delfabbro, P. H., & King, D. L. (2021). Global prevalence of gaming disorder: A systematic review and meta-analysis. *Australian and New Zealand Journal of Psychiatry*, *55*(6), 553–568. doi.org/10.1177/0004867420962851

Su, R., Rounds, J., & Armstrong, P. I. (2009). Men and things, women and people: A meta-analysis of sex differences in interests. *Psychological Bulletin*, *135*(6), 859–884. doi.org/10.1037/a0017364

Su, W., Han, X., Yu, H., Wu, Y., & Potenza, M. N. (2020). Do men become addicted to internet gaming and women to social media? A meta-analysis examining gender-related differences in specific internet addiction. *Computers in Human Behavior*, *113*, 106480. doi.org/10.1016/j.chb.2020.106480

Substance Abuse and Mental Health Services Administration. (2023, January 4). *2021 NSDUH detailed tables*. www.samhsa.gov/data/report/2021-nsduh-detailed-tables

Sun, C., Bridges, A., Johnson, J. A., & Ezzell, M. B. (2016). Pornography and the male sexual script: An analysis of consumption and sexual relations. *Archives of Sexual Behavior*, *45*(4), 983–994. doi.org/10.1007/s10508-014-0391-2

Szuhany, K. L., & Simon, N. M. (2022). Anxiety disorders: A review. *JAMA*, *328*(24), 2431–2445. doi.org/10.1001/jama.2022.22744

Szymanski, D. M., & Stewart-Richardson, D. N. (2014). Psychological, relational, and sexual correlates of pornography use on young adult heterosexual men in romantic relationships. *Journal of Men's Studies*, *22*(1), 64–82. doi.org/10.3149/jms.2201.64

Taleb, N. N. (2012). *Antifragile: Things That Gain from Disorder*. Random House.

Tamana, S. K., Ezeugwu, V., Chikuma, J., Lefebvre, D. L., Azad, M. B., Moraes, T. J., Subbarao, P., Becker, A. B., Turvey, S. E., Sears, M. R., Dick, B. D., Carson, V., Rasmussen, C., CHILD Study Investigators, Pei, J., & Mandhane, P. J. (2019). Screentime is associated with inattention problems in preschoolers: Results from the CHILD birth cohort study. *PLoS ONE, 14*(4), Article e0213995. doi.org/10.1371/journal. pone.0213995

Tanil, C. T., & Yong, M. H. (2020). Mobile phones: The effect of its presence on learning and memory. *PLoS ONE, 15*(8), Article e0219233. doi.org/10.1371/journal. pone.0219233

Tannen, D. (1990). *You just don't understand: Women and men in conversation.* Ballantine Books.

Tanner, J. M. (1990). *Fetus into man: Physical growth from conception to maturity.* Harvard University Press.

Tarokh, L., Saletin, J. M., & Carskadon, M. A. (2016). Sleep in adolescence: Physiology, cognition, and mental health. *Neuroscience and Biobehavioral Reviews, 70*, 182–188. doi.org/10.1016/j.neubiorev.2016.08.008

Teo, A. R., & Gaw, A. C. (2010). Hikikomori, a Japanese culture-bound syndrome of social withdrawal? *Journal of Nervous and Mental Disease, 198*(6), 444–449. doi. org/10.1097/nmd.0b013e3181e086b1

Thompson, L., Sarovic, D., Wilson, P., Sämfjord, A., & Gillberg, C. (2022). A PRISMA systematic review of adolescent gender dysphoria literature: 1) Epidemiology. *PLoS Global Public Health, 2*(3), Article e0000245. doi.org/10.1371/journal.pgph.0000245

Thoreau, H. D. (1910). *Walden* (C. Johnsen, Illus.). Thomas Y. Crowell.

Thorn & Benenson Strategy Group. (2021, May). *Responding to online threats: Minors' perspectives on disclosing, reporting, and blocking.* info.thorn.org/hubfs/Research/ Responding%20to%20Online%20Threats_2021-Full-Report.pdf

Thorndike, E. L. (1898). Animal intelligence: An experimental study of the associative processes in animals. *Psychological Review: Monograph Supplements, 2*(4), i–109. doi.org/10.1037/h0092987

Tierney, J., & Baumeister, R. F. (2019). *The power of bad: How the negativity effect rules us and how we can rule it.* Penguin Books.

Tomasello, M. (1994). The question of chimpanzee culture. In R. W. Wrangham, W. C. McGrew, F. B. M. de Waal, & P. G. Heltne (Eds.), *Chimpanzee cultures* (pp. 301–317). Harvard University Press.

Torre, M. (2018). Stopgappers? The occupational trajectories of men in female-dominated occupations. *Work and Occupations, 45*(3), 283–312. doi.org/10.1177/0730888418780433

Turban, J. L., Dolotina, B., King, D., & Keuroghlian, A. S. (2022). Sex assigned at birth ratio among transgender and gender diverse adolescents in the United States. *Pediatrics, 150*(3). doi.org/10.1542/peds.2022-056567

Turban, J. L., & Ehrensaft, D. (2018). Research review: Gender identity in youth: Treatment paradigms and controversies. *Journal of Child Psychology and Psychiatry, 59*(12), 1228–1243. doi.org/10.1111/jcpp.12833

Turkle, S. (2015). *Reclaiming conversation: The power of talk in a digital age.* Penguin.

Twenge, J. M. (2017). *iGen: Why today's super-connected kids are growing up less re-*

bellious, more tolerant, less happy—and completely unprepared for adulthood—and what that means for the rest of us. Atria Books.

Twenge, J. M. (2023, October 24). Here are 13 other explanations for the adolescent mental health crisis. None of them work. *After Babel.* www.afterbabel.com/p/13-explanations-mental-health-crisis

Twenge, J. M. (2023a). *Generations: The real differences between Gen Z, Millennials, Gen X, Boomers, and Silents—and what they mean for America's future.* Atria Books.

Twenge, J. M. (2023b). The mental health crisis has hit millennials. *After Babel.* www.afterbabel.com/p/the-mental-illness-crisis-millenials

Twenge, J. M., Gentile, B., DeWall, C. N., Ma, D., Lacefield, K., & Schurtz, D. R. (2010). Birth cohort increases in psychopathology among young Americans, 1938–2007: A cross-temporal meta-analysis of the MMPI. *Clinical Psychology Review, 30*(2), 145–154. doi.org/10.1016/j.cpr.2009.10.005

Twenge, J. M., Haidt, J., Blake, A. B., McAllister, C., Lemon, H. & Le Roy, A. (2021). Worldwide increases in adolescent loneliness. *Journal of Adolescence, 93*(1), 257–269. doi.org/10.1016/j.adolescence.2021.06.006

Twenge, J. M., Haidt, J., Lozano, J., & Cummins, K. M. (2022). Specification curve analysis shows that social media use is linked to poor mental health, especially among girls. *Acta Psychologica, 224*, 103512. doi.org/10.1016/j.actpsy.2022.103512

Twenge, J. M., Martin, G. N., & Campbell, W. K. (2018). Decreases in psychological well-being among American adolescents after 2012 and links to screen time during the rise of smartphone technology. *Emotion, 18*(6), 765–780. doi.org/10.1037/emo0000403

Twenge, J. M., Martin, G. N., & Spitzberg, B. H. (2019). Trends in U.S. adolescents' media use, 1976–2016: The rise of digital media, the decline of TV, and the (near) demise of print. *Psychology of Popular Media Culture, 8*(4), 329–345. doi.org/10.1037/ppm0000203

Twenge, J. M., Spitzberg, B. H., & Campbell, W. K. (2019). Less in-person social interaction with peers among U.S. adolescents in the 21st century and links to loneliness. *Journal of Social and Personal Relationships, 36*(6), 1892–1913. doi.org/10.1177/0265407519836170

Twenge, J., Wang, W., Erickson, J., & Wilcox, B. (2022). Teens and tech: What difference does family structure make? *Institute for Family Studies/Wheatley Institute.* www.ifstudies.org/ifs-admin/resources/reports/teensandtech-final-1.pdf

Twenge, J. M., Zhang, L., & Im, C. (2004). It's beyond my control: A cross-temporal meta-analysis of increasing externality in locus of control, 1960–2002. *Personality and Social Psychology Review, 8*(3), 308–319. doi.org/10.1207/s15327957pspr0803_5

Uhls, Y. T., Ellison, N. B., & Subrahmanyam, K. (2017). Benefits and costs of social media in adolescence. *Pediatrics, 140*(Supplement 2), S67–S70. doi.org/10.1542/peds.2016-1758e

U.S. Bureau of Labor Statistics. (n.d.). *Civilian unemployment rate.* www.bls.gov/charts/

불안 세대

employment-situation/civilian-unemployment-rate.htm

U.S. Department of Health and Human Services. (2023). *Social media and youth mental health: The U.S. surgeon general's advisory*. www.hhs.gov/surgeongeneral/priorities/ youth-mental-health/social-media/index.html

Vaillancourt-Morel, M.-P., Blais-Lecours, S., Labadie, C., Bergeron, S., Sabourin, S., & Godbout, N. (2017). Profiles of cyberpornography use and sexual well-being in adults. *Journal of Sexual Medicine*, *14*(1), 78–85. doi.org/10.1016/j.jsxm.2016.10.016

van Elk, M., Arciniegas Gomez, M. A., van der Zwaag, W., van Schie, H. T., & Sauter, D. (2019). The neural correlates of the awe experience: Reduced default mode network activity during feelings of awe. *Human Brain Mapping*, *40*(12), 3561–3574. doi. org/10.1002/hbm.24616

Vella-Brodrick, D. A., & Gilowska, K. (2022). Effects of nature (greenspace) on cognitive functioning in school children and adolescents: A systematic review. *Educational Psychology Review*, *34*(3), 1217–1254. doi.org/10.1007/s10648-022-09658-5

Verduyn, P., Lee, D. S., Park, J., Shablack, H., Orvell, A., Bayer, J., Ybarra, O., Jonides, J., & Kross, E. (2015). Passive Facebook usage undermines affective well-being: Experimental and longitudinal evidence. *Journal of Experimental Psychology: General*, *144*(2), 480–488. doi.org/10.1037/xge0000057

Vermeulen, K. (2021). *Generation disaster: Coming of age post-9/11*. Oxford University Press.

Viner, R., Davie, M., & Firth, A. (2019). *The health impacts of screen time: A guide for clinicians and parents*. Royal College of Paediatrics and Child Health. www.rcpch. ac.uk/sites/default/files/2018-12/rcpch_screen_time_guide_-_final.pdf

Vogels, E. A. (2021, June 22). Digital divide persists even as Americans with lower incomes make gains in tech adoption. Pew Research Center. www.pewresearch.org/ short-reads/2021/06/22/digital-divide-persists-even-as-americans-with-lower-incomes-make-gains-in-tech-adoption/

Vogels, E. A. (2022, December 15). Teens and cyberbullying 2022. Pew Research Center. www.pewresearch.org/internet/2022/12/15/teens-and-cyberbullying-2022/

Vogels, E. A., & Gelles-Watnick, R. (2023, April 24). Teens and social media: Key findings from Pew Research Center surveys. Pew Research Center. www.pewresearch. org/short-reads/2023/04/24/teens-and-social-media-key-findings-from-pew-research-center-surveys/

Vogels, E. A., Gelles-Watnick, R., & Massarat, N. (2022, August 10). Teens, social media, and technology 2022. Pew Research Center. www.pewresearch.org/internet/2022/08/10/teens-social-media-and-technology-2022/

Wagner, S., Panagiotakopoulos, L., Nash, R., Bradlyn, A., Getahun, D., Lash, T. L., Roblin, D., Silverberg, M. J., Tangpricha, V., Vupputuri, S., & Goodman, M. (2021). Progression of gender dysphoria in children and adolescents: A longitudinal study. *Pediatrics*, *148*(1), Article e2020027722. doi.org/10.1542/peds.2020-027722

Walker, R. J., Hill, K., Burger, O. F., & Hurtado, A. (2006). Life in the slow lane revisited: Ontogenetic separation between chimpanzees and humans. *American Journal of Physical Anthropology, 129*(4), 577–583. doi.org/10.1002/ajpa.20306

Waller, J. (2008). *A time to dance, a time to die: The extraordinary story of the dancing plague of 1518*. Icon Books.

Wang, L., Zhou, X., Song, X., Gan, X., Zhang, R., Liu, X., Xu, T., Jiao, G., Ferraro, S., Bore, M. C., Yu, F., Zhao, W., Montag, C., & Becker, B. (2023). Fear of missing out (FOMO) associates with reduced cortical thickness in core regions of the posterior default mode network and higher levels of problematic smartphone and social media use. *Addictive Behaviors, 143*, 107709. doi.org/10.1016/j.addbeh.2023.107709

Ward, A. F., Duke, K., Gneezy, A., & Bos, M. W. (2017). Brain drain: The mere presence of one's own smartphone reduces available cognitive capacity. *Journal of the Association for Consumer Research, 2*(2), 140–154. doi.org/10.1086/691462

Wass, S. V., Whitehorn, M., Marriott Haresign, I., Phillips, E., & Leong, V. (2020). Interpersonal neural entrainment during early social interaction. *Trends in Cognitive Sciences, 24*(4), 329–342. doi.org/10.1016/j.tics.2020.01.006

Webb, C. (2016). *How to have a good day: Harness the power of behavioral science to transform your working life*. National Geographic Books.

Wessely, S. (1987). Mass hysteria: Two syndromes? *Psychological Medicine, 17*(1), 109–120. doi.org/10.1017/S0033291700013027

Wheaton, A. G., Olsen, E. O., Miller, G. F., & Croft, J. B. (2016). Sleep duration and injury-related risk behaviors among high school students—United States, 2007–2013. *Morbidity and Mortality Weekly Report, 65*(13), 337–341. www.jstor.org/stable/24858002

Wiedemann, K. (2015). Anxiety and anxiety disorders. In *International Encyclopedia of the Social and Behavioral Sciences*, 804–810. doi.org/10.1016/B978-0-08-097086-8.27006-2

Willoughby, B. J., Carroll, J. S., Busby, D. M., & Brown, C. C. (2016). Differences in pornography use among couples: Associations with satisfaction, stability, and relationship processes. *Archives of Sexual Behavior, 45*(1), 145-158. doi.org/10.1007/s10508-015-0562-9

Wilson, D. S. (2002). *Darwin's cathedral: Evolution, religion, and the nature of society*. University of Chicago Press.

Wilson, E. O. (1984). *Biophilia: The human bond with other species*. Harvard University Press.

Wilson, S. J., & Lipsey, M. W. (2000). Wilderness challenge programs for delinquent youth: A meta-analysis of outcome evaluations. *Evaluation and Program Planning, 23*(1), 1–12. doi.org/10.1016/S0149-7189(99)00040-3

Wiltermuth, S. S., & Heath, C. (2009). Synchrony and cooperation. *Psychological Science, 20*(1), 1–5. doi.org/10.1111/j.1467-9280.2008.02253.x

Wittek, C. T., Finserås, T. R., Pallesen, S., Mentzoni, R. A., Hanss, D., Griffiths, M. D., & Molde, H. (2016). Prevalence and predictors of video game addiction: A study based on a national representative sample of gamers. *International Journal of Mental Health and Addiction*, *14*, 672–686. doi.org/10.1007/s11469-015-9592-8

Wolfson, A. R., & Carskadon, M. A. (2003). Understanding adolescents' sleep patterns and school performance: A critical appraisal. *Sleep Medicine Reviews*, *7*(6), 491–506. doi.org/10.1016/s1087-0792(03)90003-7

Wright, P. J., Tokunaga, R. S., Kraus, A., & Klann, E. (2017). Pornography consumption and satisfaction: A meta-analysis. *Human Communication Research*, *43*(3), 315–343. doi.org/10.1111/hcre.12108

Young, D. R., McKenzie, T. L., Eng, S., Talarowski, M., Han, B., Williamson, S., Galfond, E., & Cohen, D. A. (2023). Playground location and patterns of use. *Journal of Urban Health*, *100*(3), 504–512. doi.org/10.1007/s11524-023-00729-8

Young, K. (2009). Understanding online gaming addiction and treatment issues for adolescents. *American Journal of Family Therapy*, *37*(5), 355–372. doi.org/10.1080/01926180902942191

Zahn-Waxler, C., Shirtcliff, E. A., & Marceau, K. (2008). Disorders of childhood and adolescence: Gender and psychopathology. *Annual Review of Clinical Psychology*, *4*(1), 275–303. doi.org/10.1146/annurev.clinpsy.3.022806.091358

Zastrow, M. (2017). Is video game addiction really an addiction? *Proceedings of the National Academy of Sciences*, *114*(17), 4268–4272. doi.org/10.1073/pnas.1705077114

Zeanah, C. H., Gunnar, M. R., McCall, R. B., Kreppner, J. M., & Fox, N. A. (2011). Sensitive periods. *Monographs of the Society for Research in Child Development*, *76*(4), 147–162. doi.org/10.1111/j.1540-5834.2011.00631.x

Zendle, D., & Cairns, P. (2018). Video game loot boxes are linked to problem gambling: Results of a large-scale survey. *PLoS ONE*, *13*(11), Article e0206767. doi.org/10.1371/journal.pone.0206767

Zucker, K. J. (2019). Adolescents with gender dysphoria: Reflections on some contemporary clinical and research issues. *Archives of Sexual Behavior*, *48*, 1983–1992. DOI: 10.1007/s10508-019-01518-8

Zucker, K. J. (2017). Epidemiology of gender dysphoria and transgender identity. *Sexual Health*, *14*(5), 404–411. doi.org/10.1071/sh17067

찾아보기

* 이탤릭체로 표시한 숫자는 그림이 실린 페이지, 괄호 속 숫자는 주(註)의 번호를 가리킨다. 어떤 단어가 여러 쪽에 걸쳐 나타나는 경우에는 첫 번째 쪽수를 표시했다.

불안 세대

불안 세대

불안 세대

옮긴이 이충호

서울대학교 화학교육과를 졸업하고, 교양 과학과 인문학 분야의 번역가로 활동하고 있다. 2001년 『신은 왜 우리 곁을 떠나지 않는가』로 제20회 한국과학기술도서 번역상을 받았다. 옮긴 책으로는 『사라진 스푼』, 『진화심리학』, 『통제 불능』, 『x의 즐거움』, 『오리진』, 『수학으로 생각하는 힘』, 『변화는 어떻게 일어나는가』, 『차이에 관한 생각』, 『천 개의 뇌』, 『멀티제너레이션, 대전환의 시작』, 『과학 잔혹사』, 『인간이 되다』 등이 있다.

불안 세대

초판 1쇄 발행 2024년 7월 29일
초판 11쇄 발행 2024년 10월 28일

지은이 조너선 하이트
옮긴이 이충호

발행인 이봉주 **단행본사업본부장** 신동해
편집장 김경림 **책임편집** 이민경 **교정** 유지현
표지 디자인 오필민 **본문 디자인** 김은정
마케터 최혜진 이은미 **홍보** 반여진
국제업무 김은정 김지민 **제작** 정석훈

브랜드 웅진지식하우스 **주소** 경기도 파주시 회동길 20
문의전화 031-956-7430(편집) 02-3670-1123(마케팅)
홈페이지 www.wjbooks.co.kr
인스타그램 www.instagram.com/woongjin_readers
페이스북 www.facebook.com/woongjinreaders
블로그 blog.naver.com/wj_booking

발행처 ㈜웅진씽크빅
출판신고 1980년 3월 29일 제406-2007-000046호

한국어판 출판권 ⓒ ㈜웅진씽크빅, 2024
ISBN 978-89-01-28589-4 (03180)